"十四五"职业教育国家规划教材

民事诉讼法原理与实务（第三版）

主　编 ◎ 韩　艳

副主编 ◎ 邓　岩

撰稿人 ◎ 韩　艳　邓　岩　唐长国

　　　　　彭春艳　李彦豹　陆岳松

　　　　　王　英　兰西梅　杨　芳

　　　　　马丽芳　熊　艳　范婷婷

　　　　　李婵娟　俞朱明　何　涛

中国政法大学出版社

2024·北京

图书在版编目（ＣＩＰ）数据

民事诉讼法原理与实务/韩艳主编. —3版. —北京：中国政法大学出版社，2024.4
ISBN 978-7-5764-1440-0

Ⅰ.①民…　Ⅱ.①韩…　Ⅲ.①民事诉讼法－基本知识－中国　Ⅳ.①D925.1

中国国家版本馆CIP数据核字(2024)第071386号

书　　名	民事诉讼法原理与实务 MIN SHI SU SONG FA YUAN LI YU SHI WU
出 版 者	中国政法大学出版社
地　　址	北京市海淀区西土城路 25 号
邮　　箱	fadapress@163.com
网　　址	http://www.cuplpress.com（网络实名：中国政法大学出版社）
电　　话	010-58908435(第一编辑部) 58908334(邮购部)
承　　印	北京鑫海金澳胶印有限公司
开　　本	720mm×960mm 1/16
印　　张	20.5
字　　数	390 千字
版　　次	2024 年 4 月第 3 版
印　　次	2024 年 4 月第 1 次印刷
印　　数	1～5000 册
定　　价	62.00 元

出版说明

　　世纪之交，我国高等职业教育进入了一个以内涵发展为主要特征的新的发展时期。1999年1月，随着教育部和国家发展计划委员会《试行按新的管理模式和运行机制举办高等职业技术教育的实施意见》的颁布，各地成人政法院校纷纷开展高等法律职业教育。随后，全国大部分司法警官学校，或单独升格，或与司法学校、政法管理干部学院等院校合并组建法律类高等职业院校以举办高等法律职业教育，一些普通本科院校、非法律类高等职业院校也纷纷开设高等职业教育法律类专业，高等法律职业教育蓬勃兴起。2004年10月，教育部颁布《普通高等学校高职高专教育指导性专业目录（试行）》，将法律类专业作为一大独立的专业门类，正式确立了高等法律职业教育在我国高等职业教育中的重要地位。2005年12月，受教育部委托，司法部组建了全国高职高专教育法律类专业教学指导委员会。2012年12月，全国高职高专教育法律类专业教学指导委员会经教育部调整为全国司法职业教育教学指导委员会，积极指导并大力推进高等法律职业教育的发展。

　　为了进一步推动和深化高等法律职业教育教学改革，促进我国高等法律职业教育的质量提升和协调发展，原全国高职高专教育法律类专业教学指导委员会（现全国司法职业教育教学指导委员会，以下简称"行指委"）于2007年10月，启动了高等法律职业教育规划教材编写工作。自教材编写工作启动以来，行指委共组织编写、修订教材近百种，该系列教材积极响应专业人才培养模式改革要求，紧密联系课程教学模式改革需要，以工作过程为导向，对课程教学内容进行了整合，并重新设计相关学习情景、安排相应教学进程，突出培养学生在一线职业岗位所必需的职业能力及相关职业技能，体现高职教育的职业性特点。

为贯彻落实全国职业教育大会和全国教材工作会议精神，根据《"十四五"职业教育规划教材建设实施方案》，2021 年 12 月，教育部启动了"十四五"职业教育国家规划教材遴选工作。我社积极响应教育部有关职业教育国家规划教材建设的部署，从行指委组织、指导编写的近百种教材中挑选出编写质量高、行业特色鲜明的部分教材参与申报，经过教育部一系列评审、遴选程序，我社出版的一批高质量法律职业教育教材入选"十四五"职业教育国家规划教材。此外，另有四本"十三五"职业教育国家规划教材经过复核后纳入"十四五"职业教育国家规划教材。

我社以"十四五"职业教育国家规划教材建设为契机，对高职系列教材进行了全面修订。此次修订坚持以习近平新时代中国特色社会主义思想为指导，积极推进习近平法治思想和党的二十大精神进教材。全面贯彻党的教育方针，落实立德树人根本任务，突出职业教育的类型特点，统筹推进教师、教材、教法改革，以司法类专业教学标准为基本依据，以更深入地实施司教融合、校局联盟、校监所（企）合作、德技双修、工学结合为根本途径，以国家规划教材建设为引领，加强和改进法律职业教育教材建设，充分发挥教材建设在提高人才培养质量中的基础性作用，努力培养德智体美劳全面发展的高素质劳动者和技术型人才。

经过全体编写人员的共同努力和出版社编辑们的辛勤付出，"十四五"职业教育国家规划教材已陆续出版，欢迎各院校选用，敬请各选用院校和广大师生提出宝贵意见和建议，我们将及时根据教材评价和使用情况反馈对教材进行修订，逐步丰富教材内容，优化教材结构，促进教材质量不断提高。

中国政法大学出版社

2024 年 4 月

第三版说明

《民事诉讼法原理与实务（第二版）》于 2023 年入选"十四五"职业教育国家规划教材，为推动新时代代司法职业教育高质量发展，根据国家规划教材建设要求对教材进行修订。

一、坚持职教宗旨，保持教材原有体例不变

为进一步突出职业教育知识、技能、素养等核心要素，在保持教材原有体例的基础上，分为民事诉讼基础知识和民事诉讼基本技能两部分，同时融入课程思政元素。在基础知识部分附有基础练习和案例分析，在基本技能部分附有参考引例和训练案例。同时，致力于教材配套信息化在线资源的开发，在智慧职教 MOOC 学院建立线上课程，配套教学课件、教学讲义、教学视频等力求动态更新，在线课程网址附置于纸质教材。

二、坚持守正创新，贯彻落实党的二十大精神进教材的要求

2022 年党的二十大召开，为贯彻落实党的二十大精神进教材的要求，教材增加了党的二十大报告的相关内容，进一步体现公正司法是维护社会公平正义的最后一道防线，进一步体现努力让人民群众在每一个司法案件中感受到公平正义之精神。在民事诉讼法的基本原则、基本制度以及具体制度中有机融入党的二十大报告及习近平总书记的重要讲话精神。在保证教材专业性的同时，体现了教材的政治性。

三、坚持与时俱进，实现教材与最新法律法规无缝衔接

为推进民事诉讼制度改革，深化诉源治理，适应涉外法治工作的新要求，2021 年 12 月 24 日、2023 年 9 月 1 日，全国人民代表大会常务委员会分别对《民事诉讼法》进行了第四次、第五次修正。主要涉及司法确认程序、小额诉讼程序、简易程序、独任制、在线诉讼、涉外民事诉讼等内容，教材对此作了更新。新版教材对接最新法律法规，充分体现了教材的科学性、时代性

与专业性。

本教材各章节撰写人为（以撰写章节先后为序）：

邓　岩（副教授）　　　第一章；

彭春艳（副教授）　　　第二章；

韩　艳（教授）　　　　第三章、第七章之第三节、技能项目二、技能项目三；

唐长国（教授）　　　　第四章、技能项目一、技能项目六；

杨　芳（讲师）　　　　第五章；

熊　艳（副教授）　　　第六章；

李彦豹（副教授）　　　第七章第一节、第二节、第四节；

陆岳松（副教授）　　　第八章；

兰西梅（副教授）　　　第九章；

李婵娟（讲师）　　　　第十章第一节、第二节；

范婷婷（讲师）　　　　第十章第三节、第四节；

马丽芳（教授）　　　　第十一章；

王　英（副教授）　　　技能项目四；

俞朱明（高级法官）　　技能项目五；

何　涛（高级律师）　　技能项目七、技能项目八；

全书由韩艳、邓岩修改审定。

在本书的编写过程中，编者参考、引用了许多专家、学者及实务人员的著述、观点、案例，参考、引用了一些法院的判例，在此我们一并表示衷心的感谢；本书的编写出版得到了中国政法大学出版社的鼎力相助，有关工作人员付出了辛勤的劳动，在此谨致谢忱。

由于作者水平有限，书中疏漏之处在所难免，敬请读者在使用过程中批评指正。

编　者

2024 年 3 月

智慧职教 MOOC

第二版说明

本教材坚持以习近平新时代中国特色社会主义思想为指导，体现正确的政治立场和价值导向，全面贯彻党的教育方针，加强社会主义核心价值观教育，具有较高的思想性、科学性、时代性。

《民事诉讼法原理与实务》（2019 年版）于 2020 年入选"十三五"职业教育国家规划教材，又适逢我国第一部法典《民法典》诞生，为促进"互联网+教育"背景下"十三五"教材建设，充分利用信息技术在课堂教学改革和创新方面的作用，根据"十三五"职业教育国家规划教材建设的要求，为适应民法典时代下民事诉讼法教学与发展，本教材的内容依据最新的法律法规及司法解释作了相应的修改。

同时，为进一步突出职业教育知识、技能、素养（含思政素养）等核心要素，在体例编排用词上作了微调，即将原第一部分"民事诉讼基本理论"改为"民事诉讼基础知识"，原第二部分"民事诉讼训练项目"改为"民事诉讼基本技能"。同时在每一章的目标任务中加入了思政元素，做到课程思政进教材，进而进课堂、进头脑。

探索"互联网+教学"、开发立体化多形态教材，一直是教材编写团队努力的方向，在第一版中本教材尝试以数字化（二维码）的方式将相关拓展知识予以呈现；第二版在延续第一版数字化的基础上更致力于教材配套信息化在线资源的开发，同名课程在智慧职教 MOOC 学院建立线上课程，配套教学课件、教学讲义、教学视频等力求动态更新。

本教材各章节撰写人为（以撰写章节先后为序）：

邓　岩（副教授）　　　　第一章；

彭春艳（副教授）　　　　第二章；

韩　艳（教　授）　　　第三章、第七章之第三节、技能项目二、技能项目三；

唐长国（教　授）　　　第四章、技能项目一、技能项目六；

杨　芳（讲　师）　　　第五章；

熊　艳（副教授）　　　第六章；

李彦豹（副教授）　　　第七章第一节、第二节、第四节；

陆岳松（副教授）　　　第八章；

兰西梅（副教授）　　　第九章；

李婵娟（讲　师）　　　第十章第一节 、第二节；

范婷婷（讲　师）　　　第十章第三节、第四节；

马丽芳（副教授）　　　第十一章；

王　英（副教授）　　　技能项目四；

俞朱明（高级法官）　　　技能项目五；

何　涛（高级律师）　　技能项目七、技能项目八；

全书由韩艳、邓岩修改审定。

在本书的编写过程中，编者参考、引用了许多专家、学者及实务人员的著述、观点、案例，参考、引用了一些法院的判例，在此我们一并表示衷心的感谢。本书的编写出版得到了中国政法大学出版社的鼎力相助，有关工作人员付出了辛勤的劳动，在此谨致谢忱。

由于作者水平有限，书中疏漏之处在所难免，敬请读者在使用过程中批评指正。

编　者

2021 年 8 月

智慧职教

编　写　说　明

　　为进一步推动司法警官职业教育的高水平发展，我们按照职业教育的宗旨，以培养司法行政行业人才为目标，根据最新的民事诉讼法律法规及司法解释，组织全国各警官院校多年来一直从事高职法律职业教育工作的一线教师和实务专家共同编写本教材。本教材从法律服务者的视角设计并整合民事诉讼法的学习内容，注重对民事诉讼各项能力的培养，突出本课程学习的实践性、职业性和针对性。

　　《民事诉讼法原理与实务》课程是司法警官职业院校法律实务类专业核心课程，同时又是其他类专业的法律基础课程。故该教材在介绍民事诉讼基础知识的同时，又要符合法律实务专业人才培养目标的需求。基于此定位，教材分为两部分：民事诉讼基础知识与民事诉讼基本技能。基础知识部分，以民事诉讼案件流程为主线构建，主要讲解民事诉讼法的基本概念、基本原理和基本程序，并力求理论观点以通说为主，内容以"必须""够用"为原则，为学生从事和参与民事诉讼实践奠定扎实的理论知识基础。基本技能部分，以未来基层法律服务工作者的预设职业岗位（群）之就业者的学习主体需求为视角，以基层典型民事案件为载体，以民事诉讼主要环节为任务设置，帮助学生掌握相应的诉讼技能，并进一步提升实践操作与运用能力。同时，在基础知识部分附有基础练习和案例分析，在基本技能部分附有参考引例和训练案例，让学生在精练的基础上获取举一反三和触类旁通的能力。另外，为满足学生继续深造和终身学习的需要，我们将相关拓展知识以数字化（二维码）的方式呈现。

　　本教材各章节撰写人为（以撰写章节先后为序）：

　　邓　岩（副教授）　　　　第一章；

彭春艳（副教授）　　　　第二章；

韩　艳（教　授）　　　　第三章、第七章之第三节、技能项目二、技能项目三；

唐长国（教　授）　　　　第四章、技能项目一、技能项目六；

杨　芳（讲　师）　　　　第五章；

熊　艳（副教授）　　　　第六章；

李彦豹（副教授）　　　　第七章第一节、第二节、第四节；

陆岳松（副教授）　　　　第八章；

兰西梅（副教授）　　　　第九章；

李婵娟（讲　师）　　　　第十章第一节、第二节；

范婷婷（讲　师）　　　　第十章第三节、第四节；

马丽芳（副教授）　　　　第十一章；

王　英（副教授）　　　　技能项目四；

俞朱明（高级法官）　　　技能项目五；

何　涛（高级律师）　　　技能项目七、技能项目八；

全书由韩艳、邓岩修改审定。

在本书的编写过程中，编者参考、引用了许多专家、学者及实务人员的著述、观点、案例，参考、引用了一些法院的判例，在此我们一并表示衷心的感谢；本书的编写出版得到了中国政法大学出版社的鼎力相助，有关工作人员付出了辛勤的劳动，在此谨致谢忱。

由于作者水平有限，书中疏漏之处在所难免，敬请读者在使用过程中批评指正。

编　者
2019 年 6 月

目录CONTENTS

第二部分　民事诉讼基本技能

第一部分　民事诉讼基础知识

第一章 民事诉讼与民事诉讼法

目标任务

熟悉民事纠纷的特点、处理机制以及民事诉讼的特征，掌握民事诉讼法的效力、民事诉讼法律关系的要素，理解民事诉讼的基本原则及各项基本制度，树立程序公正、诚信诉讼的理念，培养规则意识。

知识技能

各类争议性质判断及民事纠纷解决途径的选择；具体案件中民事诉讼法律关系各要素的初步判断；民事诉讼基本原则内涵的把握；民事诉讼各项基本制度的运用。

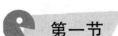 **第一节** 民事纠纷与民事诉讼

一、民事纠纷

民事纠纷，也称民事争议，是指平等主体之间发生的，以民事权利义务为内容的法律纠纷。如离婚纠纷、损害赔偿纠纷、房屋产权纠纷、合同纠纷、人身权纠纷、继承纠纷、著作权纠纷等。民事纠纷作为法律纠纷的一种，一般来说，是因为违反了民事法律规范而引起的。民事主体违反了民事法律义务性规范而侵害了他人的民事权利，由此而产生以民事权利义务为内容的争议。

民事纠纷与其他法律纠纷相比，具有以下主要特征：

1. 民事纠纷主体之间的法律地位平等。民事纠纷发生在平等主体的自然人、法人以及非法人组织之间，不论其实际地位、身份有何不同，各主体在纠纷中始终处于平等地位。

2. 民事纠纷的内容是对民事权利义务的争议。即争议基于平等主体之间的人身关系和财产关系发生，如果超出了这个范围就不属于民事纠纷。

3. 民事纠纷的可处分性。这是因为民事纠纷是有关私权的争议，而私法的

基本原则是当事人"自治",所以纠纷主体依法拥有对发生纠纷的民事权益的处分权。当然,这主要是针对有关财产关系的民事纠纷而言的,有关人身关系的民事纠纷多不具有可处分性。

根据民事纠纷的内容,可将其分为:有关人身关系的民事纠纷和有关财产关系的民事纠纷。事实上,这两种纠纷往往是交相并存的:人身关系的民事纠纷和财产关系的民事纠纷的发生往往互为前提;有些民事权利,如继承权、股东权、知识产权等兼有财产权和人身权的性质,由此而发生的民事纠纷则兼有财产纠纷和人身纠纷的性质。

二、民事纠纷的处理机制

人们在社会生活中,难免会发生各种民事纠纷,这些民事纠纷若不能得到妥善解决,不仅会损害当事人合法的民事权益,而且可能波及第三者,甚至影响社会的安定。因此,各国都很重视民事纠纷的解决并建立了相应的处理民事纠纷的制度。根据解决民事纠纷制度、方法的不同性质和特点,以及它们对解决民事纠纷的不同作用,可以将民事纠纷的处理机制分为三种,即自力救济、社会救济和公力救济。

（一）自力救济

自力救济,包括自决与和解。它是指纠纷主体依靠自身力量解决纠纷,以达到维护自己民事权益的目的。自决是指纠纷主体一方凭借自己的力量使对方服从。和解是指双方互相妥协和让步。两者共同点是,都是依靠纠纷主体自身的力量来解决争议,无需第三方的参与,一般不受法律规范的制约。

（二）社会救济

社会救济,包括调解（诉讼外调解）和仲裁。它是指依靠社会力量处理民事纠纷的一种机制。

调解是由第三者（调解机构或调解人）出面对纠纷的双方当事人进行调停说和,用一定的法律规范和道德规范劝导冲突双方,促使他们在互谅互让的基础上达成解决纠纷的协议。在我国,未经司法确认的调解协议不具有法律上的强制力,但具有合同意义上的效力。

仲裁是由双方当事人选定的仲裁机构对纠纷进行审理并作出裁决的纠纷解决方式。仲裁不同于调解,仲裁裁决具有法律上的强制力。但是,仲裁与调解一样,也是以双方当事人的自愿为前提条件的,只有纠纷的双方达成仲裁协议,一致同意将纠纷交付裁决,仲裁才能够开始。

（三）公力救济

公力救济是指诉讼。民事诉讼是法院在当事人和其他诉讼参与人的参加下,以审理、判决、执行等方式解决民事纠纷的活动，是利用国家公权力解决纠纷的一种最权威也最为有效的机制，具有国家强制性和严格的规范性等特点。

调解、仲裁和诉讼构成了我国多元化的民事纠纷解决机制，在这个机制中三者具有不同的功能，并且彼此衔接，相互补充，谁也不能代替谁，从而体现了解决民事纠纷的程序制度的中国特色。党的二十大报告明确指出，"在社会基层坚持和发展新时代'枫桥经验'，完善正确处理新形势下人民内部矛盾机制……及时把矛盾纠纷化解在基层、化解在萌芽状态。"因此，探索完善新时代社会矛盾纠纷多元预防调处化解综合机制意义尤为重大。

三、民事诉讼

（一）民事诉讼的概念

诉讼，俗称"打官司"，通常是指国家司法机关按照一定程序和方式解决纠纷的活动。根据国家解决当事人之间争议的内容和方式的区别，通常把诉讼分为刑事诉讼、民事诉讼和行政诉讼三种类型。

民事诉讼，是指人民法院在当事人和其他诉讼参与人的参加下，在审理和执行民事案件的过程中所进行的各种诉讼活动，以及由这些活动产生的各种诉讼关系的总和。民事诉讼动态地表现为法院、当事人及其他诉讼参与人进行的各种诉讼活动，静态地表现为在诉讼活动中产生的诉讼关系。习近平总书记在中央全面依法治国委员会第一次会议上指出，要推动把社会主义核心价值观贯穿立法、执法、司法、守法各环节，使社会主义法治成为良法善治。弘扬社会主义核心价值观，不仅要靠教育引导，还要靠制度规范、政策保障。人民法院充分发挥司法裁判惩恶扬善功能，旗帜鲜明保护英烈权益，保护诚实守信，惩治违法失德，引导价值取向，破解长期困扰群众的"扶不扶""劝不劝""追不追""救不救"等法律和道德风险，努力让新时代司法更有力量、更有温度，让全社会充满正气、正义。

（二）民事诉讼的特征

民事诉讼与调解、仲裁这些诉讼外解决民事纠纷的方式不同，也区别于行政诉讼和刑事诉讼，它具有以下特征：

1. 民事诉讼具有公权性。民事诉讼以司法方式解决平等主体之间的纠纷，是由人民法院代表国家行使审判权解决民事争议的一种方式。它既不同于群众自治组织性质的人民调解委员会以调解方式解决纠纷，也不同于由民间性质的仲裁委员会以仲裁方式解决纠纷。

2. 民事诉讼具有强制性。强制性是公权力的重要属性。民事诉讼的强制性既表现在案件的受理上，又反映在裁判的执行上。调解、仲裁均建立在当事人自愿的基础上，只要有一方不愿意选择上述方式解决争议，调解、仲裁就无从进行。民事诉讼则不同，只要原告起诉符合民事诉讼法规定的条件，无论被告是否愿意，诉讼均会发生。未经司法确认的诉讼外调解协议的履行依赖于当事人的自觉，不具有强制力；法院裁判则不同，当事人不自觉履行生效裁判所确定的义务，人民法院可以依法强制执行。

3. 民事诉讼具有程序性。民事诉讼是依照法定程序进行的诉讼活动，无论是法院还是当事人或其他诉讼参与人，都需要按照民事诉讼法设定的程序实施诉讼行为，违反诉讼程序常常会引起一定的法律后果，如法院的裁判被上级法院撤销，当事人失去为某种诉讼行为的权利等。诉讼外解决民事纠纷的方式程序性较弱，人民调解没有严格的程序规则，仲裁虽然也需要按预先设定的程序进行，但其程序相当灵活，当事人对程序的选择权也较大。

4. 民事诉讼的诉讼标的是发生争议的民事法律关系。民事法律关系是法律确认的权利主体对人或物的关系，这种关系的内容为民事权利和民事义务。民事义务的不履行或者不适当履行，必然引起争议，发生纠纷，当一方当事人把它诉诸司法解决，就成了民事诉讼。而民事诉讼要解决的，正是发生争议的民事法律关系是否存在，以及权利义务如何处理的问题。从这个意义上讲，发生争议的民事法律关系是民事诉讼的诉讼标的。这一特点是民事诉讼区别于行政诉讼和刑事诉讼的显著标志。

第二节　民事诉讼法

民事诉讼法，是指国家制定的规范法院和诉讼参与人的各种诉讼活动以及由此产生的各种诉讼关系的法律规范的总称。民事诉讼法调整的对象：一是人民法院、当事人和其他诉讼参与人的诉讼活动，二是由诉讼活动产生的各种诉讼关系。

民事诉讼法有狭义和广义之分。狭义的民事诉讼法专指民事诉讼法典，我国现行的民事诉讼法典是 1991 年 4 月 9 日第七届全国人民代表大会第四次会议通过的《中华人民共和国民事诉讼法》（以下简称《民事诉讼法》），该法于 1991 年 4 月 9 日起实施。2007 年 10 月 28 日、2012 年 8 月 31 日、2017 年 6 月 27 日、2021 年 12 月 24 日、2023 年 9 月 1 日，全国人民代表大会常务委员会对《民事诉讼法》进行了 5 次修正，第五次修正的《民事诉讼法》自 2024 年 1 月 1 日起施行。广义的民事诉讼法，不仅包括民事诉讼法典，还包括宪法、其他法律、法规中有关民事诉讼的规范，以及最高人民法院在适用民事诉讼法过程中作出的司法解释。这些司法解释通过两种方式表现出来：一是综合性解释，如《最高人民法院关于适用〈中华人民共和国民事诉讼法〉的解释》（以下简称《关于适用〈民事诉讼法〉的解释》）；二是针对高级人民法院就个案请示所作的批复，如《最高人民法院关于判决生效后当事人将判决确认的债权转让 债权受让人对该判决不服提出再审申请人民法院是否受理问题的批复》。这些司法解释是《民事诉讼法》条文的具体化，针对性强，经常适用。但司法解释不能与法律、法规相抵触，与法律、法规冲突时，应当适用法律、法规。

一、民事诉讼法的性质

（一）民事诉讼法是基本法

就民事诉讼法在我国法律体系中的地位而言，它属于基本法律，其效力仅低于宪法。按照我国立法法的规定，民事诉讼法典的立法权在全国人民代表大会。

（二）民事诉讼法是部门法

从民事诉讼法调整的社会关系看，它调整的是民事诉讼关系，是社会关系中具有自身特点的一类社会关系，这决定了民事诉讼法能够成为一个独立的法律部门。

（三）民事诉讼法是程序法

从民事诉讼法的内容看，它规定的主要是程序问题，除总则外，民事诉讼法规定了第一审程序、第二审程序、审判监督程序、特别程序、督促程序、公示催告程序、执行程序等。民事诉讼法在主要规定诉讼程序的同时，还规定了一些同民事诉讼相关的非讼程序。

（四）民事诉讼法是公法

从公法与私法的划分看，民事诉讼法规范的是人民法院和当事人之间的关系，涉及国家审判权的行使，属于公法。

二、民事诉讼法的效力

民事诉讼法的效力，即民事诉讼法的适用范围，是指民事诉讼法在何时何地对何人何事具有法律拘束力。

（一）时间效力

民事诉讼法的时间效力，是指民事诉讼法在什么时间范围内具有拘束力，包括民事诉讼法何时生效、何时失效，以及对民事诉讼法生效前的民事案件是否具有溯及力等事项。

我国现行《民事诉讼法》于1991年4月9日生效，经全国人民代表大会常务委员会第五次修正的《民事诉讼法》于2024年1月1日生效。

法的溯及力又称法溯及既往的效力，是指新法对它生效前发生的行为和事件可否加以适用的效力。"法不溯及既往"原则是世界上通用的法律适用原则。作为这一原则的补充或例外，在一定条件下，存在"有利法律溯及既往"原则。从法的科学性和可操作性的角度来讲，作为程序法的民事诉讼法具有溯及既往的效力，即现行民事诉讼法生效后，人民法院无论是审理民事诉讼法生效前受理的案件，还是审理生效后受理的案件，均应适用新法。但新法生效前已适用旧法进行的尚未终结的程序活动依然有效。

（二）空间效力

民事诉讼法的空间效力，是指民事诉讼法适用的地域范围。

我国《民事诉讼法》第4条规定："凡在中华人民共和国领域内进行民事诉讼，必须遵守本法。"该条规定指明了我国《民事诉讼法》的空间效力，包括中华人民共和国整个领域，即我国的领土、领空、领海以及领土的延伸部分，如我国驻外使领馆、航行或停泊于国外或公海上的我国飞行器或船舶等。

我国是多民族国家，《民事诉讼法》第17条规定："民族自治地方的人民代表大会根据宪法和本法的原则，结合当地民族的具体情况，可以制定变通或者补充的规定。自治区的规定，报全国人民代表大会常务委员会批准。自治州、自治县的规定，报省或者自治区的人民代表大会常务委员会批准，并报全国人民代表大会常务委员会备案。"

（三）对人效力

民事诉讼法的对人效力，是指民事诉讼法对什么人生效，即适用于哪些人。

我国《民事诉讼法》第4条规定："凡在中华人民共和国领域内进行民事诉讼，必须遵守本法。"也就是说，无论何人，只要在中华人民共和国领域内进行民事诉讼活动，就必须遵守我国《民事诉讼法》。具体讲，我国《民事诉讼法》适用于下列人员：①我国的公民、法人和非法人组织；②在我国进行民事诉讼的外国人、无国籍人以及外国企业和组织。

我国《民事诉讼法》第272条规定："对享有外交特权与豁免的外国人、外国组织或者国际组织提起的民事诉讼，应当依照中华人民共和国有关法律和中华人民共和国缔结或者参加的国际条约的规定办理。"

（四）对事效力

民事诉讼法的对事效力，是指人民法院依照民事诉讼法审理的民事案件的范围。

我国《民事诉讼法》第3条规定："人民法院受理公民之间、法人之间、其他组织之间以及他们相互之间因财产关系和人身关系提起的民事诉讼，适用本法的规定。"具体包括：①由《民法典》调整的平等主体之间的财产关系和人身关系产生的案件。②由《民法典》调整的婚姻关系、继承关系、收养关系产生的案件。③由经济法调整的平等主体之间基于经济关系产生的案件。④由劳动法调整的部分劳动关系产生的案件。⑤由其他法律调整的社会关系产生的特殊类型案件，如选民资格案件、宣告失踪案件等。

第三节 民事诉讼法律关系

民事诉讼法律关系问题是民事诉讼法学中的重要理论问题，同时也与民事诉讼实践有密切联系。因此，研究民事诉讼法律关系不仅有助于人民法院正确理解和掌握民事诉讼法律规范的精神实质，尊重诉讼参与人的诉讼权利，依法行使审判权，正确履行职责，也有助于引导诉讼参与人正确行使诉讼权利和自觉履行诉讼义务。

民事诉讼法律关系，是指人民法院和一切诉讼参与人之间在民事诉讼过程中发生的，由民事诉讼法所调整的诉讼上的权利义务关系。它包括以下几层含义：①民事诉讼法律关系发生在民事诉讼过程中；②民事诉讼法律关系存在于人民法院和一切诉讼参与人之间；③民事诉讼法律关系以诉讼权利义务为内容；④民事诉讼法律关系受民事诉讼法调整。

一、民事诉讼法律关系的要素

民事诉讼法律关系的要素，是指构成民事诉讼法律关系的基本因素。民事诉讼法律关系与其他法律关系一样，由主体、内容和客体三个要素构成。

（一）民事诉讼法律关系的主体

民事诉讼法律关系的主体，是指民事诉讼权利的享有者和民事诉讼义务的承担者。民事诉讼法律关系的主体包括人民法院、人民检察院和诉讼参与人。诉讼参与人包括诉讼参加人和其他诉讼参与人，诉讼参加人是指当事人和诉讼代理人；其他诉讼参与人是指证人、鉴定人、翻译人员和勘验人员。

在我国民事诉讼理论中，还有一个与民事诉讼法律关系主体既相联系，又有区别的概念，即民事诉讼主体，简称诉讼主体。诉讼主体不是诉讼法律关系主体的简称，而是指诉讼法律关系主体中能够直接对诉讼程序的发生、发展和终结产生影响的主要行为人。诉讼主体，一定是诉讼法律关系主体，如当事人既是诉讼主体，又是诉讼法律关系主体；而诉讼法律关系主体，不一定是诉讼主体，如证人、鉴定人、翻译人员和勘验人员，是诉讼法律关系的主体，但不是诉讼主体。诉讼主体只包括人民法院、人民检察院、当事人、法定代理人和经特别授权的委托代理人。

（二）民事诉讼法律关系的内容

民事诉讼法律关系的内容，是指民事诉讼法律关系主体依法享有的诉讼权利和承担的诉讼义务。诉讼权利是指民事诉讼法律关系主体在诉讼中依法可以为一定行为或不为一定行为的可能性。诉讼义务是指民事诉讼法律关系主体在诉讼中依法可以为一定行为或不为一定行为的必要性。

不同的诉讼法律关系主体在诉讼中的地位和作用不同，他们享有的权利和所承担的义务也有所区别。

1. 人民法院。人民法院以国家审判机关的名义参加诉讼，对民事案件进行审判，这是人民法院的诉讼权利，也是其诉讼义务。人民法院要依照法律的规定审判案件，当事人也必须接受人民法院的审判，这是人民法院的诉讼权利；同时，对于人民法院来讲，这种权利是不能放弃的，应该审判的案件如果法院不审判，属失职行为，是法律所不允许的，从这个角度讲，对民事案件进行审判又是人民法院的诉讼义务。人民法院的诉讼义务主要有两方面：一是保障当事人和其他诉讼参与人正确行使诉讼权利；二是要正确、合法、及时地审判民事案件。人民法院行使诉讼权利和履行诉讼义务表现了对国家和人民负责的一致性，与其审判职能相一致。

2. 人民检察院。人民检察院作为原告有权依法提起民事公益诉讼，享有诉讼权利和承担诉讼义务；人民检察院作为法律的监督机关，有权对民事诉讼进行监督，行使宪法与法律赋予的监督权。

3. 当事人。当事人的诉讼权利和诉讼义务与人民法院不同。当事人享有的诉讼权利是以他们的实体权利为基础的。当其实体权利受到侵害或者与他人发生争议时，就有权要求人民法院给予司法保护，而被告也可以通过应诉和反诉的方式行使自己的权利。我国《民事诉讼法》第52条至第54条规定了当事人具有广泛的诉讼权利，同时也要求他们履行一定的诉讼义务。对于法律所规定的诉讼权利，当事人既可以行使，也可以放弃。但法律所规定的诉讼义务，当事人必须履行，以保障诉讼活动的正常进行。

4. 诉讼代理人。诉讼代理人以当事人的名义参加诉讼，法律赋予其与当事人相似的诉讼地位。他们的诉讼权利和诉讼义务与当事人的诉讼权利和诉讼义务基本相同。但诉讼代理人必须在代理权限范围内进行诉讼活动。

5. 其他诉讼参与人。证人、鉴定人、翻译人员和勘验人员参加诉讼活动，是为了协助人民法院查明案件事实，他们享有一定的诉讼权利，也承担一定的诉讼义务，以保障人民法院及时地解决民事纠纷。

（三）民事诉讼法律关系的客体

民事诉讼法律关系的客体，是指民事诉讼法律关系主体之间诉讼权利和诉讼义务所指向的对象，它通常包括案件事实和当事人之间争议的民事实体法律关系。由于不同的民事诉讼法律关系主体有不同的诉讼权利义务，因此，民事诉讼法律关系的客体即诉讼权利义务指向的对象也有所不同。例如，人民法院和当事人之间诉讼权利义务指向的对象，既包括案件事实，又包括当事人之间争议的民事实体法律关系；人民法院和其他诉讼参与人之间诉讼权利义务指向的对象，只能是案件事实。

二、民事诉讼上的法律事实

民事诉讼法律关系的发生、变更和消灭，是由诉讼上的法律事实引起的。凡是能够引起民事诉讼法律关系发生、变更和消灭的事实，都称为民事诉讼上的法律事实。诉讼上的法律事实包括诉讼事件和诉讼行为两类。

（一）诉讼事件

诉讼事件，是指不以人的意志为转移，能够引起诉讼上一定法律后果的客观情况。比如自然人的死亡、法人的终止等。在离婚诉讼中一方当事人死亡，诉讼程序终结，导致民事诉讼法律关系消灭；在诉讼中法人因合并而终止，其诉讼权利义务由合并后的法人享有和承担，导致民事诉讼法律关系的变更。

（二）诉讼行为

诉讼行为，是指民事诉讼法律关系主体所实施的，能够引起诉讼上一定法律后果的各种活动。它是引起民事诉讼法律关系发生、变更和消灭的主要原因。

诉讼行为包括作为和不作为。前者如起诉、应诉、反诉、申请回避、强制执行等；后者如一审判决作出后，当事人在上诉期内没有提出上诉等。

诉讼行为还可分为合法行为和违法行为。不仅合法行为能引起民事诉讼法律关系的发生、变更和消灭，违法行为也可引起民事诉讼法律关系的发生、变更和消灭。前者如当事人起诉，引起民事诉讼法律关系的发生；后者如原告无正当理由不到庭参加诉讼，法院按撤诉处理，导致民事诉讼法律关系的消灭等。

第四节　民事诉讼基本原则

民事诉讼基本原则，是指在民事诉讼全过程或民事诉讼主要阶段起指导作用的准则。它是民事诉讼法学基本理论的重要组成部分和集中体现，是民事诉讼法学基本理论的条文化、法律化，是制定各项程序制度的依据；同时它还具有概括性强、适应性强的特点，可以弥补立法的不足。因此，民事诉讼的基本原则在民事诉讼法中有着十分重要的地位和作用。

民事诉讼基本原则规定在《民事诉讼法》第一章中，法学界通常将这些原则分为两大类：第一类是共有原则，它是根据宪法原则，参照《中华人民共和国人民法院组织法》（以下简称《人民法院组织法》）有关规定制定的基本原则，这类基本原则不仅适用于民事诉讼，也适用于刑事诉讼和行政诉讼。第二类是特有原则，它是根据民事诉讼的特殊要求制定的基本原则，反映了民事诉讼的特殊规律性。共有原则和特有原则构成了民事诉讼基本原则的完整体系。各基本原则之间既有区别又有密切的联系，它们相互补充、相互配合，共同指导着民事诉讼活动的正常运行。

一、诉讼共有原则

（一）民事案件审判权由人民法院行使的原则

《中华人民共和国宪法》（以下简称《宪法》）第 128 条规定，中华人民共和国人民法院是国家的审判机关。《民事诉讼法》第 6 条第 1 款规定，民事案件的审判权由人民法院行使。审判权由人民法院统一行使，任何其他机关或组织都不能对案件行使审判权。

（二）人民法院依法独立审判案件的原则

我国《宪法》第 131 条规定，人民法院依照法律规定独立行使审判权，不受行政机关、社会团体和个人的干涉。该条从宪法的高度规定了人民法院的地位和人民法院独立审判的原则。《民事诉讼法》第 6 条第 2 款规定，人民法院依照法律规定对民事案件独立进行审判，不受行政机关、社会团体和个人的干涉。

建立中国特色社会主义审判权力运行体系，必须坚持在党的领导下，推动完善确保人民法院依法独立公正行使审判权的各项制度，优化司法环境，树立司法权威，强化职业保障，提高司法公信力。[1]

要正确处理坚持党的领导和确保司法机关依法独立公正行使职权的关系。保证司法机关依法独立公正行使职权是我们党的明确主张。要划清党委领导与私情插手、包庇性干预的界线。习近平总书记指出："我们说不存在'党大还是法大'的问题，是把党作为一个执政整体、就党的执政地位和领导地位而言的，具体到每个党政组织、每个领导干部，就必须服从和遵守宪法法律。有些事情要提

---

〔1〕 2015 年，中共中央办公厅、国务院办公厅印发《领导干部干预司法活动、插手具体案件处理的记录、通报和责任追究规定》，中央政法委印发《司法机关内部人员过问案件的记录和责任追究规定》，最高人民法院、最高人民检察院、公安部、国家安全部、司法部联合印发《关于进一步规范司法人员与当事人、律师、特殊关系人、中介组织接触交往行为的若干规定》，简称为"三个规定"。2022 年，党的二十大报告进一步指出，公正司法是维护社会公平正义的最后一道防线。深化司法体制综合配套改革，全面准确落实司法责任制，加快建设公正高效权威的社会主义司法制度，努力让人民群众在每一个司法案件中感受到公平正义。

交党委把握，但这种把握不是私情插手，不是包庇性的干预，而是一种政治性、程序性、职责性的把握。这个界线一定要划分清楚。"〔1〕

（三）以事实为根据，以法律为准绳的原则

《民事诉讼法》第 7 条规定，人民法院审理民事案件，必须以事实为根据，以法律为准绳。这一原则是从实际出发、实事求是的社会主义法制原则在民事诉讼中的具体体现，反映了我国民事诉讼制度的本质特征。在民事诉讼中，以事实为依据，是指人民法院审理民事案件，从实际出发，实事求是，忠实于案件的真实情况。以法律为准绳，是指在查明案件事实的基础上，以法律作为衡量、评价是非的尺度和标准。

（四）对当事人在适用法律上一律平等的原则

人民法院审理民事案件，对当事人在适用法律上一律平等。这一原则是公民在法律面前一律平等的宪法原则在民事诉讼中的具体体现。这一原则要求人民法院在审理民事案件时，要严格依法办事；对于诉讼当事人不能因人而异，在适用法律上要一视同仁。

（五）使用本民族语言、文字进行诉讼的原则

《民事诉讼法》第 11 条规定，各民族公民都有用本民族语言、文字进行民事诉讼的权利。在少数民族聚居或者多民族共同居住的地区，人民法院应当用当地民族通用的语言、文字进行审理和发布法律文书。人民法院应当对不通晓当地民族通用的语言、文字的诉讼参与人提供翻译。该原则是宪法规定的民族平等原则在民事诉讼中的具体体现。

（六）检察监督原则

《民事诉讼法》第 14 条规定，人民检察院有权对民事诉讼实行法律监督。该条确立了检察监督原则。人民检察院有权对人民法院的诉讼活动、执行活动以及调解活动进行监督。党的二十大报告进一步指出要加强检察机关法律监督工作。

监督的范围主要包括：①生效判决、裁定。《民事诉讼法》第 219 条第 1 款、第 2 款规定，对已经发生法律效力的判决、裁定，有法律规定情形的，应当提出抗诉。②调解书。《民事诉讼法》第 219 条第 1 款、第 2 款规定，发现调解书损害国家利益、社会公共利益的，应当提出抗诉。③执行活动。《民事诉讼法》第 245 条规定，人民检察院有权对民事执行活动实行法律监督。自此，人民检察院对民事执行活动实行法律监督有了明确的法律依据。④审判人员的违法行为。《民事诉讼法》第 219 条第 3 款规定，各级人民检察院对审判监督程序以外的其

---

〔1〕　习近平：《坚定不移走中国特色社会主义法治道路 为全面建设社会主义现代化国家提供有力法治保障》，载《求是》2021 年第 5 期。

他审判程序中审判人员的违法行为，有权向同级人民法院提出检察建议。

（七）民族自治地方制定变通或者补充规定原则

该原则的内容是：民族自治地方的人民代表大会根据《宪法》和《民事诉讼法》规定的原则，结合当地民族的具体情况，可以制定变通或者补充的规定，并根据法律程序报全国人民代表大会批准或备案，其规定在本自治地方有效。各自治区、自治州、自治县人民法院在依法审理当事人双方属于本行政区内的民事纠纷案件时，可以适用该自治地方的自治条例、单行条例或变通、补充的规定，并可在制定法律文书时加以引用。

（八）在线诉讼规则

《民事诉讼法》第16条规定，经当事人同意，民事诉讼活动可以通过信息网络平台在线进行。民事诉讼活动通过信息网络平台在线进行的，与线下诉讼活动具有同等法律效力。党的十八大以来，各级人民法院认真贯彻落实习近平法治思想和习近平总书记关于网络强国的重要思想，加快建设智慧法院，为广大人民群众开展在线诉讼等活动提供极大便利并取得显著成效，充分体现了以人民为中心的发展思想。[1]

二、民事诉讼特有原则

（一）同等原则和对等原则

1. 同等原则。同等原则，是指外国人、无国籍人、外国企业和组织在人民法院起诉、应诉，同中华人民共和国公民、法人和其他组织有同等的诉讼权利义务。我国《民事诉讼法》第5条第1款规定："外国人、无国籍人、外国企业和组织在人民法院起诉、应诉，同中华人民共和国公民、法人和其他组织有同等的诉讼权利义务。"同等原则是一项国际惯例。这一原则意味着：①外国人、无国籍人、外国企业和组织依据我国民事实体法、程序法与中国公民、法人和其他组织有同等的诉讼权利能力和诉讼行为能力；②外国人、无国籍人、外国企业和组织在中国起诉、应诉与中国公民、法人和其他组织有同等的诉讼权利义务；③人民法院审理涉外案件时，不能因为当事人是外国人、无国籍人、外国企业和组织

---

〔1〕《人民法院第五个五年改革纲要（2019—2023）》将"探索构建适应互联网时代需求的新型管辖规则、诉讼规则，推动审判方式、诉讼制度与互联网技术深度融合"确定为重点改革任务。人民法院主动适应互联网时代发展要求，回应人民群众公正、高效、便捷、多元解纷的司法需求，稳妥有序地推进完善案件在线审理机制。最高人民法院先后制定印发《最高人民法院关于互联网法院审理案件若干问题的规定》《民事诉讼程序繁简分流改革试点实施办法》和《人民法院在线诉讼规则》《人民法院在线调解规则》《人民法院在线运行规则》等规范性文件。在全世界法院树立了网络覆盖最全、数据存量最大、业务支持最多、公开力度最强、协同范围最广、智能服务最新的示范样板。（许建峰、孙福辉、张娴：《〈人民法院在线运行规则〉理解与适用》，载《人民司法》2022年第10期。）

而对其予以歧视或照顾。

2. 对等原则。对等原则，是指外国法院对中华人民共和国公民、法人和其他组织的民事诉讼权利加以限制的，我国人民法院也对该国公民、企业和组织的民事诉讼权利加以同样的限制。我国《民事诉讼法》第 5 条第 2 款规定："外国法院对中华人民共和国公民、法人和其他组织的民事诉讼权利加以限制的，中华人民共和国人民法院对该国公民、企业和组织的民事诉讼权利，实行对等原则。"对等原则也是一项国际惯例，该原则包含以下内容：①一国法院要求他国法院对自己国家的公民、企业和组织提供诉讼上的方便，应当以自己国家的法院对他国公民、企业和组织的民事诉讼权利不加限制为前提；②如果外国法院对我国公民、法人和其他组织在该国的民事诉讼权利加以限制，那么，我们也将对该国公民、企业和组织的民事诉讼权利采取相应的限制措施。以限制对抗限制，在司法上实现了国家之间的平等。

在中央全面依法治国工作会议上，习近平总书记强调指出，"要坚持统筹推进国内法治和涉外法治。要加快涉外法治工作战略布局，协调推进国内治理和国际治理，更好维护国家主权、安全、发展利益。要推动国内法治和涉外法治协调发展，为建设社会主义现代化强国创造良好法治环境。"同等原则和对等原则作为国际关系中的基本原则，体现了主权国家之间的平等，不仅有利于解决各类涉外民事纠纷，也有利于保护我国公民、法人和其他组织在外国参加民事诉讼活动时的合法诉讼权利。

（二）当事人诉讼权利平等原则

当事人诉讼权利平等原则，是指在民事诉讼中，当事人平等地享有和行使诉讼权利。我国《民事诉讼法》第 8 条规定："民事诉讼当事人有平等的诉讼权利。人民法院审理民事案件，应当保障和便利当事人行使诉讼权利，对当事人在适用法律上一律平等。"该原则包含以下三项基本内容：

1. 当事人在诉讼中的地位平等。当事人在诉讼中的地位，不因当事人的社会地位、经济状况、文化程度、民族等因素不同而存在差别。这种地位上的平等在民事诉讼中进一步体现为诉讼权利赋予和诉讼义务承担上的平等。

2. 当事人平等地拥有行使权利的手段。行使诉讼权利的手段，是实现诉讼权利的具体形式。没有平等地行使诉讼权利的手段，平等的诉讼权利就无法实现。如果在民事诉讼中，只一方当事人享有行使诉讼权利的手段，就无法保证双方当事人平等地行使诉讼权利。

3. 保障和便利当事人平等地行使诉讼权利。首先，立法保障。作为立法的指导原则，诉讼权利平等原则应当体现在民事诉讼法的相关制度和具体规范中，使这一原则具体化，为当事人实际平等地享有和行使诉讼权利提供法律依据。其次，在司法实践中，人民法院应当为当事人平等地行使诉讼权利提供保障和便利。依法保障当事人双方平等地行使诉讼权利，并且为他们行使诉讼权利创造和提供平等的机会和条件，这是人民法院应当履行的职责，也是实现诉讼权利平等原则的重要保证。

当事人诉讼权利平等原则是我国现行宪法关于"中华人民共和国公民在法律面前一律平等"的具体体现。我们党把全心全意为人民服务确定为根本宗旨，一贯把坚持法律面前人人平等作为自己的政治主张和法律原则，并为之努力奋斗和不断实践。

（三）法院调解自愿和合法原则

法院调解又称诉讼中调解，是指在民事诉讼中双方当事人在人民法院审判人员的主持和协调下，就案件争议的问题进行协商，从而解决纠纷所进行的活动。调解可缓和当事人之间的对立情绪，有利于消除矛盾、息讼止争，促进社会关系的和谐发展。《民事诉讼法》第9条规定："人民法院审理民事案件，应当根据自愿和合法的原则进行调解；调解不成的，应当及时判决。"据此，人民法院在诉讼过程中应当根据自愿和合法的原则进行调解。

1. 当事人自愿原则。当事人自愿体现在两个方面：一是程序上的自愿，是否调解取决于当事人的意愿，法院不能未经当事人同意自行调解或强迫当事人接受调解；二是实体上的自愿，经调解达成的协议必须是各方当事人真实的意思表示。

2. 合法原则。调解的开始、调解的方式、调解的组织形式、调解协议的形成以及调解书的送达等，都应当符合《民事诉讼法》的规定。当事人经调解达成协议的内容不得违反法律、法规的规定，不得损害国家、社会和他人的合法权益，否则无效。

另外，除离婚案件和按简易程序审理的一些特殊案件外，调解一般不是诉讼的必经程序，人民法院对于调解不成的案件，应当及时判决，而不能久调不决，拖延诉讼，使当事人的法律关系长期处于不稳定的状态。

法院调解是贯穿于民事审判程序各个阶段的一条基本原则。法院调解既可以在第一审普通程序或简易程序中进行，也可以在第二审程序或审判监督程序中进行。但应当明确，在执行程序中不得进行法院调解。

（四）辩论原则

民事诉讼中的辩论原则，是指在人民法院主持下，当事人有权就案件事实和争议的问题，各自陈述其主张和根据，互相进行反驳和答辩。

《民事诉讼法》第12条规定："人民法院审理民事案件时，当事人有权进行辩论。"该条确立了民事诉讼中的辩论原则。辩论原则主要包括以下三方面内容：

1. 辩论原则贯穿于民事诉讼的全过程。通常的理解中，辩论只指法庭辩论，实际上辩论不限于法庭辩论，而是贯穿于整个民事诉讼的全过程。从原告起诉、被告答辩开始，到人民法院作出终审裁判之前，不论是在第一审程序、第二审程序还是在审判监督程序中，双方当事人都可以以法定的形式进行辩论。

2. 辩论的内容，既可以是程序方面的问题，也可以是实体方面的问题。程序方面的问题，如当事人是否适格、当事人的某项诉讼行为是否符合法定要求以及代理人是否有代理权等。实体方面的问题通常是辩论的焦点，一般来说，对实体问题的辩论往往是法庭认定事实的重要依据，因为借助辩论过程，审判人员可以了解双方的观点及各自的论据，进而作出某种评判。

3. 辩论的方式既可以是口头的也可以是书面的。口头辩论又称"言辞辩论"，主要集中在法庭审理阶段，且只适用于诉讼汇合的场合。书面辩论主要集中在其他阶段，如原告提交起诉状、被告提交答辩状以及一方当事人为支持自己的主张、对抗对方主张提交其他诉讼文书和资料。

民事诉讼中的辩论原则与刑事诉讼中的辩护原则有一定的区别。辩护原则建立在公诉权与辩护权分立的基础之上，检察机关代表国家，以公诉人的身份对刑事被告人行使追诉权；被告人处于被控诉和受审判的地位，只能就自己是否犯罪和罪行轻重进行辩护。辩论原则建立在原告和被告诉讼地位平等而又彼此对立的基础之上，双方可以相互反驳、争辩，被告还有权对原告进行反诉。

（五）诚信原则

诚信原则，是指人民法院和诉讼参与人在审理民事案件和参与民事诉讼活动中，应当本着诚实和善意进行。诚实信用原则最早起源于罗马法中的诚信契约和诚信诉讼。诚信诉讼就是要求民事诉讼应遵循诚实信用原则。我国《民事诉讼法》第13条第1款规定："民事诉讼应当遵循诚信原则。"诚实信用原则的确立，对于规制当事人和其他诉讼参与人正确行使诉讼权利、履行诉讼义务，人民法院正确行使审判权，维护程序正义，保障诉讼正常进行都起到了积极作用。我国现行立法中诚实信用原则主要适用于当事人及其他诉讼参与人，也适用于法官，但有所区分。

1. 对当事人及其他诉讼参与人的适用。①真实陈述的义务。这是诚实信用原则的主要内容之一。当事人及其他诉讼参与人有真实陈述事实和主张的义务，不得在诉讼中提供虚假证据、作虚假陈述，证人不得提供虚假证言，鉴定人不得出具虚假鉴定意见等。②禁止滥用诉讼权利。当事人享有法律赋予的广泛的诉讼权利，当事人应当依法善意行使，不得滥用起诉权、管辖异议权、回避申请权、上诉权、提出证据等权利，或者不按照规定的程序行使权利，意图拖延诉讼或阻止诉讼的进行。《民事诉讼法》及相关司法解释对滥用诉讼权利的行为作了相应的制裁规定。如《民事诉讼法》第115条规定："当事人之间恶意串通，企图通过诉讼、调解等方式侵害他人合法权益的，人民法院应当驳回其请求，并根据情节轻重予以罚款、拘留；构成犯罪的，依法追究刑事责任。"第116条规定："被执行人与他人恶意串通，通过诉讼、仲裁、调解等方式逃避履行法律文书确定的义务的，人民法院应当根据情节轻重予以罚款、拘留；构成犯罪的，依法追究刑事责任。"同时《民事诉讼法》还规定了第三人撤销之诉制度以解决虚假诉讼问题。

2. 对法院的适用。法院在行使《民事诉讼法》规定的自由裁量事项权力时，也应当本着诚实信用的原则进行诉讼。具体而言，包括不得滥用审判权、应充分尊重当事人的诉讼地位、应给予当事人平等的诉讼机会、不得实施突袭性裁判。

（六）处分原则

处分原则，是指在民事诉讼的整个过程中，当事人在法律规定的范围内，对自己的民事权利和诉讼权利有支配和处置的自由。

《民事诉讼法》第13条第2款规定："当事人有权在法律规定的范围内处分自己的民事权利和诉讼权利。"该条确立了民事诉讼中的处分原则。

处分原则具体体现在以下几个方面：

1. 处分权的享有者只限于民事诉讼当事人，其他诉讼参与人不享有处分权。因为有权对自己实体权利和诉讼权利进行处置的只能是权利者本人，但诉讼代理人可依照法律的规定或当事人的授权，代理当事人实施处分行为。

2. 当事人行使处分权的对象包括其依法享有的实体权利和诉讼权利。对实体权利的处分主要表现在三个方面：①诉讼主体在起诉时可以自由确定请求司法保护的范围和选择保护的方法。②诉讼开始后，原告可以变更诉讼请求，即将诉讼请求部分或全部撤回，代之以另一诉讼请求；也可以扩大或缩小原来的请求范围。③在诉讼中，原告可全部放弃其诉讼请求，被告可部分或全部承认原告的诉讼请求；当事人双方可以达成或拒绝达成调解协议；在判决未执行完毕之前，双方当事人随时可就实体问题自行和解。

对诉讼权利的处分主要体现在以下几个方面：①诉讼发生后，当事人可依自己的意愿决定是否行使起诉权。对民事纠纷人民法院采取"不告不理"的原则，既不能强令当事人起诉，也不能在当事人不起诉的情况下主动进行审理。②在诉讼过程中，原告可以申请撤诉，从而要求人民法院终结已经进行的诉讼；被告也有权提出反诉，对抗原告的诉讼请求。当事人双方都有权请求法院以调解方式解决纠纷。③一审判决作出后，在上诉期内，当事人有权决定是否提起上诉；对于已生效的判决或调解书认为确有错误时，当事人有权决定是否申请再审；对生效判决或者其他具有执行力的法律文书，当事人有权决定是否申请强制执行。④在执行过程中，申请执行人可以撤回其申请。

需要注意，我国民事诉讼中当事人的处分权不是绝对的，法律在赋予当事人处分权的同时，也要求当事人不得违反法律，不得违反公序良俗，否则，人民法院将代表国家实行干预，即通过司法审判确认当事人某种不当的处分行为无效。

（七）支持起诉原则

支持起诉原则，是指在机关、社会团体、企事业单位对损害国家、集体或个人民事权益的行为，可以支持受损害的单位或个人向人民法院提起诉讼。

《民事诉讼法》第15条规定："机关、社会团体、企业事业单位对损害国家、集体或者个人民事权益的行为，可以支持受损害的单位或者个人向人民法院起诉。"[1]

在一般情况下，诉讼只能由民事权益受到侵害的自然人、法人、其他社会组织向人民法院提起，并不需要其他组织或者个人干预。但在特殊情况下，受到损害的单位或者个人不能独立保护自己的民事权益，就需要有关组织给予协助和支持，这是运用社会力量，帮助弱势单位或者个人实现诉讼权利。如某妇女长期遭受家暴，但是又不敢去起诉离婚，这时候妇联出面，支持该妇女起诉，为其聘请律师，就体现了支持起诉原则。

机关、社会团体、企事业单位可以通过多种方式支持民事权益受到侵害的单位和个人起诉。例如，向他们宣传法律知识、提供法律咨询服务，使他们熟悉法律所规定的权利和义务、提高法制观念、加强法律意识、敢于和善于运用法律武器维护自己的合法权益；也可以经他们同意，接受他们的委托或者推荐律师当他们的诉讼代理人，帮助他们维护合法权益；也可以向他们提供物质帮助，如代交诉讼费、律师费等。需注意的是，机关、社会团体、企事业单位是支持受害人起诉，起诉的主体仍然是受害人。

第五节　民事审判基本制度

民事审判基本制度，是指人民法院审判民事案件所必须遵循的基本操作规程。民事审判基本制度不同于民事诉讼基本原则。其一，民事审判的基本制度是以《宪法》《人民法院组织法》为根据，以民事诉讼基本原则为指导而制定的民事审判的具体操作规程，它通常比较具体；民事诉讼基本原则则是对民事诉讼本质的抽象概括，是对整个民事诉讼的具体制度、规范起指导作用的准则，具有高

---

〔1〕 2017年《民事诉讼法》修订，明确规定人民检察院在法律规定的机关或组织提起公益诉讼时，可以支持起诉。

度的抽象性。其二，民事诉讼基本制度主要用以规范人民法院的审判行为；民事诉讼基本原则，是用以指导人民法院和诉讼参与人进行民事诉讼活动的准则。

《民事诉讼法》第10条规定："人民法院审理民事案件，依照法律规定实行合议、回避、公开审判和两审终审制度。"据此，我国民事审判基本制度包括：合议制度、回避制度、公开审判制度和两审终审制度。

一、合议制度

合议制度，是指由3名以上审判人员组成合议庭，代表人民法院行使审判权，对案件进行审理并作出裁判的制度。实行合议制，是为了发挥集体的智慧，弥补个人能力上的不足，以保证案件的审判质量。

合议制是与独任制相对的审判组织形式。合议制是由审判员或与陪审员组成合议庭对民事案件进行审理并作出裁判的集体审判制度。独任制是由一名审判员代表人民法院对民事案件进行审理并作出裁判的制度。在我国，独任制主要适用于依简易程序审理的民事案件和依特别程序审理的非讼案件（重大或疑难的非讼案件以及在公示催告程序中作出除权判决的，应当组成合议庭）。第四次修正后的《民事诉讼法》第40条第2款规定，基层人民法院审理基本事实清楚、权利义务关系明确的第一审民事案件，也可以由审判员一人适用普通程序独任审理。同时第41条第2款规定，中级人民法院对第一审适用简易程序审结或者不服裁定提起上诉的第二审民事案件，事实清楚、权利义务关系明确的，经双方当事人同意，可以由审判员一人独任审理。

（一）合议庭的组成

合议庭，是指按照合议制组成的审判组织。合议庭的成员人数，必须是单数。根据《民事诉讼法》第40条、第41条的规定，在不同的审判程序中，合议庭的组成也有所不同：

1. 第一审合议庭的组成。人民法院审理第一审民事案件，由审判人员和人民陪审员共同组成合议庭。具体而言，有两种形式，一是由审判员和人民陪审员共同组成合议庭；二是完全由审判员组成合议庭。至于哪些案件是由人民陪审员参加的合议庭审理，哪些案件是由审判员组成的合议庭审理，《民事诉讼法》未作规定，而由人民法院根据案件的实际情况加以确定。但在适用特别程序的案件中，如选民资格案件和其他适用特别程序审理的重大、疑难的民事非诉案件，必须由审判员组成合议庭。

2. 第二审合议庭的组成。人民法院审理第二审民事案件，由审判员组成合议庭，不吸收人民陪审员参加。因为第二审是上诉审，不仅要对当事人之间的争议进行审理，而且还要对下级法院的审判活动实行监督，第二审的性质和任务决定了第二审只能是由审判员组成合议庭进行审理。

3. 重审案件合议庭的组成。第二审法院依法发回重审的案件，原审人民法院应当按照第一审普通程序另行组成合议庭，即原来参加合议庭的审判员、人民陪审员以及原来独任审理的审判员不得进入重审合议庭，以避免先入为主，保证重审案件审判的公正性。

4. 再审案件合议庭的组成。按照审判监督程序的要求，人民法院对已经发生法律效力的判决、裁定、调解书，如果发现确有错误，应当决定再审。再审的案件可能是第一审法院审结的案件，也可能是第二审法院审结的案件。原来是第一审的，应当按照第一审程序另行组成合议庭；原来是第二审的，应当按照第二审程序另行组成合议庭。上级人民法院提审的案件，应按第二审程序组成合议庭，即由审判员组成合议庭。

（二）合议庭的活动原则

合议庭是一个审判集体，代表人民法院行使审判权。合议庭由一名审判员担任审判长，主持工作。根据《民事诉讼法》第44条的规定，合议庭审理案件时，应当由院长或者庭长指定审判员一人担任审判长；院长或者庭长参加审判的，由院长或者庭长担任审判长。人民陪审员参加合议庭审理案件时，不能担任审判长。

合议庭的成员，享有同等的权利。合议庭对案件进行评议或作出决定，必须充分发扬民主，共同协商。《民事诉讼法》第45条规定，合议庭评议案件，实行少数服从多数的原则。评议应当制作笔录，由合议庭成员签名。评议中的不同意见，必须如实记入笔录。合议庭评议案件没有形成多数人意见时，应由院长提交本院审判委员会讨论决定。对审判委员会的决定，合议庭必须执行。

二、回避制度

回避制度，是指为实现司法公正，当审判人员及其他有关人员与案件有某种利害关系时，不得参与本案的审理或与案件有关的诉讼活动的制度。在诉讼中实行回避制度，可以使对案件公正审理可能产生影响的审判人员和其他有关人员退出审判活动及相关的诉讼活动，进而从程序上保障诉讼在公正的情况下进行。

（一）回避的适用对象

根据《民事诉讼法》第47条以及相关司法解释的规定，回避适用于审判人员和其他人员。审判人员包括参与本案审理的人民法院院长、副院长、审判委员会委员、庭长、副庭长、审判员、助理审判员和人民陪审员；其他人员包括书记员、执行员、司法技术人员、翻译人员、鉴定人和勘验人。

（二）回避的法定事由

根据《民事诉讼法》第47条的规定，审判人员具有下列情形之一的，必须回避：①审判人员或其他人员是本案当事人或者当事人、诉讼代理人的近亲属。近亲属包括配偶、父母、子女、兄弟姐妹、祖父母、外祖父母、孙子女、外孙子女。②审判人员或其他人员与本案有利害关系。③审判人员或其他人员与本案当事人、诉讼代理人有其他关系，可能影响对案件公正审理。所谓有"其他关系"，是除与案件有利害关系及与当事人、诉讼代理人有近亲属关系之外的特殊亲密或仇嫌关系的存在，足以影响案件的公正审理。

另外，《关于适用〈民事诉讼法〉的解释》对回避的法定情形作了更为详尽的规定：

1. 审判人员有下列情形之一的，应当自行回避，当事人有权申请其回避：①是本案当事人或者当事人近亲属的；②本人或者其近亲属与本案有利害关系的；③担任过本案的证人、鉴定人、辩护人、诉讼代理人、翻译人员的；④是本案诉讼代理人近亲属的；⑤本人或者其近亲属持有本案非上市公司当事人的股份或者股权的；⑥与本案当事人或者诉讼代理人有其他利害关系，可能影响公正审理的。

2. 审判人员有下列情形之一的，当事人有权申请其回避：①接受本案当事人及其受托人宴请，或者参加由其支付费用的活动的；②索取、接受本案当事人及其受托人财物或者其他利益的；③违反规定会见本案当事人、诉讼代理人的；④为本案当事人推荐、介绍诉讼代理人，或者为律师、其他人员介绍代理本案的；⑤向本案当事人及其受托人借用款物的；⑥有其他不正当行为，可能影响公正审理的。

其他人员回避的法定事由适用审判人员的有关规定。

（三）回避的程序

1. 回避的提出。回避的提出方式有两种：一种是自行回避，即有法定的回避情形时，审判人员及其他有关人员主动退出该案审理活动；另一种是申请回避，即当事人及其诉讼代理人，向人民法院提出申请，要求符合条件的审判人员、其他有关人员回避。当事人申请回避的，应当在案件开始审理时提出，回避事由在案件开始审理后知道的，可以在法庭辩论终结前提出。提出回避申请应当说明理由。

2. 回避的决定。《民事诉讼法》第49条规定，院长担任审判长或者独任审判员时的回避，由审判委员会决定；审判人员的回避，由院长决定；其他人员的回避，由审判长独任审判员决定。

审判人员有应当回避的情形，没有自行回避，当事人也没有申请其回避的，由院长或者审判委员会决定其回避。

《民事诉讼法》第50条规定，人民法院对当事人提出的回避申请，应当在申请提出的 3 日内，以口头或者书面形式作出决定。申请人对决定不服的，可以在接到决定时申请复议一次。人民法院对复议申请，应当在 3 日内作出复议决定，并通知复议申请人。

（四）回避的法律后果

在当事人提出回避申请到人民法院作出是否同意申请的决定期间，除案件需要采取紧急措施的外，被申请回避的人员应暂停参与该案的工作。人民法院决定同意申请人回避申请的，被申请回避人退出该案的审判或诉讼；法院决定驳回回避申请而当事人申请复议的，复议期间，被申请回避的人员不停止参与该案的审判或诉讼。

三、公开审判制度

公开审判制度，是指人民法院审理民事案件，除法律有特别规定的以外，审判过程应当向群众、向社会公开的制度。

公开审判制度是社会主义民主的体现。实行公开审判可以将人民法院的审判置于社会的直接监督之下，体现社会对审判活动的民主监督，保障审判的公正性和平等性。此外，实行公开审判还可以充分发挥审判的教育作用，扩大办案的效果和影响，有利于提高广大人民群众的法律意识和法制观念。

（一）公开审判的要求

公开审判是对诉讼案件审判的基本制度。它有两方面的基本要求：一方面，公开审判形式上要求：向群众公开，允许群众旁听案件的审判活动；向社会公开，允许大众传媒对案件的审判情况进行采访和报道。另一方面，公开审判内容上要求：案件审理除法律明确规定不公开审理的外，一律公开进行；不论是否公开审理的案件，宣判时一律公开进行。对于公开审理的案件，为了便于群众参加旁听和新闻媒体采访报道，《民事诉讼法》第 139 条规定应当在开庭 3 日前公告当事人的姓名、案由和开庭的时间、地点。为落实审判公开原则，保障当事人对审判活动的知情权，最高人民法院于 2018 年 2 月 12 日通过《最高人民法院关于人民法院通过互联网公开审判流程信息的规定》（2018 年 9 月 1 日施行），明确提出人民法院审判民事案件的流程信息，应当通过互联网向参加诉讼的当事人及其法定代理人、诉讼代理人公开。

公开审判深层次上的要求是指实质上的公开，它主要是通过法官对形成和作出裁判文书的过程和理由进行公开、明晰的阐述来实现的。2018 年 6 月最高人民法院发布《最高人民法院关于加强和规范裁判文书释法说理的指导意见》，提出要进一步加强和规范人民法院裁判文书释法说理工作，提高释法说理水平和裁判文书质量；强调裁判文书释法说理的目的是通过阐明裁判结论的形成过程和正当性理由，提高裁判的可接受性，实现法律效果和社会效果的有机统一，其主要价值体现在增强裁判行为公正度、透明度，规范审判权行使，提升司法公信力和司法权威，发挥裁判的定分止争和价值引领作用，弘扬社会主义核心价值观，努力让人民群众在每一个司法案件中感受到公平正义，切实维护诉讼当事人合法权益，促进社会和谐稳定。

（二）公开审判的例外

根据《民事诉讼法》第137条的规定，不公开审理的案件包括应当不公开审理的案件和可以不公开审理的案件：

1. 应当不公开审理的案件，具体包括以下三种：①涉及国家秘密的案件。国家秘密是指关系国家安全和利益，依照法定程序，在一定时间内只限于一定范围的人知悉的事项，包括科技、经济、军事、外交政策等国家事务方面的机密。对这种案件不公开审理是为了维护国家政治、经济利益和社会公共利益。②涉及个人隐私的案件。个人隐私是指个人私生活中不愿公开的内容。这种案件不公开审理，既考虑到对个人隐私权的保护，也顾及可能对社会产生的不良影响。③法律另有规定的案件。这三类案件法院是绝对不可以公开审理的。

2. 可以不公开审理的案件：①离婚案件。离婚案件涉及双方当事人之间的生活和感情问题，有的还可能涉及个人隐私。②涉及商业秘密的案件。商业秘密是指不为公众所知悉，能为权利人带来经济利益、具有实用性并经权利人采取保密措施的技术信息和经营信息。商业秘密一旦公开，将给权利人带来经济利益方面的损失。因此，对于离婚案件和涉及商业秘密的案件，法律赋予当事人申请不公开审理的权利，但是否批准由人民法院决定。

四、两审终审制度

两审终审制度，是指一个案件经过两级人民法院审理即告终结的法律制度。实行两审终审制，不仅可以使错误的第一审判决、裁定在尚未发生法律效力之前得到纠正，保证办案质量，还可以防止诉讼拖延，节省诉讼资源，使民事主体间的民事纠纷得以及时解决。

（一）两审终审制度的内容

我国人民法院分为四级，即最高人民法院、高级人民法院、中级人民法院、基层人民法院。按照《民事诉讼法》关于级别管辖的规定，各级人民法院都有权管辖第一审民事案件。如果当事人对各级人民法院作出的第一审判决、裁定不服，可以依法向上一级人民法院提起上诉，要求上一级人民法院对案件进行第二次审判。第二审人民法院对案件进行审理后，所作出的判决和裁定即为终审的判决和裁定，当事人不服不得再提起上诉，人民法院也不得按照上诉程序审理。

（二）两审终审制度的例外

两审终审制并非是绝对的，根据《民事诉讼法》和相关司法解释的规定，下列民事案件实行一审终审：①最高人民法院审理的第一审民事案件；②按照《民事诉讼法》规定的特别程序、督促程序、公示催告程序审理的案件；③依照小额诉讼程序审理的案件。

学习小结

民事纠纷，也叫民事争议，是平等主体之间发生的，以民事权利义务为内容的法律纠纷。民事纠纷的处理机制分为三种，即自力救济、社会救济和公力救济。民事诉讼属于公力救济，是人民法院在当事人和其他诉讼参与人的参加下，在审理和执行民事案件的过程中所进行的各种诉讼活动，以及由这些活动产生的各种诉讼关系的总和；民事诉讼具有公权性、强制性、程序性、民事诉讼的诉讼标的是发生争议的民事法律关系等特征。民事诉讼法，是国家制定的规范法院和诉讼参与人的各种诉讼活动以及由此产生的各种诉讼关系的法律规范的总称；民事诉讼法是基本法、部门法、程序法；凡在中华人民共和国领域内进行民事诉讼，必须遵守《民事诉讼法》。民事诉讼法律关系，是人民法院和一切诉讼参与人之间在民事诉讼过程中发生的，由民事诉讼法所调整的诉讼上的权利义务关系；由主体、客体和内容三个要素构成。民事诉讼基本原则，是能够指导民事诉讼活动正常进行的基本原理和基本规则。民事诉讼除遵循三大诉讼的共有原则外，还有其特有原则：同等原则和对等原则、当事人诉讼权利平等原则、法院调解自愿和合法原则、辩论原则、诚实信用原则、处分原则、支持起诉原则。民事审判基本制度，是人民法院审判民事案件所必须遵循的基本操作规程，我国民事审判的基本制度包括：合议制度、回避制度、公开审判制度和两审终审制度。

基础练习

1. 什么是民事纠纷？民事纠纷的解决机制有哪些？
2. 民事诉讼法在时间、空间、对人、对事上的效力如何？
3. 民事诉讼的特有原则有哪些？它们的基本内涵是什么？
4. 民事审判的基本制度有哪些？其基本要求是什么？

案例分析

1. 甲公司（国有股份制企业）与乙公司（私营企业）因租赁合同产生纠纷，

甲公司以乙公司违约为由将其诉至人民法院，要求其支付赔偿金 12 万元。人民法院在征得双方同意后，对双方的纠纷进行了调解，但终因分歧过大，调解失败。在人民法院审理过程中，乙公司提出了反诉，后来又将反诉撤回。此案法院开庭 3 次，在庭审中双方进行了激烈辩论。最后为了给予国有资产更多的保护，防止国有资产的流失，人民法院判决被告乙公司向原告甲公司支付赔偿金 15 万元，并承担本案诉讼费用。

请分析：本案中，该人民法院的做法遵循了民事诉讼法的哪些基本原则，同时又违背了民事诉讼法的哪些基本原则？

2. 原告甲公司向人民法院起诉被告乙及丙公司。起诉状中称：被告乙原是其营销部经理，后被丙公司高薪挖去，在丙公司负责市场推销工作。乙利用其在甲公司所掌握的商业秘密，将甲公司的销售与进货渠道几乎全部提供给了丙公司，甲公司因而损失严重，请求乙和丙承担连带赔偿责任。同时，甲公司申请不公开审理，保护商业秘密。法院受理案件后，由张法官、周法官、计法官三人组成合议庭对案件进行了不公开审理。在法院第一次开庭审理时，原告甲公司提出，审理本案的周法官是被告乙的表哥，遂要求周法官回避。经法院调查，周法官确实与被告乙存在三代旁系血亲关系，于是决定周法官予以回避，改由人民陪审员陈某加入合议庭，参与本案审理。法院经审理后，依法作出一审判决，支持了原告的诉讼请求，判令二被告承担连带赔偿责任。被告丙公司不服，提出上诉。二审法院经审理，驳回其上诉，维持了原判决。

请分析：在本案的审理中，人民法院运用了民事审判中的哪些基本制度？

第一章　拓展学习

第二章 管辖法院

目标任务

掌握民事案件主管及管辖的相关基本理论知识，明确级别管辖、地域管辖、裁定管辖的基本要求，能够准确分析判断、选择案件的管辖法院，理解管辖恒定和管辖权异议。

知识技能

人民法院主管民事案件的确定；级别管辖的确定；地域管辖的确定；裁定管辖的确定；管辖权异议的处理；管辖恒定的识别。

 第一节 主管与管辖

一、主管

（一）主管概述

主管一般是指国家机关的职权范围。任何一个国家机关都有其特定的职权范围，这是基于国家权力分工原理，人民法院也不例外。人民法院主管，就其实质而论，是审判权的范围问题，是指人民法院受理民事案件的权限范围，或者说是人民法院与其他国家机关、社会团体之间解决民事纠纷的分工和权限。

（二）人民法院主管民事案件的范围

我国《民事诉讼法》第3条对人民法院受理民事案件的范围作了规定，人民法院受理公民之间、法人之间、其他组织之间以及他们相互之间因财产关系和人身关系提起的民事诉讼。也就是说，民事诉讼法以平等主体之间的财产关系和人身关系为标准，确定人民法院受理民事案件的范围。这是一条概括性规定，结合《最高人民法院关于印发修改后的〈民事案件案由规定〉的通知》（2020），人民法院受理的民事案件具体有以下几部分：

第一部分：人格权纠纷。

第二部分：婚姻家庭、继承纠纷。

第三部分：物权纠纷。

第四部分：合同、准合同纠纷。

第五部分：知识产权与竞争纠纷。

第六部分：劳动争议、人事争议。

第七部分：海事海商纠纷。

第八部分：与公司、证券、保险、票据等有关的民事纠纷。

第九部分：侵权责任纠纷。

第十部分：非讼程序案件案由。

第十一部分：特殊诉讼程序案件案由。

（三）人民法院主管与其他机构、社会组织主管的关系

人民法院受理民事案件的范围，解决了人民法院主管的问题。但并非属于人民法院主管的民事案件都要通过诉讼途径解决，民事法律纠纷不可能也没有必要都交由人民法院来处理，其他机构、社会组织也可以在一定范围内解决民事纠纷。根据我国法律规定及司法实践经验，处理人民法院和其他机构、社会组织解决民事纠纷的关系，应采取两项原则，即当事人合意选择原则和司法最终解决原则。所谓"当事人合意选择"，是指对于人民法院和其他机构、社会组织都有权处理的民事纠纷，由纠纷当事人合意选择解决民事纠纷的主体。所谓"司法最终解决"，是指对于其他机构、社会组织不能彻底解决的民事纠纷，由人民法院通过审判的方式予以最终解决。以下分述人民法院主管和其他机构、社会组织主管的具体关系：

1. 民事诉讼与人民调解委员会调解的关系。根据《中华人民共和国人民调解法》的规定，人民调解委员会是依法设立的调解民间纠纷的群众性组织。村民委员会、居民委员会设立人民调解委员会。企业事业单位根据需要设立人民调解委员会。

（1）人民调解需要双方当事人自愿。当事人可以向人民调解委员会申请调解；人民调解委员会也可以主动调解。当事人一方明确拒绝调解的，不得调解。

（2）人民调解协议具有法律约束力。经人民调解委员会调解达成的，有民事权利义务内容，并由双方当事人签字或者盖章的调解协议，具有民事合同性质，具有法律约束力，当事人应当按照约定履行。

（3）人民调解协议一般不具有强制执行力。人民调解委员会的调解协议不具有法律上的执行力，经人民调解委员会调解达成调解协议后，当事人之间就调解协议的履行或者调解协议的内容发生争议的，一方当事人可以向人民法院提起

诉讼。

（4）经过司法确认的人民调解协议具有强制执行力。经人民调解委员会调解达成调解协议后，双方当事人认为有必要的，可以自调解协议生效之日起30日内共同向人民法院申请司法确认。人民法院依法确认调解协议有效的，一方当事人拒绝履行或者未全部履行，对方当事人可以向人民法院申请强制执行。人民法院依法确认调解协议无效的，当事人可以通过人民调解方式变更原调解协议或者达成新的调解协议，也可以向人民法院提起诉讼。

总之，人民调解一般不影响当事人向人民法院起诉。通常情况下，人民调解达不成协议或达成协议后反悔的或协议无效的，都可以向人民法院起诉。

2. 民事诉讼与劳动争议仲裁的关系。

（1）通常情况下，劳动争议案件实行"先裁后审"。即通常情况下，劳动争议案件，不经过劳动争议仲裁委员会的仲裁，人民法院不受理。换个说法，因劳动关系发生纠纷，协商、调解不成，可向劳动争议仲裁委员会申请仲裁，对仲裁裁决不服的，可向人民法院起诉。这就是常说的"先裁后审"，或"一裁二审"。

发生劳动争议，劳动者可以与用人单位协商，也可以请工会或者第三方共同与用人单位协商，达成和解协议。当事人不愿协商、协商不成或者达成和解协议后不履行的，可以向调解组织申请调解；不愿调解、调解不成或者达成调解协议后不履行的，可以向劳动争议仲裁委员会申请仲裁；对仲裁裁决不服的，除《中华人民共和国劳动争议调解仲裁法》等另有规定的外，当事人可以自收到裁决书之日起的15日内向人民法院提起诉讼。

（2）例外情况一：一裁终局。根据《中华人民共和国劳动争议调解仲裁法》的规定，下列劳动争议，除劳动者对仲裁裁决不服可以自收到仲裁裁决书之日起15日内向人民法院提起诉讼的外，仲裁裁决为终局裁决，裁决书自作出之日起发生法律效力：①追索劳动报酬、工伤医疗费、经济补偿或者赔偿金，不超过当地月最低工资标准12个月金额的争议；②因执行国家的劳动标准在工作时间、休息休假、社会保险等方面发生的争议。如果用人单位对以上两类劳动争议的仲裁裁决不服，并且有证据证明有下列情形之一，可以自收到仲裁裁决书之日起30日内向劳动争议仲裁委员会所在地的中级人民法院申请撤销裁决：①适用法律、法规确有错误的；②劳动争议仲裁委员会无管辖权的；③违反法定程序的；④裁决所根据的证据是伪造的；⑤对方当事人隐瞒了足以影响公正裁决的证据的；⑥仲裁员在仲裁该案时有索贿受贿、徇私舞弊、枉法裁决行为的。仲裁裁决被人民法院裁定撤销的，当事人可以自收到裁定书之日起15日内就该劳动争议事项向人民法院提起诉讼。另外，根据《最高人民法院关于审理劳动争议案件适用法律问题的解释（一）》第10条的规定，当事人不服劳动争议仲裁机构作出的预先支付劳动者劳动报酬、工伤医疗费、经济补偿或者赔偿金的裁决，依法提起诉讼的，人民法院不予受理。用人单位不履行上述裁决中的给付义务，劳动者依法申请强制执行的，人民法院应予受理。

（3）例外情况二：直接起诉。根据《最高人民法院关于审理劳动争议案件适用法律问题的解释（一）》第15条、第51条第2款的规定：①劳动者以用人单位的工资欠条为证据直接向人民法院起诉，诉讼请求不涉及劳动关系其他争议的，视为拖欠劳动报酬争议，人民法院按照普通民事纠纷受理；②当事人在企业劳动争议调解委员会、依法设立的基层人民调解组织及在乡镇、街道设立的具有劳动争议调解职能的组织主持下仅就劳动报酬争议达成调解协议，用人单位不履行调解协议确定的给付义务，劳动者直接向人民法院起诉的，人民法院可以按照普通民事纠纷受理。

3. 民事诉讼与仲裁委员会民商事仲裁的关系。仲裁委员会可以在直辖市和省、自治区人民政府所在地的市设立，也可以根据需要在其他设区的市设立，不按行政区划层层设立。仲裁委员会由前述的市人民政府组织有关部门和商会统一组建。设立仲裁委员会，应当经省、自治区、直辖市的司法行政部门登记。仲裁委员会独立于行政机关，与行政机关没有隶属关系。仲裁委员会之间也没有隶属关系。仲裁委员会应当由当事人协议选定。仲裁不实行级别管辖和地域管辖。

根据《民事诉讼法》和《中华人民共和国仲裁法》的规定，人民法院主管的范围大于仲裁解决的范围。仲裁机构受理案件的范围，只能是平等主体的公民、法人和其他组织之间发生的合同纠纷和其他财产权益纠纷，但婚姻、收养、监护、扶养、继承纠纷除外。对于人民法院和仲裁机构受理案件范围重合部分的民事纠纷，由双方当事人合意选择主管机关并实行"裁""审"分离。如果双方当事人达成了仲裁协议，应由仲裁委员会主管，人民法院不能受理；没有仲裁协议或者仲裁协议无效的，一方当事人向人民法院起诉，人民法院应予受理。

（1）对合同纠纷和其他财产权益纠纷，当事人可协议选择仲裁。当事人采用仲裁方式解决纠纷，应当双方自愿，达成仲裁协议。没有仲裁协议，一方申请仲裁的，仲裁委员会不予受理。仲裁协议包括合同中订立的仲裁条款和以其他书面方式在纠纷发生前或者纠纷发生后达成的请求仲裁的协议。仲裁协议独立存在，合同的变更、解除、终止或者无效，不影响仲裁协议的效力。

（2）当事人达成有效仲裁协议后，不应当起诉，应当将纠纷提交选定的仲裁委员会仲裁，仲裁裁决作出即生效，即"一裁终局"。在仲裁机关作出裁决后，当事人就同一纠纷向人民法院起诉，人民法院不予受理。仲裁裁决被人民法院依法裁定撤销或者不予执行的，当事人就该纠纷可以根据双方重新达成的仲裁协议申请仲裁，也可以向人民法院起诉。

（3）当事人达成仲裁协议，一方向人民法院起诉的，人民法院不予受理，但仲裁协议无效的除外。当事人达成仲裁协议，一方向人民法院起诉未声明有仲裁协议，人民法院受理后，另一方在首次开庭前提交仲裁协议的，人民法院应当驳回起诉，但仲裁协议无效的除外；另一方在首次开庭前未对人民法院受理该案提出异议的，视为放弃仲裁协议，人民法院应当继续审理。

（4）当事人约定争议可以向仲裁机构申请仲裁也可以向人民法院起诉的，仲裁协议无效。但一方向仲裁机构申请仲裁，另一方未在仲裁庭首次开庭前提出异议的除外。

4. 民事诉讼与行政机关处理民事纠纷的关系。根据我国相关法律的规定，行政机关可以采用行政调解等方式处理一定范围内的民事权益纠纷。对于人民法院和行政机关都拥有处理权的民事纠纷，按以下几种方式解决：

（1）人民法院主管优先。此即一方当事人请求行政机关处理，另一方向人民法院提起民事诉讼的，由人民法院主管。

（2）司法最终解决的原则。当事人请求行政机关处理的，行政机关组织当事人调解，达不成调解协议或者达成协议后一方反悔的，仍可提起民事诉讼。

（3）如果行政机关的处理属于行政行为性质，当事人不服提起诉讼的，属于行政诉讼主管。

二、管辖

纠纷发生后，首先要解决由哪个机构管、该不该由人民法院管的问题，这就是主管的问题。如果纠纷由人民法院主管，那么接下来就要解决由哪个人民法院管的问题，这就是管辖的问题。由此可见，主管和管辖之间有着密切的关系。主管是确定管辖的前提和基础，管辖则是主管的进一步落实。管辖使具体案件落实到某个特定人民法院，解决了具体民事案件审判权（即管辖权）的问题。

民事诉讼中的管辖，是指确定各级人民法院之间和同级人民法院之间受理第一审民事案件的分工和权限。管辖包括法定管辖和裁定管辖两大类，以法定管辖为原则，裁定管辖为补充，而法定管辖又包括级别管辖和地域管辖。根据《人民法院组织法》的规定，人民法院包括最高人民法院、地方各级人民法院和专门人民法院。地方各级人民法院分为高级人民法院、中级人民法院和基层人民法院；专门人民法院包括军事法院和海事法院、知识产权法院、金融法院、互联网法院等。划分人民法院之间管辖民事案件的范围，主要考虑便利当事人进行诉讼和便利人民法院行使审判权、均衡各级人民法院的工作负担、原则规定（即法定管辖）与灵活规定（即裁定管辖）相结合、维护国家主权等因素。

第二节　级别管辖

我国的人民法院有四级，即最高人民法院、高级人民法院、中级人民法院和基层人民法院。上、下级人民法院之间受理第一审民事案件的分工和权限，就是级别管辖。这是从纵向角度确定民事纠纷的管辖人民法院。

确定级别管辖的依据：案件的性质、案件影响的大小、诉讼标的金额大小等。最高人民法院发布的《全国各省、自治区、直辖市高级人民法院和中级人民法院管辖第一审民商事案件标准》对此作出了比较明确的规定。由于各地具体情况和经济发展水平的不同，《最高人民法院关于调整高级人民法院和中级人民法院管辖第一审民商事案件标准的通知》（2008）规定，高级人民法院认为确有必要的，可以制定适当高于该通知的标准，对于辖区内贫困地区的中级人民法院，可以适当降低标准。各高级人民法院关于本辖区的级别管辖标准应当报最高人民法院批准。未经批准的，不得作为确定级别管辖的依据。

一、基层人民法院管辖的第一审民事案件

《民事诉讼法》第18条规定，基层人民法院管辖第一审民事案件，但《民事诉讼法》另有规定的除外。这条规定说明除法律规定由中级、高级、最高人民法院管辖的案件外，其他案件都由基层人民法院管辖，这实际上将大多数一审案件划归基层人民法院管辖，因为"另有规定的"其他各级人民法院管辖的一审案件为数甚少。这是由于基层人民法院是我国人民法院系统中的最低一级人民法院，数量多、分布广，遍布各个基层行政区域。当事人的住所地、争议财产所在地、纠纷发生地等，一般都处在特定的基层人民法院的辖区之内。由基层人民法院管辖第一审民事案件，既便于当事人参与诉讼，又便于人民法院审理案件。根据《最高人民法院关于调整高级人民法院和中级人民法院管辖第一审民商事案件标准的通知》（2015）的规定，婚姻、继承、家庭、物业服务、人身损害赔偿、名誉权、交通事故、劳动争议等案件，以及群体性纠纷案件，一般由基层人民法院管辖。

二、中级人民法院管辖的第一审民事案件

《民事诉讼法》第19条规定，中级人民法院管辖下列第一审民事案件：

1. 重大涉外案件。重大涉外案件要求"重大"与"涉外"两个因素同时具备，对于非重大的涉外案件，仍然由基层人民法院管辖。"重大案件"包括争议标的额大的案件、案情复杂的案件，或者一方当事人人数众多等具有重大影响的

案件。"涉外案件"是指具有涉外因素的民事案件,包括:①当事人一方或者双方是外国人、无国籍人、外国企业或者组织的;②当事人一方或者双方的经常居所地在中华人民共和国领域外的;③标的物在中华人民共和国领域外的;④产生、变更或者消灭民事关系的法律事实发生在中华人民共和国领域外的;⑤可以认定为涉外民事案件的其他情形。此外,重大的涉港澳台案件,可以参照重大涉外案件来确定,由中级人民法院管辖。

根据《最高人民法院关于涉外民商事案件诉讼管辖若干问题的规定》(2020),涉外民商事案件包括:涉外合同和侵权纠纷案件;信用证纠纷案件;申请撤销、承认与强制执行国际仲裁裁决的案件;审查有关涉外民商事仲裁条款效力的案件;申请承认和强制执行外国法院民商事判决、裁定的案件。上述五类案件可以由下列中级人民法院管辖:省会、自治区首府、直辖市所在地的中级人民法院;经济特区、计划单列市中级人民法院;最高人民法院指定的其他中级人民法院。上述中级人民法院的区域管辖范围由所在地的高级人民法院确定。另外,高级人民法院根据实际工作需要指定辖区内的基层人民法院管辖本区的第一审涉外(含涉港澳台)商事案件,明确基层人民法院与中级人民法院的案件管辖分工,并将指定管辖的情况报最高人民法院备案。

2. 在本辖区内有重大影响的案件。这是指那些影响超出基层人民法院辖区,已经或可能在中级人民法院的辖区产生重大影响的案件。认定"重大影响",可以诉讼标的额为主,结合案情繁简程度、案件本身所涉及的范围及其处理结果可能产生的影响等因素综合予以确定。

3. 最高人民法院确定由中级人民法院管辖的案件。这是立法机关授权最高人民法院根据案件的特点和审判工作的实际需要,灵活确定某些特殊性质案件的管辖人民法院。从目前来看,最高人民法院将下列案件确定由中级人民法院管辖:

(1)海事、海商案件。这类案件由海事法院专门管辖,我国已经在广州、海口、厦门、上海、青岛、天津、大连、武汉、北海、宁波等地设立了海事法院。在我国,所有海事法院的级别均为中级。

(2)专利纠纷案件。专利纠纷案件由知识产权法院、最高人民法院确定的中级人民法院和基层人民法院管辖。由于专利案件技术性、专业性较强,审理难度较大,因此,北京市、上海市、广东省和海南省的专利纠纷案件分别由北京、上海、广州、海南自由贸易港知识产权法院管辖,其他地方的专利纠纷案件由最高人民法院确定的各省、自治区、直辖市人民政府所在地的中级人民法院及青岛、大连和各经济特区的中级人民法院管辖。这说明并非所有中级人民法院都对此类案件有管辖权。

（3）著作权民事纠纷案件、商标民事纠纷案件。这类案件由中级以上人民法院管辖，但有例外：各高级人民法院根据本辖区的实际情况，可以确定若干基层人民法院管辖此类案件。这说明并非所有此类案件都由中级人民法院管辖。《最高人民法院关于审理著作权民事纠纷案件适用法律若干问题的解释》第2条规定，著作权民事纠纷案件，由中级以上人民法院管辖。各高级人民法院根据本辖区的实际情况，可以报请最高人民法院批准，由若干基层人民法院管辖第一审著作权民事纠纷案件。《最高人民法院关于审理商标案件有关管辖和法律适用范围问题的解释》第2条第3、4款规定，商标民事纠纷第一审案件，由中级以上人民法院管辖。各高级人民法院根据本辖区的实际情况，经最高人民法院批准，可以在较大城市确定1~2个基层人民法院受理第一审商标民事纠纷案件。

（4）公益诉讼案件。公益诉讼案件由侵权行为地或者被告住所地中级人民法院管辖，但法律、司法解释另有规定的除外。

（5）对仲裁协议的效力有异议请求人民法院作出裁定或申请撤销仲裁裁决的案件。《最高人民法院关于审理仲裁司法审查案件若干问题的规定》第2条规定，申请确认仲裁协议效力的案件，由仲裁协议约定的仲裁机构所在地、仲裁协议签订地、申请人住所地、被申请人住所地的中级人民法院或者专门人民法院管辖。涉及海事海商纠纷仲裁协议效力的案件，由仲裁协议约定的仲裁机构所在地、仲裁协议签订地、申请人住所地、被申请人住所地的海事法院管辖；上述地点没有海事法院的，由就近的海事法院管辖。《中华人民共和国仲裁法》第58条第1款规定，当事人提出证据证明裁决有六类情形之一的，可以向仲裁委员会所在地的中级人民法院申请撤销裁决。

（6）虚假陈述证券民事赔偿案件。《最高人民法院关于审理证券市场虚假陈述侵权民事赔偿案件的若干规定》第3条规定：证券虚假陈述侵权民事赔偿案件，由发行人住所地的省、自治区、直辖市人民政府所在的市、计划单列市和经济特区中级人民法院或者专门人民法院管辖。《最高人民法院关于证券纠纷代表人诉讼若干问题的规定》等对管辖另有规定的，从其规定。省、自治区、直辖市高级人民法院可以根据本辖区的实际情况，确定管辖第一审证券虚假陈述侵权民事赔偿案件的其他中级人民法院，报最高人民法院备案。

（7）涉及域名的侵权纠纷案件。《最高人民法院关于审理涉及计算机网络域名民事纠纷案件适用法律若干问题的解释》第2条第1款规定，涉及域名的侵权纠纷案件，由侵权行为地或者被告住所地的中级人民法院管辖。对难以确定侵权行为地和被告住所地的，原告发现该域名的计算机终端等设备所在地可以视为侵权行为地。

另外，还有技术合同纠纷案件、期货纠纷案件、涉及集成电路布图设计的案件、植物新品种纠纷案件等也由中级人民法院管辖。值得注意的是，在北京市、上海市、广东省、海南省植物新品种、集成电路布图设计、技术秘密、计算机软件民事案件以及涉及驰名商标认定的第一审知识产权民事案件分别由北京、上海、广州、海南自由贸易港知识产权法院管辖。另外，海南省的垄断纠纷等专业性、技术性较强的第一审知识产权民事案件也由海南自由贸易港知识产权法院管辖。

三、高级人民法院管辖的第一审民事案件

《民事诉讼法》第 20 条规定，高级人民法院管辖在本辖区有重大影响的第一审民事案件。目前这类案件在审判实践中逐渐增多，但数量仍然相对较少。这主要是因为高级人民法院的主要任务是对本辖区内的中级人民法院和基层人民法院的审判工作进行指导和监督，审理不服中级人民法院第一审判决的上诉案件。

另外，高级人民法院还有权确定本辖区范围内级别管辖的标准，但应当报最高人民法院批准后才能实施。

四、最高人民法院管辖的第一审民事案件

根据《民事诉讼法》第 21 条的规定，最高人民法院管辖的第一审民事案件分为两类：

1. 在全国有重大影响的案件。最高人民法院的主要任务是监督和指导地方各级人民法院和专门人民法院的审判工作，进行司法解释工作。最高人民法院是管辖第一审民事案件数量最少的人民法院。在全国范围内有重大影响的案件，由最高人民法院一审。

2. 认为应当由本院审理的案件。这是法律授予最高人民法院的管辖特权，即不论案件属何级何地人民法院管辖，也不论案件是否已开始审理，只要最高人民法院认为应当由本院审理的，即可对该案取得管辖权。

另外，香港驻军人员执行职务的行为引起的民事侵权案件，由最高人民法院管辖。

第三节　地域管辖

地域管辖，是指同级人民法院之间受理第一审民事案件的分工和权限。这是从横向角度确定民事纠纷的管辖法院。地域管辖在内容上主要包括一般地域管辖、特殊地域管辖、专属管辖、协议管辖、共同管辖与选择管辖、合并管辖、应

诉管辖等。

同级别管辖一样，划分地域管辖也有一定的标准，即法院辖区与当事人之间的联系、法院辖区与法律事实或诉讼标的物之间的联系。我国民事诉讼法确定地域管辖划分的依据有：当事人所在地、法律事实所在地、诉讼标的物所在地。

一、一般地域管辖

一般地域管辖，又称普通地域管辖，是指以当事人所在地与法院辖区的关系来确定管辖法院。即根据当事人所在地来确定管辖法院。

（一）一般地域管辖的原则规定

一般地域管辖实行"原告就被告"的原则，即民事诉讼由被告所在地人民法院管辖。《民事诉讼法》第 22 条第 1、2 款规定，对公民提起的民事诉讼，由被告住所地人民法院管辖；被告住所地与经常居住地不一致的，由经常居住地人民法院管辖。对法人或者其他组织提起的民事诉讼，由被告住所地人民法院管辖。

1. 被告是自然人的，由被告住所地人民法院管辖；被告住所地与经常居住地不一致的，由经常居住地人民法院管辖。这里所说的住所地，是指自然人户籍登记或者其他有效身份登记记载的居所所在地；经常居住地，是指自然人离开住所地至起诉时已连续居住 1 年以上的地方，但住院就医的地方除外。《关于适用〈民事诉讼法〉的解释》规定，当事人的户籍迁出后尚未落户，有经常居住地的，由该地人民法院管辖；没有经常居住地的，由其原户籍所在地人民法院管辖。

2. 被告是法人或者其他组织的，由被告住所地人民法院管辖。这里所说的住所地，是指法人或者其他组织的主要办事机构所在地。主要办事机构所在地不能确定的，法人或者其他组织的注册地或者登记地为住所地。

《关于适用〈民事诉讼法〉的解释》中对下列情况作了补充规定：

（1）双方当事人都被监禁或者被采取强制性教育措施的，由被告原住所地人民法院管辖。被告被监禁或者被采取强制性教育措施 1 年以上的，由被告被监禁地或者被采取强制性教育措施地人民法院管辖。

（2）双方当事人均被注销户籍的，由被告居住地人民法院管辖。

（3）夫妻双方离开住所地超过 1 年，一方起诉离婚的案件，由被告经常居住地人民法院管辖；没有经常居住地的，由原告起诉时被告居住地人民法院管辖。

（4）对没有办事机构的个人合伙、合伙型联营体提起的诉讼，由被告注册登记地人民法院管辖。没有注册登记，几个被告又不在同一辖区的，被告住所地的人民法院都有管辖权。

以上四项规定体现的也是"原告就被告"的原则精神。

（5）不服指定监护或者变更监护关系的案件，可以由被监护人住所地人民法院管辖。

（6）双方当事人均为军人或者军队单位的民事案件由军事法院管辖。

（二）一般地域管辖的例外规定

一般地域管辖的例外规定，就是以原告所在地为标准确定案件的管辖法院，即体现"被告就原告"精神。某些特殊情况下，适用原则规定会带来诸多不便，由原告住所地或经常居住地人民法院管辖反而更符合便于当事人诉讼、便于人民法院审判的要求。根据《民事诉讼法》第 23 条的规定，下列四类案件由原告住所地人民法院管辖，原告住所地与经常居住地不一致的，由原告经常居住地人民法院管辖：

1. 对不在中华人民共和国领域内居住的人提起的有关身份关系的诉讼。被告不在我国领域内居住，如果适用被告住所地人民法院管辖，对双方当事人都不方便，故由原告住所地人民法院管辖。这种管辖只适用于身份关系诉讼，所谓身份关系，是指因婚姻、血缘等而产生的人身关系，如婚姻关系、亲子关系、收养关系等。

2. 对下落不明或者宣告失踪的人提起的有关身份关系的诉讼。被告下落不明或者已经被宣告失踪，即使适用"原告就被告"，被告也无法参加诉讼，不如方便另一方当事人，由原告住所地人民法院管辖。但这种管辖也只限于身份关系诉讼。

3. 对被采取强制性教育措施的人提起的诉讼。被采取强制性教育措施的人离开了自己的居所，集中在一定场所接受强制性教育，人身自由受到限制，如果由被告住所地人民法院管辖，不仅对被告来说无实际意义，而且不便于原告进行诉讼，所以规定由原告住所地人民法院管辖。

4. 对被监禁的人提起的诉讼。被监禁的人包括正在服刑劳动改造的已决犯和依法被关押的未决犯。被监禁的人已经失去人身自由，更应由原告住所地人民法院管辖。

另外，《关于适用〈民事诉讼法〉的解释》中对下列情况作了补充规定：①追索赡养费、扶养费、抚养费案件的几个被告住所地不在同一辖区的，可以由原告住所地人民法院管辖。②夫妻一方离开住所地超过 1 年，另一方起诉离婚的案件，可以由原告住所地人民法院管辖。③被告一方被注销户籍的，由原告住所地或经常居住地人民法院管辖。

（三）离婚诉讼管辖的特殊规定

1. 在国内结婚并定居国外的华侨，如定居国法院以离婚诉讼须由婚姻缔结地法院管辖为由不予受理，当事人向人民法院提出离婚诉讼的，由婚姻缔结地或者一方在国内的最后居住地人民法院管辖。

2. 在国外结婚并定居国外的华侨，如定居国法院以离婚诉讼须由国籍所属国法院管辖为由不予受理，当事人向人民法院提出离婚诉讼的，由一方原住所地或者在国内的最后居住地人民法院管辖。

3. 中国公民一方居住在国外，一方居住在国内，不论哪一方向人民法院提起离婚诉讼，国内一方住所地人民法院都有权管辖。国外一方在居住国法院起诉，国内一方向人民法院起诉的，受诉人民法院有权管辖。

4. 中国公民双方在国外但未定居，一方向人民法院起诉离婚的，应由原告或者被告原住所地人民法院管辖。

5. 已经离婚的中国公民，双方均定居国外，仅就国内财产分割提起诉讼的，由主要财产所在地人民法院管辖。

二、特殊地域管辖

特殊地域管辖，又称特别地域管辖，是相对于一般地域管辖而言的，是指以诉讼标的物所在地或者引起民事法律关系发生、变更、消灭的法律事实所在地为标准确定的管辖。由于在特殊地域管辖中确定管辖法院的因素有多个，因此，适用特殊地域管辖的各类纠纷同时也都是共同管辖。

《民事诉讼法》第24条至第33条，规定了特殊地域管辖的情形。

1. 因合同纠纷提起的诉讼，由被告住所地或者合同履行地人民法院管辖。首先，在一般的合同纠纷中，被告住所地和合同履行地人民法院都有管辖权；其次，这是合同纠纷管辖的一般规定，不包括保险合同纠纷、运输合同纠纷等法律另有规定的合同纠纷。

（1）合同约定履行地点的，以约定的履行地点为合同履行地。合同对履行地点没有约定或者约定不明确的，按下列规定处理：①争议标的为给付货币的，接收货币一方所在地为合同履行地；②交付不动产的，不动产所在地为合同履行地；③其他标的，履行义务一方所在地为合同履行地。另外，即时结清的合同，交易行为地为合同履行地。合同没有实际履行，当事人双方住所地都不在合同约定的履行地的，由被告住所地人民法院管辖。

（2）财产租赁合同、融资租赁合同以租赁物使用地为合同履行地。合同对履行地有约定的，从其约定。

（3）以信息网络方式订立的买卖合同，通过信息网络交付标的的，以买受人住所地为合同履行地；通过其他方式交付标的的，收货地为合同履行地。合同对履行地有约定的，从其约定。

（4）主合同或担保合同发生纠纷提起诉讼，债权人一并起诉债务人和担保人的，应当根据主合同确定管辖法院。债权人依法可以单独起诉担保人且仅起诉担保人的，应当根据担保合同确定管辖法院。

2. 因保险合同纠纷提起的诉讼，由被告住所地或者保险标的物所在地人民法院管辖。保险合同是投保人与保险人约定保险权利义务的协议，投保方有义务支付保险费，保险方在保险事故发生后，有义务给予保险赔付。保险标的物是指投保人与保险人订立的保险合同所指向的对象，比如：作为保险对象的财产及其有关利益。要注意的是，以下保险合同纠纷，除被告住所地外，法律规定的其他法院也有管辖权：①因财产保险合同纠纷提起的诉讼，如果保险标的物是运输工具或者运输中的货物，可以由运输工具登记注册地、运输目的地、保险事故发生地人民法院管辖。②因人身保险合同纠纷提起的诉讼，可以由被保险人住所地人民法院管辖。

3. 因票据纠纷提起的诉讼，由票据支付地或者被告住所地人民法院管辖。票据是出票人签发给持票人的以支付一定数额金钱为其效能的有价证券，即在指定的日期、地点，付款人向持票人无条件支付一定金额款项的凭证。票据分为汇票、本票、支票三种。票据纠纷是指出票人或付款人与持票人因票据承兑等问题发生的争议。票据纠纷诉讼由票据支付地和被告住所地人民法院管辖。票据支付地是指票据上载明的付款地。票据未载明付款地的，票据付款人（包括代理付款人）的住所地或主要营业所在地为票据付款地。

4. 因公司设立、确认股东资格、分配利润、解散等纠纷提起的诉讼，由公司住所地人民法院管辖。因股东名册记载、请求变更公司登记、股东知情权、公司决议、公司合并、公司分立、公司减资、公司增资等纠纷提起的诉讼，也由公司住所地人民法院管辖。

5. 因铁路、公路、水上、航空运输和联合运输合同纠纷提起的诉讼，由运输始发地、目的地或者被告住所地人民法院管辖。运输合同是承运人将旅客或者货物从起运地点运输到约定地点，旅客、托运人或者收货人支付票款或者运输费用的合同。要注意的是，铁路运输合同纠纷诉讼由铁路运输法院管辖。

6. 因侵权行为提起的诉讼，由侵权行为地或者被告住所地人民法院管辖。侵权行为，既包括侵犯他人人身权利的行为，也包括侵犯他人财产权益的行为。侵权行为地，包括侵权行为实施地、侵权结果发生地。在通常情况下，侵权行为实施地和侵权结果发生地在同一地点，但实践中也存在两地并不一致的情况。在两地不一致时，因侵权行为提起的诉讼可能存在三处管辖人民法院，即侵权行为实施地、侵权结果发生地和被告住所地的人民法院均享有管辖权。《关于适用〈民事诉讼法〉的解释》对下列侵权行为案件，进一步明确了管辖法院：①信息网络侵权行为实施地包括实施被诉侵权行为的计算机等信息设备所在地，侵权结果发生地包括被侵权人住所地。②因产品、服务质量不合格造成他人财产、人身损害提起的诉讼，产品制造地、产品销售地、服务提供地、侵权行为地和被告住所地人民法院都有管辖权。③当事人申请诉前保全后没有在法定期间起诉或者申请仲裁，给被申请人、利害关系人造成损失引起的诉讼，由采取保全措施的人民法院管辖。④当事人申请诉前保全后在法定期间内起诉或者申请仲裁，被申请人、利害关系人因保全受到损失提起的诉讼，由受理起诉的人民法院或者采取保全措施的人民法院管辖。

7. 因铁路、公路、水上和航空事故请求损害赔偿提起的诉讼，由事故发生地或者车辆、船舶最先到达地、航空器最先降落地或者被告住所地人民法院管辖。这一类诉讼是火车、汽车、船舶、航空器在运行或飞行中发生的侵权行为纠纷。铁路、公路、水上和航空事故发生地是指事故发生的具体地点；车辆、船舶最先到达地是指事故发生后火车、汽车或船舶第一次停靠的车站、港口或其他地点；航空器最先降落地，是指航空事故发生后，飞机、飞艇、卫星等最先降落或坠毁的地点。

8. 因船舶碰撞或者其他海事损害事故请求损害赔偿提起的诉讼，由碰撞发生地、碰撞船舶最先到达地、加害船舶被扣留地或者被告住所地人民法院管辖。船舶碰撞是指船舶在航行中相撞，使船舶本身或船上所载货物、人员受到损害。其他海事损害事故包括船舶触礁、触岸、搁浅、浪损、失火、爆炸、沉没或失踪等造成的损害事故。以上两种情况通常称为海上事故或海损事故，这也是侵权行为纠纷，属于海事侵权。碰撞发生地是指碰撞事故发生的具体地点；碰撞船舶最先到达地是指船舶相碰后第一次停泊的港口或码头所在地；加害船舶被扣留地是指实施侵权行为的船舶被扣留的地点。

9. 因海难救助费用提起的诉讼，由救助地或者被救助船舶最先到达地人民法院管辖。海难救助，是指在海上或者与海相通的可航水域，对遇险的船舶或其所载的货物、人员及其他财产进行的救助。实施救助的可能是从事救助的专业单位，也可能是邻近或过往的船舶。海难救助费用，是指被救助方应当向救助方支付的报酬、酬金或者补偿。救助地是指实施援救行为的地点或援救结果发生的地点；被救助船舶最先到达地是指船舶被救助后，首次靠岸的港口或码头所在地。

10. 因共同海损提起的诉讼，由船舶最先到达地、共同海损理算地或者航程终止地的人民法院管辖。共同海损，是指在海上运输中，船舶和货物等遭遇自然灾害、意外事故或其他特殊情况，为了解除共同危险，采取合理措施所引起的特殊损失和合理的额外费用。共同海损应由全体受益人合理分摊，因共同海损分担比例发生争议而引发的诉讼，称为共同海损诉讼。我国于1975年颁布施行了

《中国国际贸易促进委员会共同海损理算暂行规则》（以下简称《北京理算规则》），并在北京设立了共同海损理算处。如果在我国进行共同海损理算，理算地即为北京。航程终止地，是指发生共同海损的船舶航程终止的地点。

三、专属管辖

专属管辖，是指对某些特定类型的案件，法律强制规定只能由特定的人民法院行使管辖权。凡是专属管辖的案件，当事人双方无权以协议或约定的方式变更管辖法院，从而也排除了协议管辖的适用。根据《民事诉讼法》第34条的规定，下列诉讼属于专属管辖：

1. 因不动产纠纷提起的诉讼，由不动产所在地人民法院管辖。不动产，是指不能移动或移动后会丧失或影响其性能和价值的财产，主要是土地及土地上的附着物，如土地、湖泊、山林、房屋、河流、滩涂、水利设施等。不动产纠纷，由不动产所在地人民法院管辖，为各国立法之通例，这样便于受诉人民法院勘验现场，调查收集证据，采取强制保全措施，也便于裁判生效后的执行工作。限定不动产纠纷诉讼的管辖法院，看似限制了当事人起诉时选择管辖法院的权利，实则提高了诉讼效益，对当事人是有利的。根据《关于适用〈民事诉讼法〉的解释》的规定：①不动产纠纷是指因不动产的权利确认、分割、相邻关系等引起的物权纠纷。②农村土地承包经营合同纠纷、房屋租赁合同纠纷、建设工程施工合同纠纷、政策性房屋买卖合同纠纷，按照不动产纠纷确定管辖。③不动产已登记的，以不动产登记簿记载的所在地为不动产所在地；不动产未登记的，以不动产实际所在地为不动产所在地。

2. 因港口作业中发生纠纷提起的诉讼，由港口所在地人民法院管辖。港口作业中发生的纠纷，主要有两类：一是港口作业的合同纠纷，如货物装卸、驳运、货物保管等纠纷；二是港口作业的侵权纠纷，如损坏港口设施、污染港口、作业中的人身伤害等纠纷。这两类纠纷都由港口所在地人民法院管辖，利于调查取证、查明事实，便于及时采取措施及执行裁判，于人民法院于当事人都是有利的。根据2016年《最高人民法院关于海事法院受理案件范围的规定》，港口作业纠纷属于海事海商纠纷案件，应由该港口所在地的海事法院管辖。

3. 因继承遗产纠纷提起的诉讼，由被继承人死亡时住所地或者主要遗产所在地人民法院管辖。继承遗产纠纷，是指继承人或者受遗赠人之间因为遗产继承而发生的纠纷。大致分为两种：一是当事人有无继承权的纠纷，如继承开始的时间、遗嘱的效力、继承人与被继承人之间的身份关系等纠纷；二是遗产分配的纠纷，如遗产的范围、继承份额等纠纷。继承遗产纠纷诉讼属于专属管辖，原告起诉时既可以选择被继承人死亡时住所地人民法院，也可以选择主要遗产所在地人民法院。主要遗产所在地应当根据遗产的具体情况来判断，通常是以其中价值高的遗产所在地作为主要遗产所在地。

四、协议管辖

协议管辖，又称合意管辖、意定管辖或者约定管辖，是指民事案件双方当事人在民事纠纷发生之前或发生之后，以书面协议的方式约定解决他们之间纠纷的管辖法院。它是双方合意的行为，而不是原告单方的行为。协议管辖是当事人意思自治在管辖方面的具体体现，也意味着当事人程序主体作用的增强。协议管辖可以使没有管辖权的人民法院取得管辖权，也可使有管辖权的人民法院丧失管辖权。

《民事诉讼法》第35条和第272条分别规定了国内民事案件的协议管辖和涉外民事案件的协议管辖。根据上述规定，协议管辖必须同时具备以下几个条件：

1. 协议管辖只适用于第一审民事案件中的合同纠纷或者其他财产权益纠纷。这里的合同纠纷包括因合同订立、履行、变更、解除、违约等事由所产生的纠纷，如果是因为身份关系产生民事纠纷的当事人，不能协议选择管辖法院。但要特别注意，当事人因同居或者在解除婚姻、收养关系后发生财产争议，约定管辖的，可以适用协议管辖确定管辖法院。这里的其他财产权益纠纷，包括因物权、知识产权中的财产权等而产生的民事纠纷。只能对以上这些民事案件的第一审管辖法院进行约定，对于第二审，当事人不得以协议的方式约定管辖法院。

2. 协议管辖当事人必须在法律规定的范围内选择管辖法院，所选择的人民法院只限于与争议有实际联系的地点。根据法律的规定，对于国内民事案件可供当事人选择的管辖法院，包括被告住所地、合同履行地、合同签订地、原告住所地、标的物所在地等与争议有实际联系的地点的人民法院。在涉外合同或者其他财产权益纠纷中，可供当事人选择的法院，包括合同签订地、合同履行地、诉讼标的物所在地、可供扣押财产所在地、侵权行为地或者代表机构住所地的人民法院。

要特别注意的是，根据管辖协议，起诉时能够确定管辖法院的，从其约定；不能确定的，依照民事诉讼法的相关规定确定管辖。管辖协议约定两个以上与争议有实际联系的地点的人民法院管辖的，原告可以向其中一个人民法院起诉。

3. 协议管辖必须采用书面形式。书面形式的管辖协议，既可以作为合同条款，成为合同书的组成部分，也可以在纠纷发生之前或之后单独签订诉讼管辖协议书。即这里的书面协议，包括书面合同中的协议管辖条款和诉讼前以书面形式达成的选择管辖的协议。法律明确规定排除口头协议管辖的效力。

4. 协议管辖不得违反民事诉讼法关于级别管辖和专属管辖的规定。协议管辖是地域管辖的一种，解决的是同级人民法院中的管辖问题，比如：如果是中级人民法院管辖的案件，只能在上述范围内中级人民法院中协议选择一个人民法院管辖，不能够协议选择基层人民法院管辖。专属管辖是法律强制规定的管辖，不得协议选择。

上述四个条件必须同时具备，协议管辖才是合法有效的。如果协议管辖无效，应当依照民事诉讼法的相关规定确定管辖，比如：属于合同纠纷的案件应当由被告住所地或合同履行地人民法院管辖。

另外，要特别注意以下内容：①经营者使用格式条款与消费者订立管辖协议，未采取合理方式提请消费者注意，消费者主张管辖协议无效的，人民法院应予支持。②管辖协议约定由一方当事人住所地人民法院管辖，协议签订后当事人住所地变更的，由签订管辖协议时的住所地人民法院管辖，但当事人另有约定的除外。③合同转让的，合同的管辖协议对合同受让人有效，但转让时受让人不知道有管辖协议，或者转让协议另有约定且原合同相对人同意的除外。

五、共同管辖与选择管辖

这是一个问题的两个方面，是指同一个民事诉讼，依照法律规定两个或两个以上的人民法院对其都有管辖权。从人民法院的角度看，两个以上的人民法院对同一诉讼都有管辖权，此为共同管辖；从当事人的角度看，当事人可以选择其中一个人民法院提起诉讼，此为选择管辖。

根据民事诉讼法的相关规定，确立共同管辖的原则如下：

1. 两个以上人民法院都有管辖权的诉讼，原告可以向其中一个人民法院起诉。由原告选择其中一个有管辖权的人民法院起诉，以原告选择起诉的人民法院为本案的管辖法院。

2. 原告向两个以上有管辖权的人民法院都起诉的，由最先立案的人民法院管辖。两个以上人民法院都有管辖权的诉讼，先立案的人民法院不得将案件移送给另一个有管辖权的人民法院。人民法院在立案前发现其他有管辖权的人民法院已先立案的，不得重复立案；立案后发现其他有管辖权的人民法院已先立案的，裁定将案件移送给先立案的人民法院。

六、其他管辖类型

1. 牵连管辖。牵连管辖又称合并管辖，指对某个诉讼有管辖权的人民法院可以一并审理与该诉讼有牵连关系的其他诉讼。即受诉人民法院本来无管辖权，但因该诉讼与人民法院对之有管辖权的案件有牵连关系，因而人民法院可以对两个诉讼一并管辖和审理。比如：被告提出反诉的情况下，反诉与本诉一起由审理本诉的人民法院合并管辖；第三人提出与本案有关的诉讼请求的情况下，第三人参加之诉与本诉一起由审理本诉的人民法院合并管辖等。《民事诉讼法》第 143 条规定，原告增加诉讼请求，被告提出反诉，第三人提出与本案有关的诉讼请求，可以合并审理。这是法律对合并管辖的规定。

2. 应诉管辖。应诉管辖，又叫默示管辖，是指原告向没有管辖权的人民法院起诉以后，被告对人民法院的管辖不提出异议，并应诉答辩的，视为承认该人民法院有管辖权，但违反级别管辖和专属管辖规定的除外。《民事诉讼法》第 130 条第 2 款规定，当事人未提出管辖异议，并应诉答辩的，视为受诉人民法院有管辖权，但违反级别管辖和专属管辖规定的除外。

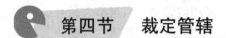

第四节　裁定管辖

人民法院以裁定的方式确定诉讼的管辖，称为裁定管辖，包括移送管辖、指定管辖和管辖权的转移。裁定管辖是相对于法定管辖而言的，是对包括级别管辖和地域管辖在内的法定管辖的补充和变通，它既可以弥补法定管辖的不足，又可以解决因管辖问题发生的争议。

一、移送管辖

移送管辖，是指人民法院受理案件后，发现本院对该案件无管辖权，依法将案件移送到有管辖权的人民法院审理。移送管辖实际上是案件从无管辖权的人民法院向有管辖权的人民法院转移，是对管辖发生错误的一种纠正措施。

《民事诉讼法》第 37 条规定，人民法院发现受理的案件不属于本院管辖的，应当移送有管辖权的人民法院，受移送的人民法院应当受理。受移送的人民法院认为受移送的案件依照规定不属于本院管辖的，应当报请上级人民法院指定管辖，不得再自行移送。依照法律规定，移送管辖要具备以下几个条件：

1. 人民法院已经受理案件。对于不属于本院管辖的案件，正常程序是在审查起诉时告知原告向有管辖权的人民法院起诉，本院不予受理即可，不会发生移送问题。只有错误地受理了案件后，才需要移送。

2. 受诉人民法院对案件没有管辖权。管辖权是人民法院有权对案件审理的根据，没有管辖权的人民法院不能对案件进行审理，只能将案件予以移送；反之，有管辖权的人民法院应当对案件行使审判权，不能随意移送。

3. 受移送的人民法院依法对该案具有管辖权。按照法律要求，移送管辖不得随意进行，如果移送，应将案件移送到对案件确有管辖权的人民法院。

4. 受移送的人民法院应当受理并不得再次将案件进行移送。移送管辖产生不得再自行移送的效力。如果受移送人民法院认为本院依法确实没有管辖权的，应当报请上级人民法院指定管辖。这样，可以避免人民法院之间互相推诿管辖权，防止诉讼拖延，及时保护当事人合法权益。

值得注意的是，当事人在答辩期间届满后未应诉答辩，人民法院在一审开庭前，发现案件不属于本院管辖的，应当裁定移送有管辖权的人民法院。

二、指定管辖

指定管辖，是指上级人民法院根据法律规定，以裁定的方式，指定其辖区内的下级人民法院对某一民事案件行使管辖权。指定管辖的实质是法律赋予上级人民法院在下级人民法院出现管辖困难或发生争议时，及时依职权确定案件的管辖法院。除前述移送管辖中提及的接受移送的人民法院认为案件不属于本院管辖的，应当报请上级人民法院指定管辖外，根据《民事诉讼法》第38条的规定，指定管辖还有以下两种情况：

1. 有管辖权的人民法院由于特殊原因，不能行使管辖权的，由上级人民法院指定管辖。特殊原因，既包括法律上的原因，比如有管辖权的人民法院的法官需全体回避等，也包括事实上的原因，比如有管辖权的人民法院所在地发生诸如地震、水灾、火灾、流行病等情况，致使该人民法院无法行使管辖权。

2. 人民法院之间因管辖权发生争议，由争议双方协商解决；协商解决不了的，报请它们的共同上级人民法院指定管辖。人民法院之间相互推诿或者争夺案件的管辖权，就是因管辖权发生争议。从实践来看，人民法院之间辖区界限不明，对法律规定理解不一致，或者因地方保护的需要，容易引发管辖权争议。管辖权争议，由争议人民法院协商解决；协商解决不了的，报请它们的共同上级人民法院以指定管辖的方式予以解决。发生管辖权争议的两个人民法院因协商不成报请它们的共同上级人民法院指定管辖时，双方为同属一个地、市辖区的基层人民法院的，由该地、市的中级人民法院及时指定管辖；为同属一个省、自治区、直辖市的两个人民法院的，由该省、自治区、直辖市的高级人民法院及时指定管辖；双方为跨省、自治区、直辖市的人民法院，高级人民法院协商不成的，由最高人民法院及时指定管辖。报请上级人民法院指定管辖时，应当逐级进行上报。要特别注意的是，对报请上级人民法院指定管辖的案件，下级人民法院应当中止审理。指定管辖裁定作出前，下级人民法院对案件作出判决、裁定的，上级人民法院应当在裁定指定管辖的同时，一并撤销下级人民法院的判决、裁定。

三、管辖权的转移

管辖权的转移，是指经上级人民法院的决定或同意或批准，将某一案件的诉讼管辖权由下级人民法院转移给上级人民法院，或者由上级人民法院转移给下级人民法院。管辖权转移的实质是，管辖权在上下级人民法院之间转移，由此案件也随之发生转移，是上级人民法院控制的对级别管辖的一种变通和补充。《民事诉讼法》第 39 条规定，上级人民法院有权审理下级人民法院管辖的第一审民事案件；确有必要将本院管辖的第一审民事案件交下级人民法院审理的，应当报请其上级人民法院批准。下级人民法院对它所管辖的第一审民事案件，认为需要由上级人民法院审理的，可以报请上级人民法院审理。

下列第一审民事案件，人民法院依照《民事诉讼法》第 39 条第 1 款的规定，可以在开庭前交下级人民法院审理：①破产程序中有关债务人的诉讼案件；②当事人人数众多且不方便诉讼的案件；③最高人民法院确定的其他类型案件。人民法院交下级人民法院审理前，应当报请其上级人民法院批准。上级人民法院批准后，人民法院应当裁定将案件交下级人民法院审理。

管辖权的转移与移送管辖的区别：①管辖权的转移，是有管辖权的人民法院把案件的管辖权转交给本来无管辖权的人民法院，其性质是移交案件的管辖权；而移送管辖，则是无管辖权的人民法院把不属于自己管辖的案件移送给有管辖权的人民法院，其性质是案件的移送，而不是管辖权的移送。②管辖权的转移，是在上、下级人民法院之间进行的，是对级别管辖的补充；而移送管辖，一般是在同级人民法院之间进行，是对地域管辖规定的落实，当然也可以在不同级别的人民法院之间进行。③管辖权的转移，由上级人民法院决定或同意或批准；而移送管辖则不需要，即只要受诉人民法院认为本院对该案没有管辖权，即可移送案件，无需报请上级人民法院批准或同意。同时，受移送人民法院也不得拒绝接受移送的案件。

第五节　管辖恒定与管辖权异议

一、管辖恒定

管辖恒定，是指管辖权的确定，以法院受理案件时为准，受理案件时人民法院对案件享有管辖权的，此后无论确定管辖的事实在诉讼过程中有何变化，始终不影响其管辖权，案件始终由受诉人民法院管辖。管辖恒定反映了诉讼经济的要求，它既可以避免管辖变动造成的对司法资源的浪费，又可以减少当事人讼累，使诉讼尽快了结。

《关于适用〈民事诉讼法〉的解释》对管辖恒定规定了三种情形：①案件受

理后，受诉人民法院的管辖权不受当事人住所地、经常居住地变更的影响。②有管辖权的人民法院受理案件后，不得以行政区域变更为由，将案件移送给变更后有管辖权的人民法院。③人民法院对管辖异议审查后确定有管辖权的，不因当事人提起反诉、增加或者变更诉讼请求等改变管辖，但违反级别管辖、专属管辖规定的除外。这个规定说明，级别管辖一般不适用管辖恒定。

二、管辖权异议

人民法院受理原告起诉的民事案件以后，被告认为受诉人民法院对本案没有管辖权的，可提出管辖权异议。为了保证人民法院正确行使审判权和维护当事人的诉讼权利，防范、克服地方保护主义及当事人滥用诉权，法律赋予当事人对管辖提出异议的权利。

1. 提出管辖权异议的条件。当事人提出管辖权异议，必须符合以下几个条件：

（1）提出管辖权异议的主体，应当是本案的当事人，而且通常是被告。因为受理案件的人民法院是原告起诉时自己选择的，是原告认为有管辖权的人民法院，因此在人民法院受理案件后对于管辖的不同意见或主张，由对方当事人即被告提出，既符合逻辑，也应当认为是立法的原意。[1]

第三人无权提出管辖权异议。1990 年 7 月 28 日发布并实施的《最高人民法院关于第三人能否对管辖权提出异议问题的批复》（法［经］复〔1990〕9 号）规定：①有独立请求权的第三人主动参加他人已开始的诉讼，应视为承认和接受了受诉法院的管辖，因而不发生对管辖权提出异议的问题；如果是受诉法院依职权通知他参加诉讼，则他有权选择是以有独立请求权的第三人的身份参加诉讼，还是以原告身份向其他有管辖权的法院另行起诉。②无独立请求权的第三人参加他人已开始的诉讼，是通过支持一方当事人的主张，维护自己的利益。由于他在诉讼中始终辅助一方当事人，并以一方当事人的主张为转移。所以，他无权对受诉法院的管辖权提出异议。

（2）当事人对管辖权有异议的，应当在提交答辩状期间提出。提交答辩状期间，具体是指被告收到起诉书副本之日起 15 日内这段时间，逾期提出的，人民法院不予审查。这是对提出管辖权异议的时间限制，以免被告借此拖延诉讼，影响案件审理程序的顺利推进。

（3）当事人提出管辖权异议，一般应当通过书面方式提出。即要向人民法

---

〔1〕　关于原告是否可以提起管辖权异议，学界存在分歧。有观点认为，受理案件的人民法院将案件移送至另一人民法院管辖，原告应当有权提出异议；在共同诉讼中，其他被追加的共同原告对于人民法院已经受理的案件，也应当有权提出异议；等等。

院提交管辖权异议申请书。

（4）只能对第一审民事案件的管辖权提出异议。管辖权异议只能对第一审法院提出，包括对一审法院的级别管辖和地域管辖都可以提管辖权异议，对于第二审法院不得提出管辖权异议。

2. 对管辖权异议的处理。

（1）人民法院对当事人提出的管辖权异议申请，应当审查，并在15天内作出异议是否成立的书面裁定。人民法院对异议申请未作处理的，不得进入案件的实体审理。

（2）人民法院认为异议成立的，裁定将案件移送有管辖权的人民法院；异议不成立的，裁定驳回异议申请。

（3）当事人对该裁定不服的，可以在裁定书送达后10日内向上一级人民法院提出上诉。二审人民法院收到上诉状后，应当依法进行审理，并作出书面终审裁定。管辖权异议裁定生效前，人民法院不得对案件进行实体审理。

要特别注意的是，《民事诉讼法》第130条第2款规定："当事人未提出管辖异议，并应诉答辩或者提出反诉的，视为受诉人民法院有管辖权，但违反级别管辖和专属管辖规定的除外。"这就是理论上所说的应诉管辖，又叫默示管辖。另外，对于人民法院发回重审或者按第一审程序再审的案件，当事人提出管辖异议的，人民法院不予审查。

学习小结

纠纷发生后，首先要解决由哪个机构管、该不该由人民法院管的问题，这是主管的问题。如果纠纷由人民法院主管，那么接下来就要解决由哪个人民法院管的问题，这是管辖的问题。我国的法院有四级，除最高人民法院外，每一级法院都有许多个，因此，在解决了某一纠纷属于人民法院民事诉讼主管受案范围的问题后，接着就需要对属于人民法院民事诉讼主管受案范围的纠纷作进一步划分，将它们具体分配到各个法院。而案件的分配一般需要经过两个步骤：首先应在四个不同级别的法院之间进行分配，这就是级别管辖；其次是在级别管辖确定的基础上，再在同级法院之间进行分配，这就是地域管辖，其任务是将通过第一次分配划归本级法院受理的一审民事案件进一步分配到同一级的各个具体法院。管辖制度正是通过这样的分配来使民事审判权得到具体落实的。

具体到每个民事案件中，有的案件可能对应一个管辖法院，有的案件可能对应多个管辖法院，当事人有一定的选择权。而从自身利益出发，中国地域辽阔，语言、习惯、法治化水平等都有一定差异，选择不同的法院审理可能会对案件的结果产生一定的影响。因此，当事人在进行民事诉讼时，要实现管辖利益的最大化，这就要求其熟悉管辖的相关规定。这么多的管辖规定，作为当事人至少要了解与自身密切相关的规定。比如在协议管辖中，只有准确把握哪些情形可以约定管辖法院，可以约定哪些法院管辖等，才能在实施民事法律行为时未雨绸缪，作出对自己最有利的选择和决定。当然，即便对于那些不能约定的管辖法院问题，比如专属管辖问题等，也应当有比较清楚的了解，一旦发生纠纷，方能权衡利弊，争取管辖利益最大化。

基础练习

1. 主管和管辖的关系如何？
2. 中级人民法院具体管辖哪些第一审民事案件？
3. 协议管辖的条件如何？
4. 管辖权异议的条件如何？对管辖权异议应该怎么处理？

案例分析

安徽省 A 县某加工厂和山东省 B 县某食品厂，在安徽省 C 县签订了一份真空食品袋加工承揽合同。合同约定：由加工厂代办托运；履行地点是加工厂设在安徽省 D 县的仓库；如果因为该合同发生纠纷，由山东省 E 市仲裁委员会仲裁，也可以向安徽省 C 县人民法院和山东省 E 市中级人民法院起诉。合同签订后加工厂交由安徽省 F 市的分厂进行加工，并在 F 市汽车站发货。食品厂收货后即投入使用。后因真空食品袋质量不合格，致使食品厂已封装入库和销售出去的袋装食品大量腐败变质，损失 10 万余元。两厂几经协商未果。食品厂的厂长找刘律师咨询，并要求这场官司必须在 B 县人民法院起诉。

请分析：

1. 依法律规定，此纠纷应通过仲裁解决还是应通过诉讼解决？为什么？
2. E 市中级人民法院是否有管辖权？为什么？
3. C 县人民法院是否有管辖权？为什么？
4. 如果你是律师，能满足食品厂必须在 B 县人民法院起诉的要求吗？为什么？

拓展学习

第二章　拓展学习

第三章　当事人与诉讼代理人

目标任务

　　掌握当事人及诉讼代理人的相关基本理论知识，能够辨析当事人及诉讼代理人的诉讼地位、明确其权利和义务，理解诉讼代理人与委托人的关系及其权利行使界限。

知识技能

　　民事诉讼权利能力和民事诉讼行为能力的辨析；当事人的认定及特殊情况的处理；委托代理人关系的建立及其权限识别。

第一节　当事人概述

一、当事人概念和特点

　　民事诉讼中的当事人，是指因民事权利、义务发生争议，以自己的名义进行诉讼，要求人民法院行使民事审判权的人及其相对人。[1] 当事人是民事诉讼法律关系的主体之一，其行为对民事诉讼程序的发生、变更、消灭起关键作用。当事人有狭义和广义之分，狭义的当事人仅指原告和被告；广义的当事人除原告和被告外，还包括共同诉讼人、诉讼代表人和诉讼第三人。狭义的当事人是民事诉讼当事人的基本格局，也是当事人基本诉讼地位的体现。

　　当事人在不同诉讼程序中有不同的称谓。在第一审程序中称为原告和被告；在第二审程序中称为上诉人和被上诉人；在再审程序中，适用第一审程序再审的称为原审原告和原审被告，适用第二审程序再审的仍称为上诉人和被上诉人；在执行程序中称为申请执行人和被执行人；在特别程序中，通常称为申请人，但在选民资格案件程序中，则称为起诉人；在督促程序中称为申请人和被申请人；在

---

　　〔1〕 宋朝武主编：《民事诉讼法学》，高等教育出版社 2017 年版，第 98 页。

公示催告程序中称为申请人和利害关系人。当事人的不同称谓，一方面表明了其所处的诉讼程序和阶段不同，另一方面也表明了其因所处诉讼程序和阶段不同而具有不同的诉讼地位及诉讼权利义务。

二、民事诉讼权利能力和民事诉讼行为能力

（一）当事人的民事诉讼权利能力

当事人的民事诉讼权利能力，又称当事人能力，是指享有民事诉讼权利、承担民事诉讼义务，能够成为民事诉讼当事人的能力或资格。享有民事诉讼权利能力，是作为民事诉讼当事人的必要前提。通常情况下，当事人的民事诉讼权利能力与民事权利能力相适应。即凡具有民事权利能力、能够担当民事活动的主体，均有民事诉讼权利能力，能够成为民事诉讼的当事人。民事诉讼权利能力的取得和消灭与民事权利能力的取得和消灭相一致。自然人的诉讼权利能力始于出生，终于死亡；法人和其他组织的诉讼权利能力始于依法成立，终于其终止。

（二）当事人的民事诉讼行为能力

当事人的民事诉讼行为能力，又称诉讼能力，是指以自己的行为行使诉讼权利，履行诉讼义务的能力，即当事人亲自进行诉讼活动的资格。自然人的民事诉讼行为能力与民事行为能力基本相适应，但两者在具体划分上有所不同。民事行为能力分为完全民事行为能力、限制民事行为能力和无民事行为能力三种。民事诉讼行为能力，则分为有民事诉讼行为能力和无民事诉讼行为能力两种。在民事诉讼中只有具有完全民事行为能力的自然人才有诉讼行为能力；无民事行为能力和限制民事行为能力的自然人都没有诉讼行为能力。

法人和其他组织的诉讼权利能力和诉讼行为能力同时产生，同时消灭。因合法成立、依法登记而取得民事诉讼行为能力，因解散、被撤销或破产而丧失民事诉讼行为能力。

在确定当事人的民事诉讼权利能力与民事诉讼行为能力时，一定要注意，取得当事人资格的前提条件是民事诉讼权利能力，而不是民事诉讼行为能力。因此，未成年人或者精神病患者虽无民事诉讼行为能力，但因具有民事诉讼权利能力，可以成为民事诉讼中的当事人，只是其不能独立进行诉讼，必须由其法定代理人代为诉讼。

三、当事人适格

当事人适格，是指在具体诉讼中，具有作为本案当事人起诉或应诉的资格。当事人适格与民事诉讼权利能力不同。诉讼权利能力是抽象的作为诉讼当事人的资格，与具体诉讼无关；当事人适格则是针对具体诉讼而言，解决的是有诉讼权

利能力的人在特定的诉讼中能否作为本案当事人。对于当事人适格与否，只能将当事人与具体诉讼联系起来，一般看当事人与特定的诉讼标的有无直接联系。如甲与乙之间发生人身损害赔偿纠纷（未造成乙死亡的后果），丙向法院起诉要求侵权人甲承担乙的损害赔偿责任，由于丙与甲乙之间争议的标的无直接联系，丙就不是本案适格当事人。当事人适格与作为纯粹形式上的当事人也不同。纯粹形式上的当事人仅以原告主观上的主张为准。原告是自认为权利受到侵害或与他人发生争议，向法院起诉请求权利保护的主体，被告则是被原告认为侵害其权利或与之发生纠纷的相对人，被原告起诉的主体。而当事人适格则是指对本案的诉讼标的，谁应当有权要求法院作出判决和谁应当作为被请求的相对人。

实践中，对于如何确定具体案件的当事人，分析思路为：首先是起诉人和被起诉人是否具有作为当事人的资格，即是否具有诉讼权利能力；其次是把起诉人和被起诉人与本案争议联系起来，他们作为本案当事人是否合适，即当事人是否适格。一般情况下，除法律有特别规定外，适格的当事人通常是民事实体法律关系的主体。

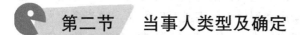

第二节　当事人类型及确定

一、原告与被告

（一）原告与被告的概念

原告，是指因民事权利义务关系发生纠纷，以自己的名义，请求法院保护其正当权利和合法利益，并能引起诉讼程序发生的人。提起诉讼的原告必须是与本案有利害关系的人，而且该利害关系必须是直接的、不是间接的。除法律有特别规定外，案外人是不能替代当事人以自己的名义起诉的。

被告，是指被原告诉称为民事权利义务关系纠纷的相对人，并经人民法院通知应诉的人。原告起诉时，应有明确的被告。被告必须确定，不能含糊不清，不能用绰号、简称或其他代称。同时，被告与所诉事实无关或不能确定，是不可诉的。起诉时，并不要求原告起诉的被告就是适格的被告，被告主体资格的审查一般在立案后，在审理环节中确认。

民事诉讼中，原、被告的诉讼地位是平等的又是相对的，两者彼此依存。我们应该明确，诉讼中作为原告并不意味着其享有实体关系中的权利或是权利被侵害者，被告也并不隐含着其是侵权者或实体义务的承担者。他们之间的实体权利义务关系如何，取决于人民法院的审理结果。

（二）原告与被告的确定

在我国，符合条件的公民、法人和其他组织都可以作为当事人，成为民事诉讼中的原告或被告。居住在我国领域内的外国人、无国籍人以及外国的企业和组织，依照国民待遇原则和同等原则，在我国境内可以依法进行民事活动，也可以成为民事诉讼当事人。

一般情况下，当事人是由于自己的民事权益发生纠纷而进行诉讼的。原被告通常就是民事实体法律关系的直接双方，如买卖合同纠纷中的买卖双方、侵权损害赔偿责任中的致害人与受害人[1]、婚姻关系中的配偶双方。在特殊情况下，虽不是民事实体法律关系的直接双方，但在有法律特别规定的情况下，也可作为当事人。主要包括：其一，财产管理人。依照法律的规定或者有关部门的指定，管理他人财产的人，是财产管理人。财产管理人虽然不是财产所有人，但其所管理的财产一旦受到侵害或者被他人主张权利，为了财产所有人的利益，该管理人可以依法以自己的名义参加诉讼。例如，被宣告失踪人的财产代管人。其二，遗产管理人。继承开始后，遗嘱执行人为遗产管理人；没有遗嘱执行人的，继承人应当及时推选遗产管理人；继承人未推选的，由继承人共同担任遗产管理人。在执行遗产分割或监督工作中，如遗产受到他人侵害或发生争议，遗产管理人有权以当事人身份参加诉讼。其三，代位权人。《民法典》第535条第1款规定，因债务人怠于行使其债权或者与该债权有关的从权利，影响债权人的到期债权实现的，债权人可以向人民法院请求以自己的名义代位行使债务人对相对人的权利，但是该权利专属于债务人自身的除外。即债权人可以原告身份起诉次债务人（即债务人的债务人）。其四，为保护死者权益而提起诉讼的死者近亲属。我国《民法典》第185条规定，侵害英雄烈士等的姓名、肖像、名誉、荣誉，损害社会公共利益的，应当承担民事责任。《最高人民法院关于确定民事侵权精神损害赔偿责任若干问题的解释》第3条规定，死者的姓名、肖像、名誉、荣誉、隐私、遗体、遗骨等受到侵害，其近亲属向人民法院提起诉讼请求精神损害赔偿的，人民法院应当依法予以支持。《关于适用〈民事诉讼法〉的解释》规定，对侵害死者遗体、遗骨以及姓名、肖像、名誉、荣誉、隐私等行为提起诉讼的，死者的近亲属为当事人。[2]其五，著作权集体管理组织。《最高人民法院关于审理著作权民

---

[1] 在某些侵权纠纷中，实际致害人与赔偿义务主体并不一致，赔偿义务主体才是民事诉讼当事人。如，法人或者其他组织的工作人员执行工作任务造成他人损害的，该法人或者其他组织为当事人；提供劳务一方因劳务造成他人损害，受害人提起诉讼的，以接受劳务一方为被告。

[2] 根据相关法律法规及司法解释的规定，非实体权利义务主体成为当事人的情形还包括：胎儿的母亲为保护胎儿继承权而起诉；依法成立的著作权集体管理组织，根据著作权人的书面授权，可以以自己的名义提起诉讼。

事纠纷案件适用法律若干问题的解释》第6条规定，依法成立的著作权集体管理组织，根据著作权人的书面授权，以自己的名义提起诉讼，人民法院应当受理。

法人由其依法登记的法定代表人参加诉讼。依法不需要办理登记的法人，以其正职负责人为法定代表人；没有正职负责人的，以其主持工作的副职负责人为法定代表人。在诉讼中，法人的法定代表人变更的，由新的法定代表人继续进行诉讼，并应向人民法院提交新的法定代表人身份证明书。原法定代表人进行的诉讼行为有效。法定代表人已经变更，但未完成登记，变更后的法定代表人要求代表法人参加诉讼的，人民法院可以准许。法人非依法设立的分支机构，或者虽依法设立，但没有领取营业执照的分支机构，以设立该分支机构的法人为当事人。

其他组织由其主要负责人进行诉讼。根据《关于适用〈民事诉讼法〉的解释》的规定，其他组织是指合法成立、有一定的组织机构和财产，但又不具备法人资格的组织，包括：①依法登记领取营业执照的个人独资企业；②依法登记领取营业执照的合伙企业；③依法登记领取我国营业执照的中外合作经营企业、外资企业；④依法成立的社会团体的分支机构、代表机构；⑤依法设立并领取营业执照的法人的分支机构；⑥依法设立并领取营业执照的商业银行、政策性银行和非银行金融机构的分支机构；⑦经依法登记领取营业执照的乡镇企业、街道企业；⑧其他符合本条规定条件的组织。

二、共同诉讼人

诉讼中，原告一方为二人或二人以上的，称为共同原告；被告一方为二人或二人以上的，称为共同被告；共同原告和共同被告均称为共同诉讼人。根据我国《民事诉讼法》的规定，当事人一方或者双方为二人以上，其诉讼标的是共同的，或者诉讼标的是同一种类、人民法院认为可以合并审理并经当事人同意的，为共同诉讼。共同诉讼可分为必要的共同诉讼和普通的共同诉讼。

（一）必要共同诉讼人

必要共同诉讼，是指当事人一方或双方为二人以上，诉讼标的是共同的，法院必须合并审理并在裁判中对诉讼标的合一确定的共同诉讼。这种诉讼不允许分案进行审理，共同诉讼人必须一同起诉或者一同应诉；共同诉讼人没有一同起诉或应诉的，法院就应当追加，同时应合并审理并作出合一判决。

"诉讼标的是共同的"有两种情形：一是根据民事实体法的规定，共同诉讼人针对诉讼标的本来就有共同的权利或共同的义务，如共同共有人对共有财产有共同的权利和义务。二是基于同一的事实上或法律上的原因，共同诉讼人之间产生了共同的权利或共同的义务，如因共同侵权引起的共同侵权人之间共同的赔偿义务。

根据《民事诉讼法》和《关于适用〈民事诉讼法〉的解释》的规定，在下列情形中，应按照共同诉讼处理，且为必要共同诉讼：

1. 以挂靠形式从事民事活动，当事人请求由挂靠人和被挂靠人依法承担民事责任的，该挂靠人和被挂靠人为共同诉讼人。

2. 在劳务派遣期间，被派遣的工作人员因执行工作任务造成他人损害的，以接受劳务派遣的用工单位为当事人。当事人主张劳务派遣单位承担责任的，该劳务派遣单位为共同被告。

3. 个体工商户在诉讼中，营业执照上登记的经营者与实际经营者不一致的，以登记的经营者和实际经营者为共同诉讼人。

4. 未依法登记领取营业执照的个人合伙的全体合伙人，在诉讼中为共同诉讼人。个人合伙有依法核准登记的字号的，应在法律文书中注明登记的字号。全体合伙人可以推选代表人进行诉讼；被推选的代表人，应由全体合伙人出具推选书。

5. 企业法人分立的，因分立前的民事活动发生的纠纷，以分立后的企业为共同诉讼人。

6. 借用业务介绍信、合同专用章、盖章的空白合同书或者银行账户的，出借单位和借用人为共同诉讼人。

7. 因保证合同纠纷提起的诉讼，债权人向保证人和被保证人一并主张权利的，人民法院应当将保证人和被保证人列为共同被告。保证合同约定为一般保证，债权人仅起诉保证人的，人民法院应当通知被保证人作为共同被告参加诉讼；债权人仅起诉被保证人的，可以只列被保证人为被告。

8. 无民事行为能力人、限制民事行为能力人造成他人损害的，无民事行为能力人、限制民事行为能力人和其监护人为共同被告。

9. 在继承遗产的诉讼中，部分继承人起诉的，人民法院应通知其他继承人作为共同原告参加诉讼；被通知的继承人不愿意参加诉讼又未明确表示放弃实体权利的，人民法院仍应将其列为共同原告。

10. 原告起诉被代理人和代理人，要求承担连带责任的，被代理人和代理人为共同被告。

11. 共有财产权受到他人侵害，部分共有权人起诉的，其他共有权人为共同诉讼人。

此外，根据2021年1月1日施行的《最高人民法院关于审理劳动争议案件适用法律问题的解释（一）》的规定，原用人单位以新的用人单位和劳动者共同侵权为由提起诉讼的，新的用人单位和劳动者列为共同被告。

另需注意的是，在侵权责任法规定的补充责任情形下，根据《民法典》侵权责任编的规定，劳务派遣期间，被派遣的工作人员因执行工作任务造成他人损害的，劳务派遣单位有过错的，承担相应的责任；第三人在公共场所侵权，安全保障义务人未尽到安全保障义务，承担相应的补充责任；无民事行为能力人或者限制民事行为能力人在幼儿园、学校或者其他教育机构学习、生活期间，受到教育机构以外的人员造成的人身损害时，教育机构未尽到管理职责时承担相应的补充责任。在上述情形下，侵权人可以作为单一的被告，补充责任人只能作为共同被告。而在《民法典》侵权责任编规定的连带责任情形下，原告具有选择被告的权利，即被侵权人有权请求全部或部分连带责任人承担责任。

在必要的共同诉讼中，除了原、被告之间存在的外部关系外，还存在着各共同诉讼人之间的内部关系。《民事诉讼法》第55条第2款规定，共同诉讼的一方当事人对诉讼标的有共同权利义务的，其中一人的诉讼行为经其他共同诉讼人承认，对其他共同诉讼人发生效力。即《民事诉讼法》采用承认原则处理共同诉讼人之间的内部关系。但是，承认原则并非适用于所有场合。例如，共同诉讼人中一人或数人有延期审理的事由、有中止诉讼的原因发生等，无须其他共同诉讼人的同意，其效力就及于全体共同诉讼人。

（二）普通共同诉讼人

普通共同诉讼，是指当事人一方或双方为二人以上，其诉讼标的属同一种类，法院认为可以合并审理，当事人也同意合并审理的诉讼。这种诉讼中的当事人既可以一同起诉或者一同应诉，也可以分别起诉或应诉，法院既可以合并审理，也可以分开审理，但是若要合并审理则应经共同诉讼人同意，并分别作出判决。

所谓"诉讼标的属同一种类"，是指各共同诉讼人与对方当事人争议的法律关系的性质和请求权的性质是相同的，即他们各自享有的权利或承担的义务属于同一类型。例如，若干个消费者诉同一房产开发公司所销售的房子有质量问题。

《民事诉讼法》第55条第2款规定，共同诉讼的一方当事人对诉讼标的没有共同权利义务的，其中一人的诉讼行为对其他共同诉讼人不发生效力。因此，普通共同诉讼人各自拥有独立性的诉讼实施权。无论从实体上还是程序上而言，任何一个普通的共同诉讼人都可以完全独立地行使自己的权利或履行自己的义务。各共同诉讼人的诉讼行为只对本人产生效力，不会影响其他共同诉讼人。

三、诉讼代表人

诉讼代表人，是指共同诉讼中，人数众多的一方当事人推选或商定出来的代表该方当事人进行诉讼的人。人数众多一般指10人以上，推选或商定出来的代表人为2~5人。由代表人进行的诉讼就是代表人诉讼，根据《民事诉讼法》的规定，代表人诉讼可分为人数确定的代表人诉讼和人数不确定的代表人诉讼。

诉讼代表人具有双重身份：既是诉讼当事人，又是代表人。该身份决定了诉讼代表人在保护全体当事人共同利益的同时，也保护了自身的合法权益。诉讼代表人制度既能够有效处理群体性纠纷，也有利于简化诉讼程序，实现诉讼经济。

（一）人数确定的诉讼代表人

人数确定的代表人诉讼，即指在起诉阶段当事人人数已确定，只是因人数众多不便诉讼，才实行诉讼代表人制度。人数确定的代表人诉讼可能是必要的共同诉讼，也可能是普通的共同诉讼，因此人数确定的代表人诉讼又分为必要的人数确定的代表人诉讼和普通的人数确定的代表人诉讼。

1. 诉讼代表人的产生方式。通常情况下，代表人可以由全体或部分当事人民主选举产生。如果有部分当事人未能选举出代表人，根据《关于适用〈民事诉讼法〉的解释》的规定，在必要的共同诉讼中可以自己参加诉讼，在普通的共同诉讼中可以另行起诉。

2. 诉讼代表人的权限。根据《民事诉讼法》的规定，代表人的诉讼行为对其所代表的当事人发生法律效力。代表人的代表权限只限于一般代表权限。代表人在行使一般代表权限时，通常不需要征求被代表的当事人的同意。代表人未经所代表的当事人特别授权，不能行使处分权。代表人变更、放弃诉讼请求或者承认对方当事人的诉讼请求，进行和解，必须经被代表的当事人全体同意，才能发生法律效力。

（二）人数不确定的诉讼代表人

人数不确定的代表人诉讼，即指在起诉阶段乃至判决阶段当事人人数均不确定，则由向法院登记的权利人推选出代表人进行诉讼。人数不确定的代表人诉讼只适用于普通的共同诉讼。

在此类诉讼中，诉讼代表人只能由向人民法院登记了权利的那部分当事人推选出。根据《关于适用〈民事诉讼法〉的解释》的规定，其产生方式依次为：①推选。由向人民法院登记了权利的那部分当事人推选出诉讼代表人。②协商。在推选不出时，可以由人民法院提出人选与当事人协商。③指定。协商不成，也可以由人民法院在起诉的当事人中指定代表人。

对于未起诉的权利人，可在人民法院发出的公告期内，向发布公告的案件管辖法院登记。公告期间根据案件的具体情况确定，但不得少于 30 日。根据法律规定向人民法院登记的权利人，应当证明其与对方当事人的法律关系和所受到的损害。证明不了的，不予登记，权利人可以另行起诉。人民法院的裁判在登记的范围内执行。未参加登记的权利人提起诉讼，人民法院认定其请求成立的，裁定适用人民法院已作出的判决、裁定。

四、诉讼第三人

民事诉讼中的第三人，是指对他人之间的诉讼标的具有独立的请求权或虽无独立的请求权但案件的处理结果与其有法律上的利害关系，因而参加到他人已经开始的诉讼中去的人。

由于设立目的、诉讼地位等的不同，诉讼第三人分为有独立请求权的第三人和无独立请求权的第三人。

（一）有独立请求权的第三人

1. 有独立请求权的第三人的概念特征。有独立请求权的第三人，是指对他人之间的诉讼标的的全部或部分，提出独立的诉讼请求，因而参加到他人已经开始的诉讼中去的人。如甲、乙二人为一台电脑的所有权发生争议而涉诉，诉讼中，丙向法院提出请求，既否认甲对该电脑的所有权，又否认乙对该电脑的所有权，认为该电脑的所有权归自己，丙即为有独立请求权的第三人。其具有以下特征：

（1）对本诉中的原告和被告争议的诉讼标的，主张独立的请求权。所谓独立的请求权，是指第三人所主张的请求权不同于本诉原告向被告主张的请求权。其主张既不同于原告，又不同于被告。这种独立的请求权包括全部的独立请求权（全部否定原告和被告的实体权利）和部分的独立请求权（部分否定原告和被告的权利）。

（2）本诉正在进行中。第三人参加诉讼的时间应当在他人之间的诉讼已经开始但尚未结束期间，即从被告应诉起，到诉讼审理终结止。原则上第三人参加诉讼应在第一审程序中参加，但作为例外，法院也允许其在第二审程序中参加诉讼。第三人在第二审程序中参加诉讼的，如果其不同意以调解方式结案，二审人民法院应当将案件发回一审人民法院重审，以保证诉讼第三人的上诉权。

（3）以提起诉讼的方式参加诉讼。如此，应符合《民事诉讼法》关于起诉的相关规定。

2. 有独立请求权的第三人的诉讼地位。有独立请求权的第三人，在诉讼中对本诉的诉讼标的提出独立的请求，因而其实质上既反对本诉的原告，又反对本诉的被告。在第三人之诉中，其地位相当于原告；本诉的原告和被告，在第三人之诉中相当于被告。

有独立请求权的第三人是完全的、独立的诉讼当事人，在诉讼中享有与诉讼当事人（尤其是原告）完全平等的诉讼权利，并承担相应的诉讼义务。但是，完全平等不同于完全相同，其诉讼权利仍受身份的限制。例如，撤诉只能撤回其提起的第三人之诉，不能撤回本诉；不能对案件的管辖权提出异议；等等。

（二）无独立请求权的第三人

1. 无独立请求权的第三人的概念特征。无独立请求权的第三人，是指对原被告双方争议的诉讼标的虽无独立的请求权但案件的处理结果与其有法律上的利害关系，因而参加到他人已经开始的诉讼中去的人。其具有以下特征：

（1）与案件处理结果有法律上的利害关系。所谓有法律上的利害关系，是指第三人与本诉中的一方当事人有实体上的法律关系，即其支持的一方当事人若胜诉，则维护了自身的合法权益；若败诉，其可能承受法律上不利的后果。如甲公司认为乙厂提供的产品质量有问题（其中的某一配件有质量问题，该配件是由丙厂提供的）而提起诉讼，如果乙败诉，丙可能在法律上有不利的后果，于是丙加入到甲、乙已经开始的诉讼中，此时丙的身份即为无独立请求权的第三人。

（2）他人之间的诉讼正在进行。第三人参加诉讼的时间须在法院受理诉讼后到作出裁判前，一般也应在第一审程序中参加诉讼。

（3）参加诉讼的方式可以是本人提出申请，也可以是其他当事人提出申请或由人民法院依职权通知参加。

2. 无独立请求权第三人的诉讼地位。在我国民事诉讼制度中，无独立请求权的第三人诉讼地位非常特殊。其不是原告，没有提出独立的诉讼请求，无权放弃、变更他人之间的诉讼请求，无权申请撤诉；也不是被告，无权提出反诉，无权承认他人之间的诉讼请求。其只是通过辅助当事人以维护自己的民事权益，其与被辅助的当事人又不是共同诉讼人，在一审中也无权对管辖权提出异议。在诉讼中，其可以提供案件事实和证据、进行法庭辩论以支持所辅助的当事人的诉讼主张，以所辅助的当事人的胜诉来摆脱对己不利的法律后果。

可见，无独立请求权的第三人不享有涉及实体权利的处分权，但是可享有当事人的其他诉讼权利，如有权委托代理人进行诉讼、有权向法庭陈述自己的意见、有权举证质证、有权参加法庭辩论等。如果判决其承担民事责任，其有权提起上诉，这时就成为真正的当事人。因此，有学者将无独立请求权的第三人视为广义的当事人。

3. 无独立请求权第三人参加诉讼的司法实践。司法实践中，下列人员可以作为无独立请求权第三人参加诉讼：①债权人以次债务人为被告向人民法院提起代位权诉讼，未将债务人列为第三人的，人民法院可以追加债务人为第三人。②债权人依照合同法有关规定提起撤销权诉讼时只以债务人为被告，未将受益人或者受让人列为第三人的，人民法院可以追加该受益人或者受让人为第三人。③债权人转让合同权利后，债务人与受让人之间因履行合同发生纠纷诉至人民法院，债务人对债权人的权利提出抗辩的，可以将债权人列为第三人。④经债权人同意，债务人转移合同义务后，受让人与债权人之间因履行合同发生纠纷诉至人民法院，受让人就债务人对债权人的权利提出抗辩的，可以将债务人列为第三人。⑤合同当事人一方经对方同意将其在合同中的权利义务一并转让给受让人，对方与受让人因履行合同发生纠纷诉至人民法院，对方就合同权利义务提出抗辩的，可以将出让列为第三人。⑥用人单位招用尚未解除劳动合同的劳动者，原用人单位与劳动者发生的劳动争议，可以列新的用人单位为第三人。原用人单位以新的用人单位侵权为由向人民法院起诉的，可以列劳动者为第三人。⑦在诉讼中，争议的民事权利义务转移的，不影响当事人的诉讼主体资格和诉讼地位。人民法院作出的发生法律效力的判决、裁定对受让人具有拘束力。受让人申请以无独立请求权第三人身份参加诉讼的，人民法院可以准许。受让人申请替代当事人承担诉讼的，人民法院可以根据案件的具体情况决定是否准许；不予准许的，可以追加其为无独立请求权第三人。

第三节　当事人诉讼权利义务

为了使当事人能够充分地利用民事诉讼程序解决纠纷，维护自己或自己所管理的他人的民事权益，我国《民事诉讼法》赋予当事人广泛的民事诉讼权利。同时为了保障诉讼程序的顺利进行，《民事诉讼法》也为当事人设定了相应的诉讼义务。

一、当事人的诉讼权利

当事人的诉讼权利主要包括：①起诉的权利、反驳的权利和提起反诉的权利；②委托诉讼代理人的权利；③申请回避的权利；④收集和提供证据的权利；⑤进行陈述、质证和辩论的权利；⑥选择调解的权利；⑦自行和解和撤回诉讼的权利；⑧申请保全和先予执行的权利；⑨提起上诉的权利；⑩申请再审的权利；⑪申请执行的权利；⑫查阅、复制本案有关材料的权利；等等。

二、当事人的诉讼义务

当事人的诉讼义务主要包括：①遵循诚实信用原则，依法行使诉讼权利的义务；②遵守诉讼秩序的义务；③履行生效法律文书的义务；等等。

第四节 诉讼代理人

民事诉讼代理人，是指根据法律的规定或当事人的委托，以当事人的名义并为其利益，代理实施诉讼行为、参加诉讼的人。当事人在民事诉讼进行过程中，根据法律的规定或基于自己的意思可以委托1~2名代理人，代理实施诉讼行为。诉讼代理人代理当事人进行诉讼活动的权限，称为诉讼代理权。诉讼代理人在权限范围内所实施的诉讼行为，称为诉讼代理行为。被代理的当事人称为被代理人。

根据代理权产生原因的不同，诉讼代理关系分为法定诉讼代理关系和委托诉讼代理关系。相应地，基于不同的代理权来源，诉讼代理人分为法定诉讼代理人和委托诉讼代理人。

一、法定诉讼代理人

1. 法定诉讼代理人的概念。法定诉讼代理人，是指根据法律规定代理无诉讼行为能力的当事人进行民事诉讼活动的人。法定诉讼代理关系是基于代理人与被代理人之间具有特定的身份关系（亲权关系或监护关系）而产生的。

《民事诉讼法》第60条规定，无诉讼行为能力人由他的监护人作为法定代理人代为诉讼。事先没有确定监护人的，可以由有监护资格的人协商确定；协商不成的，由人民法院在他们之中指定诉讼中的法定代理人。法定诉讼代理人一般为自然人，作为例外，单位也可以作为诉讼代理人，如未成年人、精神病患者所在单位，其住所地的村民委员会、居民委员会、民政部门等。

2. 法定诉讼代理人的代理权限。法定诉讼代理人在诉讼中具有与当事人类似的诉讼地位。一方面，为了充分保护被代理人的合法权益，法定诉讼代理人可以实施一切诉讼行为，包括对被代理人程序权利和实体权利的处分。另一方面，法定诉讼代理人毕竟不是当事人，与当事人仍然是有区别的。例如，法定诉讼代理人必须以当事人的名义进行诉讼，法院裁判拘束的是当事人而不是代理人，法定诉讼代理人在诉讼中死亡或丧失行为能力，法院可另行指定监护人代理诉讼而不必中止或终结诉讼。

3. 法定诉讼代理权的取得与消灭。法定诉讼代理权的存在有其客观基础。在我国，诉讼代理权来源于监护人的身份。因此，法定诉讼代理权的取得依赖于监护权的取得。

在诉讼中，如果这些客观基础不存在，法定诉讼代理权也随之消灭。实践中，法定诉讼代理权消灭主要有以下几种情形：①被代理人具备或恢复了诉讼行为能力；②法定诉讼代理人死亡或丧失诉讼能力；③基于收养或婚姻关系而发生的监护权，收养或婚姻关系解除；④被代理人死亡；⑤诉讼终结。

二、委托诉讼代理人

1. 委托诉讼代理人的概念。委托诉讼代理人，是指受诉讼当事人或法定代理人委托，以当事人的名义代为诉讼的人。根据《民事诉讼法》的规定，当事人、法定代理人可以委托1~2人作为诉讼代理人，代为进行民事诉讼。委托诉讼代理人的代理权来源于当事人或其法定代理人的授权委托行为，必须由委托人向人民法院提交其亲自签名或盖章的授权委托书，经人民法院审查同意后，委托代理权即认为取得。

根据我国《民事诉讼法》的规定，我国的委托诉讼代理人包括：律师、基层法律服务工作者；当事人的近亲属（是指与当事人有夫妻、直系血亲、三代以内旁系血亲、近姻亲关系以及其他有抚养、赡养关系的亲属）或工作人员（是指与当事人有合法劳动人事关系的职工）；当事人所在社区、单位以及有关社会团体推荐的公民。

2. 委托诉讼代理人的代理权限与诉讼地位。委托诉讼代理人的代理权，来源于当事人、法定代理人或法定代表人的委托授权。为了保证授权行为的确定性和代理权限的明晰性，授权委托行为必须采用书面形式，即必须向人民法院提交由委托人签名或盖章的授权委托书。同时，根据《关于适用〈民事诉讼法〉的解释》的规定，诉讼代理人除按《民事诉讼法》第62条规定提交授权委托书外，还应当按照下列规定向人民法院提交相关材料：①律师应当提交律师执业证、律师事务所证明材料；②基层法律服务工作者应当提交法律服务工作者执业证、基层法律服务所出具的介绍信以及当事人一方位于本辖区内的证明材料；③当事人的近亲属应当提交身份证件和与委托人有近亲属关系的证明材料；④当事人的工作人员应当提交身份证件和与当事人有合法劳动人事关系的证明材料；⑤当事人所在社区、单位推荐的公民应当提交身份证件、推荐材料和当事人属于该社区、单位的证明材料；⑥有关社会团体推荐的公民应当提交身份证件和符合该解释第87条规定条件的证明材料。

（1）一般授权的代理。即代理纯程序性质或者与实体权利无直接关系的诉讼权利，如申请回避权、管辖异议权、收集提供证据权、辩论权等。

（2）特别授权的代理。即代理与实体权利密切相关的诉讼权利，如承认、变更、放弃诉讼请求，进行和解，提起反诉或上诉等权利。此类权利对当事人的利益关系重大，除非经查有委托人的特别授权，诉讼代理不得在诉讼中实施这类行为。"特别授权"必须在授权委托书中明确注明。《关于适用〈民事诉讼法〉

的解释》规定，授权委托书仅写"全权代理"而无具体授权的，诉讼代理人无权代为承认、放弃、变更诉讼请求，进行和解，提出反诉或者提起上诉。

委托诉讼代理人参加民事诉讼，应运用自己的经验、学识、技巧等，最大限度地维护被代理人的合法权益。委托诉讼代理人在授权范围内的诉讼行为对被代理人产生法律效力。

当事人委托诉讼代理人后，可以自己出庭，也可以不出庭。但对于离婚案件，本人除不能表达意思的以外，仍应出庭；确因特殊情况无法出庭的，必须向人民法院提交书面意见。可见，委托诉讼代理人在诉讼中只能居于诉讼参加人的地位。

3. 委托诉讼代理关系的变更和消灭。在民事诉讼中，基于各种原因，委托人可以变更代理权的范围或者取消委托，诉讼代理人也可以辞去委托。诉讼代理人的权限变更或解除，当事人应书面告知人民法院，并由人民法院告知对方当事人。

委托诉讼代理权因下列原因之一而消灭：诉讼终结，代理任务完成，代理人死亡或丧失诉讼行为能力，代理人辞去委托或被代理人取消委托。

 学习小结

当事人，是指因民事权利、义务发生纠纷，以自己的名义进行诉讼，要求人民法院行使民事审判权的人及其相对人。具有民事诉讼权利能力，是作为民事诉讼当事人的必要前提；具有民事诉讼行为能力，则当事人具有亲自进行诉讼活动的资格；要成为具体案件的当事人，则需当事人适格。

当事人除原告、被告外，还包括共同诉讼人、诉讼代表人和诉讼第三人。共同诉讼人包括必要共同诉讼人和普通共同诉讼人；诉讼代表人包括人数确定的诉讼代表人和人数不确定的诉讼代表人；诉讼第三人包括有独立请求权的第三人和无独立请求权的第三人。

当事人在民事诉讼进行过程中，根据法律的规定或基于自己的意思可以委托1~2名代理人，代理实施诉讼行为。诉讼代理人因为代理权来源不同，可分为法定诉讼代理人和委托诉讼代理人。根据我国《民事诉讼法》的规定，下列人员可以被委托为诉讼代理人：律师、基层法律服务工作者；当事人的近亲属（是指与当事人有夫妻、直系血亲、三代以内旁系血亲、近姻亲关系以及其他有抚养、赡养关系的亲属）或工作人员（是指与当事人有合法劳动人事关系的职工）；当事人所在社区、单位以及有关社会团体推荐的公民。

基础练习

1. 民事诉讼行为能力与民事行为能力的关系如何？
2. 必要共同诉讼人之间的关系如何？
3. 有独立请求权第三人的诉讼地位如何？
4. 法定诉讼代理人与委托诉讼代理人的代理权限有何不同？

案例分析

1. 赵某某与杨某某结婚，婚后 3 年无子女，后收赵某芬为养女。1968 年杨某某病故。赵某某与梁某某结婚，生子赵某荣、赵某华、赵某富、赵某贵。1988年赵某芬与魏某某结婚。1994 年梁某某遇车祸死亡，赵某芬因受刺激患了精神病，丧失了行为能力，其生活完全由丈夫魏某某照料。2013 年赵某某在大儿子家——河北正定县去世，留有坐落在河北赵县的房屋 10 间，存款 4 万元，全部由长子赵某荣控制。赵某荣认为自己是长子，理应继承遗产的一半，另一半由其他 3 兄弟均分。赵某华对此不服，遂向赵县人民法院提起诉讼，主张遗产应由 4兄弟均分。法院受理案件后，征询赵某富、赵某贵的意见，赵某富也主张遗产应由 4 兄弟均分，但不想参加诉讼；赵某贵则表示放弃继承权。诉讼开始后，赵某芬的丈夫魏某某也向受诉法院提起诉讼，要求分得遗产。

请分析：本案各诉讼参加人的诉讼地位。

2. 刘某红与杨某玲系邻居，刘某红未选上街道代表，怀疑是杨某玲说了坏话，便伺机报复。一日，刘某红带领儿子李某、儿媳赵某闯入杨家，殴打杨某玲，致使杨多处受伤。杨之子孙某飞下班回家与刘家三人相遇，刘家三人又将孙某飞打伤。杨某玲丈夫孙某贵以原告身份向法院提起诉讼，要求被告刘某红赔偿其妻的医药费。在起诉中，对儿子被打伤的问题未涉及，法院受案后，在调查中发现孙某飞也被打伤，于是将孙某飞追加为必要共同诉讼的共同原告。

请分析：刘某红的儿子李某、儿媳赵某在本案诉讼中处于何种诉讼地位？法院在本案中的做法有无错误？

拓展学习

第三章 拓展学习

第四章　民事诉讼证据

第一节　民事诉讼证据概述

　　民事诉讼证据，是指能够证明民事案件事实的根据。在民事诉讼中，对于当事人来说，证据的运用是一个十分重要的问题。当事人及其诉讼代理人的中心任务就是按照证据规则要求全面调查、收集、提供可能证明民事案件事实的证据材料，并使之转化为定案的证据，从而实现自己的主张或反驳对方的主张。民事诉讼开始、继续和终结都离不开证据的运用，证据既是当事人维护自身合法权益的关键，也是法院对案件作出裁判的事实根据。因此，民事诉讼证据制度是民事诉讼制度的核心。

一、证据的特性

　　民事诉讼证据的特性，是指民事诉讼证据的本质属性。它也是证据和证据材料的区别之所在。民事诉讼证据一般具有客观性、关联性和合法性三个特性。

　　（一）客观性

　　证据的客观性，是指证据必须是客观存在的、真实的事实材料，而非猜测虚构之物，故又称为客观真实性。在民事案件中，它是民事法律关系产生、发展、变化的客观记录，真实地表现了民事法律关系以及纠纷发生和变化的过程。客观性是证据的最基本特征，是证据的生命力所在。

（二）关联性

证据的关联性，是指证据必须与案件中需要证明的事实（即待证事实）具有内在的客观联系，能够证明案件中有关待证事实的一部分或全部。若证据与案件待证事实没有关系或者关系不大，其意欲证明的案件事实就不能得到确认，因而不能成为定案依据。

在诉讼中，证据与待证事实的联系程度通常表现为两种情况：一是证据与待证事实具有直接、内在的联系；二是证据与待证事实具有间接的、外在的联系，证据反映了一定的案件情节，但这种反映具有某种不确定性。证据的关联性程度是决定证据的证明力的依据之一。证据与待证事实之间的联系越密切、越直接，其证明力越强；反之，则越弱。

（三）合法性

证据的合法性，是指证据必须符合法律的规定和要求。这也是证据不可缺少的基本特征之一。证据的合法性主要是从提供证据的主体资格、证据的来源、取得证据的程序与方式以及证据的形式是否符合法律规定等进行判断。故证据应符合程序法和实体法规定的形式要求，证据的收集、保全、提供和审查必须符合法定程序和规则，才能作为定案的依据。

上述三个特征，通常称为证据的"三性"。能够反映案件真实情况、与待证事实相关联、来源和形式符合法律规定的证据，才能作为认定案件事实的根据。

二、证据的理论分类

按照不同的标准，学者们在理论上对民事诉讼证据进行了不同的分类，这对于正确运用证据和收集审查判断证据具有重要的实践指导意义。比较常见的证据分类有以下三种：

（一）本证与反证

按照证据与证明责任之间的关系，把证据分为本证与反证。

本证，是指负有证明责任的一方当事人提出的用于证明自己所主张事实的证据。反证，是指不承担证明责任的一方当事人提出的用于反驳对方主张的证据。如原告主张被告应返还到期借款，并出示被告书写的借条，此借条对于原告而言即为本证。该案中，如果被告出示一张由原告书写的说明被告已还款但因为原告丢失借条而无法将借条返还给被告的书证，则此书证对于被告主张已还款的事实而言是本证，但对于原告主张应还款的事实而言则是反证。本证与反证的分类并不是指诉讼中当事人的地位。原告提出的证据既可能是本证也可能是反证，被告提出的证据同样既可能是本证也可能是反证。

依据证据法则，本证对待证事实的证明必须达到一定的证明标准才能加以认定，否则负证明责任一方的当事人就会因事实真伪不明而承担不利的诉讼后果。反证的作用则在于推翻或者削弱本证的证明力，使本证的待证事实处于真伪不明的状态，使提出本证的一方当事人承担不利诉讼后果，故其证明负担较轻。

（二）直接证据与间接证据

按照证据与待证事实之间的关系，把证据分为直接证据与间接证据。

直接证据，是指能单独、直接证明待证事实的证据。一般说来，直接证据具有最强的证明力。例如，结婚证能够直接证明当事人之间存在夫妻关系，房产证能够直接证明房屋的所有权人，等等。间接证据，是指不能单独或直接证明待证事实的证据。间接证据一般须与其他证据结合起来，经过推理和分析，才能得出有关案件事实的结论。

一般说来，直接证据的证明力要强于间接证据，直接证据只要查证属实，就能直接确定案件待证事实。所以诉讼中应尽可能调查、收集、提供直接证据，从而确认案件的有关事实。

但是，有些民事案件没有直接证据，或者由于某种原因一时查不到直接证据，在这种情况下，只能从间接证据证明的事实推导出待证事实，或者通过间接证据去发现直接证据；有些案件中，间接证据可以鉴别直接证据的真伪，是审查直接证据是否真实的手段。

需要特别注意的是，运用的间接证据必须有足够的数量，从而形成一个完整严密的证据链，做到证据之间和谐一致，没有矛盾，共同指向唯一的案件事实。如果间接证据不能构成一个完整严密的证据整体，彼此之间存在矛盾，或者由各证据推导引申的结论不具有唯一性，则间接证据的证明力就较弱，难以成为定案的依据。

（三）原始证据与传来证据

按照证据的来源，把证据分为原始证据与传来证据。

原始证据，是指直接来源于案件事实而未经中间环节传播的证据，即人们通常所说的"第一手资料"。如合同的原件、遗嘱的手稿、亲历事情经过的证人证言等。传来证据，是指非直接来源于案件事实，而是由原始证据经转述、传抄、复制等手段衍生出来的证据，即通常所述的"第二手资料"。例如，物证的照片、复制品，书证的复印件，等等。

一般说来，原始证据的证明力大于传来证据的证明力。这是由于原始证据直接来源于案件事实，可靠性高、证明力大；而传来证据在转述、复制的过程中受各种主客观因素的影响，失真的可能性大。所以，当事人应尽可能收集、提供原始证据。

同时，在没有原始证据或原始证据不充分的情况下，经查证属实的传来证据构成的证据体系也可以用作认定案件事实的依据。传来证据还可以印证或补充原始证据。所以，重视原始证据的同时，也不能忽视传来证据的作用。

第二节　民事诉讼证据种类

民事诉讼证据的种类，是立法根据证据的形式而对证据所作的分类。《民事诉讼法》第66条规定，证据有以下几种：①当事人的陈述；②书证；③物证；④视听资料；⑤电子数据；⑥证人证言；⑦鉴定意见；⑧勘验笔录。以上证据必须查证属实，才能作为认定事实的根据。

一、当事人陈述

（一）当事人陈述与案件事实的关系

当事人陈述，是指当事人在诉讼中就案件的有关事实情况向法院所作的陈述。当事人陈述的形式有起诉状、答辩状、庭审口头陈述以及委托代理人的代理词等。

当事人陈述作为一种证据形式最显著的特点就是具有"两重性"，即真实性与虚假性并存。一方面，当事人作为案件事实的亲历者，比其他任何人都更有可能向人民法院提供全面、清楚的案件事实；另一方面，他们又是民事案件的利害关系人，从利己的目的出发，往往对有利于自己的事实加以夸大，对不利于己的事实就加以掩盖或缩小，甚至可能歪曲事实、虚假陈述。因此，《民事诉讼法》第78条规定，人民法院对当事人的陈述，应当结合本案的其他证据，审查确定能否作为认定事实的根据。当事人拒绝陈述的，不影响人民法院根据证据认定案件事实。这意味着，法院对当事人的陈述，既予以重视又不轻信，应当结合其他证据，进行综合分析判断才能确定其是否能作为认定案件事实的依据。《关于适用〈民事诉讼法〉的解释》规定，人民法院认为有必要的，可以要求当事人本人到庭，就案件有关事实接受询问。在询问当事人之前，可以要求其签署保证书。保证书应当载明据实陈述、如有虚假陈述愿意接受处罚等内容。当事人应当在保证书上签名或者捺印。负有举证证明责任的当事人拒绝到庭、拒绝接受询问或者拒绝签署保证书，待证事实又欠缺其他证据证明的，人民法院对其主张的事实不予认定。

（二）当事人自认及其效力

1. 自认的概念。自认，是指当事人在诉讼中对另一方当事人陈述的不利于自己的事实予以承认或者主动陈述对自己不利的事实。自认可分为诉讼上的自认和诉讼外的自认。诉讼外的自认，是指发生在诉讼过程之外的自认，一般不具有证据法上免除举证证明责任的效力，但可以作为一种证据材料使用。

2. 自认的效力。诉讼上的自认一般具有免除对方当事人举证证明责任的作用，同时具有拘束法院的效力。《关于适用〈民事诉讼法〉的解释》规定，一方当事人在法庭审理中，或者在起诉状、答辩状、代理词等书面材料中，对于己不利的事实明确表示承认的，另一方当事人无需举证证明。对于涉及身份关系、国家利益、社会公共利益等应当由人民法院依职权调查的事实，不适用前款自认的规定。自认的事实与查明的事实不符的，人民法院不予确认。

二、书证

（一）书证对案件事实证明的基本特性

书证，是指以文字、符号、图表所表达的意思和内容来证明案件事实的证据。这是司法实践中最常见的一类证据。书证除应具备前文所述的民事诉讼证据的三个共有基本特性外，还应具备以下三个基本特性：

1. 书证用其表达的意思来证明案件事实。书证所表达的意思能为一般人所认知和了解，从而证明案件的有关事实。它通常固定不变，不随时间、记忆的变化而变化，具有较强的真实性。对一些比较重要的民事法律行为，法律、法规也要求当事人必须采取书面形式。

2. 书证是以文字、符号、图表来证明案件事实的。它们以书写、印刷、刻画、电脑排版为制作形成方法，能直观地反映民事行为发生的真实情况，证明案件的事实。

3. 书证以一定的有形物质为载体（即文字、符号、图表等）来说明案件事实。最常见、最典型的载体是各种各样的纸张，书证也由此而得名。此外，石块、竹、木以及塑料等也可为载体。

对书证来说，上述三个特性缺一不可，这也是对书证进行审查判断的基本要求。

（二）书证的分类及其证明力强弱的判断

1. 公文书证和非公文书证。这是按制作书证主体的不同而作的分类，前者证明力强于后者。公文书证，是指国家机关、社会团体行使自己职权时依照一定程序和格式制作的各种文书。例如，人民法院的调解书、判决书，公证机关制作的公证书，婚姻登记机关颁发的结婚证、离婚证，等等。非公文书证，是指除公文书证之外的书证。私人制作的或国家机关、企事业单位、社会团体非基于职权而制作的文书，该文书作为书证时即为非公文书证。《关于适用〈民事诉讼法〉

的解释》规定，国家机关或者其他依法具有社会管理职能的组织，在其职权范围内制作的文书所记载的事项推定为真实，但有相反证据足以推翻的除外。必要时，人民法院可以要求制作文书的机关或者组织对文书的真实性予以说明。单位向人民法院提出的证明材料，应当由单位负责人及制作证明材料的人员签名或者盖章，并加盖单位印章。人民法院就单位出具的证明材料，可以向单位及制作证明材料的人员进行调查核实。必要时，可以要求制作证明材料的人员出庭作证。单位及制作证明材料的人员拒绝人民法院调查核实，或者制作证明材料的人员无正当理由拒绝出庭作证的，该证明材料不得作为认定案件事实的根据。

2. 处分性书证与报道性书证。这是依文书内容所作的区分，前者证明力强于后者。处分性书证，是指以设立、变更或者消灭一定法律关系为内容的书证，如遗嘱、合同书等。报道性书证，是指仅记载一定事实，通常不能产生一定法律后果的书证，如备忘录、会议记录等。

3. 一般形式书证与特定形式书证。这是按书证的形式所作的分类，后者须具备规定的形式或履行特定手续才产生证据的效力。一般形式书证，是指法律不要求必须具备特定形式或履行一定手续就能够成立的文书。例如，一般民事主体制作的收据、借条等。特定形式书证，是指法律规定必须具备一定的形式或履行一定的手续才能够成立的文书。如各种票据、各种行政许可证书等。特定形式的书证如不具备特定形式或履行特定手续，就不能产生证据的效力。

4. 原本、正本、副本与节录本、复印件等。这是以制作方法为标准对书证所作的分类，前者的证明力强于后者。原本，是指文书制作人最初制作的文本，如合同当事人签字盖章的书面合同等。正本，是指照原本全文抄录或印制并与原本具有同等法律效力的文件。副本，是指照原本全文抄录或印制但效力不同于原本的文件。节录本，是指仅摘抄原本或正本内容的一部分的抄本，其证明作用与原本相比是有较大差异的。复印件，是指将原本或正本经复印机复制的文本。

《民事诉讼法》第 73 条规定，书证应当提交原件。提交原件确有困难的，可以提交复制品、照片、副本、节录本。提交外文书证，必须附有中文译本。根据《关于适用〈民事诉讼法〉的解释》的规定，提交书证原件确有困难的情形包括：①书证原件遗失、灭失或者毁损的；②原件在对方当事人控制之下，经合法通知提交而拒不提交的；③原件在他人控制之下，而其有权不提交的；④原件因篇幅或者体积过大而不便提交的；⑤承担举证证明责任的当事人通过申请人民法院调查收集或者其他方式无法获得书证原件的。遇有此类情形，人民法院应当结合其他证据和案件具体情况，审查判断书证复制品等能否作为认定案件事实的根据。该司法解释还规定，书证在对方当事人控制之下的，承担举证证明责任的当事人可以在举证期限届满前书面申请人民法院责令对方当事人提交。申请理由成立的，人民法院应当责令对方当事人提交，因提交书证所产生的费用，由申请人负担。对方当事人无正当理由拒不提交的，人民法院可以认定申请人所主张的书证内容为真实。

三、物证

（一）物证对案件事实证明的基本特性

物证，是指以自身存在的外形、重量、质量、规格等外部特征和内在属性来证明待证事实的物品或痕迹。例如，发生质量争议的商品、被侵权行为侵害的财物、侵权工具等。

1. 物证具有较强的客观性、可靠性。只要判明物证本身是真实的，其就具有很大的可靠性和较强的证明力。故古今中外都把物证作为最有价值的证据。有人还称之为"哑巴证人"。

2. 物证具有不可代替的特定性。物证作为一种客观存在的具体物体和痕迹是特定化了的，因此，一般情况下，它是不能用其他物品或同类物品来代替的，否则就失去了证据的作用。

对物证的认定和采信，遵循提交原物的原则。《民事诉讼法》第 73 条规定，物证应当提交原物；提交原物确有困难的，可以提交复制品、照片等。此即该原则的体现。

（二）物证与书证对案件事实证明关系的异同

就物质形态而言，书证的载体总是一定的物，有些物证也存在于书面文件中。但是，书证是以记载于一定物（不限于纸张）上的文字、符号所表达的内容来证明案件事实的；而物证是以其外形、质量等来证明案件事实的。

四、视听资料

（一）视听资料对案件事实证明的基本特性

视听资料，是指以录音、录像等设备所存储的信息证明案件待证事实的资料。它包括录音资料和影像资料。

1. 视听资料的载体特殊性。它主要是以录音带、录像带、胶片等需要通过特殊的现代电子设备放映才能视听的介质来证明案件事实的。

2. 大多数视听资料能够通过画面、音响、文字的综合，全面地、动态地证明案件事实，真实地再现案件发生时的全面情景或部分情景。

3. 视听资料易于收集、保管和使用。多数视听资料的载体是新型高技术材料，具有体积小、质量轻、信息量大、不易损坏的特性，较之其他证据，更易于收集、保存、携带。

4. 视听资料易于被变造或伪造。因此应当注意加强对视听资料的辨别。《民事诉讼法》第74条规定，人民法院对视听资料，应当辨别真伪，并结合本案的其他证据，审查确定能否作为认定事实的根据。

（二）视听资料的审查和认定

1. 审查判断视听资料的制作情况。主要审查视听资料形成的时间、地点以及在什么情况下录制的，录音或录像有无经过复制、剪辑增减，是否是当事人的声音或图像等。必要时可通过鉴定加以鉴别。

2. 视听资料与案件中的其他证据相印证。审查判断视听资料需要运用案件中的其他证据与视听资料进行印证，以确认其内容的真实性，判断视听资料内容的真伪。

五、电子数据

（一）电子数据对案件事实证明的基本特性

电子数据，是指通过电子邮件、电子数据交换、网上聊天记录、博客、微博客、手机短信、电子签名、域名等形成或者存储在电子介质中的信息。存储在电子介质中的录音资料和影像资料，适用电子数据的规定。《中华人民共和国电子签名法》对于数据电文的形式要求、保存要求、审查认定的规则作了详细规定。

根据《最高人民法院关于民事诉讼证据的若干规定》（以下简称《关于民事诉讼证据的若干规定》）第14条的规定，电子数据包括下列信息、电子文件：①网页、博客、微博客等网络平台发布的信息；②手机短信、电子邮件、即时通信、通讯群组等网络应用服务的通信信息；③用户注册信息、身份认证信息、电子交易记录、通信记录、登录日志等信息；④文档、图片、音频、视频、数字证书、计算机程序等电子文件；⑤其他以数字化形式存储、处理、传输的能够证明案件事实的信息。

电子数据与法律上的传统证据类型在表现形式、保存方式及安全性等方面存在很大的不同。其具有以下特点：

1. 技术性。技术性使得电子数据具有收集迅速、易于保存、占用空间少、传送和运输方便、可以反复重现等优点的同时，也使得它必须依赖于一定的技术设备和技术手段而存在，否则就无法存在，也无法再现，提取证据也需要相应的电子设备和专业人员。

2. 复合性。电子数据集合了影像、图片、声音、图画等多种形态，具有较强的复合性和表现形式的多样性。因而在使用和认定上与传统证据存在着一些差别。

3. 易损性。正是由于电子数据的技术性和其保存方式的特殊性，在其存储、传输和使用过程中，极易遭受到外来的破坏。电子数据的易损性，导致电子证据的审查、认定难度较大，也成为立法机构和部分学者将其作为间接证据的一大动因。

（二）电子数据的审查和认定

司法实践中，往往既需要考虑电子数据的特殊性，又不得在可采性与证明力方面予以差别对待，一般对于电子数据仍主要从真实性、关联性、合法性三个方面进行认定。判断某一电子数据应否被许可采纳，主要看它同案件中的待证事实是否有一定的联系、所反映的内容是否客观真实以及其收集程序、取得方法等环节是否合法；判断被采纳的电子证据的证明力大小，则主要看它在实质上的可靠程度如何以及与待证事实的关联程度如何。

1. 对于电子数据的真实性，应当结合下列因素综合判断：①电子数据的生成、存储、传输所依赖的计算机系统的硬件、软件环境是否完整、可靠；②电子数据的生成、存储、传输所依赖的计算机系统的硬件、软件环境是否处于正常运行状态，或者不处于正常运行状态时对电子数据的生成、存储、传输是否有影响；③电子数据的生成、存储、传输所依赖的计算机系统的硬件、软件环境是否具备有效的防止出错的监测、核查手段；④电子数据是否被完整地保存、传输、提取，保存、传输、提取的方法是否可靠；⑤电子数据是否在正常的往来活动中形成和存储；⑥保存、传输、提取电子数据的主体是否适当；⑦影响电子数据完整性和可靠性的其他因素。人民法院认为有必要的，可以通过鉴定或者勘验等方法，审查判断电子数据的真实性。

2. 对于电子数据存在下列情形的，人民法院可以确认其真实性，但有足以反驳的相反证据的除外：①由当事人提交或者保管的于己不利的电子数据；②由记录和保存电子数据的中立第三方平台提供或者确认的；③在正常业务活动中形成的；④以档案管理方式保管的；⑤以当事人约定的方式保存、传输、提取的。电子数据的内容经公证机关公证的，人民法院应当确认其真实性，但有相反证据足以推翻的除外。

当事人以电子数据作为证据的，应当提供原件。电子数据的制作者制作的与原件一致的副本，或者直接来源于电子数据的打印件或其他可以显示、识别的输出介质，视为电子数据的原件。

六、证人证言

（一）证人证言与案件事实的关系

证人证言，是指证人就其所了解的案件情况向人民法院所作的陈述。证人是以自己所感知的案件情况向人民法院提供有关案件事实的陈述的人。证言是证人陈述的内容。当事人申请证人出庭作证的，应当在举证期限届满前提出；在法律规定的情形下，人民法院也可依职权通知证人出庭作证。未经人民法院通知，证人不得出庭作证，除非双方当事人同意并经人民法院批准。

1. 证人证言与客观存在的案件事实形成的联系是特定的，是他人不可替代的。

2. 证人只是了解案件的某些情况，其与该案的审理结果无法律上的利害关系。

3. 出庭作证的证人应当客观陈述其亲身感知的事实，作证时不得使用猜测、推断或者评论性的语言。

（二）证人资格的判断

《民事诉讼法》第75条第1款规定，凡是知道案件情况的单位和个人，都有义务出庭作证。有关单位的负责人应当支持证人作证。由此可见，凡是知道案件情况和能够正确表达意志的人都可以有证人资格。根据《民事诉讼法》第75条第2款的规定，不能正确表达意思的人，不能作证。根据有关规定和司法实践，下列人员不能充当证人：①不能正确表达意思的人，不能作为证人。这就是说，证人必须以能够辨别是非并能正确表达为条件。那些生理上、精神上有缺陷或者年幼的人，如果不能辨别是非，不能正确表达意志，不得作为证人。但证人是聋哑人的，可以其他表达方式作证。②诉讼代理人在同一案件中不得作为证人。③办理本案的审判人员、书记员、鉴定人、勘验人、翻译人员和检察人员，不能同时是本案的证人。

（三）证人的诉讼权利和义务

1. 证人享有的诉讼权利。① 有权用本民族语言文字提供证言。② 对于自己的证言笔录，有权申请补充或者更正。③ 因作证而遭侮辱、诽谤、殴打或者其他形式的打击报复时，有权要求人民法院给予保护。④ 有权要求给予因出庭作证所支付的费用和影响的收入。《民事诉讼法》第77条规定，证人因履行出庭作证义务而支出的交通、住宿、就餐等必要费用以及误工损失，由败诉一方当事人负担。当事人申请证人作证的，由该当事人先行垫付；当事人没有申请，人民法院通知证人作证的，由人民法院先行垫付。根据《关于适用〈民事诉讼法〉的解释》的规定，证人因履行出庭作证义务而支出的交通、住宿、就餐等必要费用，按照机关事业单位工作人员差旅费用和补贴标准计算；误工损失按照国家上年度职工日平均工资标准计算。人民法院准许证人出庭作证申请的，应当通知申请人预缴证人出庭作证费用。

2. 证人的诉讼义务。① 出庭作证的义务。证人应当出庭作证，接受审判人员或当事人的询问。根据《民事诉讼法》第76条的规定，证人有下列情形之一的，经人民法院许可，可以通过书面证言、视听传输技术或者视听资料等方式作证：因健康原因不能出庭的；因路途遥远，交通不便不能出庭的；因自然灾害等不可抗力不能出庭的；其他有正当理由不能出庭的。② 如实作证的义务。证人不得作虚假陈述，不得作伪证。《关于适用〈民事诉讼法〉的解释》规定，人民法院在证人出庭作证前应当告知其如实作证的义务以及作伪证的法律后果，并责令其签署保证书，但无民事行为能力人和限制民事行为能力人除外。证人拒绝签署保证书的，不得作证，并自行承担相关费用。③ 遵守法庭秩序的义务。

七、鉴定意见

（一）鉴定意见与案件事实的关系

鉴定意见，是指鉴定人就案件中争议的专门技术性问题，运用自己的专门知识进行科学分析研究后所作出的意见，从而证明案件某一方面的事实。鉴定人应是具有某方面的专门知识，具备法定鉴定资格的专家。鉴定意见具有一定的科学性、权威性和公正性，其证明力强于其他证据，既是当事人证明案件事实的重要证据，也是人民法院认定案件事实的重要证据。

根据《关于适用〈民事诉讼法〉的解释》的规定，当事人申请鉴定，可以在举证期限届满前提出。申请鉴定的事项与待证事实无关联，或者对证明待证事实无意义的，人民法院不予准许。人民法院准许当事人鉴定申请的，应当组织双方当事人协商确定具备相应资格的鉴定人。当事人协商不成的，由人民法院指定。符合依职权调查收集证据条件的，人民法院应当依职权委托鉴定，在询问当事人的意见后，指定具备相应资格的鉴定人。

（二）鉴定意见的审查判断

根据《民事诉讼法》的规定，鉴定人有权了解进行鉴定所需要的案件材料，必要时可以询问当事人、证人。鉴定人应当提出书面鉴定意见，在鉴定书上签名或者盖章。对鉴定意见的审查主要包括鉴定人的资格、鉴定人与双方当事人的关系、鉴定的依据和材料、鉴定的设备和方法、鉴定意见是否具有科学性等方面。当事人对鉴定意见有异议或者人民法院认为鉴定人有必要出庭的，鉴定人应当出庭作证。经人民法院通知，鉴定人拒不出庭作证的，鉴定意见不得作为认定事实的根据；支付鉴定费用的当事人可以要求返还鉴定费用。

根据《民事诉讼法》第82条的规定，当事人可以申请人民法院通知有专门知识的人出庭，就鉴定人作出的鉴定意见或者专业问题提出意见。根据《关于适用〈民事诉讼法〉的解释》的规定，当事人可以在举证期限届满前申请1~2名具有专门知识的人出庭，代表当事人对鉴定意见进行质证，或者对案件事实所涉及的专业问题提出意见。具有专门知识的人在法庭上就专业问题提出的意见，视为当事人的陈述。人民法院可以对出庭的具有专门知识的人进行询问。经法庭准许，当事人可以对出庭的具有专门知识的人进行询问，当事人各自申请的具有专门知识的人可以就案件中的有关问题进行对质。具有专门知识的人不得参与专业问题之外的法庭审理活动。

八、勘验笔录

（一）勘验笔录与案件事实的关系

勘验笔录，是指审判人员自己亲自或指定有关人员对与案件争议有关的现场或物证进行勘查检验时所作的记录，包括笔录、照片、示意图等。

在民事诉讼中，有些与案件争议事实有关的物证或现场因某种原因无法提交法庭，为获取这方面的证据，有必要进行勘验以便在法庭再现物品和现场的真实情况。比如，不动产纠纷、相邻权纠纷等案件都会遇到这种情况。勘验可由当事人申请进行，也可由法院依职权进行。

（二）勘验笔录的审查判断

1. 勘验程序的审查。即勘验人员是否出示法院的证件并邀请当地基层组织或有关单位派员参加；当事人或其成年家属应到场，但拒不到场的不影响勘验的进行。

2. 制作的笔录是否客观真实。这包括记录的勘验时间、地点、勘验人、在场人，勘验的经过、结果，由勘验人、在场人签名或盖章。对于绘制的现场图应当注明绘制的时间、方法、测绘人姓名、身份等内容。勘验时应当保护他人的隐私和尊严。

3. 勘验笔录须经过质证才能作为定案的根据。经过法庭许可，勘验人应接受当事人的询问。当事人对勘验笔录有不同意见的，可以要求重新勘验，法庭认为当事人的要求有充分理由的，应当重新勘验。人民法院可以要求鉴定人参与勘验。必要时，可以要求鉴定人在勘验中进行鉴定。

第三节　民事诉讼中的证明

一、证明对象

民事诉讼中的证明对象，是指在民事诉讼过程中，根据法律规定诉讼参加人和人民法院必须运用证据加以证明的案件事实。

（一）证明对象的范围

民事诉讼中的证明对象主要是有法律意义的事实，同时，有些法律法规和经验法则也可以作为证明对象。主要包括以下几个方面：

1. 当事人主张的由民事实体法规定的，能够引起当事人之间权利义务关系发生、变更或者消灭的事实。如原、被告之间订立合同的事实等。

2. 当事人主张的由民事诉讼法规定的，能够引起民事诉讼法律关系发生、变更或者消灭的事实。如申请审判人员回避的事实等。

3. 证据材料的事实。如果对证据材料有争议，则需加以证明。例如，原告以被告手书借条为据要求被告还款，被告抗辩主张该借条非自己所写，则借条的真实性就需查证。

4. 外国法、地方性法规。法官对外国法、地方性法规未必了解，因此就需要当事人对此加以证明。

5. 特别经验法则。经验法则，是指人们从生活经验中归纳获得的关于事物因果关系或属性状态的法则或知识。众所周知的经验法则无须证明，但若为专门性经验法则且不为一般人所知时，就必须加以证明。

（二）无需证明的事实

根据《关于适用〈民事诉讼法〉的解释》第93条的规定，下列事实，当事人无须举证证明：①自然规律以及定理、定律。自然规律，是指客观事物在特定条件下的本质联系和必然趋势；定理、定律，是对某一自然规律的描述或公式表达。自然规律和定理、定律已经为人们所认识并反复验证，所以无需加以证明。②众所周知的事实。众所周知的事实，是指在一定地区范围内大多数人都知道的事实。③根据法律规定推定的事实。④根据已知的事实和日常生活经验法则推定出的另一事实。一旦该前提事实得到证明，法院径直根据前提事实认定推定的事实，无需再对推定事实加以证明。例如一个受害人被证明半身不遂，丧失生活自理能力，就可以推定丧失劳动能力。⑤已为人民法院发生法律效力的裁判所确认的事实。⑥已为仲裁机构的生效裁决所确认的事实。⑦已为有效公证文书所证明的事实。上述第②至第④项规定的事实，当事人有相反证据足以反驳的除外；第⑤至第⑦项规定的事实，当事人有相反证据是以推翻的除外。《民事诉讼法》第72条规定，经过法定程序公证证明的法律事实和文书，人民法院应当作为认定事实的根据，但有相反证据足以推翻的除外。

二、证明责任

（一）证明责任理论

证明责任理论是民事诉讼法学中的基本理论，在大陆法系国家和英美法系国家，其都经历了从行为责任时期向双重含义时期演变的历史。第一时期，证明责任理论以诉讼中当事人的举证活动为出发点，核心是当事人的举证活动以及举证不能所导致的不利后果，因此在大陆法系国家有称为"当事人举证本位"的证明责任观，在英美法系国家有学者将其称为"提供证据的责任"。第二时期，重心转为客观证明责任，并认为其与当事人的证明活动无关，与法官的裁判义务有关。证明责任分配的本质含义是指，在裁判依据的事实处于真伪不明的状态时，法官为了实现裁判将真伪不明的不利诉讼后果分配给一方当事人承担。并进一步指出，证明责任分配规则是根据实体法事先预设的，因此大陆法系国家有称"法官裁判本位"的证明责任观，在英美法系国家有学者称之为"法定的证明责任"。在我国，民事证明责任作为一个"舶来品"，目前学界已基本达成共识的是，证明责任从我国现行立法中理解应当包含了行为责任（也有称主观意义上的证明责任）和结果责任（也有称客观意义上的证明责任）的双重含义。[1]

《关于适用〈民事诉讼法〉的解释》将证明责任表述为"举证证明责任"，它的基本含义是：①当事人对自己提出的事实主张应负提供证据的责任。②当事人所举的证据对待证事实所应达到的证明程度，即当事人所举的证据能否证明待证事实存在。③承担举证证明责任的当事人，如果无法举出证据，或者其所举的证据不能达到证明待证事实存在或不存在的效果，就应当承担于己不利的法律后果。

（二）证明责任分配

当作为裁判基础的案件事实处于真伪不明的状态时，必然有一方要承担由此而带来的不利后果，那么这一后果应当由谁来承担，这就是证明责任分配所要解决的问题。

1. 证明责任分配的一般规则。《民事诉讼法》第 67 条第 1 款规定，当事人对自己提出的主张，有责任提供证据。《关于适用〈民事诉讼法〉的解释》规定，当事人对自己提出的诉讼请求所依据的事实或者反驳对方诉讼请求所依据的事实，应当提供证据加以证明，但法律另有规定的除外。在作出判决前，当事人未能提供证据或者证据不足以证明其事实主张的，由负有举证证明责任的当事人承担不利的后果。人民法院应当依照下列原则确定举证证明责任的承担，但法律另有规定的除外：①主张法律关系存在的当事人，应当对产生该法律关系的基本事实承担举证证明责任；②主张法律关系变更、消灭或者权利受到妨害的当事人，应当对该法律关系变更、消灭或者权利受到妨害的基本事实承担举证证明

---

〔1〕 韩艳："我国民事证明责任分配规则之正本清源——以'规范说'为理论基础"，载《政治与法律》2014 年第 1 期。

责任。

2. 证明责任分配的特殊规则。证明责任分配的特殊规则是相对于一般规则而言的，即法律直接规定主张有利于自己的事实者不负担证明责任，而由对方当事人承担证明责任；对方当事人在不能履行证明义务时，将承担败诉的后果。这样的规则也被称为"证明责任倒置"；也有人认为它不是什么证明责任的倒置，而是法律对证明责任的正常分配。[1]

这里所讲的法律，主要是指于 2021 年 1 月 1 日施行的我国《民法典》。例如，《民法典》第 1199 条规定，无民事行为能力人在幼儿园、学校或者其他教育机构学习、生活期间受到人身损害的，幼儿园、学校或者其他教育机构应当承担侵权责任；但是，能够证明尽到教育、管理职责的，不承担侵权责任。这个但书的内容表明，如果教育机构认为不应当承担侵权责任，就必须提供证据证明自己尽到了教育、管理的职责；如果提供不了证据证明，就应当承担侵权责任。

此外，还有一些其他法律法规和司法解释也有相关的规定，比如：①《最高人民法院关于审理劳动争议案件适用法律问题的解释（一）》第 44 条规定，因用人单位作出的开除、除名、辞退、解除劳动合同、减少劳动报酬、计算劳动者工作年限等决定而发生的劳动争议，用人单位负举证责任。②《工伤保险条例》（2010 修订）第 19 条第 2 款规定，职工或者其近亲属认为是工伤，用人单位不认为是工伤的，由用人单位承担举证责任。③《中华人民共和国职业病防治法》第 46 条第 2 款规定，没有证据否定职业病危害因素与病人临床表现之间的必然联系的，应当诊断为职业病。换言之，如果用人单位不能证明病人的疾病与其工作环境没有关系，则应认定为职业病。

理解上述证明责任分配特殊规则时，应当注意以下两点：①适用证明责任分配特殊规则的主要是侵权法中适用无过错原则和过错推定原则的一些案件，也并非将原告主张的事实的证明责任全部转给被告，而是将加害人的过错或者行为和结果之间的因果关系等要件事实的证明责任予以转移。②证明责任分配特殊规则要求被告证明自己无过错的，对应于实体法中的过错推定；要求被告证明其加害行为与损害后果之间不存在因果关系的，对应于实体法中的因果关系推定。在过错推定和因果关系推定的情况下，如加害人不能证明自己无过错或者不能证明因果关系不存在，就要承担损害赔偿责任。

三、证明标准

证明标准，是指当事人对案件事实及其他待证事实的证据证明所应达到的程

---

〔1〕 常怡主编：《民事诉讼法学》，中国政法大学出版社 2005 年版，第 210 页。

度。如果证据证明待证事实没有达到证明标准，该待证事实就处于真伪不明的状态；已达到证明标准时，法院就应当以该事实作为裁判的依据。证明标准是证据法中的一个基本问题。英美法系国家证据法确立的是"盖然性占优势"的标准，即当证据证明某一事实存在的可能性要大于不存在的可能性时，此项事实主张就被认定为真实；大陆法系国家在诉讼证明上主张"高度盖然性"标准，即证明应使法官对待证事实相信极大可能或非常可能真实的程度。可见，两大法系民事诉讼理论关于证明标准的认识有一定的相通性。[1]

《民事诉讼法》对证明标准未作规定。《关于适用〈民事诉讼法〉的解释》和《关于民事诉讼证据的若干规定》作了相关的规定。根据两者的规定，可以将民事诉讼证明标准分为一般证明标准和特殊证明标准。

（一）一般证明标准

一般证明标准，也可称为"高度盖然性"的证明标准。《关于适用〈民事诉讼法〉的解释》规定，对负有举证证明责任的当事人提供的证据，人民法院经审查并结合相关事实，确信待证事实的存在具有高度可能性的，应当认定该事实存在。对一方当事人为反驳负有举证证明责任的当事人所主张事实而提供的证据，人民法院经审查并结合相关事实，认为待证事实真伪不明的，应当认定该事实不存在。法律对于待证事实所应达到的证明标准另有规定的，从其规定。《关于民事诉讼证据的若干规定》第85条规定，人民法院应当以证据能够证明的案件事实为根据依法作出裁判。审判人员应当依照法定程序，全面、客观地审核证据，依据法律的规定，遵循法官职业道德，运用逻辑推理和日常生活经验，对证据有无证明力和证明力大小独立进行判断，并公开判断的理由和结果。第86条第2款规定，与诉讼保全、回避等程序事项有关的事实，人民法院结合当事人的说明及相关证据，认为有关事实存在的可能性较大的，可以认定该事实存在。

（二）特殊证明标准

特殊证明标准，也可称为"排除合理怀疑"的证明标准。《关于适用〈民事诉讼法〉的解释》规定，当事人对欺诈、胁迫、恶意串通事实的证明，以及对口头遗嘱或者赠与事实的证明，人民法院确信该待证事实存在的可能性能够排除合理怀疑的，应当认定该事实存在。《关于民事诉讼证据的若干规定》第86条第1款规定，当事人对于欺诈、胁迫、恶意串通事实的证明，以及对于口头遗嘱或赠与事实的证明，人民法院确信该待证事实存在的可能性能够排除合理怀疑的，应当认定该事实存在。

---

〔1〕 谭兵主编:《民事诉讼法学》，法律出版社2004年版，第268页。

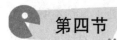

第四节　证据的调查收集与保全

一、人民法院调查收集证据

《民事诉讼法》第 67 条第 2 款规定，当事人及其诉讼代理人因客观原因不能自行收集的证据，或者人民法院认为审理案件需要的证据，人民法院应当调查收集。

人民法院调查收集证据包括两种情形：一种是依职权主动调查收集证据；另一种是根据当事人的申请调查收集证据。

（一）法院依职权主动调查收集

《民事诉讼法》第 67 条第 2 款规定的人民法院认为审理案件需要的证据包括：①涉及可能损害国家利益、社会公共利益的；②涉及身份关系的；③涉及民事公益诉讼的；④当事人有恶意串通损害他人合法权益可能的；⑤涉及依职权追加当事人、中止诉讼、终结诉讼、回避等程序性事项的。除前述规定外，人民法院调查收集证据，应当依照当事人的申请进行。

（二）由当事人申请调查收集

《民事诉讼法》第 67 条第 2 款规定的当事人及其诉讼代理人因客观原因不能自行收集的证据包括：①证据由国家有关部门保存，当事人及其诉讼代理人无权查阅调取的；②涉及国家秘密、商业秘密或者个人隐私的；③当事人及其诉讼代理人因客观原因不能自行收集的其他证据。当事人及其诉讼代理人因客观原因不能自行收集的证据，可以在举证期限届满前书面申请人民法院调查收集。

二、证据保全

证据保全，是指证据有可能毁损、灭失或今后难以取得的情况下，人民法院采取措施对证据进行保护，以保证其证明力的一项措施。现代各国诉讼法上一般均有证据保全的规定。

《民事诉讼法》第 84 条规定，在证据可能灭失或者以后难以取得的情况下，当事人可以在诉讼过程中向人民法院申请保全证据，人民法院也可以主动采取保全措施。因情况紧急，在证据可能灭失或者以后难以取得的情况下，利害关系人可以在提起诉讼或者申请仲裁前向证据所在地、被申请人住所地或者对案件有管辖权的人民法院申请保全证据。证据保全的其他程序，参照适用保全的有关规定。

学习小结

　　民事诉讼证据不仅是当事人证明自己主张的证据材料，也是人民法院认定案件事实、作出裁判的根据。民事诉讼证据一般具有客观性、关联性和合法性三个特性。《民事诉讼法》第66条规定，民事诉讼证据包括：当事人的陈述、书证、物证、视听资料、电子数据、证人证言、鉴定意见和勘验笔录。以上证据必须查证属实，经过质证和认证，才能作为认定案件事实和裁判的根据。在民事诉讼过程中，根据法律规定诉讼参加人和人民法院必须运用证据加以证明的案件事实，称为证明对象。作为证明对象的事实主要包括：实体法事实、程序法事实、证据材料事实、外国法和地方性法规以及特别经验法则。

　　"举证证明责任"，它的基本含义是：其一，当事人对自己提出的事实主张应负提供证据的责任；其二，当事人所举的证据对待证事实所应达到的证明程度，即当事人所举的证据能否证明待证事实存在；其三，承担举证证明责任的当事人，如果举不出证据，或者其所举的证据不能达到证明待证事实存在或不存在的效果，就应当承担于己不利的法律后果。当事人及其诉讼代理人因客观原因不能自行收集的证据，或者人民法院认为审理案件需要的证据，人民法院应当调查收集。在证据可能灭失或者以后难以取得的情况下，当事人可以在诉讼过程中向人民法院申请保全证据，人民法院也可以主动采取保全措施。因情况紧急，在证据可能灭失或者以后难以取得的情况下，利害关系人可以在提起诉讼或者申请仲裁前向证据所在地、被申请人住所地或者对案件有管辖权的人民法院申请保全证据。

基础练习

　　1. 民事诉讼证据具有哪些特性？
　　2. 民事诉讼证据的种类有哪些？
　　3. 如何理解举证证明责任？

案例分析

　　1. 甲驾车以60公里/小时的时速在马路上行驶，突遇乙骑自行车横穿马路，甲紧急刹车，但乙还是摔倒在车前并受伤。乙被送往附近医院治疗，后虽已出院，但留有后遗症。现双方就甲开车是否撞倒乙，以及如何赔偿等事宜发生争议，协商未果诉至法院。

　　乙诉至法院，主张自己被甲开车撞伤，要求赔偿。乙提交的证据有：交警大队的交通事故处理认定书（该认定书没有对乙倒地受伤是否是甲开车所致作出认定）、医院的诊断书（复印件）、处方（复印件）、药费及住院费发票、交通费发票以及路人丙的书面证词（路人丙说看到甲的车紧急刹车后，乙就倒在地上了，应该就是甲撞了乙）。甲提供了自己在事故现场用手机拍摄下车与乙倒地后状态的视频，视频显示乙倒地位置距离车的位置有 1.5 米左右，用以证明其车没有撞到乙。

请分析：本案当事人所提供的证据，属于法律规定中的哪种证据？属于理论上的哪类证据？

2. 甲按照合同的约定将 20 吨西瓜通过铁路运送到对方当事人乙公司指定的目的地。乙公司以西瓜不符合合同所约定的质量标准为由拒绝接收，并且拒绝交付货款。甲以乙公司为被告向法院提起诉讼，诉称其运送的西瓜符合合同约定的质量标准，请求法院判决乙公司履行交付货款义务。但是，乙公司认为甲所运送的西瓜不符合合同所约定的质量标准。在审理中，甲向法庭提交了以下证据：双方关于买卖西瓜的合同原件一份；甲委托火车站托运西瓜的铁路运输单复印件一份；乙公司工作人员出具的拒收单复印件一份；3 名吃过西瓜的证人关于西瓜质量的证言。

请分析：

（1）本案中，甲可否向法院请求采取证据保全措施？为什么？

（2）本案中，举证证明责任如何分配？

第四章　拓展学习

第五章 期间、送达与诉讼费用

目标任务

　　理解期间、送达与诉讼费用的法律意义，了解期间的概念和种类、掌握期间的计算，掌握送达的方式及适用条件，了解诉讼费用种类和交纳标准，以及诉讼费用的负担。

知识技能

　　诉讼期间的计算及运用；法院送达法律效力的正确判定；诉讼费用负担方式及负担主体的判定。

 第一节　诉讼期间

　　全面依法治国是国家治理的一场深刻革命，坚持依法治国首先要坚持依宪治国，牢固树立宪法法律至上、法律面前人人平等等理念。党的二十大报告同时指出，"实施公民道德建设工程，弘扬中华传统美德"。民事诉讼期间制度的设立能够有效督促诉讼主体及时行使诉讼权利、履行诉讼义务，能够督促人民法院及时进行相应诉讼活动，从而提高诉讼效率，避免诉讼资源之浪费。这不仅是宪法关于法律面前人人平等、权利不得滥用之精神的体现，更是"守诚信"的传统美德在诉讼领域的践行。

一、期间概述

（一）期间的概念

　　民事诉讼中的期间，是指人民法院、当事人以及其他诉讼参与人单独或者共同进行民事诉讼活动所应遵循的时间要求。广义的期间包括期限和期日，狭义的期间仅指期限。在民事诉讼进行过程中，需各方诉讼主体单独完成的诉讼活动往往需要在限定的一段时间内完成，该时间段即期限，例如，答辩期限；需由各方诉讼主体共同完成的诉讼活动往往在某一时间点，该时间点即期日，例如，庭审日。

（二）期间的种类

根据《民事诉讼法》第 85 条第 1 款的规定，期间包括法定期间和人民法院指定的期间。

法定期间，是指法律明确规定的期间。例如案件受理期间、审理期限、上诉期间等。一般情况下，特定法律事实的发生为法定期间的起算点，法定期间最后一日届满为结束。例如，当事人收到民事判决书是引起上诉期间起算的特定法律事实，自收到该判决书的次日直至第 15 日上诉期结束。法定期间一般不得变更，属于不变期间，除非法律另有明确规定。例如，《民事诉讼法》第 152 条规定一审普通程序的审理期限为 6 个月，并明确规定特殊情况下，经本院院长批准可以延长 6 个月。因此，如果人民法院适用普通程序审理案件遇有特殊情况，则可根据该条规定在经本院院长批准后延长审限。

指定期间，是指法律无明文规定，由人民法院根据案件具体情况，依职权指定诉讼参与人完成特定诉讼活动的期间。例如，《关于适用〈民事诉讼法〉的解释》规定，需要补充必要相关材料的，人民法院应当及时告知当事人。但该条文并未规定明确期限，这种情况下人民法院为当事人指定的补充材料的期限即为指定期间。根据当事人申请或者案件具体情况，人民法院可以对指定的期间进行变更，因此，指定期间为可变期间。

二、期间的计算

根据《民事诉讼法》第 85 条第 2 款的规定，期间以时、日、月、年计算。具体按照下列方法进行计算：

1. 按照小时计算期间的，自法律规定或者当事人约定的时间开始计算。我国《关于适用〈民事诉讼法〉的解释》规定，依照《民事诉讼法》第 85 条第 2 款规定，民事诉讼中以时起算的期限从次时起算。例如，《民事诉讼法》第 104 条规定，当事人申请诉前保全，人民法院接受申请后，必须在 48 小时内作出裁定。如果当事人提出申请的时间为 13：00，那么就要从 14：00 开始计算该 48 小时。

2. 按照年、月、日计算期间的，开始的当日不计入，自下一日开始计算。例如，7 日的案件受理期限，应从人民法院收到当事人立案材料的次日开始计算。

3. 期间以月计算的，不区分大月、小月。以开始月某日至到期月的对应日为期间的最后一日。例如，某民事案件一审判决书于 2018 年 5 月 21 日生效，该案当事人于 2018 年 5 月 22 日开始至 2018 年 11 月 22 日可申请再审。

4. 期间届满的最后一日是法定休假日的，以法定休假日结束的次日为期间届满的日期。期间的最后一日的截止时间为 24 时，有业务时间的，停止业务活动的时间为截止时间。例如，当事人于 2018 年 1 月 31 日收到判决书，从收到判决书次日起算，2 月 15 日为第 15 日，正值春节假期，那么上诉期最后一日应为春节假期后第一个工作日，即 2 月 22 日人民法院工作时间结束。如果节假日在期间的开始或者中间，正常计算，不从期间内扣除。

5. 期间不包括在途时间，诉讼文书在期满前交邮的，不算过期。交邮日期以邮局邮戳为准。只要邮戳日期在期间内，无论法院何时收到均不算过期。

三、期间的耽误和顺延

期间的耽误，是指当事人在法定或者指定的期间内未实施或者完成相应的诉讼活动，期间即届满，从而导致当事人丧失某项诉讼权利。期间的耽误，有些是基于当事人的过错，有些则是基于当事人意志以外的原因。我国《民事诉讼法》第 86 条对由于当事人意志以外的原因而耽误期间的，规定可以顺延，并对顺延的条件进行了限制：

1. 期间耽误的原因，是由于不可抗拒的事由或者其他正当理由。

2. 在耽误期间的障碍消除后的 10 日内，向人民法院提出顺延的申请。

3. 是否准许顺延，由人民法院审查后决定。

第二节 法院送达

民事诉讼中的送达，是指人民法院按照法律规定的程序和方式，将诉讼文书送交当事人或者其他诉讼参与人的行为。诉讼文书一经送达即产生一定的法律效果，当事人和其他诉讼参与人能够理解诉讼文书的内容，并据此进行相应诉讼活动。送达往往也是诉讼期间开始计算的根据。

一、送达的方式

根据《民事诉讼法》的规定，法院送达的方式一共有以下七种：

1. 直接送达。直接送达，是指人民法院的送达人员将需要送达的诉讼文书直接交受送达人签收的送达方式。送达诉讼文书，能够直接送达的都应当直接送交受送达人。另外，根据《民事诉讼法》和相关司法解释，适用直接送达时，应注意以下几种情况均视为直接送达：

（1）受送达人是公民的，本人不在交他的同住成年家属签收。如果同住成年家属是与受送达人处于诉讼对立关系（如离婚案件）的对方当事人，则不宜由其签收。

（2）受送达人是法人或者其他组织的，应当由法人的法定代表人、其他组织的主要负责人或者办公室、收发室、值班室等负责收件的人签收或者盖章。

（3）受送达人有诉讼代理人的，既可以交受送达人，也可以向其代理人送达。

（4）受送达人已向人民法院指定代收人的，送交代收人签收。

（5）人民法院直接送达诉讼文书，可以通知当事人到人民法院领取。

2. 留置送达。留置送达，是指受送达人或者其他代收人拒绝签收诉讼文书，送达人员依照法定程序将送达的诉讼文书留在受送达人住处，即视为送达的送达方式。进行留置送达，送达人可以邀请有关基层组织或者所在单位的代表到场，说明情况，在送达回证上记明拒收事由和日期，由送达人、见证人签名或者盖章，把诉讼文书留在受送达人的住所；也可以把诉讼文书留在受送达人的住所，并采用拍照、录像等方式记录送达过程，即视为送达。

根据《民事诉讼法》和相关司法解释，适用留置送达时，应注意以下几点：

（1）法人的法定代表人、其他组织的主要负责人或者办公室、收发室、值班室等负责收件的人拒绝签收或者盖章的，适用留置送达。

（2）受送达人指定诉讼代理人为代收人的，向诉讼代理人送达时，适用留置送达。

（3）调解书应当直接送达当事人本人，不适用留置送达。当事人本人因故不能签收的，可由其指定的代收人签收。

3. 委托送达。委托送达，是指受诉人民法院直接送达诉讼文书有困难时，委托受送达人所在地人民法院代为送达的送达方式。委托其他人民法院代为送达的，委托法院应当出具委托函，并附需要送达的诉讼文书和送达回证。受委托人民法院应当自收到委托函及相关诉讼文书之日起 10 日内代为送达。受送达人在送达回证上签收的日期为送达日期。

4. 邮寄送达。邮寄送达是指人民法院在直接送达有困难时，将诉讼文书交邮局寄给受送达人的送达方式。邮寄送达以回执上注明的收件日期为送达日期。

5. 转交送达。转交送达，是指人民法院通过受送达人所在单位将诉讼文书转交给受送达人的送达方式。

根据《民事诉讼法》第 92、93 条的规定，转交送达主要适用于以下情形：

（1）受送达人是军人的，通过其所在部队团以上单位的政治机关转交。

（2）受送达人被监禁的，通过其所在监所转交。

（3）受送达人被采取强制性教育措施的，通过其所在强制性教育机构转交。

代为转交的机关、单位收到诉讼文书后，必须立即交受送达人签收，以在送达回证上的签收日期为送达日期。

6. 电子送达。电子送达，是指人民法院采用传真、电子邮件、移动通信等即时收悉的特定系统作为送达媒介，将诉讼文书送交受送达人的送达方式。

采用电子送达需要注意以下几点：

（1）须经受送达人同意。

（2）受送达人同意采用电子方式送达的，应当在送达地址确认书中予以确认。

（3）通过电子方式送达的判决书、裁定书、调解书，受送达人提出需要纸质文书的，人民法院应当提供。

（4）以电子方式送达的，以送达信息到达受送达人特定系统的日期为送达日期。

7. 公告送达。公告送达，是指在受送达人下落不明，或者采用其他送达方式均无法送达的，人民法院将送达内容向社会公众进行公告，经过法定期间即视为送达的送达方式。

采用公告送达需要注意以下几点：

（1）公告送达只适用于受送达人下落不明，或者采用其他送达方式均无法送达的情形。

（2）自发出公告之日起，经过30日即视为送达。

（3）公告送达可以在法院的公告栏和受送达人住所地张贴公告，也可以在报纸、信息网络等媒体上刊登公告，发出公告日期以最后张贴或者刊登的日期为准。人民法院在受送达人住所地张贴公告的，应当采取拍照、录像等方式记录张贴过程。

（4）公告送达应当说明公告送达的原因；公告送达起诉状或者上诉状副本的，应当说明起诉或者上诉要点，受送达人答辩期限及逾期不答辩的法律后果；公告送达传票，应当说明出庭时间和地点及逾期不出庭的法律后果；公告送达判决书、裁定书的，应当说明裁判主要内容，当事人有权上诉的，还应当说明上诉权利、上诉期限和上诉的人民法院。

（5）适用简易程序的案件，不适用公告送达。

二、送达的法律效力

（一）送达回证

送达回证，是指人民法院按照法定格式制作的，用于证明受送达人已经收到人民法院所送达的诉讼文书的书面凭证。

根据《民事诉讼法》第 87 条的规定，送达诉讼文书必须有送达回证，由受送达人在送达回证上记明收到日期，签名或者盖章。受送达人在送达回证上的签收日期为送达日期。但需注意，由于邮寄送达、电子送达、公告送达的特殊性，邮寄送达以回执注明的收件日期为送达日期，电子送达以送达信息到达受送达人特定系统的日期为送达日期，公告送达以公告期满之日为送达日期。

（二）送达的法律效力

送达的法律效力，是指人民法院按照法定的送达方式和送达程序，将诉讼文书送达给诉讼参与人后产生的法律效果。具体表现为：

1. 与送达内容相关的诉讼期间开始计算。

2. 受送达人需在该期间内进行相应的诉讼行为，行使诉讼权利、履行诉讼义务。

3. 受送达人在受送达后，未按诉讼文书确定的要求进行相应诉讼行为，将承担相应法律后果。

4. 送达的判决书、裁定书、调解书等诉讼文书发生法律效力。

5. 有关的诉讼法律关系产生或者消灭。

第三节　诉讼费用

一、诉讼费用的概述

（一）诉讼费用概念

诉讼费用，是指当事人进行民事诉讼，依照法律规定应向人民法院交纳和支付的费用。诉讼费用制度设立的意义在于：一是有利于保障国家司法有效运作；二是可以防止当事人滥用诉讼权利；三是有利于制裁民事违法行为。

（二）诉讼费用的种类及收费标准

按照我国《民事诉讼法》和《诉讼费用交纳办法》的规定，诉讼费用包括：案件受理费、申请费和其他诉讼费用。

1. 案件受理费。案件受理费，是指人民法院受理案件后，当事人按照有关规定应当向人民法院交纳的费用。案件受理费包括第一审案件受理费、第二审案件受理费、依照规定需要交纳案件受理费的再审案件的受理费。按案件中是否有财产纠纷，案件受理费可以分为财产案件受理费和非财产案件受理费两种。财产案件受理费，是指当事人因财产权利义务关系发生争议而提起诉讼的案件所征收的受理费用。非财产案件受理费，是指因人身权利等权利义务关系或其他非财产关系发生争议而提起诉讼的案件的受理费。

2. 申请费。申请费，是指当事人申请人民法院执行法律规定的由人民法院执行的法律文书以及申请人民法院开始非讼程序或者采取一定诉讼行为，按规定应交纳的费用。需要交纳申请费的情形包括：①申请执行人民法院发生法律效力的判决、裁定、调解书，仲裁机构依法作出的裁决和调解书，公证机构依法赋予强制执行效力的债权文书，申请承认和执行外国法院判决、裁定和国外仲裁机构裁决的；②申请保全措施的；③申请支付令的；④申请公示催告的；⑤申请撤销仲裁裁决或者认定仲裁协议效力的；⑥申请破产的；⑦申请海事强制令、共同海损理算、设立海事赔偿责任限制基金、海事债权登记、船舶优先权催告的；⑧申请承认和执行外国法院判决、裁定和国外仲裁机构裁决。

3. 其他诉讼费用。其他诉讼费用，是指在诉讼过程中实际支出的，应当由当事人负担的各种费用。主要包括：①证人、鉴定人、翻译人员、理算人员在人民法院指定日期出庭发生的交通费、住宿费、生活费和误工补贴；②当事人复制案件卷宗材料和法律文书应当按实际成本向人民法院交纳的工本费；③诉讼过程中因鉴定、公告、勘验、翻译、评估、拍卖、变卖、仓储、保管、运输、船舶监管等发生的依法应当由当事人负担的费用。

《诉讼费用交纳办法》规定了各种诉讼费用的交纳标准，同时还授权各省、自治区、直辖市人民政府可以结合本地实际情况，对非财产案件、知识产权民事案件、当事人提出案件管辖权异议而异议不成立的案件以及各类案件的申请费在《诉讼费用交纳办法》规定的幅度范围内制定各地的具体交纳标准。

二、诉讼费用的预交与司法救助

（一）诉讼费用的预交

1. 案件受理费的预交。案件受理费由原告、有独立请求权的第三人、上诉人预交。被告提起反诉，依照有关规定需要交纳案件受理费的，由被告预交。追索劳动报酬的案件可以不预交案件受理费。根据《关于适用〈民事诉讼法〉的解释》第 194 条的规定，诉讼标的是同一种类、当事人一方人数众多在起诉时人数尚未确定的代表人诉讼的案件不预交案件受理费，结案后按照诉讼标的额由败诉方交纳。

一审案件原告、有独立请求权的第三人自接到人民法院交纳诉讼费用通知次日起 7 日内交纳案件受理费；反诉案件由提起反诉的当事人自提起反诉次日起 7 日内交纳案件受理费。

上诉案件的案件受理费由上诉人向人民法院提交上诉状时预交。双方当事人都提起上诉的，分别预交。上诉人在上诉期内未预交诉讼费用的，人民法院应当通知其在 7 日内预交。

依照有关规定需要交纳案件受理费的再审案件，由提出再审申请的当事人预交。双方当事人都申请再审的，分别预交。

当事人逾期不交纳诉讼费用又未提出司法救助申请，或者申请司法救助未获批准，在人民法院指定期限内仍未交纳诉讼费用的，由人民法院依照有关规定处理。

2. 申请费的预交。申请费由申请人预交。但是，申请执行人民法院发生法律效力的判决、裁定、调解书、仲裁机构依法作出的裁决和调解书，公证机构依法赋予强制执行效力的债权文书以及申请破产的，不由申请人预交，执行申请费执行后交纳，破产申请费清算后交纳。

3. 其他诉讼费用，待实际发生后交纳。

（二）司法救助

司法救助，是指当事人交纳诉讼费用确有困难的，可以依法向人民法院申请缓交、减交或者免交诉讼费用的制度。当事人申请司法救助，应当在起诉或者上诉时提交书面申请、足以证明其确有经济困难的证明材料以及其他相关证明材料。因生活困难或者追索基本生活费用申请免交、减交诉讼费用的，还应当提供本人及其家庭经济状况符合当地民政、劳动保障等部门规定的公民经济困难标准的证明。人民法院对当事人的司法救助申请不予批准的，应当向当事人书面说明理由。

1. 诉讼费用的免交。按照《诉讼费用交纳办法》的规定，当事人申请司法救助，符合下列情形之一的，人民法院应当准予免交诉讼费用：①残疾人无固定生活来源的；②追索赡养费、扶养费、抚育费、抚恤金的；③最低生活保障对象、农村特困定期救济对象、农村五保供养对象或者领取失业保险金人员，无其他收入的；④因见义勇为或者为保护社会公共利益致使自身合法权益受到损害，本人或者其近亲属请求赔偿或者补偿的；⑤确实需要免交的其他情形。

2. 诉讼费用的减交。按照《诉讼费用交纳办法》的规定，当事人申请司法救助，符合下列情形之一的，人民法院应当准予减交诉讼费用：①因自然灾害等不可抗力造成生活困难，正在接受社会救济，或者家庭生产经营难以为继的；②属于国家规定的优抚、安置对象的；③社会福利机构和救助管理站；④确实需要减交的其他情形。人民法院准予减交诉讼费用的，减交比例不得低于 30%。

3. 诉讼费用的缓交。按照《诉讼费用交纳办法》的规定，当事人申请司法救助，符合下列情形之一的，人民法院应当准予缓交诉讼费用：①追索社会保险金、经济补偿金的；②海上事故、交通事故、医疗事故、工伤事故、产品质量事故或者其他人身伤害事故的受害人请求赔偿的；③正在接受有关部门法律援助的；④确实需要缓交的其他情形。

人民法院对一方当事人提供司法救助，对方当事人败诉的，诉讼费用由对方当事人负担。对方当事人胜诉的，可以视申请司法救助的当事人的经济状况决定其减交、免交诉讼费用。

三、诉讼费用的负担和退还

（一）诉讼费用的负担

人民法院受理民事案件后，预交诉讼费用的当事人不一定就是最终负担诉讼费用的人。《诉讼费用交纳办法》分别对案件受理费、申请费和其他诉讼费用的负担作出了相应规定，具体负担原则如下：

1. 案件受理费的负担。根据《诉讼费用交纳办法》第 29 条第 1 款的规定，诉讼费用由败诉方负担，胜诉方自愿承担的除外。败诉方即诉讼请求未获人民法院支持的一方当事人。在败诉方负担原则的基础上，人民法院会根据案件具体情况按照下列原则进行案件受理费负担的分配：

（1）按比例负担。部分胜诉、部分败诉的，人民法院根据案件的具体情况决定当事人各自负担的诉讼费用数额。共同诉讼当事人败诉的，人民法院根据其对诉讼标的的利害关系，决定当事人各自负担的诉讼费用数额。

（2）协商负担。经人民法院调解达成协议的案件和离婚案件，诉讼费用的负担由双方当事人协商解决，协商不成的，由人民法院决定。

（3）撤诉人负担。原告或者上诉人申请撤诉，人民法院裁定准许的，案件受理费由原告或者上诉人负担。

（4）变更人负担。当事人在法庭调查终结后提出减少诉讼请求数额的，减少请求数额部分的案件受理费由变更诉讼请求的当事人负担。当事人因自身原因未能在举证期限内举证，在二审或者再审期间提出新的证据致使诉讼费用增加的，增加的诉讼费用由该当事人负担。

另外，第二审人民法院改变第一审人民法院作出的判决、裁定的，应当相应变更第一审人民法院对诉讼费用负担的决定。

应当交纳案件受理费的再审案件，诉讼费用由申请再审的当事人负担；双方当事人都申请再审的，诉讼费用依照《诉讼费用交纳办法》第 29 条的规定负担。原审诉讼费用的负担由人民法院根据诉讼费用负担原则重新确定。

2. 申请费的负担。

（1）债务人对督促程序未提出异议的，申请费由债务人负担。债务人对督促程序提出异议致使督促程序终结的，申请费由申请人负担；申请人另行起诉的，可以将申请费列入诉讼请求。

（2）公示催告的申请费由申请人负担。

（3）《诉讼费用交纳办法》第10条第1项、第8项规定的申请费由被执行人负担。执行中当事人达成和解协议的，申请费的负担由双方当事人协商解决；协商不成的，由人民法院决定。该办法第10条第2项规定的申请费由申请人负担，申请人提起诉讼的，可以将该申请费列入诉讼请求。该办法第10条第5项规定的申请费，由人民法院依照该办法第29条规定决定申请费的负担。

（4）海事案件中的有关诉讼费用依照下列规定负担：诉前申请海事请求保全、海事强制令的，申请费由申请人负担；申请人就有关海事请求提起诉讼的，可将上述费用列入诉讼请求；诉前申请海事证据保全的，申请费由申请人负担；诉讼中拍卖、变卖被扣押船舶、船载货物、船用燃油、船用物料发生的合理费用，由申请人预付，从拍卖、变卖价款中先行扣除，退还申请人；申请设立海事赔偿责任限制基金、申请债权登记与受偿、申请船舶优先权催告案件的申请费，由申请人负担；设立海事赔偿责任限制基金、船舶优先权催告程序中的公告费用由申请人负担。

（5）依照特别程序审理案件的公告费，由起诉人或者申请人负担。

（6）依法向人民法院申请破产的，诉讼费用依照有关法律规定从破产财产中拨付。

3. 其他诉讼费用的负担。诉讼过程中因鉴定、公告、勘验、翻译、评估、拍卖、变卖、仓储、保管、运输、船舶监管等发生的依法应当由当事人负担的费用，人民法院根据谁主张、谁负担的原则，决定由当事人直接支付给有关机构或者单位，人民法院不得代收代付。

（二）诉讼费用的退还

当事人交纳诉讼费用后，在诉讼过程中，人民法院按照下列有关规定决定是否退还诉讼费用：

1. 判决生效后，胜诉方预交但不应负担的诉讼费用，人民法院应当退还，由败诉方向人民法院交纳，但胜诉方自愿承担或者同意败诉方直接向其支付的除外。

2. 人民法院审理民事案件过程中发现涉嫌刑事犯罪并将案件移送有关部门处理的，当事人交纳的案件受理费予以退还；移送后民事案件需要继续审理的，当事人已交纳的案件受理费不予退还。

3. 中止诉讼、中止执行的案件，已交纳的案件受理费、申请费不予退还。中止诉讼、中止执行的原因消除，恢复诉讼、执行的，不再交纳案件受理费、申请费。

4. 第二审人民法院决定将案件发回重审的，应当退还上诉人已交纳的第二审案件受理费。

5. 第一审人民法院裁定不予受理或者驳回起诉的，应当退还当事人已交纳的案件受理费；当事人对第一审人民法院不予受理、驳回起诉的裁定提起上诉，第二审人民法院维持第一审人民法院作出的裁定的，第一审人民法院应当退还当事人已交纳的案件受理费。

6. 依照《民事诉讼法》第154条规定终结诉讼的案件，已交纳的案件受理费不予退还。

 学习小结

民事诉讼中的期间，是指人民法院、当事人以及其他诉讼参与人单独或者共同进行民事诉讼活动所应遵循的时间要求。期间制度的设立，有利于保证人民法院、当事人和其他诉讼参与人有充分的时间来完成相应诉讼活动，并有效防止诉讼的拖延。计算期间应当全面考虑期间计算的单位、起算与届满、节假日以及邮寄在途时间等因素。

民事诉讼中的送达，是指人民法院按照法律规定的程序和方式，将诉讼文书送交当事人或者其他诉讼参与人的行为。我国《民事诉讼法》规定了7种送达方式，人民法院进行送达应该按照法律规定的程序，依据案件具体情形选择正确的送达方式，才能产生一定的法律效果，即当事人和其他诉讼参与人能够理解诉讼文书的内容，并据此进行相应诉讼活动。送达往往也是诉讼期间开始计算的根据。

诉讼费用，是指当事人进行民事诉讼，依照法律规定应向人民法院交纳和支付的费用。诉讼费用包括案件受理费、申请费和其他诉讼费用。交纳诉讼费用的主体是当事人，但诉讼费用预交当事人不一定就是最终负担诉讼费用的人。诉讼费用负担的原则包括按比例负担、协商负担、撤诉人负担、变更人负担、申请人负担、实际主张人负担等。如果，当事人交纳诉讼费用确有困难的，可以依法向人民法院申请缓交、减交或者免交诉讼费用。

基础练习

1. 期间如何计算？
2. 送达的方式有哪些？适用情形是什么？
3. 送达产生什么样的法律效力？
4. 诉讼费用如何负担？
5. 司法救助及其适用情形？

案例分析

1. 李某女与孙某男于 2014 年 12 月经人介绍，依法登记结婚。婚后二人因工作原因聚少离多，且由于性格原因，常因琐事争吵。2016 年 2 月二人生有一子，自孩子出生就开始分居。2017 年 2 月李某女向人民法院起诉离婚，人民法院经审理认为二人夫妻感情尚未破裂，于 2017 年 6 月 13 日作出不准离婚判决。李某女于 2017 年 6 月 16 日收到判决书。依据我国《民事诉讼法》的规定，判决不准离婚的案件，没有新情况、新理由，原告在 6 个月内又起诉的，不予受理。

请分析：本案李某女于 2017 年 6 月 16 日收到的判决书何时生效？如果李某女想要以同一理由再次起诉离婚，最早可以于何时向人民法院提起诉讼？

2. 王某称其于 2015 年 2 月至 2016 年 12 月一直在辉煌公司甲市分公司从事销售工作，但是甲市分公司未与其签订过劳动合同，也未为其缴纳过社保。因经营需要，2016 年 12 月该分公司在甲市 A 区的业务要取消，让其等通知另行安排，但 2017 年 4 月该分公司却注销了。经劳动仲裁委仲裁后未支持其要求辉煌公司承担向其支付未签订书面劳动合同的 2 倍工资、未缴纳社保的赔偿及违法解除劳动关系的经济补偿金的请求。因此依法向甲市 A 区人民法院起诉，该人民法院经审查依法受理了该案。按照王某提供的地址，辉煌物业公司位于乙市 B 区。甲市 A 区人民法院依法向辉煌公司送达应诉通知书、举证通知书、传票等诉讼文书。开庭审理后，双方当事人在人民法院调解下自愿达成协议，人民法院依法制作了调解书。

请分析：按照《民事诉讼法》规定，甲市 A 区人民法院可以适用哪些送达方式送达应诉通知书、举证通知书和传票？在送达调解书时不能适用哪些送达方式？

3. 孙某今年 70 岁，长年务农，现因年事已高，身体状况欠佳，无力从事农活，又无其他生活来源。孙某老伴早已过世，留有三儿一女，均已成家立业。但因母亲去世时遗产分配问题，四兄妹之间矛盾重重、疏远冷淡，因此对于父亲的赡养问题相互推诿。孙某无奈一纸诉状将四个孩子告上法庭，要求四个孩子每人每月支付 1000 元赡养费，一次性支付 10 年。人民法院经过审理，最终判决四个孩子每人每月支付 1000 元，按年支付，于每年 1 月 1 日支付。

请分析：本案案件受理费应由谁预交？预交数额是多少？本案是否适用司法救助制度？本案案件受理费最终如何负担？

第五章 拓展学习

第六章　诉讼保障制度

目标任务

　　熟练掌握财产保全的条件与程序，能够明晰先予执行的条件与程序，理解对妨害民事诉讼行为的强制措施的种类及适用。

知识技能

　　保全制度适用情形与程序的辨析；先予执行适用条件的认定；妨害民事诉讼行为的识别及处置。

 第一节　保全制度

　　《民事诉讼法》第 103 条第 1 款规定，人民法院对于可能因当事人一方的行为或者其他原因，使判决难以执行或者造成当事人其他损害的案件，根据对方当事人的申请，可以裁定对其财产进行保全、责令其作出一定行为或者禁止其作出一定行为；当事人没有提出申请的，人民法院在必要时也可以裁定采取保全措施。2012 年我国《民事诉讼法》第二次修正时正式确立了行为保全制度，形成了由财产保全与行为保全相结合的保全制度，丰富和完善了我国的保全制度体系。在我国诉讼实践中，财产保全适用的情况较多。[1]

一、财产保全

　　财产保全，是指为保证将来生效判决能够得到切实执行或者避免财产遭受损失，在诉讼过程中，或诉讼开始前，根据当事人或者利害关系人的申请，或者必要时法院依职权对当事人争议的财产或者与本案有关的财产进行保全的诉讼保障制度。

---

　　〔1〕 广义上的民事诉讼保全制度包括财产保全、证据保全和行为保全等。狭义上的民事诉讼保全制度仅包括财产保全和行为保全。本处使用民事诉讼保全制度的狭义概念。

根据《民事诉讼法》第103条、第104条的规定，财产保全根据申请保全的时间不同，可分为诉讼财产保全和诉前财产保全。

（一）财产保全的申请

1. 诉讼财产保全的申请。诉讼财产保全，是指当事人起诉后，判决作出前，人民法院对于可能因当事人一方的行为或者其他原因，使判决不能执行或者难以执行的案件，根据当事人的申请或者依职权对当事人的财产或者争议的标的物采取的一种强制性措施。根据《民事诉讼法》的相关规定，提起诉讼财产保全必须具备以下条件：

（1）案件具有给付内容，即属于给付之诉。

（2）存在因当事人一方的行为或其他原因可能使人民法院将来作出的判决难以执行或不能执行的情形。"当事人一方的行为"主要指转移、转让、隐匿、毁损、挥霍财产的行为或将自己的资金抽走、将动产带出国外等以逃避义务为目的的恶意行为。"其他原因"是指客观上的原因。主要是当事人争议的标的物或者与本案有关的财产，因其自然属性无法保存，如季节性商品，鲜活、易变质腐烂商品等。这里所说的"可能"，不是主观猜测的一种可能性，而是要具有客观现实性的一种可能性。

（3）诉讼财产保全的时间是人民法院受理案件之后，作出判决之前。包括第一审程序、第二审程序和再审程序。

（4）采取保全措施可以根据当事人的申请，如果当事人没有申请，人民法院在必要的时候也可以依职权进行。

（5）采取保全措施，人民法院可以责令申请人提供担保。人民法院根据申请人提交的证据即可作出保全裁定，没有责令申请人提供担保的，申请人可以不提供担保。但是，特殊情况下，为了防止申请人的错误申请、恶意申请，平等地保护双方当事人的利益，人民法院责令提供担保的，申请人必须提供担保，不提供担保的，驳回申请。人民法院依职权采取保全措施的，有关利害关系人可以不提供担保。

（6）诉讼财产保全申请应向受理案件的法院提起。

2. 诉前财产保全的申请。诉前财产保全，是指利害关系人在因情况紧急，不立即申请财产保全将会使其合法权益受到难以弥补损害的情况下，在起诉前申请人民法院对一定财产或争议标的物采取的强制性措施。诉前财产保全属于应急性的保全措施，目的是保护利害关系人不致遭受无法弥补的损失。提起诉前财产保全必须具备以下条件：

（1）与诉前财产保全有关的民事争议属于财产争议、有给付内容。如不是因财产利益之争，而是人身名誉之争，无给付内容的，人民法院就不能采取诉前财产保全。

（2）诉前财产保全提起的原因是情况紧急。利害关系人与他人之间存在争议的法律关系所涉及的财产处于情况紧急的状态下，不立即采取财产保全措施将有可能使利害关系人的合法权益遭受到不可弥补的现实危险。

（3）诉前财产保全必须由利害关系人提出申请。利害关系人，是指认为自己的民事权益受到他人侵犯或与他人发生争议的人。由于诉讼或仲裁尚未发生，人民法院对利害关系人是否起诉等情况尚不清楚，因此诉前财产保全只能由利害关系人提出申请，人民法院不能依职权实施财产保全。这里的利害关系人包括产生纠纷的双方当事人，也包括对相应民事权利负有保护责任的人。

（4）申请人应当提供担保。由于利害关系人的申请是在起诉前提出的，法院对是否存在保全的必要性和是否会因申请不当而给被申请人造成损失难以把握，因此有必要把申请人提供担保作为诉前财产保全的必要条件。申请人如不愿或不能提供担保，法院只能驳回其申请。申请人可以以自己的财产作为担保，也可以由第三方作为保证人提供担保。根据《关于适用〈民事诉讼法〉的解释》的规定，利害关系人申请诉前保全的，应当提供担保。申请诉前财产保全的，应当提供相当于请求保全数额的担保；情况特殊的，人民法院可以酌情处理。

（5）诉前财产保全申请应当向被保全财产所在地、被申请人住所地或者对案件有管辖权的法院提出。

另外，《关于适用〈民事诉讼法〉的解释》规定，法律文书生效后，进入执行程序前，债权人因对方当事人转移财产等紧急情况，不申请保全将可能导致生效法律文书不能执行或者难以执行的，可以向执行法院申请采取保全措施。债权人在法律文书指定的履行期间届满后 5 日内不申请执行的，人民法院应当解除保全。同时，《最高人民法院关于人民法院办理财产保全案件若干问题的规定》（以下简称《财产保全案件规定》）进一步明确，法律文书生效后，进入执行程序前，债权人申请财产保全的，人民法院可以不要求提供担保。

（二）财产保全的执行

对于利害关系人提出的诉前财产保全申请，人民法院在接到后，必须在 48 小时内作出裁定；对于诉讼财产保全，人民法院对情况紧急的必须在 48 小时内作出裁定。裁定采取财产保全措施的，人民法院应当立即开始执行。

1. 财产保全的范围。财产保全是把"双刃剑"。在保护申请人的同时，也可能给被申请人造成损害。因此，在进行财产保全时，一定要将财产保全的范围控制在合理的限度内。《民事诉讼法》第 105 条规定，保全限于请求的范围，或者与本案有关的财物。因此，财产保全的范围，不能超出申请人请求的范围。同时，人民法院不能对与本案无关的财物采取财产保全措施。可供保全的土地、房屋等不动产的整体价值明显高于保全裁定载明金额的，人民法院应当对该不动产的相应价值部分采取查封、扣押、冻结措施，但该不动产在使用上不可分或者分割会严重减损其价值的除外。

可以采取保全措施的财产主要包括：①被申请人在银行开立的账户（户名必须与被申请人名称一致）及存款。②被申请人在房地产交易中心登记在案的、拥有所有权的房产，或者拥有使用权的土地。③被申请人对外投资的股权、持有的股票、债券及股息、红利等收益。④被申请人拥有所有权的车辆。⑤被申请人拥有所有权的厂房、机器设备及原材料、半成品、产成品等货物。⑥被申请人享有的对其他人的到期债权，其他人应付给被告的租金等。⑦被申请人享有专用权的专利、商标等知识产权。⑧其他各类被申请人拥有金钱价值和权利的财产。随着社会经济的不断发展，当事人名下的许多财产，如注册商标权、支付宝和京东的网络财产等成为新型的保全对象。

与执行阶段不同，人民法院不会在财产保全阶段为当事人查找债务人的财产，必须由申请人自己提供明确的财产线索。以下类别的财产线索属于明确的财产线索：①银行账户：有明确的开户行、户名、账号；②支付宝账户、微信账户、银联账户、网络财产；③房地产：有明确的地址和权利人名称，最好有相关的权利凭证复印件；④有价证券：知道债券品种的记名债券，或证券账号；⑤车辆：明确的车牌号和车主姓名；⑥股权：明确的公司名和债务人拥有的股权份额；⑦其他财产性权利：需要有相关的权利证明资料。

2. 财产保全的措施。依据《财产保全案件规定》，被保全人有多项财产可供保全的，在能够实现保全目的的情况下，人民法院应当选择对其生产经营活动影响较小的财产进行保全。人民法院对厂房、机器设备等生产经营性财产进行保全时，指定被保全人保管的，应当允许其继续使用。被保全财产系机动车、航空器等特殊动产的，除被保全人下落不明的以外，人民法院应当责令被保全人书面报告该动产的权属和占有、使用等情况，并予以核实。

（1）三种基本措施。①查封。查封，是指人民法院在清点需要保全的财产后，用贴封条的方式禁止任何单位和个人转移、损毁、隐匿的一种财产保全措施。通常查封针对的是不动产和特定的大型动产（如大型机器设备）。②扣押。扣押，是指人民法院将需要保全的财产转移并扣留到法院控制的场所的一种财产保全措施。扣押通常针对的是动产。③冻结。冻结，是指人民法院为控制被申请人在金融账户上的存款，通知银行等有关金融单位不得给被申请人支取现金或者转账的一种财产保全措施。冻结针对的是金融账户，对金融账户内资金采取冻结措施的，人民法院应当明确具体的冻结数额。

《关于适用〈民事诉讼法〉的解释》规定，人民法院在财产保全中采取查封、扣押、冻结财产措施时，应当妥善保管被查封、扣押、冻结的财产。不宜由人民法院保管的，人民法院可以指定被保全人负责保管；不宜由被保全人保管的，可以委托他人或者申请保全人保管。由人民法院指定被保全人保管的财产，如果继续使用对该财产的价值无重大影响，可以允许被保全人继续使用；由人民法院保管或者委托他人、申请保全人保管的财产，人民法院和其他保管人不得使用。

（2）两种特殊措施：①《关于适用〈民事诉讼法〉的解释》规定，人民法院对季节性商品、鲜活、易腐烂变质以及其他不宜长期保存的物品采取保全措施时，可以责令当事人及时处理，由人民法院保存价款；必要时，人民法院可予以变卖，保存价款。②人民法院对不动产和特定的动产（如车辆、船舶等）进行财产保全，可以采用扣押有关财产权证照并通知有关产权登记部门不予办理该项财产的转移手续的财产保全措施；必要时，也可以查封或扣押该项财产。在房地产交易中心对被告拥有所有权或者使用权的房产、土地进行查封；在公安局车辆管理所对被告的车辆进行查封；在被告、其他人的经营场所内对被告所有的机器设备、货物等进行查封或者扣押。

（3）两种变通方法：①对抵押物、质押物、留置物的保全。《关于适用〈民事诉讼法〉的解释》规定，人民法院对抵押物、质押物、留置物可以采取财产保全措施，但不影响抵押权人、质权人、留置权人的优先受偿权。②对债务人到期收益与第三人债权的保全。《关于适用〈民事诉讼法〉的解释》规定，人民法院对债务人到期应得的收益，可以采取财产保全措施，限制其支取，通知有关单位协助执行。债务人的财产不能满足保全请求，但对他人有到期债权的，人民法院可以依债权人的申请裁定该他人不得对本案债务人清偿。该他人要求偿付的，由人民法院提存财物或者价款。

《财产保全案件规定》第16条规定，人民法院在财产保全中采取查封、扣押、冻结措施，需要有关单位协助办理登记手续的，有关单位应当在裁定书和协助执行通知书送达后立即办理。针对同一财产有多个裁定书和协助执行通知书的，应当按照送达的时间先后办理登记手续。对已经有其他法院查封（冻结）在先的财产，可以进行轮候查封（冻结）。轮候查封（冻结）是两个或两个以上人民法院对于同一财产进行查封（冻结）时，以先办理手续的人民法院为准，后办理手续的人民法院作轮候处理，暂不生效；待前一手续解除后，轮候手续则自动生效。轮候查封（冻结）不影响在先查封（冻结）的效力；前一查封（冻结）后将财产处置的，轮候查封（冻结）失效。轮候查封（冻结）可以进行多轮。

（三）财产保全的解除

人民法院裁定采取财产保全措施后，除作出保全裁定的人民法院自行解除或者其上级人民法院决定解除外，在保全期间内，任何单位都不得解除保全措施。保全的事由发生变化，客观上已没有保全的必要时，申请保全人、被保全人可以向人民法院申请或者人民法院可以依职权解除财产保全。

裁定采取保全措施后，有下列情形之一的，人民法院应当作出解除保全裁定：①采取诉前财产保全措施后，申请保全人30日内不依法提起诉讼或者申请仲裁的；②保全错误的；③申请保全人撤回保全申请的；④仲裁机构不予受理申请保全人的仲裁申请、准许撤回仲裁申请或者按撤回仲裁申请处理的；⑤申请保全人的仲裁申请或者请求被仲裁裁决驳回的；⑥其他人民法院对申请保全人的起诉不予受理、准许撤诉或者按撤诉处理的；⑦申请保全人的起诉或者诉讼请求被其他人民法院生效裁判驳回的；⑧财产纠纷案件，被保全人或第三人提供充分有效担保请求解除保全的；⑨人民法院认为应当解除保全的其他情形。解除以登记方式实施的保全措施的，人民法院应当向登记机关发出协助执行通知书。人民法院收到解除保全申请后，应当在5日内裁定解除保全；对情况紧急的，必须在48小时内裁定解除保全。申请保全人未及时申请人民法院解除保全，应当赔偿被保全人因财产保全所遭受的损失。

（四）财产保全裁定效力及救济

1. 财产保全裁定的效力。财产保全裁定送达当事人，立即发生法律效力。当事人必须按照裁定的内容执行。当事人不服的，只能申请复议一次，并且复议期间不停止执行。根据《关于适用〈民事诉讼法〉的解释》的规定，当事人对保全裁定不服的，可以自收到裁定书之日起5日内向作出裁定的人民法院申请复议。人民法院应当在收到复议申请后10日内审查。裁定正确的，驳回当事人的申请；裁定不当的，变更或者撤销原裁定。

保全裁定未经人民法院依法撤销或者解除，进入执行程序后，自动转为执行中的查封、扣押、冻结措施，期限连续计算，执行法院无需重新制作裁定书，但查封、扣押、冻结期限届满的除外。

2. 财产保全裁定的救济。诉前财产保全和诉讼财产保全都是在生效判决作出前采取的预防措施，此时当事人之间的实体权利、义务尚未确定，因此，错误采取财产保全措施的情形不可避免。为了有效保护被申请人的合法权益，法律规定了财产保全的救济程序，即采取财产保全错误给被申请人造成损失的赔偿程序。

《民事诉讼法》第108条规定，申请有错误的，申请人应当赔偿被申请人因保全所遭受的损失。申请有错误，通常理解为申请人申请人民法院采取财产保全措施后，申请人被判决败诉或者申请人撤诉。申请人提供担保的，可以直接以担保财产进行赔偿。未提供担保的，被申请人可以通过在诉讼中主张抵销或者提起赔偿之诉的方式获得赔偿。

对人民法院依职权采取保全措施而给当事人或利害关系人造成损失的情形，应当由人民法院依法予以赔偿，但我国《民事诉讼法》未规定如何赔偿。《中华人民共和国国家赔偿法》（以下简称《国家赔偿法》）第38条规定，人民法院在民事诉讼、行政诉讼过程中，违法采取对妨害诉讼的强制措施、保全措施或者对判决、裁定及其他生效法律文书执行错误，造成损害的，赔偿请求人要求赔偿的程序，适用该法刑事赔偿程序的规定。因此，如果人民法院依职权采取保全措施而给被申请人造成损失的，应由人民法院依《国家赔偿法》予以赔偿。

二、行为保全

行为保全，是指在民事诉讼中，为了避免当事人或者利害关系人的利益受到不应有的损害或进一步的损害，法院根据一方当事人申请或依职权对相关当事人的行为采取强制性措施的法律制度。行为保全除了具有保障判决执行的目的外，还具有避免造成损失或损失进一步扩大的目的。

《民事诉讼法》将行为保全与财产保全设置在同一法条中，对适用条件、保全裁定等作了统一规定。区别行为保全与财产保全时应注意以下几点：①行为保全适用于诉讼请求为非金钱请求的民事案件，保全对象为被申请人的行为；②行为保全采取的措施是责令被申请人作出一定行为或者禁止其作出一定行为。由于行为保全的对象是被申请人的行为，需要被申请人自觉履行才能实现。在被申请人拒绝履行的情况下，法院不能直接强制，只能采取替代履行或罚款、拘留等间接强制措施执行。③财产保全中被申请人提供担保法院应当解除保全裁定，但在行为保全中被申请人提供担保是否解除保全裁定，法律没有规定。实践中一般不应解除，除非申请人自己表示同意。[1]

第二节　先予执行制度

先予执行，是指人民法院在受理案件后、终审判决作出前，为了解决权利人的生活或者生产经营急需，裁定义务人预先履行将来生效判决中所确定之部分或全部义务的一种诉讼保障措施。

先予执行的着眼点是满足权利人的迫切需要，解决正处于困难中当事人的

---

〔1〕　江必新主编：《最高人民法院民事诉讼法司法解释专题讲座》，中国法制出版社2015年版，第430页。

"燃眉之急"。在现实生活中，人有饥寒交迫、贫病交加的困窘境况，企业也有账上无余钱、工人难开支、机器转不了的艰难处境。如果这些当事人正在进行民事诉讼，他们坚信对方当事人应该为他们的不利处境承担责任，人民法院经查证大体也认可他们的主张，就可以先行将胜诉判决的全部或者部分内容先执行给这些有紧迫需求的当事人。例如，原告因高度危险作业而遭受严重的身体伤害，急需住院治疗，无力负担医疗费用，如果没有先予执行，就会使原告不能得到及时治疗，即使事后胜诉，胜诉的权利人也可能已经错过最佳治疗期，甚至可能早已撒手人寰。同样，也可能出现胜诉企业早已歇业倒闭的情况。

一、先予执行的适用范围和条件

（一）先予执行的适用范围

根据《民事诉讼法》第 109 条、《关于适用〈民事诉讼法〉的解释》的规定，先予执行适用于下列案件：①追索赡养费、扶养费、抚养费、抚恤金、医疗费用的案件。②追索劳动报酬的案件。③因情况紧急需要先予执行的，包括需要立即停止侵害、排除妨碍的；需要立即制止某项行为的；追索恢复生产、经营急需的保险理赔费的；需要立即返还社会保险金、社会救助资金的；不立即返还款项，将严重影响权利人生活和生产经营的。

例如，某建筑公司在居民楼旁边修建一栋办公楼，办公楼地基与居民楼地基相距不足 40 米，办公楼地下打桩作业开工后，居民楼里的居民就发现自己住的楼的楼体开始下沉，墙面出现裂缝，他们要求建筑公司立即停工，但是，建筑公司照旧施工。居民将建筑公司起诉到人民法院，人民法院受理后，建筑公司仍不停止施工，楼体继续下沉，墙面裂缝进一步扩大，照此发展下去，诉讼结束之时，就是居民楼坍塌之日。该案就属于需要立即停止侵害、排除妨碍的紧急情况，可以申请先予执行。

（二）先予执行的适用条件

根据《民事诉讼法》第 110 条的规定，裁定先予执行的条件是：

1. 当事人之间权利义务关系具有明确性。先予执行的案件，对原告一方是保护，对被告可能造成损害，其实质是在判决确定前实现未来判决中的部分实体权利，因此先予执行必须以当事人之间权利义务关系明确为前提。如果在当事人双方权利义务关系不明确的状态下进行先予执行，可能出现错误并给被告造成难以弥补的损害。因此，法官在裁定先予执行时，首先要审查当事人之间权利义务关系是否明确。

2. 申请人有实现权利的迫切需要。先予执行应当限于当事人诉讼请求的范围，并以当事人生活、生产经营的急需为限。即不采取先予执行措施将使申请人的基本生活无法维持或者其生产经营会受到极大困难、难以维持。

申请人的困难主要有两种情况：一是申请人是依靠被告履行义务而维持正常生活的，如赡养费、扶养费、抚育费等，在人民法院作出判决前，如不裁定先予执行，原告就无法维持正常的生活。二是原告的生产经营活动，须依靠被告提供一定条件或履行一定义务才能够进行，在人民法院判决前，如不裁定先予执行，将严重影响原告生产经营，甚至使原告无法维持生产经营。

3. 只能由申请人提出申请。在民事诉讼中，申请人的生活或者生产经营是否处于极其困难的状态，只有申请人知道，因此法院只有在收到当事人申请的情况下，才能裁定先予执行，而不能依职权主动裁定先予执行。

4. 被申请人有履行能力。先予执行要求义务人履行一定民事义务，客观上以被申请人有履行能力为基础。如果被申请人也很困难，根本就没有能力先履行义务，裁定先予执行也无法执行。因此，裁定先予执行，要在被申请人有履行能力的前提下作出。

5. 法院可以责令申请人提供担保。某些案件中，会发生先予执行裁定的内容与将来的判决结果不一致的情况，也就是出现被申请人胜诉的情况。为了既能够满足申请人生活或者生产的紧迫需求，又能保障被申请人的合法权益，《民事诉讼法》第110条第2款规定，人民法院可以责令申请人提供担保，申请人不提供担保的，驳回申请。当然，在先予执行中，提供担保不是必经程序，人民法院是否责令申请人提供担保，要因案而定、酌情而定，对于确实无力提供担保的个人或者企业一般不要求提供担保。如人民法院责令申请人提供担保，申请人不提供担保的，驳回申请。

二、先予执行裁定的执行

当事人提出先予执行申请后，人民法院认为确需先予执行的，会及时作出裁定并予执行。先予执行是诉讼中的一种临时性的应急措施，并非案件的终审结果。因此，人民法院在案件审理终结时，应当在裁判中对先予执行裁定的执行情况予以说明，权利人胜诉，先予执行正确的，人民法院应该在判决中说明权利人应当享有的权利在先予执行中已经得到了全部或部分的实现。判决发生法律效力后，先予执行的效力即告终止。

人民法院采取先予执行措施后，申请先予执行的当事人申请撤诉的，人民法院应当及时通知对方当事人、第三人或有关的案外人。在接到通知至准予撤诉的裁定送达前，对方当事人、第三人及有关的案外人，对撤诉提出异议的，应当裁定驳回撤诉申请。

三、先予执行裁定的效力及救济

（一）先予执行裁定的效力

先予执行裁定书一经送达当事人，即发生法律效力，立即执行。当事人对先予执行的裁定不服的，可以申请复议一次。复议期间不停止裁定的执行。当事人对先予执行裁定不服的，可以自收到裁定书之日起 5 日内向作出裁定的人民法院申请复议。人民法院应当在收到复议申请后 10 日内审查。裁定正确的，驳回当事人的申请；裁定不当的，变更或者撤销原裁定。

（二）先予执行裁定错误的救济

先予执行毕竟是在判决作出前对将来判决的预先执行，因此不排除存在裁定错误的情况。人民法院裁定先予执行后，经审理判决申请人败诉，或者虽未败诉但判决给付的金额小于先予执行的数额，或者在诉讼过程中申请撤诉，都意味着申请人因先予执行取得的利益失去了法律依据。依照《民事诉讼法》有关规定，对已被执行的财产，人民法院应当作出裁定，责令取得财产的人返还；拒不返还的，强制执行。如果上述返还不足以弥补被申请人因先予执行而遭受的财产损失，应当赔偿被申请人因先予执行遭受的财产损失。

第三节　妨害民事诉讼强制措施

一、妨害民事诉讼行为

（一）妨害民事诉讼行为的概念

妨害民事诉讼行为，是指在民事诉讼过程中，当事人、其他诉讼参与人或者案外人实施的影响民事诉讼活动正常进行的行为。

民事诉讼活动既包括审判阶段，也包括执行阶段。虽然，大多数妨害民事诉讼的行为发生在审判阶段，但执行阶段妨害行为的危害也很大，对这类行为也需要高度警惕并严加防范。生效裁判的法律效力具有普遍性，不仅案件当事人应当尊重和履行，一切相关公民、法人和其他组织均负有配合、协助执行的法定义务。但在实践中，一些负有协助执行义务的单位或者个人，往往以"内部另有规定""涉及其他案件""需要当地协调"等各种托辞对人民法院执行工作故意设置障碍、百般推诿阻挠，编造虚假信息、给被执行人通风报信、为其逃避执行提供便利，还有的甚至直接威胁、拘禁人民法院执行人员，严重妨碍执行工作开展，必须以国家强制力坚决排除一切妨害。

（二）妨害民事诉讼行为的构成要件

1. 主体要件。妨害民事诉讼的行为主体，既可以是案件的当事人，也可以是其他诉讼参与人，还可以是案外人。对妨害民事诉讼的强制措施是针对妨害民事诉讼秩序的行为的，因此，无论是谁，只要其行为妨害了民事诉讼活动的正常进行，就可以对其采取强制措施，而不论其身份。

2. 主观要件。行为人实施妨害民事诉讼的行为主观上是故意的。所谓主观上的故意，是指行为人在主观上希望或放任妨害民事诉讼秩序结果的发生，即行为人明知自己的行为有可能造成妨害民事诉讼秩序的结果，仍追求或放任这种结果的发生。如果行为人是因为过失而造成妨害民事诉讼秩序的结果的，如因为大意或疏忽而丢失了证据等，不构成妨害民事诉讼的行为。

3. 客观要件。行为人实施了妨害民事诉讼的行为。行为人在诉讼中实施了具体的妨害民事诉讼秩序的行为，该行为在客观上妨碍和干扰了民事诉讼的正常进行。其行为可能表现为作为，如伪造证据或毁灭证据、指使他人做伪证等；也可能表现为不作为，如被告经传票传唤无正当理由拒绝到庭、有义务协助人民法院采取保全措施的人员拒绝协助人民法院开展工作等。

4. 时间要件。行为人实施妨害民事诉讼秩序的行为一般是在诉讼过程中。如果是在诉讼之前或在诉讼结束之后，行为人所实施的在形式上与妨害民事诉讼秩序类似的行为，虽然有可能也是违法的，但一般不能认为该行为构成妨害民事诉讼秩序。但根据最高人民法院相关司法解释，在个别特殊情况下，在诉讼外实施的行为，符合一定情形的，也构成妨害民事诉讼的行为。例如，《关于适用〈民事诉讼法〉的解释》规定，在执行终结6个月内，被执行人或者其他人对已执行的标的有妨害行为的，人民法院可以依申请排除妨害，并可以依照《民事诉讼法》第114条规定进行处罚，予以罚款、拘留；构成犯罪的，依法追究刑事责任。

5. 程度要件。行为人实施的主观故意行为必须在客观上造成了妨碍和干扰民事诉讼正常进行的实际后果。如果行为程度十分轻微，并没有造成实际的后果，不适于采取强制措施。妨害民事诉讼行为必须是尚未构成犯罪的行为。如果行为人实施的妨害、干扰民事诉讼的行为，情节严重，已经构成犯罪，则应依法追究行为人的刑事责任。其所实施的行为是犯罪行为，也不能认定为妨害民事诉讼行为。

（三）妨害民事诉讼行为的类型

根据民事诉讼法以及相关司法解释的规定，妨害民事诉讼的行为包括：

1. 必须到庭而不到庭的行为。《民事诉讼法》第112条规定，人民法院对必须到庭的被告，经两次传票传唤，无正当理由拒不到庭的，可以拘传。必须到庭的被告，是指负有赡养、抚育、扶养义务和不到庭就无法查清案情的被告。除前述被告以外，给国家、集体或他人造成损害的未成年人的法定代理人，如其必须到庭，经两次传票传唤无正当理由拒不到庭的，同样属于妨害民事诉讼的行为。

2. 扰乱法庭秩序的行为。依据《民事诉讼法》第 113 条第 3 款的规定，哄闹、冲击法庭，侮辱、诽谤、威胁、殴打审判人员等行为属于此类妨害行为。法庭是人民法院代表国家依法审判各类案件的专门场所，人民法院依法公正高效审理案件，必须确保良好的法庭秩序。维护法庭秩序，就是维护法律权威、司法权威。法官在法庭内的主导地位是确保诉讼活动正常进行的制度依靠，法庭设施、诉讼材料是开展案件审理工作的物质基础。进入法庭的一切人员均负有尊重司法人员、遵守法庭规则、听从法官指挥的义务。实践中，一些诉讼参与人和旁听人员蓄意违反法庭规则，拒不服从法官指挥，有的故意破坏法庭设施、损毁诉讼材料，甚至公然挑战法律尊严，暴力侵犯他人人身安全，不仅导致正常的审理工作无法进行，还严重破坏了公共安全秩序。

3. 庭外干扰行为。依据《民事诉讼法》第 114 条及相关司法解释的规定，庭外干扰类的妨害民事诉讼行为包括：

（1）伪造、毁灭重要证据，妨碍人民法院审理案件的；

（2）以暴力、威胁、贿买方法阻止证人作证或者指使、贿买、胁迫他人作伪证的；

（3）隐藏、转移、变卖、毁损已被查封、扣押的财产，或者已被清点并责令其保管的财产，转移已被冻结的财产的；

（4）对司法工作人员、诉讼参加人、证人、翻译人员、鉴定人、勘验人、协助执行的人，进行侮辱、诽谤、诬陷、殴打或者打击报复的；

（5）以暴力、威胁或者其他方法阻碍司法工作人员执行职务的。

具体包括：①在人民法院哄闹、滞留，不听从司法工作人员劝阻的；②故意毁损、抢夺人民法院法律文书、查封标志的；③哄闹、冲击执行公务现场，围困、扣押执行或者协助执行公务人员的；④毁损、抢夺、扣留案件材料、执行公务车辆、其他执行公务器械、执行公务人员服装和执行公务证件的；⑤以暴力、威胁或者其他方法阻碍司法工作人员查询、查封、扣押、冻结、划拨、拍卖、变卖财产的；⑥以暴力、威胁或者其他方法阻碍司法工作人员执行职务的其他行为。

（6）拒不履行人民法院已经发生法律效力的判决、裁定的。具体包括：①在法律文书发生法律效力后隐藏、转移、变卖、毁损财产或者无偿转让财产、以明显不合理的价格交易财产、放弃到期债权、无偿为他人提供担保等，致使人民法院无法执行的；②隐藏、转移、毁损或者未经人民法院允许处分已向人民法院提供担保的财产的；③违反人民法院限制高消费令进行消费的；④有履行能力而拒不按照人民法院执行通知履行生效法律文书确定的义务的；⑤有义务协助执行的个人接到人民法院协助执行通知书后，拒不协助执行的。

4. 恶意诉讼行为。根据《民事诉讼法》第115条的规定，当事人之间恶意串通，企图通过诉讼、调解等方式，或者当事人单方捏造民事案件基本事实，向人民法院提起诉讼，企图侵害国家利益、社会公共利益或者他人合法权益的，人民法院应当驳回其请求，并根据情节轻重予以罚款、拘留；构成犯罪的，依法追究刑事责任。

5. 恶意规避执行行为。《民事诉讼法》第116条规定，被执行人与他人恶意串通，通过诉讼、仲裁、调解等方式逃避履行法律文书确定的义务的，人民法院应当根据情节轻重予以罚款、拘留；构成犯罪的，依法追究刑事责任。

6. 拒不履行协助义务。依据《民事诉讼法》第117条及相关司法解释的规定，拒不履行协助义务的行为包括：

（1）有关单位拒绝或者妨碍人民法院调查取证的；

（2）有关单位接到人民法院协助执行通知书后，拒不协助查询、扣押、冻结、划拨、变价财产的；

（3）有关单位接到人民法院协助执行通知书后，拒不协助扣留被执行人的收入、办理有关财产权证照转移手续、转交有关票证、证照或者其他财产的；

（4）其他拒绝协助执行的。具体包括：①允许被执行人高消费的；②允许被执行人出境的；③拒不停止办理有关财产权证照转移手续、权属变更登记、规划审批等手续的；④以需要内部请示、内部审批，有内部规定等为由拖延办理的。

二、对妨害民事诉讼行为的强制措施

（一）强制措施的概念

所谓对妨害民事诉讼行为的强制措施，是指在民事诉讼中，对进行妨害民事诉讼活动的人所采取的旨在排除妨害行为的强制手段。从性质上讲，强制措施的目的就是排除妨害，使受损害的诉讼秩序恢复常态，使诉讼能够顺利进行。

对妨害民事诉讼的强制措施的执行，只有人民法院才有权采取。其他任何单位和个人如果采取非法拘禁他人或者非法私自扣押他人财产追索债务，就构成妨害民事诉讼行为。情节严重，构成犯罪的，依法追究刑事责任。

（二）强制措施的种类及适用

我国《民事诉讼法》规定了5种对妨害民事诉讼的强制措施，即拘传、训诫、责令退出法庭、罚款、拘留，这5种对妨害民事诉讼的强制措施必须由人民法院作出决定。

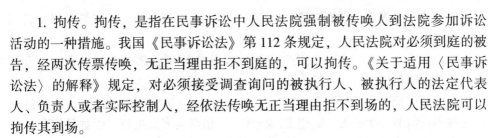

1. 拘传。拘传，是指在民事诉讼中人民法院强制被传唤人到法院参加诉讼活动的一种措施。我国《民事诉讼法》第112条规定，人民法院对必须到庭的被告，经两次传票传唤，无正当理由拒不到庭的，可以拘传。《关于适用〈民事诉讼法〉的解释》规定，对必须接受调查询问的被执行人、被执行人的法定代表人、负责人或者实际控制人，经依法传唤无正当理由拒不到场的，人民法院可以拘传其到场。

《民事诉讼法》第112条、第119条及《关于适用〈民事诉讼法〉的解释》对拘传的条件和程序作了具体规定。

（1）适用拘传的条件。其一，拘传的适用对象是必须到庭的被告。必须到庭的被告是指负有赡养、抚育、扶养义务和不到庭就无法查清案情的被告。诉讼标的为赡养、扶养、抚育义务的案件，直接涉及权利人的基本生活问题，并且原、被告之间有一定的亲属关系，适宜用调解方式解决。如被告不到庭，则不利于对原告合法权益的保护和调解的进行。对不是必须到庭的被告，经传票传唤无正当理由拒不到庭的，人民法院会缺席判决；对原告经传票传唤无正当理由拒不到庭的，会按撤诉处理。根据《关于适用〈民事诉讼法〉的解释》的规定，人民法院对必须到庭才能查清案件基本事实的原告，经两次传票传唤，无正当理由拒不到庭的，可以拘传。此外，在审判实践中，如果被告是给国家、集体造成损害的未成年人，其法定代理人无正当理由经两次传票传唤拒不到庭的，也可以适用拘传。其二，拘传的适用前提必须是经过两次传票传唤。传票，是人民法院传唤诉讼参与人于指定时间到庭参加诉讼所发出的诉讼文书。合法传唤，是指人民法院使用传票，派人送达受传唤的被告手中，由被告在送达回执上签名或者盖章，证明在法定期间内已收到传票。非正式途径（如电话、广播、托人捎口信等方式）的传唤，不是合法传唤。其三，无正当理由拒不到庭。正当理由，是指人力不可抗拒的事由或事实，当事人无法预见和难以自行克服的困难，如生病住院，因公紧急外出，或遇到不可抗拒的自然灾害等。如果被告没有正当理由，或者其提出的理由被人民法院视为不当，则可适用拘传，迫其到庭。以上三个条件必须同时具备，人民法院才能适用拘传措施。

（2）拘传的适用程序。人民法院对必须到庭的被告采取拘传措施的程序是：由独任审判员或合议庭提出具体意见，报经本院院长批准。经院长批准后填写拘传票。拘传票会写明被拘传人的姓名、性别、住所、工作单位、拘传理由、应到庭的时间和具体处所。制作拘传票的单位和负责人签名，交司法警察执行。

拘传必须用拘传票，并直接送达被拘传人。在拘传前，应向被拘传人说明不到庭的后果，经批评教育仍拒不到庭的，可以拘传其到庭。如果被拘传人经教育认识到错误，并能主动到庭参加诉讼，法院会撤销拘传决定。如果被拘传人经教育不仅没有悔改表现，反而以暴力反抗的，在必要时法院会使用戒具，强制其到庭参加诉讼。

2. 训诫。训诫，是指人民法院针对违反法庭规则且情节轻微的人，由合议庭或独任审判员以批评教育的方式，责令妨害民事诉讼行为人改正或不得再犯的措施。按照《民事诉讼法》第113条第2款的规定，训诫的适用对象仅限于违反法庭规则且情节轻微的人。适用训诫措施，一般都会当庭进行。由独任审判员或合议庭决定，由独任审判员或合议庭的审判长用口头方式指出行为人的错误、性质及危害后果并当庭责令行为人改正。训诫的内容应记入庭审笔录，由被训诫人签字备案。

3. 责令退出法庭。责令退出法庭，是指人民法院在开庭审理中，对违反法庭规则的人，命令其离开法庭或依法由司法警察强制其离开法庭，防止其继续实施妨害民事诉讼行为的措施。按照《民事诉讼法》第113条第2款的规定，责令退出法庭的适用对象仅限于违反法庭规则且情节轻微的人。责令退出法庭的强制力度强于训诫但弱于罚款和拘留。适用责令退出法庭，一般也是当庭实施。对妨害民事诉讼的当事人采用批评教育等训诫的方式之后，若被训诫者仍不思悔改，继续扰乱法庭的秩序，妨害民事诉讼的正常进行，则由合议庭或独任审判员决定并当庭宣布。被责令退出法庭者的违法事实应当记入庭审笔录。被责令退出的人如拒不退出，司法警察可以强制其退出法庭。

4. 罚款。罚款，是指在民事诉讼中由人民法院决定对妨害民事诉讼行为人进行经济制裁的一种措施。罚款措施的强制程度重于训诫和责令退出法庭，但轻于拘留。

行为人有《民事诉讼法》第113条~第117条、第120条规定的妨害民事诉讼行为的，法院均可根据情节轻重适用罚款。上述行为人为单位的，人民法院应对该单位进行罚款，并可以对其主要负责人或直接责任人予以罚款。可以看出，罚款的适用范围非常广，人民法院除对必须到庭的被告，经两次传票的合法传唤，无正当理由拒不到庭适用拘传外，对其他妨害民事诉讼的行为，如严重扰乱法庭秩序，妨害民事诉讼程序的单位和个人均可适用罚款。

罚款由人民法院院长批准，制作罚款决定书。对个人的罚款金额，为人民币10万元以下。对单位的罚款金额，为人民币5万元以上100万元以下。人民法院对个人或者单位采取罚款措施时，应当根据其实施妨害民事诉讼行为的性质、情节、后果，当地的经济发展水平，以及诉讼标的额等因素，在法律规定的限额内确定相应的罚款金额。人民法院收到罚款后，必须给交款人开具收据。

被罚款人员不服罚款决定申请复议的，应当自收到决定书之日起3日内提出，上级人民法院应当在收到复议申请后5日内作出决定，并将复议结果通知下级人民法院和当事人。上级人民法院复议时认为罚款措施不当，应当制作决定书，撤销或变更下级人民法院作出的罚款决定；情况紧急的，可以在口头通知后3日内发出决定书。

对同一妨害民事诉讼行为的罚款不得连续适用。发生新的妨害民事诉讼行为的，人民法院可以重新予以罚款。

5. 拘留。拘留又称司法拘留，是指人民法院依法在一定期限内限制妨害民事诉讼行为人的人身自由，以防止其继续实施妨害民事诉讼行为的强制措施。在所有对妨害民事诉讼的强制措施中，拘留措施的强制程度最大。《民事诉讼法》第113条~第117条、第120条规定的妨害民事诉讼行为中，当适用训诫、责令退出法庭、罚款尚不足以约束行为人时，即应适用拘留措施。

拘留由人民法院院长批准，制作拘留决定书。拘留的期限，为15日以下。人民法院制作拘留决定书后，由司法警察负责执行拘留事宜。在执行拘留时，执行人员应向被拘留人出示拘留决定书并当场宣读。被拘留的人，由人民法院司法警察送交当地公安机关看管。在拘留期间，被拘留人承认并改正错误的，人民法院可以决定提前解除拘留。

人民法院对被拘留人采取拘留措施后，应当在24小时内通知其家属；确实无法按时通知或者通知不到的，应当记录在案。

因哄闹、冲击法庭，用暴力、威胁等方法抗拒执行公务等紧急情况，必须立即采取拘留措施的，可以在拘留后，立即报告院长补办批准手续。院长认为拘留不当的，应当解除拘留。

被拘留人在拘留期间认错悔改的，可以责令其具结悔过，提前解除拘留。提前解除拘留，应报经院长批准，并作出提前解除拘留决定书，交负责看管的公安机关执行。

被拘留人不在本辖区的，作出拘留决定的人民法院应当派员到被拘留人所在地的人民法院，请该院协助执行，受委托的人民法院应当及时派员协助执行。被拘留人申请复议或者在拘留期间承认并改正错误，需要提前解除拘留的，受委托人民法院应当向委托人民法院转达或者提出建议，由委托人民法院审查决定。

被拘留人员不服拘留决定申请复议的，应当自收到决定书之日起3日内提出，上级人民法院应当在收到复议申请后5日内作出决定，并将复议结果通知下级人民法院和当事人。上级人民法院复议时认为拘留措施不当的，应当制作决定书，撤销或变更下级人民法院作出的拘留决定；情况紧急的，可以在口头通知后3日内发出决定书。

对同一妨害民事诉讼行为的拘留不得连续适用。发生新的妨害民事诉讼行为的，人民法院可以重新予以拘留。

学习小结

　　狭义上的民事诉讼保全制度包括财产保全和行为保全，具体指人民法院对于可能因当事人一方的行为或者其他原因，使判决难以执行或者造成当事人其他损害的案件，根据对方当事人的申请，可以裁定对其财产进行保全，责令其作出一定行为或者禁止其作出一定行为。根据申请时间不同，财产保全可分为诉讼财产保全和诉前财产保全。

　　先予执行，是指人民法院在受理案件后、终审判决作出前，为了解决权利人的生活或者生产经营急需，裁定义务人预先履行将来生效判决中所确定之部分或全部义务的一种诉讼保障措施。其着眼点是满足权利人的迫切需要，解决正处于困难中当事人的"燃眉之急"。

　　对妨害民事诉讼行为的强制措施，是指在民事诉讼中，对妨害民事诉讼活动的人所采取的旨在排除妨害行为的强制手段。我国对妨害民事诉讼的五种强制措施包括拘传、训诫、责令退出法庭、罚款、拘留。

基础练习

　　1. 诉讼财产保全和诉前财产保全的区别是什么？
　　2. 先予执行的适用范围和条件分别是什么？
　　3. 对妨害民事诉讼行为的强制措施的种类及适用情况有哪些？

案例分析

　　1. 李某诉刘某借款纠纷一案在法院审理，李某申请财产保全，要求法院扣押刘某向某小额贷款公司贷款时质押给该公司的2块名表。法院批准了该申请，并在没有征得该公司同意的情况下采取保全措施。

　　请分析：

　　（1）一般情况下，某小额贷款公司保管的2块名表是否应交由法院保管？

　　（2）某小额贷款公司是否因法院采取保全措施而丧失了对2块名表的质权？

　　（3）某小额贷款公司是否因法院采取保全措施而丧失了对2块名表的优先受偿权？

　　（4）法院是否可以不经某小额贷款公司同意对其保管的2块名表采取保全措施？

　　2. 甲市恒发农产品公司与乙市商业批发公司在甲市订立了一份购销合同。

合同约定：恒发农产品公司于 2017 年 7 月底前供给商业批发公司香梨 3000 件，每件 15 公斤，每公斤单价为 4 元钱，共计货款 18 万元。同年 7 月，恒发农产品公司将香梨运至商业批发公司所在的乙市火车站，并将香梨交给乙市商业批发公司。后香梨因未能及时销售而腐烂，乙市商业批发公司遂以香梨不符合合同规定的质量为由，拒绝支付货款。恒发农产品公司在催讨货款时发现，商业批发公司只有 1000 公斤鲜鳗鱼可供还款，而无别的财产，遂在来不及起诉的情况下，申请法院对鳗鱼采取措施。法院在接到申请的 3 日后，裁定变卖这批鳗鱼。

请分析：

（1）恒发农产品公司是否有权申请法院处理鳗鱼？

（2）法院在接受申请时，应要求恒发农产品公司履行什么义务？

（3）法院在 3 日后作出裁定，是否正确？为什么？

（4）依照有关法律，恒发农产品公司应向哪个法院提出处理鳗鱼的申请？

（5）如果恒发农产品公司要起诉，可以向哪个法院提起诉讼？

（6）恒发农产品公司必须在什么期间内提起诉讼，否则法院会解除财产保全？

3. 位于某市甲区的天南公司与位于乙区的海北公司签订合同，约定海北公司承建天南公司位于丙区的新办公楼，合同中未约定仲裁条款。新办公楼施工过程中，天南公司与海北公司因工程增加工作量、工程进度款等问题发生争议。双方在交涉过程中通过电子邮件约定将争议提交某仲裁委员会进行仲裁。其后天南公司考虑到多种因素，向人民法院提起诉讼，请求判决解除合同。法院在不知道双方曾约定仲裁的情况下受理了本案，海北公司进行了答辩，表示不同意解除合同。在一审法院审理过程中，原告申请法院裁定被告停止施工，法院未予准许。开庭审理过程中，原告提交了双方在履行合同过程中的会谈录音带和会议纪要，主张原合同已经变更。被告质证时表示，对方在会谈时进行录音未征得本方同意，被告事先不知道原告进行了录音，而会议纪要则无被告方人员的签字，故均不予认可。一审法院经过审理，判决驳回原告的诉讼请求。原告不服，认为一审判决错误，提出上诉，并称双方当事人之间存在仲裁协议，法院对本案无诉讼管辖权。

二审法院对本案进行了审理。在二审过程中，海北公司见一审法院判决支持了本公司的主张，又向二审法院提出反诉，请求天南公司支付拖欠的工程款。后因调解不成，天南公司又表示对已认可增加的工作量不予认可。二审法院经过审理，判决驳回上诉，维持原判。

请分析：

（1）一审法院未依原告请求裁定被告停工是否正确？为什么？

（2）在我国民事诉讼中，先予执行适用的范围与条件是什么？

4. 在一起金融借款合同纠纷案中，王某用自己名下房产为借款人提供抵押担保。诉讼中，王某提出该房产为夫妻共同财产，他仅以抵押财产的 1/2 承担担保责任，并以此作为抗辩主张，且向法院提交了结婚档案。法官经细致比对，发现该结婚档案中结婚登记日期与原告向某银行提交的档案材料中王某结婚证上的登记日期不一致，遂到相关机构调取了王某结婚档案原件，确定其提交的结婚档案为虚假证据。法庭上，王某对此未能给予合理解释，并认可法院调取证据材料的真实性，明确表示放弃原抗辩主张。法院经审查认为，王某提供虚假结婚档案，属于伪造重要证据，妨碍人民法院审理案件的行为。

请分析：对于王某伪造证据的做法，法院是否可以采取强制措施？如何适用？

第六章　拓展学习

第七章 第一审程序

目标任务

　　熟悉第一审普通程序、简易程序、第三人撤销之诉、公益诉讼的基本流程，掌握第一审普通程序、简易程序、第三人撤销之诉、公益诉讼中特殊情况处理的法律规定，明确第一审普通程序、简易程序、第三人撤销之诉、公益诉讼中当事人的权利界限。

知识技能

　　第一审普通程序和简易程序的辨析；民事公益诉讼起诉主体的辨析；诉讼中特殊情况的处理；诉讼中当事人的权利行使与处分。

　　第一审程序，是指人民法院审理第一审民事案件所适用的诉讼程序。根据《民事诉讼法》的规定，第一审程序包括第一审普通程序和简易程序；另外，本书将第三人撤销之诉、公益诉讼程序一并放在本章讲解。

第一节　第一审普通程序

一、第一审普通程序概述

　　第一审普通程序，是指人民法院审理第一审民事案件通常所适用的最基本的程序。

　　第一审普通程序用于审理一般的第一审民事案件和重大、疑难的第一审民事案件。相对于简易程序、二审程序、特别程序、审判监督程序等而言，普通程序是人民法院审理民事案件的基础程序，也是民事诉讼法规定的审判程序中最为重要的一个程序。民事诉讼法的基本原则、基本制度和民事诉讼的基本原理都在该程序中得以体现。第一审普通程序具有以下特点：

（一）普通程序是民事诉讼法中规定得最完整的程序，具有程序的完整性

普通程序是民事诉讼法中规定得最完整的程序，包括起诉与受理、审理前的准备、开庭审理、判决和裁定以及处理诉讼中出现的几种特殊情况。这一特点是简易程序、第二审程序、审判监督程序以及其他非诉讼程序所不具有的。为避免重复，普通程序以外的程序通常仅规定本程序的特别内容，对各个程序中共同的部分不再规定，而规定适用普通程序的内容。

（二）普通程序的规定在民事诉讼程序和非诉讼程序中适用最广，具有广泛的适用性

普通程序广泛的适用性首先体现在各级人民法院都可以适用这一点上。根据民事诉讼法级别管辖的规定，各级人民法院都可以受理一定范围内的民事案件，各级人民法院审理其受理的民事案件时，除了基层人民法院审理简单的民事案件可以适用简易程序外，各级人民法院都应当适用普通程序。其次，普通程序广泛的适用性体现在当法院适用其他程序审理案件时，必然援引适用普通程序中那些普遍适用于其他程序的规定。例如，《民事诉讼法》第181条规定，第二审人民法院审理上诉案件，除依照该章规定外，适用第一审普通程序。同样，在其他程序中也有这种规定，例如，《民事诉讼法》第184条关于特别程序的一般规定中规定："……本章没有规定的，适用本法和其他法律的有关规定。"

（三）在民事诉讼法中普通程序的规定最为独立，体现了其相对的独立性

相对的独立性这一特征与上述两个特征最为密切相关，因为普通程序规定得最为完整，适用得最为广泛，而其他程序侧重于规定其特别之处，都不及普通程序完整，适用其他程序时往往要适用普通程序中那些各个程序共同适用的规定。其他程序如果不依靠普通程序中可共同适用的部分，则不能独立存在；而普通程序则不然。

二、起诉与受理

（一）起诉的概念与条件

1. 起诉的概念。起诉，是指公民、法人或者其他组织认为自身的或者依法由其管理的合法民事权益受到侵害或与他人发生争议，以自己的名义向法院提出司法保护请求的诉讼行为。向法院提起诉讼的称为原告，被提起诉讼的称为被告。起诉的前提是当事人的合法权益受到侵害或者与他人发生争议，起诉的目的是请求法院行使国家审判权对争议作出裁判。

起诉是一种民事诉讼法律行为。民事诉讼行为是能够引起民事诉讼法律关系发生、变更或消灭的诉讼权利主体的有意识的诉讼活动，又称诉讼法律行为。诉讼行为可以引起相应的法律后果。例如，符合法定条件的起诉可以引起法院受理

立案的后果。起诉权是民事诉讼主体依法享有的一项重要的诉讼权利。起诉权来源于诉权，即诉权是起诉权产生的基础。

2. 起诉的条件。对起诉条件狭义的理解仅仅是指起诉必须具备的实质要件，广义的理解既包括实质要件，又包括形式要件。《民事诉讼法》第122条规定了起诉的实质要件，第123条规定了起诉的形式要件。

（1）起诉应当具备的实质要件。根据《民事诉讼法》第122条的规定，起诉应当具备以下实质要件：其一，原告是与本案有直接利害关系的公民、法人和其他组织。自然人、法人和其他组织，凡具有诉讼权利能力者都可以作为民事诉讼中的原告。但要成为一个具体案件的原告，其还必须与本案有利害关系，即原告被告之间有民事权益争议，或者原告管理的财产上的实体法律关系与被告有争议，被告与原告诉讼请求所根据的实体法律关系有权利义务关系。起诉不具备这一要件的，法院会因当事人不适格而不予受理。其二，有明确的被告。原告起诉时有义务指出是谁与其发生争执，或者是谁侵害了其民事权益，以便受诉法院向被告送达诉状、传票等诉讼文书，以保证诉讼的顺利进行。根据民事诉讼法相关司法解释规定，原告提供被告的姓名或者名称、住所等信息具体明确，足以使被告与他人相区别的，可以认定为有明确的被告。如果原告起诉时没有明确的被告，仅有原告声称其民事权益受到侵害，法院就不能受理。其三，有具体的诉讼请求和事实、理由。所谓具体的诉讼请求，是指原告要求人民法院予以确认或保护的民事权益的内容和范围必须具体。所谓事实，是指原、被告之间法律关系发生、变更、消灭的事实，以及被告侵权的事实或与原告发生争议的事实。同时还包括证明案件事实存在的证据事实。所谓理由，就是原告向人民法院提出具体诉讼请求的主要依据。其四，属于人民法院主管和受诉法院管辖。首先，案件应当属于人民法院主管；其次，依据人民法院内部与刑事诉讼、行政诉讼分工负责的范围，必须属于民事诉讼的受案范围；最后，接受起诉的人民法院按照民事诉讼法关于管辖的规定，对这个民事案件享有管辖权。只有依法由人民法院主管和受诉人民法院管辖的民事案件，受诉人民法院才能按民事诉讼法规定进行受理和依法审判。

（2）起诉应当具备的形式要件。《民事诉讼法》第123条规定，起诉应当向人民法院递交起诉状，并按照被告人数提出副本。书写起诉状确有困难的，可以口头起诉，由人民法院记入笔录，并告知对方当事人。起诉原则上采用书面形式，特殊情况下才可以采用口头方式。口头起诉通常适用于简易程序。起诉时要求原告按照被告人数提出起诉状副本，是为了在被告为多人的情况下向他们逐一送达起诉状。

《民事诉讼法》第124条规定，起诉状应当记明下列事项：①原告的姓名、性别、年龄、民族、职业、工作单位、住所、联系方式，法人或者其他组织的名称、住所和法定代表人或者主要负责人的姓名、职务、联系方式；②被告的姓名、性别、工作单位、住所等信息，法人或者其他组织的名称、住所等信息；③诉讼请求和所根据的事实与理由；④证据和证据来源，证人姓名和住所。起诉状不应有谩骂和人身攻击之辞。

（二）审查与受理

1. 对起诉的审查。人民法院接到当事人起诉后，应当及时进行审查，审查的内容包括：一是对起诉实质要件的审查，根据《民事诉讼法》第122条的规定，对起诉条件进行审查；二是对起诉形式要件的审查，人民法院应当审查起诉状有无遗漏或错误，若存在，应当通知当事人补正，发现起诉状中有谩骂和人身攻击之辞的，应当告知原告修改后提起诉讼。

2. 受理及其法律后果。受理，是指人民法院通过审查原告的起诉，对符合起诉条件的案件，决定立案审理的诉讼行为。起诉是原告行使诉讼权利的一种诉讼行为，但并不一定引起诉讼程序的发生。受理是法院行使司法权的一种诉讼行为，原告的起诉只有经过法院审查，被认为符合起诉条件，法院决定受理之后，才能引起诉讼程序的发生。可见，原告起诉与人民法院受理两方面的诉讼行为相结合，才会引起诉讼程序的发生。

根据《民事诉讼法》第126条的规定，人民法院应当保障当事人依照法律规定享有的起诉权利。对符合《民事诉讼法》第122条的起诉，必须受理。符合起诉条件的，应当在7日内立案，并通知当事人；不符合起诉条件的，应当在7日内作出裁定书，不予受理；原告对裁定不服的，可以提起上诉。

人民法院受理原告的起诉后会产生以下法律后果：①受诉人民法院对该案件取得审判权。受理的行为和立案的结果表明受诉法院认为其对该案件享有管辖权，取得了审判权。根据"一事不再理"的原则，当事人不得就正在审理的或者已经审结的同一诉讼案件再向其他法院起诉，其他法院也不得重复受理。②当事人及其他诉讼参与人与受诉法院之间的民事诉讼法律关系自此产生。人民法院受理原告的起诉后，诉讼程序开始，民事诉讼法律关系在当事人、其他诉讼参与人和人民法院之间发生，当事人及其他诉讼参与人根据民事诉讼法的规定，各自享有诉讼权利及承担诉讼义务；法院根据民事诉讼法的规定行使裁判权，履行诉讼义务或职责。③当事人的诉讼时效中断。《民法典》第195条规定，诉讼时效因权利人提起诉讼等情形的发生而中断。可见原告提起诉讼使诉讼时效中断，而受理又是因为原告起诉而发生的行为，因此受理当然使诉讼时效中断。同时，第一审程序的审理期限开始计算。

3. 对当事人起诉时几种特殊情况的处理。根据《民事诉讼法》和最高人民法院的有关司法解释规定，人民法院在审查起诉过程中，遇有特殊情况的起诉时，应分别情形予以处理。

（1）起诉属于下列情形之一的，人民法院不予受理：①依照行政诉讼法的规定，属于行政诉讼受案范围的，告知原告提起行政诉讼。②依照法律规定，双方当事人达成有效书面仲裁协议申请仲裁、不得向人民法院起诉的，告知原告向仲裁机构申请仲裁。③依照法律规定，应当由其他机关处理的争议，告知原告向有关机关申请解决。④对不属于本院管辖的案件，告知原告向有管辖权的人民法院起诉；原告坚持起诉的，裁定不予受理；立案后发现本院没有管辖权的，应当将案件移送有管辖权的人民法院。⑤对判决、裁定、调解书已经发生法律效力的案件，当事人又起诉的，告知原告申请再审，但人民法院准许撤诉的裁定除外。⑥依照法律规定，在一定期限内不得起诉的案件，在不得起诉的期限内起诉的，不予受理。如《民法典》第1082条规定，除法律规定的特殊情形外，女方在怀孕期间、分娩后1年内或终止妊娠后6个月内，男方不得提出离婚。⑦判决不准离婚和调解和好的离婚案件，原告撤诉或按撤诉处理的离婚案件，判决、调解维持收养关系的案件，没有新情况、新理由，原告在6个月内又起诉的，不予受理。⑧原告应当预交而未预交案件受理费，人民法院应当通知其预交，通知后仍不预交或者申请减、缓、免未获批准而仍不预交的，裁定按撤诉处理。⑨当事人就已经提起诉讼的事项在诉讼过程中或者裁判生效后再次起诉，同时符合"后诉与前诉的当事人相同、后诉与前诉的诉讼标的相同、后诉与前诉的诉讼请求相同或者后诉的诉讼请求实质上否定前诉裁判结果"条件的，构成重复起诉。当事人重复起诉的，裁定不予受理；已经受理的，裁定驳回起诉，但法律、司法解释另有规定的除外。

（2）对符合下列情形之一的，人民法院应当予以受理：①裁定不予受理、驳回起诉的案件，原告再次起诉的，如果符合起诉条件且不属于前述不予受理的情形的，人民法院应当受理。②当事人撤诉或人民法院按撤诉处理后，当事人以同一诉讼请求再次起诉的，人民法院应予受理。③当事人在书面合同中订有仲裁条款，或者在发生纠纷后达成书面仲裁协议，该仲裁条款或者仲裁协议不成立、无效、失效或者内容不明确无法执行，当事人向人民法院起诉的，人民法院应当受理。④夫妻一方下落不明，另一方起诉至人民法院只要求离婚，而不申请下落不明人失踪或死亡的案件，人民法院应当受理，对下落不明人公告送达诉讼文书。⑤赡养费、扶养费、抚育费案件，裁定发生法律效力后，因新情况、新理由，一方当事人再行起诉要求增加或减少费用的，人民法院应作为新案受理。⑥当事人超过诉讼时效期间起诉的，人民法院应予受理。受理后对方当事人提出诉讼时效抗辩，人民法院经审理认为抗辩理由成立的，判决驳回原告的诉讼请求。⑦基于同一事实发生的纠纷，当事人分别向同一人民法院起诉的，人民法院可以合并审理。⑧裁判发生法律效力后，发生新的事实，当事人再次提起诉讼的，人民法院应当依法受理。

（三）先行调解

《民事诉讼法》第125条规定，当事人起诉到人民法院的民事纠纷，适宜调解的，先行调解，但当事人拒绝调解的除外。先行调解有利于及时解决当事人之间的纠纷，有利于节约司法资源，在构建和谐社会中起着重要的作用。

一般而言，案件事实清楚、当事人之间权利义务关系明确、争议不大的简单民事纠纷适宜调解，如家事纠纷、相邻关系纠纷、劳动争议纠纷、交通事故赔偿纠纷、医疗纠纷、物业纠纷、消费者权益纠纷、小额债务纠纷、申请撤销劳动争议仲裁裁决纠纷及其他适宜调解的纠纷。

先行调解包括人民法院调解和委托第三方调解。先行调解可以在诉讼服务中心、调解组织所在地或者双方当事人选定的其他场所开展。先行调解可以通过在线调解、视频调解、电话调解等远程方式开展。调解期间不计入审理期限。为贯彻落实习近平总书记关于"法治建设既要抓末端、治已病，更要抓前端、治未病"重要指示精神，坚持把非诉讼纠纷解决机制挺在前面，促使更多矛盾纠纷实质性解决在诉前，做深做实诉源治理，切实减轻当事人诉累。最高人民法院先后印发《最高人民法院关于人民法院特邀调解的规定》《人民法院在线调解规则》《最高人民法院关于诉前调解中委托鉴定工作规程（试行）》等规范性文件，进一步规范先行调解相关工作。

三、答辩与反诉

（一）答辩

1. 答辩的概念及性质。答辩，是指被起诉的被告，以及无独立请求权的第三人，针对原告的诉讼请求和事实与理由，为维护其自身的权益而提出对答、辩驳，以对抗原告诉讼请求的诉讼行为。

答辩权是被告依法享有的一项重要的诉讼权利，是我国民事诉讼辩论原则的重要体现。被告的答辩权与原告的起诉权相对应，原告享有起诉权，被告享有答辩权，体现了民事诉讼当事人在诉讼中的平等性。人民法院应当保障诉讼当事人充分地行使答辩权，同时被告也应当依法行使其答辩权，不得为了拖延诉讼而滥用这项权利。

2. 答辩的方式与程序。

（1）答辩的方式。答辩的方式有书面形式与口头形式两种。被告向法庭提交的答辩状就是书面答辩的典型形式。口头答辩主要体现在法庭的审理过程中，被告及其诉讼代理人针对原告的起诉进行的口头辩驳。庭审中的口头答辩由书记员记入笔录。此外，如果被告书写有困难的，或者对简单的民事案件，被告可以不提供书面答辩，仅以口头方式答辩即可，答辩内容由书记员记入笔录。

（2）答辩的程序。被告应当在收到原告的起诉状副本之日起15日内提供答辩状。被告不提供答辩状的，不影响人民法院审理案件。答辩状应当记明被告的姓名、性别、年龄、民族、职业、工作单位、住所、联系方式，法人或者其他组织的名称、住所和法定代表人或者主要负责人的姓名、职务和联系方式。

（二）反诉

1. 反诉的概念。反诉，是指在已经开始的本诉的民事诉讼程序中，本诉的被告以其原告为被告，向受诉人民法院提出的与本诉有牵连的独立的反请求。反诉与本诉有牵连，但与本诉不同。反诉与反驳也不同。反驳，是指在诉讼中，被告针对原告提出的诉讼请求以及相应的事实与理由，提出相反的证据和理由予以辩驳的诉讼行为。原告也可以对被告的主张和理由再反驳。反驳与反诉主要有以下区别：①反驳的目的是通过相反的证据和理由证明原告的诉讼请求不成立，要求法院判令原告败诉；反诉的目的则是吞并或抵消原告的诉讼请求。反诉者可能同时反驳原告提出的事实和理由，也可能不反驳原告提出的事实和理由。②反驳无独立的反请求，不具备诉的要件，不构成独立的诉，仅仅是驳斥、辩驳原告的诉讼请求和理由；反诉具备诉成立的要件，是一种独立的诉。反驳依赖本诉而存在，如果原告撤回本诉，反驳就无意义可言；而反诉则可以不依赖本诉而存在。③反驳者可以是原告，也可以是被告。因为在诉讼过程中，原、被告双方都可以使用反驳的手段驳斥、否定对方提出的证据及理由。而反诉者只能是本诉的被告。反诉是民事诉讼法赋予被告的一项诉讼权利，本诉的原告不得就反诉再提出反诉。本诉的原告若还有诉讼请求提出，可以通过增加诉讼请求的方式实现。

2. 反诉的提起。提起反诉应当具备反诉的条件，否则法院不予受理。反诉，除了要求具备起诉的基本条件外，还应当具备以下条件：①反诉必须在本诉的诉讼程序中提出，即在案件受理后，法庭辩论结束前提出，如果本诉的诉讼程序已终结，被告只能另行起诉。如果进入二审程序才提出反诉，法院可以对纠纷进行调解，调解不成的，告知当事人就反诉另行起诉，以保障反诉者的上诉权。②反诉必须由本诉之被告对本诉之原告提起。若反诉的被告为本诉的案外人，或者反诉中出现共同诉讼人，而该共同诉讼人又是本诉原告，则不称其为反诉。③反诉必须向本诉的受诉法院提起，因为反诉的目的是利用本诉之诉讼程序一并审理相互有牵连的两个案件，既达到诉讼经济的目的，又避免因分别审理可能造成的矛盾判决。④反诉与本诉必须适用同一诉讼程序，不能本诉是二审程序、反诉是一审程序，否则反诉案件当事人的上诉权将无法行使。⑤反诉不得违反专属管辖的规定，如果被告提出的反诉系专属管辖的案件，而本诉受诉法院无管辖权的，就不得提起反诉，被告应当另行起诉。⑥反诉应当与本诉有牵连，即反诉的诉讼标的、诉讼理由应当与本诉有牵连。其牵连性表现在本诉与反诉的请求基于同一法律事实，或者基于同一法律关系，或者基于同一当事人之间的另一法律关系。

3. 反诉的程序。提起反诉通常可以采用书面方式，特殊情况下也可以像起诉那样允许以口头方式提起，由书记员记入笔录。反诉状可以与答辩状为同一诉讼文书，也可以分别书写。

对被告的反诉，法院应当以起诉的条件及反诉的要件为标准予以审查。符合条件的，就应当受理；不符合条件的，则不予受理。

反诉与本诉的诉讼请求基于相同法律关系，诉讼请求之间具有因果关系，或者反诉与本诉的诉讼请求基于相同事实的，人民法院应当合并审理，并一同作出判决。人民法院在合并审理中，会对本诉和反诉分别进行审查，在裁判中分别标明对原告的本诉请求和被告的反诉请求的确认，分清双方当事人在本诉和反诉中各自享有的权利和应承担的义务。

四、审理前的准备

审理前的准备，是指人民法院在受理案件后至开庭审理之前，为保证庭审的顺利进行所作的一系列诉讼活动。做好审理前的准备工作，可以保障诉讼快捷、顺利地进行，避免因准备不足造成的重复或多次开庭，避免诉讼拖延。

(一) 审理前的准备工作

根据《民事诉讼法》和有关司法解释的规定，法院审理前的准备工作主要有：

1. 在法定期间内送达诉讼文书。人民法院应当在立案之日起 5 日内将起诉状副本发送被告，被告应当在收到起诉状副本之日起 15 日内提出答辩状。人民法院应当在收到答辩状之日起 5 日内将答辩状副本发送原告。

《关于民事诉讼证据的若干规定》规定，人民法院应当在审理前的准备阶段向当事人送达举证通知书。举证通知书应当载明举证责任的分配原则和要求、可以向人民法院申请调查收集证据的情形、人民法院根据案件情况指定的举证期限以及逾期提供证据的法律后果等内容。

2. 告知当事人诉讼权利义务及审判人员。为了保障当事人在诉讼过程中充分行使权利，依法履行义务，人民法院对决定受理的案件，应当在受理案件通知书和应诉通知书中向当事人告知有关的诉讼权利义务，或者口头告知。为了保障当事人及时行使申请回避的权利，审判人员确定后，应当在 3 日内告知当事人。

3. 审阅诉讼材料。通过审阅当事人提交的起诉状、答辩状以及反诉状，掌据原告的请求及其根据、被告的反驳及其根据，同时还应当了解当事人双方争议的焦点，了解案件适用的法律、法规、部门规章以及司法解释。

4. 限期举证与调查收集必要的证据。人民法院应当在审理前的准备阶段确定当事人的举证期限。举证期限可以由当事人协商，并经人民法院准许。人民法院指定举证期限的，第一审普通程序案件不得少于 15 日。举证期限届满后，当事人提供反驳证据或者对已经提供的证据的来源、形式等方面的瑕疵进行补正的，人民法院可以酌情再次确定举证期限，该期限不受前款规定的期间限制。

根据《民事诉讼法》及最高人民法院相关司法解释的规定，当事人对自己提出的主张有责任提供证据。当事人及其诉讼代理人因客观原因不能自行收集的证据，可以申请法院调查收集。法院认为审理案件需要的证据，也可以依职权调查收集。人民法院在必要时可以委托外地人民法院调查。委托调查，必须提出明确的项目和要求。受委托人民法院可以主动补充调查。受委托人民法院收到委托书后，应当在 30 日内完成调查。因故不能完成的，应当在上述期限内函告委托人民法院。

5. 追加当事人。法院在案件受理后、开庭审理前，如果发现有必须共同诉讼的当事人未参加诉讼的，应当依职权通知其参加诉讼或者经过当事人的申请依职权追加。如果有无独立请求权的第三人应当参加诉讼而未参加的，法院也可以依职权通知其参加诉讼。

6. 组织庭前证据交换、召集庭前会议等。根据案件具体情况，庭前会议可以明确原告的诉讼请求和被告的答辩意见；审查处理当事人增加、变更诉讼请求的申请和提出的反诉，以及第三人提出的与本案有关的诉讼请求；根据当事人的申请决定调查收集证据，委托鉴定，要求当事人提供证据，进行勘验，进行证据保全；组织交换证据；归纳争议焦点，并就归纳的争议焦点征求当事人的意见；进行调解。

（二）程序分流

《民事诉讼法》第 136 条规定，人民法院对受理的案件，分别情形，予以处理：①当事人没有争议，符合督促程序规定条件的，可以转入督促程序；②开庭前可以调解的，采取调解方式及时解决纠纷；③根据案件情况，确定适用简易程序或者普通程序；④需要开庭审理的，通过要求当事人交换证据等方式，明确争议焦点。

依据这条规定，人民法院会对受理的案件进行一定的程序分流处理。也就是说，不是所有的民事纠纷都会进入到正式庭审程序中，否则将会造成严重的诉累。

五、开庭审理与裁判

（一）开庭审理概述

开庭审理又称法庭审理，是指人民法院在当事人和其他诉讼参与人的参加下，依照法定程序和方式，全面审查、认定案件事实，并依法作出裁判的诉讼活动。开庭审理是普通程序中最基本、最重要的阶段，也是整个民事审判活动的基本形式。人民法院审理民事案件，不论是普通程序还是简易程序，不论是一审程序还是二审程序或再审程序，不论是判决结案还是调解结案，除依法可以不开庭审理和案件在庭审前被调解的以外，其他都要开庭审理，然后作出裁判。

人民法院审理第一审民事案件，都必须开庭审理。开庭审理有公开审理和不公开审理两种方式，开庭审理原则上以公开审理为主，以不公开审理为例外。

（二）开庭审理的程序

根据《民事诉讼法》的规定，开庭审理主要包括：庭审准备、法庭调查、法庭辩论、案件评议和宣告判决等环节。人民法院根据案件具体情况并征得当事人同意，可以将法庭调查和法庭辩论合并进行。

1. 庭审准备。庭审准备是审理前准备程序的延续，但又与审理前的准备程序的具体任务不同。庭审准备需要完成以下三项工作：①通知当事人和其他诉讼参与人开庭的期日及发布公告。根据《民事诉讼法》的规定，受诉法院应当在开庭3日前通知当事人和其他诉讼参与人开庭的时间、地点。通知当事人用传票，通知其他诉讼参与人用通知书。当事人或其他诉讼参与人在外地的，应当留有必要的在途时间。案件公开审理的，应当发布公告，以便公民旁听。②书记员检查当事人及其他诉讼参与人是否到庭，宣布法庭纪律。若有未到庭者，书记员应当向审判长或者独任审判员报告，审判长或者独任审判员酌情依法决定缺席审理、延期审理或者按撤诉处理。③审判长或者独任审判员核对当事人身份，宣布案由，宣布审判人员、法官助理、书记员的名单，告知当事人有关的诉讼权利义务，询问当事人是否提出回避申请。

2. 法庭调查。法庭调查阶段的任务是听取当事人的陈述，由当事人举证并互相质证，由法官认证，以查清案件事实。根据《关于适用〈民事诉讼法〉的解释》的规定，法庭审理应当围绕当事人争议的事实、证据和法律适用等焦点问题进行。法庭调查按下列顺序进行：①当事人陈述。首先由原告陈述事实或宣读起诉状，其次由被告陈述事实或宣读答辩状。案件有第三人的，再由第三人陈述或答辩。②告知证人权利义务，证人作证，宣读未到庭的证人证言。③出示书证、物证、视听资料和电子数据。它包括当事人提供的证据，也包括人民法院调查收集的证据。④宣读鉴定意见。当事人出庭时，由鉴定人或审判人员当庭宣读鉴定结论，并接受当事人质询。⑤宣读勘验笔录。勘验笔录由勘验人或审判人员当庭宣读。经法庭许可，当事人可以向勘验人发问。

法庭调查结束前，审判长或者独任审判员应当就当庭认定的事实和当事人争议的问题予以归纳总结。庭审时当事人要求补充证据或者申请重新鉴定、勘验，或者一次法庭调查未能结束的，法庭可以决定再次开庭。决定再次开庭的案件，审判长或者独任审判员对本次开庭情况应当进行小结，指出庭审已经确认的证据，并指明下次开庭调查的重点。

3. 法庭辩论。法庭辩论，是指诉讼当事人在审判人员主持下，就案件争议焦点，根据已经质证的证据及法律规定，陈述各自观点并予以论证，以及相互辩驳的诉讼活动。法庭辩论权是当事人依法享有的一项重要的诉讼权利，而且当事人双方平等地享有辩论权。辩论权体现了双方当事人诉讼地位平等及民事权利平等的特征，体现了诉讼的民主性。按照《民事诉讼法》第 144 条第 1 款的规定，法庭辩论按照下列顺序进行：①原告及其诉讼代理人发言；②被告及其诉讼代理人答辩；③第三人及其诉讼代理人发言或者答辩；④互相辩论。

辩论应当由审判人员引导当事人围绕争议焦点进行，当事人及其诉讼代理人的发言与本案无关或者重复未被法庭认定的事实，审判人员可以制止。法庭辩论终结，由审判长或者独任审判员按照原告、被告及第三人顺序征询各方的最后意见。

4. 合议庭评议及裁判。法庭辩论终结后，当庭达成调解协议的，若该案件适用的是普通程序，则由审判长签发调解书。经调解未达成协议的，应当及时判决。判决需要暂时休庭，待合议庭评议后作出。合议庭评议不公开进行，实行少数服从多数的原则。合议庭评议的全部过程由书记员记入笔录，评议的不同意见也应当记入笔录。笔录由合议庭成员签名。

5. 宣告判决。案件经合议庭评议后作出判决书，判决一律公开宣告。宣告判决的方式有当庭宣判和定期宣判两种。当庭宣判的应当在 10 日内向当事人发送判决书；定期宣判的，宣判后立即向当事人发送判决书。

宣判应当注意的事项有：①宣告判决时必须告知当事人上诉的权利、上诉期限和上诉法院，以保障当事人及时行使上诉权。②离婚案件与一般的民事案件有不同之处。宣告离婚案件判决，必须告知当事人在判决发生法律效力前不得另行结婚。

（三）法庭笔录

法庭笔录是书记员制作的开庭审理全过程的实况记录。法庭笔录的内容包括：开庭的时间、地点，合议庭组成人员及书记员姓名，到庭的当事人及其诉讼代理人姓名，到庭的其他诉讼参与人及其自然状况，庭审中双方当事人的请求，双方当事人的举证、质证过程，当事人的辩论过程，审判人员的认定及其归纳总结等。合议庭笔录必须另行制作，因为合议庭的评议不得公开。

根据《民事诉讼法》的规定，法庭笔录应当当庭宣读，也可以告知当事人及其他诉讼参与人当庭或者在 5 日内阅读。实践中，大多数情况下是由当事人及其他诉讼参与人当庭自己阅读。当事人和其他诉讼参与人认为对自己的陈述，法庭笔录有遗漏或差错的，有权申请补正。法庭笔录宣读或阅读后，应由当事人及其他诉讼参与人签名或盖章。若有拒绝签名或者盖章的，应当由书记员记明情况附卷。

（四）审理期限

审限，是指从立案之日起至裁判宣告、调解书送达之日止的期间，但公告期间、鉴定期间、双方当事人和解期间、审理当事人提出的管辖异议期间以及处理人民法院之间的管辖争议期间不应当计算在审限之内。《民事诉讼法》规定，人民法院适用普通程序审理的案件，应当在立案之日起 6 个月内审结。有特殊情况需要延长的，由本院院长批准，可以延长 6 个月；还需要延长的，报请上级人民法院批准。

六、审理中的特殊情况处理

（一）撤诉

撤诉，是指原告在人民法院受理案件后至宣告判决或裁定前，主动要求撤回其诉讼请求的行为。撤诉是当事人依法享有的一项诉讼权利，是当事人行使处分权的行为。

1. 申请撤诉。当事人申请撤诉应当具备以下条件：①撤诉必须是原告自愿的行为，任何人不得强迫或变相强迫，人民法院不得以任何借口动员原告撤诉。②撤诉的申请一般在法庭辩论终结前提出；若原告在法庭辩论终结后提出，被告不同意的，人民法院可以不予准许。宣判前，原告申请撤诉的，是否准许，由人民法院裁定。③撤诉的申请应当以书面或口头的方式提出，具体方式由人民法院根据案情决定。④撤诉的目的必须合法。根据我国民事诉讼法有关撤诉的规定，当事人行使的撤诉权不是绝对的，而是受到国家干预制约的。当事人申请撤诉必须正当合法，不得有规避法律的行为，不得损害国家、集体或他人的合法利益，否则，人民法院有权裁定不准撤诉。

2. 按撤诉处理。按撤诉处理是法院将当事人的一些行为按撤诉对待解决的诉讼制度。其与撤诉的结果相同，但原因不同，诉讼中有下列情况之一的，法院可依法按撤诉处理：①原告经传票传唤，无正当理由拒不到庭或未经许可中途退庭；②无民事行为能力的原告的法定代理人，经传票传唤，无正当理由拒不到庭；③有独立请求权的第三人经人民法院传票传唤，无正当理由拒不到庭或未经许可中途退庭；④原告应当预交而未预交案件受理费，人民法院通知后仍不预交或者申请减、缓、免未获人民法院批准仍不预交。

3. 撤诉的法律后果。原告有权申请撤诉，是否允许由法院决定。法院允许或不允许，均应作出裁定。裁定的形式可以是书面的，也可以是口头的。口头裁定的内容由书记员记录在案卷中。法院作出的准予撤诉的裁定应当通知对方当事人。法院裁定不准撤诉的，申请撤诉的当事人还应当继续参加诉讼，如果经传票传唤无正当理由拒不到庭的，法院有权在缺席审理后作出判决。

法院裁定准予撤诉或者按撤诉处理的，产生以下法律后果：①诉讼程序终结；②诉讼费用由撤诉的当事人负担，但减半收取；③当事人的诉讼时效重新开始计算。

（二）缺席判决

缺席判决，是指在一方当事人无故拒不到庭或者未经法庭许可中途退庭的情况下，人民法院依法审理并作出判决的一种诉讼制度。依法作出的缺席判决与对席判决有相同的法律效力。根据《民事诉讼法》及相关司法解释的规定，对以下情况法院可以缺席判决：①被告经人民法院传票传唤无正当理由拒不到庭，或者未经法庭许可中途退庭的。此时人民法院应当按期开庭或者继续开庭审理，对到庭当事人的诉讼请求、双方的诉辩理由以及已经提交的证据及其他诉讼材料进行审理后，可以依法缺席判决；②被告反诉，原告经传票传唤，无正当事由拒不到庭，或者未经法庭许可中途退庭的；③无民事行为能力的被告的法定代理人经传票传唤，无正当理由拒不到庭的；④人民法院裁定不准许原告撤诉的，原告经法院传票传唤，无正当理由拒不到庭的；⑤无独立请求权的第三人经法院传票传唤，无正当理由拒不到庭，或者未经法庭许可中途退庭的。

（三）延期审理

延期审理，是指由于出现法定原因，人民法院将已指定或者已公告的开庭审理的日期延至另一日期，或者将正在庭审的案件延至另一日期继续审理的诉讼制度。

开庭审理的期日是由受诉法院指定的，各诉讼法律关系主体都应当遵守。但是当有特殊情况发生，当事人或者其他诉讼参与人不能按时到庭时，根据《民事诉讼法》的规定，法院可以灵活处理，改期开庭。在法庭审理中，遇有下列情形之一的，应当延期审理：①必须到庭的当事人和其他诉讼参与人有正当理由没有到庭的；②当事人临时提出回避申请的；③需要通知新的证人到庭，调取新的证据，重新鉴定、勘验，或者需要补充调查的；④其他应当延期的情形。这是一个弹性条款，由人民法院根据实际情况自行掌握。法院决定延期审理的，可以在庭审时当即决定，也可以另行通知。

（四）诉讼中止

诉讼中止，是指在诉讼进行中，由于特定原因的发生，诉讼程序有必要暂时停止，待停止的障碍消除后再继续进行的诉讼制度。诉讼中止与延期审理不同，诉讼中止是诉讼活动的暂时停止，恢复的时间无法确定，且中止诉讼程序的时间一般较长；延期审理只是推迟审理的时间，其他诉讼活动并不停止，下次开庭的时间一般能够确定，且推延开庭审理的时间较短。

诉讼中有下列情况之一发生的，可以中止诉讼：①一方当事人死亡，需要等待继承人表明是否参加诉讼的；②一方当事人丧失诉讼行为能力，尚未确定法定代理人的；③作为一方当事人的法人或者其他组织终止，尚未确定权利义务承受人的；④一方当事人因不可抗拒的事由，不能参加诉讼的；⑤本案必须以另一案件的审理结果为依据，而另一案尚未审结的；⑥其他应当中止诉讼的情形。

人民法院决定中止诉讼，应当依法作出裁定，裁定应送达或通知当事人及其他诉讼参与人。裁定中止的原因消除后，恢复诉讼程序的，根据《关于适用〈民事诉讼法〉的解释》的规定，原裁定不必撤销，人民法院应依职权通知当事人恢复诉讼，原中止诉讼裁定因此而自动失效。

（五）诉讼终结

诉讼终结，是指在诉讼进行中，由于特定原因的发生，诉讼程序无法继续进行或者进行已无意义，因而终结诉讼程序的制度。

诉讼程序开始后，有时会因一些特殊情况的发生，使诉讼的进行已无意义，这时法院可以裁定诉讼终结。根据《民事诉讼法》的规定，诉讼中有下列情况之一发生的，可以终结诉讼：①原告死亡，没有继承人，或者继承人放弃继承权的；②被告死亡，没有遗产，也没有应当承担义务的人；③离婚案件一方当事人死亡的；④追索赡养费、扶养费、抚育费以及解除收养关系案件的一方当事人死亡的。这些案件当事人所讼争的权利产生自双方当事人之间的人身关系，这种人身关系会因一方当事人的死亡而消灭，相应的权利义务关系也随之消灭，诉讼就没有存在的必要，应当终结。

人民法院决定诉讼终结，应当作出裁定。裁定以书面方式或口头方式作出。口头裁定的，书记员应当将裁定内容记录在卷，并告知当事人；书面裁定的，法院应将裁定书送达当事人及其他诉讼参与人。

七、法院裁判和法院调解

（一）法院裁判

法院裁判，是指人民法院在民事案件的审理过程中及审理完结时，根据案件的事实和有关的法律，就当事人之间的民事实体权利义务关系以及诉讼中发生的各种程序性问题和特定事项作出的结论性的权威判定。依据人民法院所要解决的具体问题的内容的不同，可以把法院民事裁判分为：判决、裁定、决定等，其中判决是最重要的法院裁判形式。

1. 判决。

（1）判决的概念和特征。人民法院在案件审理程序终结时，根据查明和认定的事实，适用法律对案件实体问题作出的权威性判定，即为民事判决。其具有以下特征：①作出判决的主体是人民法院。其他任何机关都无权审理案件并作出判决。②判决的对象是案件实体问题。人民法院经过对案件的审理，对当事人之间民事权利义务关系或实体请求作出判定，而对于程序性问题的判定，不能用判决，只能用裁定或决定。③判决具有法律的权威性。非经法定程序，任何人都不能否定、变更或推翻人民法院的判决；当事人必须履行生效判决确定的义务。

（2）判决的种类。①根据诉的种类不同，民事判决可以分为给付判决、确认判决和变更判决。给付判决，是指人民法院作出的责令一方当事人向另一方当事人履行一定义务或者给付一定金钱、财物的判决。确认判决，是指人民法院作出的确认当事人间存在或者不存在某种民事权利义务关系或者某项法律事实的判决。变更判决，是指人民法院作出的变更或消灭当事人之间原来存在的民事法律关系的判决。②根据制作判决法院的审级和审判程序不同，民事判决可以分为一审判决、二审判决和再审判决。③根据判决是否生效，民事判决可以分为生效判决和未生效判决。④根据双方当事人是否都出庭，民事判决可以分为对席判决和缺席判决。

（3）民事判决书。民事判决必须采取书面形式，即制作民事判决书。判决书是法院审结民事案件的重要法律文书，其内容必须准确无误。判决书应当写明判决结果和作出该判决的理由。判决书内容包括：案由、诉讼请求、争议的事实和理由；判决认定的事实和理由、适用的法律和理由；判决结果和诉讼费用的负担；上诉期间和上诉的法院。判决书由审判人员、书记员署名，加盖人民法院印章。人民法院审理案件，其中一部分事实已经清楚，可以就该部分先行判决。

（4）判决的效力。民事判决的效力，包括两层含义：一是民事判决生效的时间；二是生效民事判决产生的法律效果（也称法律后果）。

第一，民事判决生效的时间。民事判决生效时间分为两种情况：一是上诉期内当事人没有上诉或上诉被驳回的，上诉期届满，判决即发生法律效力。二是立即生效。由于我国实行两审终审制，二审判决一经送达立即生效。此外，根据现行民事诉讼法相关规定，最高人民法院审理的一审案件，适用特别程序、督促程序、公示催告程序、小额诉讼程序审理的案件实行一审终审，故上述案件的判决也是一经送达立即生效。

第二，生效民事判决产生的法律后果。一般认为民事判决生效后产生以下三个方面的法律后果：一是拘束力，即指判决经法院宣告以后，无论是生效判决还是未生效判决，非经法定程序，法院不能随意变更或撤销。二是既判力，即指判决生效后，法院和当事人都要受该判决内容的拘束，当事人不得在以后的诉讼中提出与该判决相矛盾的主张，法院也不得在以后的诉讼中作出与该判决相冲突的判断。三是执行力，即指判决生效后，在义务人没有履行义务时，权利人可以向法院申请强制执行。并不是所有已经生效的判决都具有执行力，只有具有给付内容的判决才有执行力。

2. 裁定。

（1）裁定的概念和特征。人民法院在审理民事案件过程中和执行程序中，对所发生的程序上的问题作出的权威性判定，即为民事裁定。和判决相比，裁定具有以下特征：①处理对象上，民事裁定主要是解决民事案件的程序问题，而民事判决主要是解决民事实体问题。②适用阶段上，民事裁定既可在诉讼阶段适用，也可在执行阶段适用，而民事判决一般只能在诉讼阶段适用且一般在案件审理终结时作出。③表现形式上，民事裁定可以用书面或口头形式，而民事判决只能用书面形式表现，而且有严格的格式。④上诉期间规定上，不服民事裁定的上诉期为 10 天，而不服民事判决的上诉期是 15 天。

（2）裁定的适用范围。裁定主要适用于下列事项：对原告的起诉不予受理，当事人对管辖权持有异议；驳回原告起诉；保全和先予执行；是否准许当事人撤诉；中止或者终结诉讼；补正判决书的笔误；中止或者终结执行；撤销或者不予执行仲裁裁决；不予执行公证机关赋予强制执行效力的债权文书；其他需要裁定解决的事项。在特别程序中，确认调解协议的效力、实现担保物权的法律文书，使用裁定。

（3）裁定的效力。由于裁定解决的问题在内容、性质上有很大的不同，所以生效的时间也不同。对于不予受理、管辖权异议和驳回起诉的裁定，法律规定准许上诉，上诉期限为 10 天，超过上诉期不上诉的，裁定就发生法律效力；对于其他不准许上诉的裁定，一经宣布或者送达，即发生法律效力；对保全和先予执行的裁定，虽然也不准许上诉，但可以依法申请复议一次，复议期间不停止裁定的执行。

3. 决定。

（1）决定的概念。人民法院对民事诉讼中某些特殊事项依法作出的权威性判定，即为民事决定。人民法院适用民事决定处置特殊事项时，会视情况选用口头形式或者书面形式。民事决定依法一律不准上诉。

（2）决定的适用范围。主要包括：决定回避，决定对妨害民事诉讼的行为采取强制措施；决定诉讼费用的减、免、缓交；决定顺延期限；决定再审；决定暂缓执行；其他需要人民法院作出决定的事项。

（3）决定的效力。通常情况下，民事决定一经人民法院作出或者送达，就发生法律效力。而有些决定，如是否回避决定、拘留罚款决定等可以申请复议一次，但复议期间不停止原决定的执行。

（二）法院调解

法院调解，是指双方当事人在审判人员的主持下，就发生争议的民事权利义务关系自愿进行协商，达成协议，解决纠纷的诉讼活动和结案方式。法院调解应遵循自愿原则、合法原则以及查明事实、分清是非原则。

1. 法院调解的适用。

（1）调解的启动。法院调解一般由当事人自愿提出，法院也可以依职权进行。法院依职权启动的调解，一般应考虑有无调解解决纠纷的可能，如有可能，在征得双方当事人同意的情况下，由合议庭或独任审判员进行调解。根据相关司法解释的规定，人民法院审理离婚案件，应当进行调解；适用特别程序、督促程序、公示催告程序的案件，婚姻等身份关系确认案件以及其他根据案件性质不能进行调解的案件，不得调解。根据《民事诉讼法》的相关规定，法院在一审程序的立案阶段、审前阶段和庭审阶段，以及在第二审程序和再审程序，都可以对案件进行调解。

（2）调解的进行。人民法院进行调解，可以由审判员一人主持，也可以由合议庭主持，并尽可能就地进行。人民法院进行调解，可以用简便方式通知当事人、证人到庭。当事人不能出庭的，经其特别授权，可由其委托代理人参加调解，达成的调解协议，可由委托代理人签名。离婚案件当事人确因特殊情况无法出庭参加调解的，除本人不能表达意志的以外，应当出具书面意见。人民法院调解民事案件，需由无独立请求权的第三人承担责任的，应当经其同意。该第三人在调解书送达前反悔的，人民法院应当及时裁判。

人民法院进行调解，可以邀请有关单位和个人协助。被邀请的单位和个人，应当协助人民法院进行调解。这里所说的"有关的单位和个人"，主要是指当事人所在的单位或对案件事实有所了解的单位以及当事人的亲友，由他们来协助调解，有利于缓解诉讼的紧张气氛，解除当事人思想上的一些疑虑，促成调解协议的形成。

人民法院审理民事案件，调解过程不公开，但当事人同意公开的除外。调解协议内容不公开，但为保护国家利益、社会公共利益、他人合法权益，人民法院认为确有必要公开的除外。主持调解以及参与调解的人员，对调解过程以及调解过程中获悉的国家秘密、商业秘密、个人隐私和其他不宜公开的信息，应当保守秘密，但为保护国家利益、社会公共利益、他人合法权益的除外。

（3）调解的结果。调解的结果有两种情形：一是调解不成，二是调解成立。对于调解不成的案件，法院应当及时判决；调解成立的，法院应当制作调解书并送达双方当事人。对于无须制作调解书的协议，应将协议内容记入笔录，由双方当事人、审判人员、书记员签名或者盖章后，即具有法律效力。

2. 调解书及其效力。

（1）调解协议与调解书。调解协议，是指经过法院的调解，双方当事人经过协商，自愿处分其实体权利和诉讼权利的一种文书。调解协议的内容不得违反法律规定。有一类调解协议达成后，人民法院应当制作调解书。调解书应当写明诉讼请求、案件的事实和调解结果。调解书由审判人员、书记员署名，加盖人民法院印章，送达双方当事人。调解书经双方当事人签收后，即具有法律效力。还有一类调解协议，可以不制作调解书。可以不制作调解书的案件有：调解和好的离婚案件；调解维持收养关系的案件；能够即时履行的案件；其他不需要制作调解书的案件。对不需要制作调解书的协议，经人民法院审查确认后，应当记入笔录或者将调解协议附卷，并由当事人、审判人员、书记员签名或者盖章后即具有法律效力。具有前述规定情形，当事人请求制作调解书的，人民法院审查确认后可以制作调解书送交当事人。当事人拒收调解书的，不影响调解协议的效力。

（2）法律效力。生效的调解协议和生效的调解书与生效的判决具有同等的法律效力，即拘束力、既判力和强制执行力。部分生效调解书具有形成力，如离婚调解书能够消灭当事人之间的婚姻关系。

第二节　简易程序

一、简易程序概述

（一）简易程序的概念

简易程序，是指基层人民法院及其派出法庭审理简单的民事案件所适用的民事诉讼程序。简易程序是我国民事审判经验的总结，体现了我国人民司法的优良传统。人民法院可以在保证依法裁判的前提下，将程序简化，节约诉讼成本、提高审判效率；既有利于当事人进行诉讼，也有助于人民法院迅速、公正地审理案件。

简易程序与普通程序同为第一审程序，他们之间既有联系，又有区别，他们的关系主要体现在以下两个方面：其一，简易程序是在普通程序基础上简化了的一种简便易行的程序。简易程序是普通程序的简化，在起诉的方式、传唤证人的方式、开庭审理的程序等方面规定得简单实用、机动灵活，从而缩短办案时间。其二，简易程序可以向普通程序转换。本来适用简易程序审理的案件，在审理过程中，人民法院发现案件不适宜适用简易程序的，裁定转为普通程序。普通程序原则上不能向简易程序转换，但是基层人民法院适用普通程序审理的案件，双方当事人自愿选择适用简易程序的不在此限，这是法律赋予当事人的程序选择权。《民事诉讼法》第 160 条第 2 款规定："基层人民法院和它派出的法庭审理前款规定以外的民事案件，当事人双方也可以约定适用简易程序。"但是，当事人的选择权不是绝对的，根据《关于适用〈民事诉讼法〉的解释》的规定，当事人双方根据《民事诉讼法》第 160 条第 2 款的规定约定适用简易程序的，应当在开庭前提出。对于法定不得适用简易程序的案件，当事人约定适用简易程序的，人民法院不予准许。

（二）简易程序的适用范围

《民事诉讼法》第 160 条第 1 款规定，基层人民法院和它派出的法庭审理事实清楚、权利义务关系明确、争议不大的简单的民事案件，适用简易程序规定。

1. 适用简易程序的法院。适用简易程序的法院，仅限于基层人民法院及其派出法庭，不适用于其他级别的人民法院。派出法庭，是指人民法院在法院之外的地点设立的固定的法庭和人民法院就地审理案件设立的临时法庭。派出法庭是人民法院的派出机构，派出法庭的审判行为就是其所属人民法院的审判行为，派出法庭制作的法律文书就是人民法院制作的法律文书。《关于适用〈民事诉讼法〉的解释》第 262 条规定，人民法庭制作的判决书、裁定书、调解书，必须加盖基层人民法院印章，不得用人民法庭的印章代替基层人民法院的印章。

2. 适用简易程序的审级。简易程序仅适用于审理第一审民事案件，当事人上诉的二审案件不得适用简易程序审理。而且，根据《关于适用〈民事诉讼法〉的解释》第 257 条规定，发回重审和按照审判监督程序再审的案件，虽然仍然是第一审案件，但不得适用简易程序，只能适用普通程序。

3. 简易程序适用的案件。《民事诉讼法》第 160 条第 1 款规定了简易程序适用的案件的范围，即简易程序适用于审理事实清楚、权利义务关系明确、争议不大的简单的民事案件。为了统一理解"事实清楚、权利义务关系明确、争议不大"，《关于适用〈民事诉讼法〉的解释》进行了具体解释。"事实清楚"，是指当事人双方对争议的事实陈述基本一致，并能提供相应的证据，无须人民法院调查收集证据即可查明事实；"权利义务关系明确"，是指能明确区分谁是责任的承担者，谁是权利的享有者，关系明确；"争议不大"，是指当事人对案件的是非、责任承担以及诉讼标的的争执无原则性分歧。

另外，根据《民事诉讼法》的规定，对简单民事案件以外的民事案件，当事人双方也可以约定适用简易程序。

4. 简易程序适用的排除规定。关于简易程序的适用范围，《关于适用〈民事诉讼法〉的解释》中作了一些排除性的规定，即以下案件不得适用简易程序审理：起诉时被告下落不明的案件；发回重审的案件；当事人一方人数众多的案件；适用审判监督程序审理的案件；涉及国家利益、社会公共利益的案件；第三人起诉请求改变或者撤销生效判决、裁定、调解书的案件；其他不宜适用简易程序审理的案件。

二、简易程序的具体适用

（一）起诉与答辩

1. 起诉方式。适用简易程序，原告起诉可以是书面方式，也可以是口头方式。原告以书面方式起诉的应当提交起诉状，原告本人不能书写起诉状，委托他人代写起诉状确有困难的，可以口头起诉。口头起诉的，由法院书记员将当事人的基本情况、联系方式、诉讼请求、事实及理由记录，对原告提供的证据予以登记，并对以上记录事项向原告当面宣读，由原告确定无误后签名或者捺印。

2. 答辩方式。被告可以以书面形式答辩，也可以以口头形式答辩。双方当事人被法院传唤到庭后，被告可以口头答辩，法院可以当即开庭审理；被告要求书面答辩的，法院应当允许其书面答辩，并告知其提交答辩状的期限，同时告知双方当事人开庭的日期，并向他们释明逾期举证的后果和拒不到庭的后果。

在简易程序中，当事人双方可以同时到基层人民法院或者其派出法庭，请求解决纠纷，人民法院可以当即审理，也可以另外指定日期审理，而不必像普通程序那样，经历起诉、受理、答辩、传唤、审理的程序以及期间。

（二）审理前的准备

除当即开庭审理的案件以外，对定期开庭的案件，开庭审理前法院应当做审理前的准备：送达诉讼文书、阅读双方当事人的诉状、审查当事人提交的证据材料、了解当事人之间争议的事项等。

1. 诉讼文书送达的特别规定。为了实现简易程序的效率目标，为了敦促当事人积极行使诉讼权利和主动履行诉讼义务，《最高人民法院关于适用简易程序审理民事案件的若干规定》对诉讼文书的送达特别规定如下：其一，当事人应当在起诉或者答辩时向法院提供自己准确的送达地址、收件人和电话号码等联系方式，并以签名或者捺印方式确认。送达地址应当写明受送达人住所地的邮政编码和详细地址；受送达人是有固定职业的自然人的，其从业的场所可以视为送达地址。其二，人民法院按照原告提供的被告的送达地址或者其他联系方式无法通知被告应诉的，应当按以下方式处理：①原告提供了被告准确的送达地址，但是人民法院无法向被告直接送达或者留置送达应诉通知书的，应当将案件转为普通程序审理；②原告不能提供被告准确的送达地址，人民法院经查证后仍不能确定被告送达地址的，可以被告不明确为由裁定驳回原告的起诉。其三，被告到庭后拒不提供自己的送达地址和联系方式，人民法院应当告知其拒不提供的后果，经人民法院告知后仍不提供的，可以按照以下方式处理：①被告是自然人的，以其户籍登记中的住所地或者经常居所为送达地址；②被告是法人或者非法人组织的，以其工商登记或者其他依法登记、备案中的住所地为送达地址。法院应当将以上内容记入笔录。其四，法院应当在原告起诉或者被告答辩时以书面或口头方式告知当事人下述事项及其法律后果：因当事人自己提供的送达地址不准确、送达地址变更未及时告知人民法院，或者当事人拒不提供自己的送达地址而导致诉讼文书未能被当事人实际接收的，按下列方式处理：①邮寄送达的，以邮件回执上注明的退回之日为送达之日；②直接送达的，送达人当场在送达回证上记明情况之日为送达之日。

人民法院可以用简便方式送达诉讼文书，但应当保障当事人陈述意见的权利。

2. 举证期限的特别规定。《关于适用〈民事诉讼法〉的解释》规定，适用简易程序案件的举证期限由人民法院确定，也可以由当事人协商一致并经人民法院准许，但不得超过15日。被告要求书面答辩的，人民法院可在征得同意的基础上，合理确定答辩期间。人民法院应当将举证期限和开庭日期告知双方当事人，并向当事人说明逾期举证以及拒不到庭的法律后果，由双方当事人在笔录和开庭传票的送达回证上签名或者捺印。当事人双方均表示不需要举证期限、答辩期间的，人民法院可以立即开庭审理或者确定开庭日期。

3. 实行独任制。适用简易程序审理民事案件，人民法院审判组织形式一律采用独任制，即案件由审判员一人审理。但是，独任审判员仍然应当配备书记员负责记录，独任审判员不得自审自记。

4. 对适用简易程序异议的处理。《关于适用〈民事诉讼法〉的解释》规定，当事人就案件适用简易程序提出异议，人民法院经审查，异议成立的，裁定转为普通程序；异议不成立的，裁定驳回。裁定以口头方式作出的，应当记入笔录。转为普通程序的，人民法院应当将审判人员及相关事项以书面形式通知双方当事人。转为普通程序前，双方当事人已确认的事实可以不再进行举证、质证。

5. 先行调解。人民法院适用简易程序审理案件，根据自愿原则，对下列案件可以在开庭之前先行调解：①婚姻家庭纠纷和继承纠纷；②劳务合同纠纷；

③交通事故和工伤事故引起的权利义务关系较为明确的损害赔偿纠纷；④宅基地和相邻关系的纠纷；⑤合伙协议纠纷；⑥诉讼标的额较小的纠纷。

开庭审理前，经调解双方当事人达成调解协议解决纠纷的，通常人民法院应当制作调解书，调解书送达当事人签收后生效。但是，就调解书的生效方式当事人可以协商，当事人协商同意调解协议采取双方签名或者捺印的方式生效的，该调解协议自双方当事人签名或者捺印之日起发生法律效力。当事人要求摘录或者复制该调解协议的，法院应当准予。调解协议生效后一方当事人拒不履行的，另一方当事人可以申请法院强制执行。

人民法院可以当庭告知当事人到法院领取民事调解书的具体日期，也可以在当事人达成调解协议的次日起 10 日内将调解书送达当事人。如果调解书与调解协议的原意有不符之处，当事人有权提出异议，法院对当事人的异议应当予以审查，经审查异议成立的，法院应当作出裁定补正。

（三）开庭审理

简易程序虽然简化了诉讼程序事项，但对当事人依法享有的诉讼权利不得忽略，不得剥夺，同样应当像适用普通程序那样给予充分的保障。案件开庭审理前，书记员应当查明当事人及其他诉讼参与人是否到庭，宣布法庭纪律等，若有当事人未到庭的，应报告审判员，由审判员决定是否延期审理、中止审理、缺席审理或按撤诉处理。庭审时审判员应当核对当事人及其诉讼代理人的身份，并询问各方当事人对于对方出庭人员有无异议。

1. 传唤和通知方式的特别规定。适用简易程序审理案件，人民法院可以采取捎口信、电话、短信、传真、电子邮件等简便方式传唤双方当事人、通知证人出庭。以简便方式送达的开庭通知，未经当事人确认或者没有其他证据证明当事人已经收到的，人民法院不得缺席判决。

2. 对当事人的告知和释明。在简易程序中，开庭前已经书面或者口头告知当事人诉讼权利义务，或者当事人各方均委托代理律师的，审判人员可以不再告知当事人其他的诉讼权利义务，仅告知其申请回避的权利即可。对没有委托律师、基层法律服务工作者代理诉讼的当事人，人民法院在庭审过程中可以对回避、自认、举证证明责任等相关内容向其作必要的解释或者说明，并在庭审过程中适当提示当事人正确行使诉讼权利、履行诉讼义务。

3. 法庭调查和法庭辩论。依照简易程序审理案件，不受普通程序中法庭调查和法庭辩论规定的限制。庭审时，审判人员可以根据当事人的诉讼请求和答辩意见归纳出案件争议的焦点，经过当事人确认，然后由当事人围绕焦点举证、质证、辩论。对于适用简易程序审理的案件，当事人双方可以就开庭方式向人民法院提出申请，由人民法院决定是否准许。经当事人双方同意，可以采用视听传输技术等方式开庭。

对适用简易程序审理的民事案件，原则上要求一次庭审审结，但法院认为确有必要再次开庭的可以再次开庭。

4. 裁判文书及其宣判。

（1）判决书的简化。适用简易程序审理的案件，有下列情形之一的，人民法院在制作判决书、裁定书、调解书时，对认定事实或者裁判理由部分可以适当简化：①当事人达成调解协议并需要制作民事调解书的；②一方当事人明确表示承认对方全部或者部分诉讼请求的；③涉及商业秘密、个人隐私的案件，当事人一方要求简化裁判文书中的相关内容，人民法院认为理由正当的；④当事人双方同意简化的。

（2）宣判方式。简易程序宣判的方式有两种：当庭宣判和定期宣判。适用简易程序审理的民事案件，原则上应当当庭宣判，法院认为不宜当庭宣判的，可以定期宣判。

（四）审理期限

适用简易程序审理民事案件，应当在立案之日起 3 个月内审结。有特殊情况需要延长的，经本院院长批准，可以延长 1 个月。

三、小额诉讼程序

（一）小额诉讼程序概述

《民事诉讼法》第 165 条规定："基层人民法院和它派出的法庭审理事实清楚、权利义务关系明确、争议不大的简单金钱给付民事案件，标的额为各省、自治区、直辖市上年度就业人员年平均工资 50% 以下的，适用小额诉讼的程序审理，实行一审终审。基层人民法院和它派出的法庭审理前款规定的民事案件，标的额超过各省、自治区、直辖市上年度就业人员年平均工资 50% 但在 2 倍以下的，当事人双方也可以约定适用小额诉讼的程序。"我国立法将小额诉讼程序作为简易程序的组成部分。因此，人民法院审理小额诉讼案件，没有特别规定的，适用简易程序的其他规定。

建立小额诉讼程序对于及时化解小额纠纷、减轻当事人的经济负担、提高诉讼效率等具有极为重要的意义。

（二）小额诉讼程序的适用条件

1. 案情简单。即小额诉讼程序仅适用于事实清楚、权利义务关系明确、争议不大的简单的民事案件。

2. 标的额低。借鉴各国的立法经验，我国也以案件标的额作为小额诉讼程序的适用条件。考虑到我国目前各地区经济社会发展仍不均衡，城乡之间、东西部地区之间仍存有差异，故而现行民事诉讼法并未采用全国"一刀切"的方式，而是以标的额为各省、自治区、直辖市上年度就业人员年平均工资 50% 以下作为参考。在上一年度就业人员年平均工资公布前，以已经公布的最近年度就业人员年平均工资为准。

海事法院可以审理海事、海商小额诉讼案件。案件标的额应当以实际受理案件的海事法院或者其派出法庭所在的省、自治区、直辖市上年度就业人员年平均工资 50% 为限。

3. 属于金钱给付的案件。根据民事诉讼法相关司法解释的规定，下列金钱给付的案件适用小额诉讼程序审理：①买卖合同、借款合同、租赁合同纠纷；②身份关系清楚，仅在给付的数额、时间、方式上存在争议的赡养费、抚养费、扶养费纠纷；③责任明确，仅在给付的数额、时间、方式上存在争议的交通事故损害赔偿和其他人身损害赔偿纠纷；④供用水、电、气、热力合同纠纷；⑤银行卡纠纷；⑥劳动关系清楚，仅在劳动报酬、工伤医疗费、经济补偿金或者赔偿金给付数额、时间、方式上存在争议的劳动合同纠纷；⑦劳务关系清楚，仅在劳务报酬给付数额、时间、方式上存在争议的劳务合同纠纷；⑧物业、电信等服务合同纠纷；⑨其他金钱给付纠纷。

下列案件，不适用小额诉讼程序审理：①人身关系、财产确权案件；②涉外案件；③需要评估、鉴定或者对诉前评估、鉴定结果有异议的案件；④一方当事人下落不明的案件；⑤当事人提出反诉的案件；⑥其他不宜适用小额诉讼的程序审理的案件。

（三）小额诉讼程序的特别规定

小额诉讼程序是简易程序中的一种，小额诉讼程序不同于其他简易程序的规定有：

1. 举证期限不同。简易程序和小额诉讼的举证期限均既可由人民法院确定，也可由当事人协商一致并经人民法院准许。但小额诉讼的举证期限一般不超过 7 日，而其他简易程序的举证期限最长不超过 15 日。

2. 裁判文书简化程度不同。小额诉讼案件的裁判文书可以简化到主要记载当事人基本信息、诉讼请求、裁判主文等内容；而适用简易程序审理的案件的裁判文书只能对认定事实或裁判理由部分适当简化，并且只限 4 种情形。

3. 可转化程序不同。小额诉讼因当事人申请增加或者变更诉讼请求、提出反诉、追加当事人等，致使案件不宜适用小额诉讼的程序的，应当适用简易程序的其他规定审理或者裁定转为普通程序。

4. 审制不同。小额诉讼实行一审终审，即一审判决一经送达，即生效，并且不能上诉。而其他简易程序实行两审终审。同时根据民事诉讼法司法解释的有关规定，人民法院受理小额诉讼案件后，发现起诉不符合法律规定的起诉条件的，裁定驳回起诉，该裁定一经作出即生效。当事人对小额诉讼案件提出管辖异议的，人民法院应当作出裁定，该裁定也一经作出即生效。

5. 审限不同。适用小额诉讼的程序审理案件，应当在立案之日起 2 个月内审结。有特殊情况需要延长的，经本院院长批准，可以延长 1 个月。

第三节　第三人撤销之诉

《民事诉讼法》第 59 条第 3 款规定，诉讼第三人因不能归责于本人的事由未参加诉讼，但有证据证明发生法律效力的判决、裁定、调解书的部分或者全部内容错误，损害其民事权益的，可以自知道或者应当知道其民事权益受到损害之日起 6 个月内，向作出该判决、裁定、调解书的人民法院提起诉讼。该条确立了我国第三人撤销之诉制度。

一、第三人撤销之诉的提起

（一）主体条件

只有《民事诉讼法》第 59 条规定的有独立请求权的第三人和无独立请求权的第三人才能提起。

（二）程序条件

有证据证明第三人因不能归责于本人的事由未参加诉讼，是指没有被列为生效判决、裁定、调解书的当事人，且无过错或者无明显过错的情形，包括：不知道诉讼而未参加的；申请参加未获准许的；知道诉讼，但因客观原因无法参加的；因其他不能归责于本人的事由未参加诉讼的。

（三）实体条件

有证据证明发生法律效力的判决、裁定、调解书的部分或者全部内容错误。此处判决、裁定、调解书的部分或者全部内容，是指判决、裁定的主文以及调解书中处理当事人民事权利义务的结果。

（四）结果条件

有证据证明发生法律效力的判决、裁定、调解书内容错误损害其民事权益。

（五）时间条件

自知道或者应当知道其民事权益受到损害之日起 6 个月内。

（六）管辖法院

向作出生效判决、裁定、调解书的人民法院提起诉讼。

二、第三人撤销之诉审理的特殊规定

（一）起诉审查

人民法院应当在收到起诉状和证据材料之日起 5 日内送交对方当事人，对方当事人可以自收到起诉状之日起 10 日内提出书面意见。

人民法院应当对第三人提交的起诉状、证据材料以及对方当事人的书面意见进行审查。必要时，可以询问双方当事人。

经审查，符合起诉条件的，人民法院应当在收到起诉状之日起 30 日内立案。不符合起诉条件的，应当在收到起诉状之日起 30 日内裁定不予受理。对下列情形提起第三人撤销之诉的，人民法院不予受理：①适用特别程序、督促程序、公示催告程序、破产程序等非讼程序处理的案件；②婚姻无效、撤销或者解除婚姻关系等判决、裁定、调解书中涉及身份关系的内容；③《民事诉讼法》规定的未参加登记的权利人对代表人诉讼案件的生效裁判；④《民事诉讼法》规定的损害社会公共利益行为的受害人对公益诉讼案件的生效裁判。

（二）开庭审理

人民法院对第三人撤销之诉案件，应当组成合议庭开庭审理。

第三人提起撤销之诉，人民法院应当将该第三人列为原告，将生效判决、裁定、调解书的当事人列为被告，将生效判决、裁定、调解书中没有承担责任的无独立请求权的第三人列为第三人。受理第三人撤销之诉案件后，原告提供相应担保，请求中止执行的，人民法院可以准许。

第三人提起撤销之诉后，未中止生效判决、裁定、调解书执行的，执行法院对第三人依照法律规定提出的执行异议，应予审查。第三人不服驳回执行异议裁定，申请对原判决、裁定、调解书再审的，人民法院不予受理。

案外人对人民法院驳回其执行异议裁定不服，认为原判决、裁定、调解书内容错误损害其合法权益的，应当根据《民事诉讼法》相关规定申请再审，提起第三人撤销之诉的，人民法院不予受理。

三、第三人撤销之诉裁判

对第三人撤销或者部分撤销发生法律效力的判决、裁定、调解书内容的请求，人民法院经审理，按下列情形分别处理：①请求成立且确认其民事权利的主张全部或部分成立的，改变原判决、裁定、调解书内容的错误部分。②请求成立，但确认其全部或部分民事权利的主张不成立，或者未提出确认其民事权利请求的，撤销原判决、裁定、调解书内容的错误部分。③请求不成立的，驳回诉讼请求。

对裁判不服的，当事人可以上诉。原判决、裁定、调解书的内容未改变或者未撤销的部分继续有效。

根据《关于适用〈民事诉讼法〉的解释》的规定，第三人撤销之诉案件审理期间，人民法院对生效判决、裁定、调解书裁定再审的，受理第三人撤销之诉的人民法院应当裁定将第三人的诉讼请求并入再审程序。但有证据证明原审当事人之间恶意串通损害第三人合法权益的，人民法院应当先行审理第三人撤销之诉案件，裁定中止再审诉讼。第三人诉讼请求并入再审程序审理的，按照下列情形分别处理：①按照第一审程序审理的，人民法院应当对第三人的诉讼请求一并审理，所作的判决可以上诉；②按照第二审程序审理的，人民法院可以调解，调解达不成协议的，应当裁定撤销原判决、裁定、调解书，发回一审法院重审，重审时应当列明第三人。

 ## 第四节　公益诉讼

我国2012年修正的《民事诉讼法》第55条规定："对污染环境、侵害众多消费者合法权益等损害社会公共利益的行为，法律规定的机关和有关组织可以向人民法院提起诉讼。"2017年7月1日施行的《民事诉讼法》第55条增加1款，作为第2款。第2款规定："人民检察院在履行职责中发现破坏生态环境和资源保护、食品药品安全领域侵害众多消费者合法权益等损害社会公共利益的行为，在没有前款规定的机关和组织或者前款规定的机关和组织不提起诉讼的情况下，可以向人民法院提起诉讼。前款规定的机关或者组织提起诉讼的，人民检察院可以支持起诉。"这标志着我国以立法形式正式确立了以人民检察院兜底提起的公益诉讼制度。党的二十大报告中进一步指出要完善公益诉讼制度。

一、公益诉讼起诉主体

（一）法律规定的机关和有关组织可以提起公益诉讼

《民事诉讼法》第58条第1款规定，我国可以向人民法院提起公益诉讼的主体是法律规定的机关和有关组织。目前，我国《中华人民共和国消费者权益保护法》（以下简称《消费者权益保护法》）《中华人民共和国环境保护法》（以下简称《环境保护法》）和《中华人民共和国海洋环境保护法》（以下简称《海洋环境保护法》）规定了以下特定的机关和有关组织可以提起公益诉讼。

1. 海洋环境监督管理部门。针对破坏海洋生态、海洋水产资源、海洋保护区，造成国家重大损失的行为，由法定的机关提起公益诉讼。《海洋环境保护法》第 89 条第 2 款规定："对破坏海洋生态、海洋水产资源、海洋保护区，给国家造成重大损失的，由依照本法规定行使海洋环境监督管理权的部门代表国家对责任者提出损害赔偿要求。"该条款既是赋权条款，也是限定条款，将海洋生态资源损失索赔主体限定为行使海洋环境监督管理权的部门。

2. 环境保护公益组织。《环境保护法》第 58 条规定，对污染环境、破坏生态，损害社会公共利益的行为，符合下列条件的社会组织可以向人民法院提起诉讼：①依法在设区的市级以上人民政府民政部门登记；②专门从事环境保护公益活动连续 5 年以上且无违法记录。符合上述规定的社会组织向人民法院提起诉讼，人民法院应当依法受理。同时也限定，提起诉讼的社会组织不得通过诉讼牟取经济利益。

目前，我国各级各类的环境组织有数千家之多，以民间环保组织居多。《环境保护法》第 58 条对提起环境公益诉讼的主体设定了条件和"门槛"，其目的在于保证公益诉讼的质量和效率。最高人民法院在《最高人民法院关于审理环境民事公益诉讼案件适用法律若干问题的解释》中对《环境保护法》第 58 条规定的公益诉讼主体作出以下解释：①可以认定为《环境保护法》第 58 条所规定的"社会组织"的情形，是指：依照法律、法规的规定，在设区的市级以上的人民政府民政部门登记的社会团体、社会服务机构以及基金会等。②可以认定为《环境保护法》第 58 条所规定的"设区的市级以上人民政府民政部门"，是指：设区的市，自治州、盟、地区，不设区的地级市，直辖市的区以上人民政府民政部门。③可以认定为《环境保护法》第 58 条所规定的"专门从事环境保护公益活动"的情形，是指：社会组织章程确定的宗旨和主要业务范围是维护社会公共利益，且从事环境保护公益活动的。④可以认定为《环境保护法》第 58 条所规定的"无违法记录"的情形，是指：社会组织在提起诉讼前 5 年内未因从事业务活动违反法律、法规的规定受过行政、刑事处罚的。

3. 消费者权益保护组织。《消费者权益保护法》第 47 条规定："对侵害众多消费者合法权益的行为，中国消费者协会以及在省、自治区、直辖市设立的消费者协会，可以向人民法院提起诉讼。"我国的消费者协会基本上均由行政部门组建或管理，但均属于具有独立法人资格的社会组织。目前，全国县以上消费者协会已达三千多个，法律并没有规定这些协会都可以提起公益诉讼，而仅仅赋予中国消费者协会以及省一级消费者协会提起公益诉讼的主体地位。

（二）人民检察院可以提起公益诉讼

根据《民事诉讼法》第 58 条的规定，公益诉讼的起诉主体为以人民检察院兜底，法律规定的机关和有关组织为主的构架。这一规定，保证了公益诉讼不再存在起诉主体缺失或法律规定的有关机关和组织怠于行使公益诉讼起诉权而无法使公益诉讼进入司法程序的问题。在《最高人民法院、最高人民检察院关于检察公益诉讼案件适用法律若干问题的解释》第 4 条中，明确检察机关以"公益诉讼起诉人"的身份提起公益诉讼，更加合理、明确地界定了检察机关提起诉讼的身份。

（三）暂不开放公民个人提起公益诉讼

由于公益诉讼的特殊性，诉讼主体必须经过法律授权才可以提起公益诉讼。我国法律中，虽然提倡公民个人对危害国家利益、集体利益和多数公民利益的行为可以进行批评、监督和举报，但均没有授权公民个人提起民事公益诉讼。因此，我国目前尚未开放公民个人提起公益诉讼。

二、公益诉讼起诉条件

《关于适用〈民事诉讼法〉的解释》规定，《环境保护法》《消费者权益保护法》等法律规定的机关和有关组织对污染环境、侵害众多消费者合法权益等损害社会公共利益的行为，根据《民事诉讼法》第 58 条规定提起公益诉讼，符合下列条件的，人民法院应当受理：①有明确的被告；②有具体的诉讼请求；③有社会公共利益受到损害的初步证据；④属于人民法院受理民事诉讼的范围和受诉人民法院管辖。

司法解释在现行《民事诉讼法》关于起诉条件的基础上，将"提供社会公共利益受到损害的初步证据"作为提起公益诉讼的条件。"社会公共利益受到损害"，是区分公益诉讼与私益诉讼的基本标准，也是能够提起公益诉讼的核心条件。"社会公共利益受到损害"，不但包括现实损害后果，还包括足以构成现实损害后果之风险。

公益诉讼案件由侵权行为地或者被告住所地中级人民法院管辖，但法律、司法解释另有规定的除外。因污染海洋环境提起的公益诉讼，由污染发生地、损害结果地或者采取预防污染措施地海事法院管辖。对同一侵权行为分别向两个以上人民法院提起公益诉讼的，由最先立案的人民法院管辖，必要时由它们的共同上级人民法院指定管辖。

三、公益诉讼审理的特别规定

1. 人民法院受理公益诉讼案件后，应当在 10 日内书面告知相关行政主管部门。

2. 人民法院不受理公益诉讼被告的反诉。但是，公益诉讼的被告可以依法另行起诉；符合法定起诉条件的，人民法院应当另案受理。

3. 人民法院受理公益诉讼案件后，依法可以提起诉讼的其他机关和有关组织，可以在开庭前向人民法院申请参加诉讼。人民法院准许参加诉讼的，列为共同原告。

4. 公益诉讼案件的原告在法庭辩论终结后申请撤诉的，人民法院不予准许。

四、公益诉讼裁判

对公益诉讼案件，当事人可以和解，人民法院可以调解。当事人达成和解或者调解协议后，人民法院应当将和解或者调解协议进行公告。公告期间不得少于30日。公告期满后，人民法院经审查，和解或者调解协议不违反社会公共利益的，应当出具调解书；和解或者调解协议违反社会公共利益的，不予出具调解书，继续对案件进行审理并依法作出裁判。

公益诉讼案件的裁判发生法律效力后，其他依法具有原告资格的机关和有关组织就同一侵权行为另行提起公益诉讼的，人民法院裁定不予受理，但法律、司法解释另有规定的除外。

学习小结

第一审普通程序，是指人民法院审理第一审民事案件时所适用的基本诉讼程序。它完整、全面地展现了起诉与受理、审理前的准备、法庭审理、法庭裁判等事项，预设了诉讼中可能出现的特殊情况的处理制度。简易程序，是指基层人民法院及其派出法庭审理简单的民事案件所适用的民事诉讼程序。简易程序的适用范围限于基层人民法院和它派出的法庭审理事实清楚、权利义务关系明确、争议不大的简单的民事案件。适用普通程序审理的案件可以经当事人协商一致自愿选择适用简易程序。简易程序虽然是简化了的第一审程序，但是裁判的效力是完全一样的，当事人的诉讼权利同样应当受到应有的保障。简易程序中新设的小额诉讼程序适用一审终审制度。

诉讼第三人因不能归责于本人的事由未参加诉讼，但有证据证明发生法律效力的判决、裁定、调解书的部分或者全部内容错误，损害其民事权益的，可以自知道或者应当知道其民事权益受到损害之日起6个月内，向作出该判决、裁定、调解书的人民法院提起诉讼。第三人撤销之诉制度的设立主要是为了保护受错误生效裁判损害的未参加原诉的第三人的合法权益。

根据《民事诉讼法》及相关司法解释的规定，公益诉讼案件的范围主要有"污染环境、侵害众多消费者合法权益等"，即"破坏生态环境和资源保护、食品药品安全领域侵害众多消费者合法权益等"及刑事附带民事公益诉讼类型的案件。对于损害社会公共利益的行为，法律规定的机关和有关组织可以向人民法院提起诉讼。人民检察院在没有法律规定的机关和组织或者法律规定的机关和组织不提起诉讼的情况下，可以向人民法院提起诉讼。法律规定的机关或者组织提起诉讼的，人民检察院可以支持起诉。

基础练习

1. 起诉具备的实质条件和形式条件有哪些？
2. 简述人民法院开庭审理的程序。
3. 简述撤诉、延期审理、缺席判决、诉讼中止和诉讼终结的概念及适用情形。
4. 什么是简易程序，有哪些特点？简易程序与普通程序的关系如何？
5. 不得适用简易程序审理的案件有哪些？
6. 提起第三人撤销之诉的条件有哪些？
7. 公益诉讼案件的类型有哪些？
8. 按照法律规定，哪些主体能够提起公益诉讼？

案例分析

1. 马某不胜酒力，春节前与多年不见的朋友相聚一起饮酒，由于高兴多饮了几杯，导致饮酒过度，不幸死亡。马某家属在悲痛中想为马某讨个说法，于是就以聚会朋友没有尽到看管义务为由，将当时与马某聚会的朋友告上法庭，并要求赔偿62万元。法院审理后认为，马某已经是成年人，拥有完全的民事行为能力，也应该明白饮酒过量会导致的一系列后果，但是在饮酒中，不对饮酒量加以控制，导致悲剧的发生，应当由马某自己负起这个责任。并且没有证据证明存在同饮者歹意劝酒的情况。因此，法院驳回了马某家属的诉求。在法律上，只有下列情况，同饮者才需要负责任：其一，逼迫性劝酒；其二，明知道对方不能喝，却依然劝酒的；其三，酒后没有安全护送醉酒者；其四，酒后驾车。鉴于本案中其他同饮者并没有违反以上的规定，所以不用赔偿。

请分析：本案法院是否应该受理？法院受理后应按普通程序审理还是简易程序审理？

2. 2018年5月17日，杨某驾驶一辆叉车在张家港某道路上进行违规作业，未观察后方就突然转弯。男子徐某骑车试图绕过这辆叉车时，被叉车平削面部，摔倒在地。徐某的16颗牙不同程度脱落和碎裂，左边肩胛骨、下颚骨等身体多处骨折，医药费达9万多元。依据《中华人民共和国道路交通安全法》（以下简称《道路交通安全法》）的规定，在道路上不得从事非道路交通活动，叉车属于特种设备，必须在特定的场合操作作业。警方认定，杨某负主要责任，徐某因逆向超车负次要责任。

请分析：如果你是案件程序分流法官，如何对该案分流？

3. 某市民王某在工地干活的时候，不小心摔坏了右腿，于是来到了某市医院接受治疗。经过初步诊断，他的右腿韧带撕裂。5月12日，他在医院接受了手术治疗。手术结束后，家属发现他没有伤的腿，居然有一个伤口，而且还被缝了14针。王某回忆称，当时自己是平躺在手术台上的，右腿挨着大夫。因为手术需要，王某换成了趴在床上，这时他没有伤的左腿挨着大夫。然而大夫却没有换位置，直接把左腿当成了有伤的右腿。医院解释称，他那个只是把皮割开了，里面的肌肉都没动，他割开后发现没有出血就给缝上了。医院表示，这件事的确是医院和主治医生的责任。医院称也不清楚手术医生怎么会犯这么低级的错误。虽说医院承认错误，但给王某带来的伤痛已经无法避免。

请分析：如果王某和医院自愿选择适用简易程序审理，法院能否准许？

第七章　拓展学习

第八章　第二审程序

 第一节 上诉的提起与受理

　　第二审程序，又称上诉审程序，是指当事人不服地方各级人民法院未生效的一审判决或裁定而依照法定的程序和期限，提请上一级人民法院对案件进行审理和裁判所适用的程序。第二审程序是建立在第一审程序基础上的进一步审理，二审既不是对一审的简单重复，也不能完全抛开一审重新审理，而是针对当事人的上诉请求，对一审认定的事实和适用的法律进行审查并依法作出裁判。

　　设置第二审程序无论是对当事人还是对人民法院来说，都具有重要的意义。一方面，当事人可以通过上诉请求第二审人民法院对第一审裁判的正确性、合法性进行审查，消除他们对一审裁判的疑虑，从而维护自身的合法权益。另一方面，上一级人民法院可以通过第二审程序行使审判监督权，审查和监督下一级人民法院的审判工作，维持正确的裁判，发现和纠正错误的裁判，保证法律的统一适用。因此，第二审程序作为民事审判的重要环节在民事诉讼中占有极其重要的地位。

一、上诉的提起

　　上诉，是指当事人不服地方各级人民法院第一审未生效裁判，在法定期间内向上一级人民法院提出审理请求，要求撤销或变更一审裁判的一种诉讼行为。上诉权是当事人一项重要的诉讼权利。上诉权的行使是上一级人民法院启动第二审程序的唯一依据。当事人提起上诉的目的，旨在要求上级人民法院纠正一审裁判的错误，进一步维护自己的合法权益。

上诉与起诉虽然都是当事人行使诉权的一种方式，但两者在发生原因、诉讼管辖、法律效果等方面有较大的不同，需要将两者区分开来。两者存在的区别主要有：①提起诉讼的原因不同。起诉的原因是当事人认为其民事权益受到侵害或者与他人发生民事争议，因而向第一审人民法院提出诉讼请求以求得司法保护；上诉的原因则是当事人认为一审未生效裁判存在事实认定错误、适用法律不当或者程序违法等情形，因而请求上一级人民法院予以审查、撤销或变更。②时间要求不同。起诉是当事人的法定诉权，没有时间限制，只要符合起诉的条件，即便是过了诉讼时效期间，当事人仍然可以提起诉讼；上诉则严格遵循民事诉讼法规定的上诉期限。③提起诉讼的法院不同。起诉应当依法向有管辖权的人民法院提出；上诉则是向作出一审裁判的上一级人民法院提出。④产生的法律效果不同。起诉如符合法律规定的条件，会引发第一审程序；而上诉符合法定条件，则引发第二审程序。

当事人提起上诉，发动第二审程序，必须符合下列条件：

1. 必须是法律规定允许上诉的一审判决、裁定。根据我国《民事诉讼法》的规定，地方各级人民法院通过普通程序、简易程序审理后作出的第一审判决（包括上级人民法院发回重审后所作出的判决），除法律有特别规定外，当事人都可以对之提起上诉。依照特别程序、督促程序、公示催告程序所作出的裁判，当事人不得上诉。

对于民事裁定，当事人只能对不予受理裁定、驳回起诉裁定和管辖权异议的裁定提起上诉。

2. 必须有适格的上诉人和被上诉人。上诉人是指依法提起上诉的一方当事人；被上诉人则是与上诉人上诉请求有利益冲突的、没有提起上诉的案件当事人，通常包括上诉人的对方当事人和原审其他当事人。在民事诉讼中，有权提起上诉而成为上诉人的应当是依据一审判决享有实体权利或者承担实体义务的人，具体包括原告、被告、共同诉讼人、诉讼代表人、第三人等。无民事行为能力人、限制民事行为能力人的法定代理人可以代理当事人提起上诉。上诉案件的当事人死亡或者终止的，除符合《民事诉讼法》第154条规定的终结诉讼的情形之外，人民法院依法通知其权利义务承继者参加诉讼。

一般情况下，上诉人和被上诉人的确定比较容易：不服一审裁判而提起上诉的一审当事人就是上诉人，而被上诉人提起上诉的一审当事人就是被上诉人。但实务中常出现一些特殊情形，根据最高人民法院的有关司法解释，对以下几种情形应作具体处理：

（1）双方当事人和第三人都提出上诉的，均列为上诉人。彼此之间互为被上诉人，人民法院也可以依职权确定第二审程序中当事人的诉讼地位。

（2）共同诉讼中，普通共同诉讼人各自可以独立地行使上诉权，其上诉行为仅对自己有效，不涉及其他共同诉讼人。必要共同诉讼人可以全体提起上诉，也可以一人或部分人提出上诉，其中一人提起的上诉，经其他共同诉讼人同意的，对全体发生效力。必要共同诉讼中一人或部分人提出上诉，而其他人不上诉时，按下列方法确定诉讼地位：①上诉仅对与对方当事人之间权利义务分担有意见，不涉及其他共同诉讼人利益的，对方当事人为被上诉人，未上诉的同一方当事人依原审诉讼地位列明；②上诉仅对共同诉讼人之间权利义务分担有意见，不涉及对方当事人利益的，未上诉的同一方当事人为被上诉人，对方当事人依原审诉讼地位列明；③上诉对双方当事人之间以及共同诉讼人之间权利义务承担有意见的，未提起上诉的其他当事人均为被上诉人。如甲在某报发表纪实报道，对明星乙和丙的关系作了富有想象力的描述。乙和丙以甲及报社共同侵害了他们的名誉权为由提起诉讼，要求甲及报社赔偿精神损失并公开赔礼道歉。一审判决甲向乙和丙赔偿 1 万元，报社向乙和丙赔偿 3 万元，并责令甲及报社在该报上书面道歉。报社不服一审判决提起上诉，请求二审法院改判甲和自己各向乙和丙承担 2 万元，以甲的名义在该报上书面道歉。本案中，二审法院确定的当事人诉讼地位应该是，报社是上诉人，甲、乙、丙均为被上诉人，因为报社对一审判决中与甲和与对方当事人之间权利义务承担均有意见。

（3）在第二审程序中，作为当事人的法人或者其他组织分立的，人民法院可以直接将分立后的法人或者其他组织列为共同诉讼人；合并的，将合并后的法人或者其他组织列为当事人。

3. 必须在法定期间内提出。《民事诉讼法》第 171 条规定，当事人不服第一审判决、裁定而提起上诉的，上诉期间分别为 15 天和 10 天。由于判决是对实体权利义务的认定，裁定一般只涉及程序问题，所以与裁定相比，对于判决是否上诉，给予了当事人更多的考虑时间。

上诉期间，是法律规定的允许当事人提起上诉的时间段，如果当事人在上诉期间内不行使上诉权，则上诉权丧失，一审裁判发生法律效力。上诉期间的计算，应当从第一审判决书、裁定书送达当事人后的次日起算。各方当事人收到判决书、裁定书的时间不相同的，从各自收到判决书、裁定书的次日起算。普通共同诉讼人的上诉期间，应当以共同诉讼人各自收到法院判决书、裁定书的次日开始分别计算；必要共同诉讼人的上诉期间，从最后一个共同诉讼人收到判决书的次日起计算。在代表人诉讼中，法院可将判决书、裁定书直接送交其代表人签收，从代表人签收之日的次日起算。

4. 必须提交上诉状。上诉状是当事人表示不服第一审人民法院裁判的书面表现形式，是第二审人民法院接受当事人上诉请求的依据。当事人提起上诉，必须向人民法院提交上诉状。一审宣判时或判决书、裁定书送达时，当事人口头表示上诉的，人民法院应当告知其必须在法定的上诉期内提交上诉状。如果未在法定期限内提交上诉状的，视为没有上诉。虽递交上诉状，但未在指定的期限内交纳上诉费的，按自动撤回上诉处理。

当事人应当按照对方当事人或者代表人的人数向原审人民法院提交上诉状副本。根据《民事诉讼法》172 条的规定，上诉状应当具备以下内容：①当事人的姓名、法人的名称及其法定代表人的姓名或者其他组织的名称及其主要负责人的姓名；②原审人民法院名称、案件的编号和案由；③上诉的请求和理由。

二、上诉案件的受理

根据《民事诉讼法》第 173 条、第 174 条的规定，上诉的受理应按以下程序进行：

1. 通过原审人民法院提交上诉状。当事人上诉的，原则上向原审人民法院提出，并按对方当事人或者代表人的人数提交上诉状副本。当然，为消除当事人的疑虑，当事人依法也可以直接向第二审人民法院提交上诉状，第二审人民法院在收到上诉状后，应当在 5 日内将上诉状移交原审人民法院。

2. 原审人民法院收到上诉状后，应当在 5 日内将上诉状副本送达对方当事人，并限其在收到上诉状副本之日起 15 日内提交答辩状。原审人民法院应当在收到答辩状之日起 5 日内将答辩状副本送达上诉人。对方当事人逾期不提交答辩状的，不影响人民法院对案件的审理。

3. 原审人民法院收到上诉状、答辩状后，应当在 5 日内连同全部案卷和证据，报送第二审人民法院。需说明的是，上诉案件的立案权属于第二审人民法院，原审人民法院所做的移交各种上诉材料的工作应理解为是对第二审人民法院工作的协助，不代表原审人民法院有权决定上诉的立案。

第二审人民法院收到第一审人民法院移送的上诉材料及一审案件卷宗，应当进行下列审查：①上诉状、一审裁判文书是否齐全。②上诉人递交的上诉状的时间是否在法定期限内；如果上诉逾期，是否提交了申请顺延上诉期限的书面材料。③上诉人是否交纳了诉讼费用；如果未交诉讼费用，是否属于缓、减、免交诉讼费的情形。④卷宗、材料不全的，应当及时通知原审法院补正。

第二审人民法院立案机构经过审查，认为有关材料无误的，应当填写立案登记表，编立案号，向当事人发送上诉案件受理通知书和应诉通知书，并将案卷材料移交有关审判庭。

上诉案件受理后将产生下列法律后果：阻断一审裁判的法律效力；在当事人与第二审法院之间发生了诉讼法律关系。

二审法院受理后、裁判宣告送达前，上诉人可以主动撤回上诉。根据《关于适用〈民事诉讼法〉的解释》的规定，在第二审程序中，当事人申请撤回上诉，人民法院经审查认为一审判决确有错误，或者当事人之间恶意串通损害国家利益、社会公共利益、他人合法权益的，不应准许。上诉一经撤回，当事人丧失对本案的上诉权；第二审程序终结，一审裁判生效，即使上诉期间未满，也不得再行上诉。

另外，在第二审程序中，原审原告往往有主动申请撤回起诉的情形。如果其他当事人同意，且不损害国家利益、社会公共利益及他人合法权益，人民法院可以准予撤回起诉，但撤回起诉后再次起诉的，人民法院不予受理。

 第二节　上诉案件的审理

就基本程序而言，第二审程序与第一审程序大致相同，即经过审理前的准备（包括由审判员组成合议庭、审阅案卷，确定审理方式和地点）和开庭审理（包括开庭准备、法庭调查、法庭辩论、合议庭评议，二审也可以选择不开庭的书面审理）等诉讼阶段。现行《民事诉讼法》第十四章仅对二审程序的审理范围、审理方式作了一些特别规定，具体审理过程适用第一审普通程序的有关规定。

一、审理前的准备

第二审人民法院对上诉案件应当组成合议庭进行审理。第二审人民法院审理上诉案件，负有审判和监督的双重任务，所以必须由审判员组成合议庭进行审判，严把法律关和事实关。

合议庭成员在开庭前熟悉案情，审阅案卷，明确争点，确定开庭审理方式。如果确定开庭审理，还应确定审理地点。一审法院一般距离当事人住所地、案件发生地较近，为了便利当事人诉讼，便于法院正确、及时、公正审理上诉案件，法律规定，二审可以在本院进行，也可以到案件发生地或者原审人民法院所在地进行。

此外，审前准备还包括传唤当事人、通知诉讼代理人等准备性工作。

二、上诉案件的审理范围

依据"不告不理"的原则，第二审人民法院对上诉案件的审理范围仅限于与上诉请求有关的事实认定和法律适用。《民事诉讼法》第175条明确规定，第二审人民法院应当对上诉请求的有关事实和适用法律进行审查。"有关事实"包括上诉人在一审中提出的事实和证据以及在二审中允许提出的新的事实和证据；"法律适用"包括原审法院审理过程中对民事诉讼法的适用是否正确以及对案件裁判所适用的实体法是否正确。二审法院既要对与上诉请求有关的事实进行审查，又要对与上诉请求的有关法律问题进行审查。由此看出，我国民事诉讼第二审既是事实审，又是法律审。

对上诉案件的有限审查应充分尊重当事人的处分权和辩论权。因为当事人的上诉是引起二审程序启动的唯一依据，当事人对一审裁判的哪些方面提起上诉，这完全是当事人行使处分权的表现。既然当事人已经接受裁判中的某些部分而不再提起上诉，二审法院也就没有必要依职权进行审查。同时，整个二审都围绕与上诉请求有关的事实和法律展开，对上诉人没有提出异议的事实、法律以及被上诉人在答辩中要求变更或补充第一审判决内容的不予审理。但为了维护法律的权威，加强审判监督，对一审判决中违反法律禁止性规定或者损害国家利益、社会公共利益、他人合法权益的内容则必须予以纠正。

三、上诉案件的审理方式

二审案件的审理方式，主要是指第二审人民法院审理民事案件所采用的审判组织形式及审理案件所采用的具体形式等问题。现行《民事诉讼法》对二审案件规定了"开庭审理"和"不开庭审理"两种审理方式。《民事诉讼法》第176条第1款规定，第二审人民法院对上诉案件应当开庭审理。经过阅卷、调查和询问当事人，对没有提出新的事实、证据或者理由，人民法院认为不需要开庭审理的，可以不开庭审理。

（一）开庭审理

开庭审理是上诉案件审理的基本方式。对一般上诉案件，审判人员须依法组成合议庭，在传唤双方当事人和其他诉讼参与人到庭之后，通过法庭调查、法庭辩论、合议庭评议、宣判等环节，对原裁判认定的事实、适用的法律以及当事人提出的新事实进行审查和口头辩论，经合议庭评议后作出新的裁判。因此，开庭审理是原则性规定。

开庭审理是实现直接言词原则、辩论原则的基本要求，能够有效地维护当事人的诉讼权利，有利于增强当事人对裁判结果的信服感和确保司法公正。

（二）不开庭审理

二审法院组成的合议庭经过阅卷、调查和询问当事人，对没有提出新的事实、证据或者理由，认为不需要开庭审理的，可以不开庭审理，直接作出裁判。

这种不开庭审理的方式的目的是简化诉讼程序，节约诉讼成本，是对那些无须开庭、案件事实已很清楚的情况所作的例外规定。

由于不开庭审理，客观上剥夺了当事人诉讼中的相互辩论权，不利于保证当事人实现上诉权，同时，如果过多使用这一方式，无形中会增大二审裁判发生错误的可能性。因此，《关于适用〈民事诉讼法〉的解释》明确规定了不开庭审理的具体情形：①不服不予受理、管辖权异议、驳回起诉裁定的；②当事人提出的上诉请求明显不能成立的；③原审裁判认定事实清楚，但适用法律错误的；④原判决严重违反法定程序，需要发回重审的。因此，第二审人民法院应当严格把握不开庭审理的情形，不得自行扩大不开庭审理的适用范围，决定不开庭审理的，须以当事人没有提出新的事实、证据或者理由为前提。此外，第二审人民法院审理上诉案件，应当组成合议庭进行审理，即使决定不开庭审理，也应当在合议庭通过阅卷、调查和询问当事人，将案件事实调查清楚之后作出。

四、上诉案件的审理期限

人民法院审理对判决的上诉案件，应在第二审立案之日起 3 个月内审结，有特殊情况需要延长的，由本院院长批准。

人民法院审理对裁定的上诉案件，应在第二审立案之日起 30 日内作出终审裁定。有特殊情况需要延长的，由本院院长批准。

第三节　　上诉案件的裁判

针对二审案件审理的不同情况，第二审人民法院应当依法对上诉案件作出不同的裁判。在特定情况下，也可以对案件进行调解。第二审人民法院宣告判决可以自行宣判，也可以委托原审人民法院或者当事人所在地人民法院代行宣判。

一、对不服一审判决提起上诉的案件的处理

对不服一审判决提起上诉的案件，第二审人民法院通过审理，根据上诉案件的不同情况，分别作出判决或裁定。

（一）驳回上诉，维持原判

第二审人民法院经过审理，认为原判决对上诉请求的有关事实认定清楚，适用法律正确的，判决驳回上诉，维持原判。之所以采用判决的形式而不是裁定的形式，是因为维持原判，就意味着当事人之间的实体权利义务依照一审判决被确定下来，二审实际上是通过判决的形式对当事人之间的实体权益争议作了处理。

另外，根据民事诉讼法相关司法解释的规定，原判决、裁定认定事实或者适用法律虽有瑕疵，但裁判结果正确的，第二审人民法院基于减少公共和私人诉讼成本的考虑，可以在判决、裁定中纠正瑕疵后予以维持。

（二）依法改判

第二审人民法院经过审理，认为原判决对上诉请求的有关事实认定错误或者适用法律错误的，可以根据现有证据纠正一审判决认定的事实，或在确认一审判决认定的事实的同时，纠正原判决法律适用上的错误，并依法改判、撤销或变更。这种改判既符合二审的审判监督职能，又可以提高诉讼效率。

另外，根据《民事诉讼法》第177条第1款第3项的规定，原判决认定基本事实不清的，裁定撤销原判决，发回原审人民法院重审，也可以在查清事实后改判。所谓基本事实，是指用以确定当事人主体资格、案件性质、民事权利义务等对原判决结果有实质性影响的事实。基本事实与裁判结果存在直接因果关系，缺乏对基本事实的认定，将直接影响原判决结果的公正性。通常来说，一审判决认定基本事实不清，应当由二审法院撤销原判，发回原审法院重新审理。但是，二审法院如果认为该案件不发回重审，并不影响当事人辩论权利的行使以及审级利益，原则上可以通过二审程序进行补救，即在查清事实后依法改判。

（三）发回重审

第二审法院认为原判决存在遗漏当事人或者违法缺席判决等严重违反法定程序情形的，应裁定撤销原判，发回原审法院重新审理。

发回重审是二审程序处理结果的一种形式，要兼顾诉讼效率，降低诉讼成本，促进诉讼进程。因此，应当严格限制发回重审，防止人民法院随意扩大发回重审范围而损害当事人权益。《关于适用〈民事诉讼法〉的解释》对其他"严重违反法定程序"的情形作了明确规定：①审判组织的组成不合法的；②应当回避的审判人员未回避的；③无诉讼行为能力人未经法定代理人代为诉讼的；④违法剥夺当事人辩论权利的。

发回重审的案件，原审人民法院应当按照第一审程序审理，审理后作出的裁判为一审裁判，当事人不服可以上诉，但第二审人民法院不得再次发回重审。发回重审以一次为限，解决了实务中多次发回重审的问题，可以在保证司法公正的同时兼顾诉讼效率，避免对司法资源的浪费。

二、对不服一审裁定提起上诉的案件的处理

第二审人民法院受理不服一审裁定提起的上诉案件后，通过法官的阅卷、调查，在查清事实的基础上，直接作出裁判。对不服一审裁定的上诉案件的处理，一律使用裁定。

1. 原裁定认定事实清楚、适用法律正确的，裁定驳回上诉，维持原裁定。

2. 原裁定认定事实错误或者适用法律错误的，裁定撤销或变更原裁定，作出如下处理：

（1）人民法院依照第二审程序审理案件，认为依法不应由人民法院受理的，可以由第二审人民法院直接裁定撤销原裁判，驳回起诉。

（2）人民法院依照第二审程序审理案件，认为第一审人民法院受理案件违反专属管辖规定的，应当裁定撤销原裁判并移送有管辖权的人民法院。

（3）第二审人民法院查明第一审人民法院作出的不予受理裁定有错误的，应当在撤销原裁定的同时，指令第一审人民法院立案受理；查明第一审人民法院作出的驳回起诉裁定有错误的，应当在撤销原裁定的同时，指令第一审人民法院审理。

由于可以上诉的三类裁定涉及的是单纯的程序问题，并未涉及实体权利义务的认定，所以不存在发回原审法院重新裁定的情况。另外，审理不服一审裁定的上诉案件，人民法院也不得调解。

三、二审裁判的法律效力

依据两审终审制的要求，第二审人民法院的裁判为终审裁判。终审裁判一经送达，即发生法律效力。其法律效力主要体现在以下三个方面：

1. 不得对裁判再行上诉。第二审人民法院的裁判是对当事人之间实体权利义务的最终确认，一经送达当事人，即发生法律效力，当事人不得就此再行上诉。如果当事人认为第二审人民法院的裁判确有错误，只能按照审判监督程序向人民法院申请再审。

2. 不得就同一诉讼标的，以同一事实和理由重新起诉。根据"一事不再理"原则，第二审人民法院的裁判一经送达，当事人之间争议的事实即产生了既判力，当事人不得就同一诉讼标的，以同一事实和理由重新起诉，但是，判决不准离婚、调解和好的离婚案件以及判决、调解维持收养关系的案件除外。这些案件之所以可以"除外"，是因为这一类案件往往涉及当事人之间的特殊身份关系，含有强烈的伦理、感情因素，因此不能完全等同于一般民事案件。

3. 具有强制执行的效力。具有给付内容的裁判，如果义务人拒不履行义务，对方当事人有权向人民法院申请执行，人民法院也可以视情况依职权采取强制措施，以促使义务人履行义务，保证权利人权利的实现。

四、上诉案件的调解

法院调解是民事诉讼法的一项基本原则，不论是第一审程序还是第二审程序都可以根据自愿、合法原则进行调解。因此，调解也是第二审程序的结案方式之一。

根据法律的规定，在二审中，人民法院可以组织双方当事人对案件进行调解。二审调解不受当事人上诉请求范围的限制，充分体现调解在二审中所发挥的独特作用。当然，调解不成，二审法院应当分情况予以处理。

1. 对当事人在第一审程序中已经提出的诉讼请求，原审人民法院未作审理、判决的，第二审人民法院可以根据当事人自愿的原则进行调解；调解不成的，发回重审。

2. 必须参加诉讼的当事人或者有独立请求权的第三人，在第一审程序中未参加诉讼，第二审人民法院可以根据当事人自愿的原则予以调解；调解不成的，发回重审。

3. 在第二审程序中，原审原告增加独立的诉讼请求或者原审被告提出反诉的，第二审人民法院可以根据当事人自愿的原则就新增加的诉讼请求或者反诉进行调解；调解不成的，告知当事人另行起诉。双方当事人同意由第二审人民法院一并审理的，第二审人民法院可以一并裁判。

4. 一审判决不准离婚的案件，上诉后，第二审人民法院认为应当判决离婚的，可以根据当事人自愿的原则，与子女抚养、财产问题一并调解；调解不成的，发回重审。双方当事人同意由第二审人民法院一并审理的，第二审人民法院可以一并裁判。

在二审程序中，达成调解协议的都应制作调解书，调解书由审判员和书记员署名并加盖人民法院的印章。这是因为二审的调解是否成立，直接关系到一审裁判是否发生法律效力。强制规定二审调解协议必须制作调解书，是为了防止不必要的纠纷或争议的出现。

二审民事调解书一经送达，原审法院的判决即视为撤销。

当事人在第二审程序中达成和解协议的，人民法院可以根据当事人的请求，对双方达成的和解协议进行审查并制作调解书送达当事人；因和解而申请撤诉，经审查符合撤诉条件的，人民法院应予准许。

学习小结

第二审程序是第一审程序的继续和发展，以第一审程序为前提和基础，针对当事人的上诉请求，对一审认定的事实和法律进行审查并依法作出裁判。因此，一审、二审之间存在着必然的联系，但同时在启动方式、审理对象和范围以及审判任务等方面又有着本质的区别。

　　上诉的提起与受理是二审程序中的重要环节。当事人提起上诉必须符合法定的条件，法院受理上诉案件也必须严格遵循法定的程序。第二审的审理程序在基本框架上遵循民事诉讼法第一审程序的相关规定，但同时具有自己的特点，如审理范围仅限于上诉请求的有关事实和法律适用，审理方式包括开庭审理和不开庭审理两种等。针对二审案件审理的不同情况，二审法院对上诉案件的裁判有所不同。同时，在法律规定的情况下，二审法院也可以对二审案件进行调解。

基础练习

　　1. 如何理解第二审程序与第一审程序的关系？
　　2. 试比较起诉与上诉的不同。
　　3. 简述在第二审程序中审理上诉案件的特点。
　　4. 简述第二审程序的调解范围。

案例分析

　　1. 某离婚案件的当事人甲与乙系一对年轻夫妻，因二人一时斗气，甲提出离婚。某区人民法院一审判决准予双方离婚后，乙不服上诉。在市中级人民法院审理过程中，甲乙双方经亲友劝解，表示愿意和好。一天，甲与乙二人来到市中级人民法院向承办人说明情况，申请撤回起诉和上诉。

　　请分析：为了满足本案当事人和好的要求，中级人民法院可否同意他们的撤诉申请？请简述理由。

　　2. 甲乙两公司签订了一份买卖合同。甲公司在合同约定的时间请求乙公司支付预付款，但乙公司迟迟没有回应。到了交货日，甲公司因货源短缺无法履行合同义务，乙公司便向某市甲区人民法院提起诉讼，要求甲公司按照合同约定交付货物，并赔偿由此所造成的损失。一审法院经过审理，判决甲公司向乙公司履行交货义务，并赔偿损失30万元。甲公司不服，在收到判决书的第8天向某市中级人民法院提交了上诉状，称一审判决认定事实有错误，要求确认合同无效。二审法院受理了该案，经过审理，认为甲乙双方签订的买卖合同有效，甲公司未按照合同约定交货，应当承担违约责任；乙公司未按照约定支付预付款，也应当承担相应的责任。因此，根据案件事实依法改判：甲、乙公司各自承担自己的经济损失，一、二审诉讼费用由双方分担。

　　请分析：
　　（1）甲公司的上诉是否符合民事诉讼法的规定？
　　（2）如果甲公司在上诉后的第三天撤回了上诉，一审判决是否生效？

（3）如果乙公司未上诉，但在二审答辩状中要求法院解除合同，二审法院应如何处理？

（4）如果甲公司在二审法院审理案件的过程中要求撤回上诉，而此时二审法院认为一审判决确有错误，应当如何处理？

3. 王某彪诉刘某仓房屋租赁纠纷一案由丹江县人民法院受理。第一次开庭时，因原告未带有关证据的原件，法庭决定休庭；第二次开庭时，原告在法庭辩论时提出，本案合议庭中的书记员刘某江为被告刘某仓的弟弟，故要求刘某江回避，审判长以法庭调查已结束为由，驳回了原告的回避申请。一审法院判决后，原告以一审法院判决认定事实不清，且程序上违法——刘某江应当回避而未回避——为由，提起上诉。二审法院经审理认为，一审法院的判决认定事实清楚，适用实体法也无不当之处，同时还查明刘某江确实是刘某仓的弟弟。

请分析：在此情况下，二审法院对本案应当如何处理？

拓展学习

第八章　拓展学习

第九章　再审程序

目标任务

　　了解再审程序的概念和特点，掌握再审程序的启动途径及条件，能够分析再审案件的审理法院及审理程序。

知识技能

　　再审案件审理法院和审级的确定；当事人另行起诉和申请再审的事由辨析；当事人再审申请被驳回时的救济。

　　再审程序，又称审判监督程序，是指人民法院对已经发生法律效力但确有错误的判决、裁定或调解书再次进行审理并依法作出裁判所适用的程序。再审程序的设立，在确保司法公正、提高审判质量、维护司法权威与尊严、保护当事人的合法权益等方面，具有十分重要的意义。

　　再审程序是独立于审级之外的特殊程序，和第一审程序、第二审程序相比，主要有下列特点：①程序发生的原因特殊。第一审程序的发生是由于当事人之间发生了民事权益争议，争议的一方主体以原告身份向人民法院提起诉讼，第二审程序的发生原因是当事人对第一审人民法院作出的裁判不服，提起上诉，而再审程序的发生原因是人民法院的生效裁判确有错误。②程序性质特殊。再审程序不是民事诉讼中的正常程序，具有事后监督的性质，其功能在于纠正人民法院生效裁判中的错误，因而也不是民事案件审理的必经程序。而第一审程序和第二审程序都是民事诉讼中的正常程序，主要任务在于审理案件。③提起再审的主体特殊。提起再审的主体具有广泛性，包括人民法院、当事人和人民检察院，而提起第一审程序和第二审程序的主体一般只能是诉讼中的当事人。④提起再审的期限特殊。当事人申请再审应当在判决、裁定发生法律效力后 6 个月内提出（特殊情况除外），人民法院依职权再审和人民检察院抗诉则不受时间的限制，而第一审程序的提起没有时间要求，第二审程序必须在上诉期内提起。⑤审理程序特殊。对再审案件进行审理时，再审法院可能适用第一审程序进行审理，也可能直接适用第二审程序进行审理。而按照第一审程序审理的案件一般均可以上诉（最高人民法院审理的一审案件、适用小额诉讼程序的案件除外），按照第二审程序审理的案件是终审裁判，一律不得上诉。

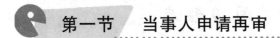

第一节　当事人申请再审

当事人申请再审，是指当事人认为已经发生法律效力的判决、裁定、调解书有错误，为求撤销、变更原裁判，而向人民法院提出对案件进行再次审理的诉讼行为。当事人申请再审，体现了当事人在民事诉讼法律关系中的主体地位，对维护法律尊严和保护当事人合法权益有着重要意义。

一、当事人申请再审的条件

1. 申请再审的对象必须是已经发生法律效力的判决、裁定、调解书。如果判决、裁定尚未生效，当事人可以在上诉期内提起上诉；如果调解书当事人拒绝签收，拒绝签收的调解书不生效，人民法院应当及时判决。已经生效的民事判决、裁定包括：地方各级人民法院作为第一审人民法院作出的可以上诉，而当事人未上诉的判决、裁定；第二审人民法院作出的判决、裁定；最高人民法院作出的判决、裁定。

2. 申请再审必须符合法定事由。根据《民事诉讼法》第 211 条规定，当事人的申请符合下列情形之一的，人民法院应当再审：①有新的证据，足以推翻原判决、裁定的；②原判决、裁定认定的基本事实缺乏证据证明的；③原判决、裁定认定事实的主要证据是伪造的；④原判决、裁定认定事实的主要证据未经质证的；⑤对审理案件需要的主要证据，当事人因客观原因不能自行收集，书面申请人民法院调查收集，人民法院未调查收集的；⑥原判决、裁定适用法律确有错误的；⑦审判组织的组成不合法或者依法应当回避的审判人员没有回避的；⑧无诉讼行为能力人未经法定代理人代为诉讼或者应当参加诉讼的当事人，因不能归责于本人或者其诉讼代理人的事由，未参加诉讼的；⑨违反法律规定，剥夺当事人辩论权利的；⑩未经传票传唤，缺席判决的；⑪原判决、裁定遗漏或者超出诉讼请求的；⑫据以作出原判决、裁定的法律文书被撤销或者变更的；⑬审判人员审理该案件时有贪污受贿、徇私舞弊、枉法裁判行为的。

《民事诉讼法》第 212 条规定，当事人对已经发生法律效力的调解书，提出证据证明调解违反自愿原则或者调解协议的内容违反法律的，可以申请再审。经人民法院审查属实的，应当再审。

3. 申请再审必须在法定期限内提出。《民事诉讼法》第 216 条规定，当事人申请再审，应当在判决、裁定发生法律效力后 6 个月内提出。有下列情形之一的，自知道或者应当知道之日起 6 个月内提出：有新的证据，足以推翻原判决、裁定的；原判决、裁定认定事实的主要证据是伪造的；据以作出原判决、裁定的法律文书被撤销或者变更的；审判人员审理该案件时有贪污受贿、徇私舞弊、枉法裁判行为的。

4. 申请再审的法院是上一级人民法院或原审人民法院。《民事诉讼法》第 210 条规定，当事人对已经发生法律效力的判决、裁定，认为有错误的，可以向上一级人民法院申请再审；当事人一方人数众多或者当事人双方为公民的案件，也可以向原审人民法院申请再审。当事人申请再审的，不停止判决、裁定的执行。《关于适用〈民事诉讼法〉的解释》规定，当事人一方人数众多或者当事人双方为公民的案件，当事人分别向原审人民法院和上一级人民法院申请再审且不能协商一致的，由原审人民法院受理。

5. 申请再审的主体是当事人或者当事人的继承人。《关于适用〈民事诉讼法〉的解释》规定，当事人死亡或者终止的，其权利义务承继者可以根据《民事诉讼法》的相关规定申请再审。

二、不得申请再审和人民法院不予受理的情形

1. 根据《民事诉讼法》第 213 条和《关于适用〈民事诉讼法〉的解释》相关规定，下列案件当事人不得申请再审：①当事人对已经发生法律效力的解除婚姻关系的判决、调解书，不得申请再审。②适用特别程序、督促程序、公示催告程序、破产程序等非讼程序审理的案件，当事人不得申请再审。③当事人就离婚案件中的财产分割问题申请再审，如涉及判决中已分割的财产，人民法院应当依照《民事诉讼法》相关规定进行审查，符合再审条件的，应当裁定再审；如涉及判决中未作处理的夫妻共同财产，应当告知当事人另行起诉。

2. 根据《关于适用〈民事诉讼法〉的解释》的规定，当事人申请再审，有下列情形之一的，人民法院不予受理：①再审申请被驳回后再次提出申请的；②对再审判决、裁定提出申请的；③在人民检察院对当事人的申请作出不予提出再审检察建议或者抗诉决定后又提出申请的。

此外，人民法院裁定撤销仲裁裁决和裁定不予执行仲裁裁决的案件，当事人申请再审，法院不予受理。在执行过程中作出的裁定，当事人不服，由执行部门进行复查处理，也不得申请再审。

三、当事人申请再审的程序

1. 当事人申请再审的，应当提交下列材料：①再审申请书，并按照被申请人和原审其他当事人的人数提交副本。再审申请书应当载明下列事项：再审申请

人与被申请人及原审其他当事人的基本信息；原审人民法院的名称，原审裁判文书案号；具体的再审请求；申请再审的法定情形及具体事实、理由。再审申请书应当明确申请再审的人民法院，并由再审申请人签名、捺印或者盖章。②再审申请人是自然人的，应当提交身份证明；再审申请人是法人或者其他组织的，应当提交营业执照、组织机构代码证书、法定代表人或者主要负责人身份证明书。委托他人代为申请的，应当提交授权委托书和代理人身份证明。③原审判决书、裁定书、调解书。④反映案件基本事实的主要证据及其他材料。

2. 人民法院应当自收到再审申请书之日起 5 日内将再审申请书副本发送对方当事人。对方当事人应当自收到再审申请书副本之日起 15 日内提交书面意见；不提交书面意见的，不影响人民法院审查。人民法院可以要求申请人和对方当事人补充有关材料，询问有关事项。

3. 人民法院应当自收到再审申请书之日起 3 个月内审查，符合《民事诉讼法》规定的，裁定再审；不符合《民事诉讼法》规定的，裁定驳回申请。有特殊情况需要延长的，由本院院长批准。因当事人申请裁定再审的案件由中级人民法院以上的人民法院审理，但当事人依照法律规定选择向基层人民法院申请再审的除外。最高人民法院、高级人民法院裁定再审的案件，由本院再审或者交其他人民法院再审，也可以交原审人民法院再审。

第二节　人民法院依职权再审

人民法院依职权决定再审，是指作出生效判决、裁定、调解书的人民法院及其上级人民法院发现该裁判确有错误，依法对案件进行再次审理的诉讼活动。人民法院依职权再审是人民法院系统内部自我监督的体现。

一、人民法院依职权再审的条件

根据《民事诉讼法》第 209 条的规定，人民法院决定再审必须具备以下条件：①判决、裁定、调解书已经发生法律效力。②已经发生法律效力的判决、裁定、调解书，确有错误。与当事人申请再审以及检察机关抗诉再审不同，依职权再审不必遵从再审事由的设定，而仅仅需要人民法院审查认为原判决、裁定"确有错误"。

二、人民法院依职权再审的形式

（一）本院提起再审

本院提起再审，是指人民法院发现本院作出的生效裁判确有错误，而对案件进行的再次审理。根据《民事诉讼法》第 209 条第 1 款的规定，各级人民法院院长对本院已经发生法律效力的判决、裁定、调解书，发现确有错误，认为需要再审的，应当提交审判委员会讨论决定。这一法律规定包含以下几个方面的内容：

1. 有权提起再审的主体是各级人民法院，即最高人民法院、高级人民法院、中级人民法院、基层人民法院。

2. 提起再审的案件是本院作出的、发生法律效力但确有错误的判决、裁定和调解书。确有错误的判断标准可以参照《民事诉讼法》第 211 条和第 212 条的规定。

3. 本院提起再审的程序是经院长提交审判委员会，由审判委员会讨论决定是否提起再审。这一规定体现了人民法院对再审案件的审慎态度。

（二）最高人民法院和上级人民法院提起再审

根据《民事诉讼法》第 209 条第 2 款的规定，最高人民法院对地方各级人民法院已经发生法律效力的判决、裁定、调解书，上级人民法院对下级人民法院已经发生法律效力的判决、裁定、调解书，发现确有错误的，有权提审或者指令下级人民法院再审。据此规定，最高人民法院和上级人民法院提起再审有两种形式：一是提审，二是指令下级人民法院再审。

最高人民法院作为国家最高审判机关，有权对地方各级人民法院进行监督，因而，对地方各级人民法院作出的生效裁判，其认为确有错误的，可以自行提审，也可以指令下级人民法院再审。

上级人民法院是指作出生效裁判的人民法院的上级法院。上级人民法院在对下级法院的审判工作进行指导和监督过程中，发现下级法院作出的生效裁判确有错误的，可以自行提审，也可以指令下级人民法院再审。

最高人民法院和上级人民法院提审时一律适用第二审程序，所作裁判是生效裁判，当事人不得上诉。

第三节　人民检察院抗诉再审

人民检察院抗诉，也称民事抗诉，是指人民检察院认为人民法院已经发生法律效力的判决、裁定、调解书确有错误，依法提请人民法院再次审理的诉讼行为。

一、人民检察院提起抗诉的条件

1. 提起抗诉的对象是人民法院已经发生法律效力的判决、裁定、调解书。对未生效的判决、裁定、调解书，即使发现了错误，检察院也不得抗诉。这也是民事抗诉和刑事抗诉的不同之处。

2. 具有提起抗诉的法定事由。根据《民事诉讼法》第219条第1款的规定，最高人民检察院对各级人民法院已经发生法律效力的判决、裁定，上级人民检察院对下级人民法院已经发生法律效力的判决、裁定，发现有该法第211条规定情形之一的，或者发现调解书损害国家利益、社会公共利益的，应当提出抗诉。

根据该条规定，人民检察院提起民事抗诉的事由和当事人申请再审的事由基本一致，需要注意的是对调解书进行抗诉必须以调解书损害国家利益、社会公共利益为限，这也是人民检察院对调解书提起抗诉和当事人对调解书申请再审的不同之处。

3. 提起抗诉的主体是最高人民检察院和上级人民检察院。如果地方各级人民检察院发现同级法院的生效判决、裁定、调解书有错误的，不能向同级人民法院提起抗诉。例如，西安市人民检察院发现西安市中级人民法院的生效裁判有错误，不能向西安市中级人民法院提起抗诉，而应由陕西省人民检察院向陕西省高级人民法院提起抗诉。

二、人民检察院抗诉再审的程序

1. 人民检察院决定对人民法院的判决、裁定、调解书提出抗诉的，应当制作抗诉书。

2. 人民检察院提出抗诉的案件，接受抗诉的人民法院应当自收到抗诉书之日起30日内作出再审的裁定；有《民事诉讼法》第211条第1项至第5项规定情形之一的，可以交下一级人民法院再审，但经该下一级人民法院再审的除外。

3. 人民检察院提出抗诉的案件，人民法院再审时，应当通知人民检察院派员出席法庭。人民检察院在履行法律监督职责提出检察建议或者抗诉有需要时，可以向当事人或者案外人调查核实有关情况。

三、人民检察院提起再审检察建议

再审检察建议，是指人民检察院发现同级人民法院发生法律效力的民事判决、裁定确有错误或调解书损害国家利益、社会公共利益的，以再审检察建议的形式，建议人民法院依职权自行启动再审程序重新审理案件的一种监督方式。再审检察建议是人民法院和人民检察院之间互相监督、相互配合的具体体现，从内部机制入手维护法律的权威，保护当事人合法权益。

（一）再审检察建议的法律规定

根据《民事诉讼法》第 219 条第 2 款的规定，地方各级人民检察院对同级人民法院已经发生法律效力的判决、裁定，发现有该法第 211 条规定情形之一的，或者发现调解书损害国家利益、社会公共利益的，可以向同级人民法院提出检察建议，并报上级人民检察院备案；也可以提请上级人民检察院向同级人民法院提出抗诉。

根据《民事诉讼法》第 220 条的规定，有下列情形之一的，当事人可以向人民检察院申请检察建议或者抗诉：①人民法院驳回再审申请的；②人民法院逾期未对再审申请作出裁定的；③再审判决、裁定有明显错误的。人民检察院对当事人的申请应当在 3 个月内进行审查，作出提出或者不予提出检察建议或者抗诉的决定。人民检察院作出决定后，当事人不得再次向人民检察院申请检察建议或者抗诉。

（二）再审检察建议的提起程序

根据最高人民检察院《人民检察院民事诉讼监督规则》第 87 条的规定，人民检察院提出再审检察建议，应当制作《再审检察建议书》，在决定提出再审检察建议之日起 15 日内将《再审检察建议书》连同案件卷宗移送同级人民法院，并制作决定提出再审检察建议的《通知书》，发送当事人。人民检察院提出再审检察建议，应当经本院检察委员会决定，并将《再审检察建议书》报上一级人民检察院备案。人民法院收到再审检察建议后，应当组成合议庭，在 3 个月内进行审查，发现原判决、裁定、调解书确有错误，需要再审的，依照《民事诉讼法》第 209 条的规定裁定再审，并通知当事人；经审查，决定不予再审的，应当书面回复人民检察院。人民法院审理因人民检察院抗诉或者检察建议裁定再审的案件，不受此前已经作出的驳回当事人再审申请裁定的影响。

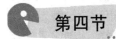

第四节　再审案件的审理与裁判

一、再审案件的审理

（一）再审案件的审理程序

再审程序不是一个独立的审级，所以民事诉讼法并没有规定再审案件的审理程序，再审案件是根据审理法院来确定适用第一审程序或第二审程序的。根据

《民事诉讼法》第 218 条的规定，人民法院按照审判监督程序再审的案件，发生法律效力的判决、裁定是由第一审人民法院作出的，按照第一审程序审理，所作的判决、裁定，当事人可以上诉；发生法律效力的判决、裁定是由第二审人民法院作出的，按照第二审程序审理，所作的判决、裁定，是发生法律效力的判决、裁定；上级人民法院按照审判监督程序提审的，按照第二审程序审理，所作的判决、裁定是发生法律效力的判决、裁定。

人民法院审理再审案件，应当另行组成合议庭。因而再审程序不能适用简易程序进行审理。

（二）对原裁判的处理

根据《民事诉讼法》第 217 条的规定，按照审判监督程序决定再审的案件，裁定中止原判决、裁定、调解书的执行，但追索赡养费、扶养费、抚养费、抚恤金、医疗费用、劳动报酬等案件，可以不中止执行。法律之所以规定决定再审后对原裁判"中止执行"，而不是"终结执行"，是因为再审案件此时尚未开始审理，一旦经过审理也有可能作出维持原判的裁判，如果维持原判，则需要恢复执行。

（三）对撤诉的处理

审查再审申请期间，再审申请人撤回再审申请的，是否准许，由人民法院裁定。再审申请人经传票传唤，无正当理由拒不接受询问的，可以按撤回再审申请处理。人民法院准许撤回再审申请或按照撤回再审申请处理的，再审申请人再次申请再审的，人民法院一般情况下将不予受理。

二、再审案件的裁判

1. 人民法院审理再审案件应当围绕再审请求进行。当事人的再审请求超出原审诉讼请求的，不予审理；符合另案诉讼条件的，告知当事人可以另行起诉。

2. 根据《关于适用〈民事诉讼法〉的解释》的规定，人民法院经再审审理认为，原判决、裁定认定事实清楚、适用法律正确的，应予维持；原判决、裁定认定事实、适用法律虽有瑕疵，但裁判结果正确的，应当在再审判决、裁定中纠正瑕疵后予以维持。原判决、裁定认定事实、适用法律错误，导致裁判结果错误的，应当依法改判、撤销或者变更。

3. 根据《关于适用〈民事诉讼法〉的解释》的规定，按照第二审程序再审的案件，人民法院经审理认为不符合《民事诉讼法》规定的起诉条件或者符合《民事诉讼法》第 127 条规定不予受理情形的，应当裁定撤销一、二审判决，驳回起诉。

4. 根据《关于适用〈民事诉讼法〉的解释》的规定，人民法院对调解书裁定再审后，按照下列情形分别处理：①当事人提出的调解违反自愿原则的事由不成立，且调解书的内容不违反法律强制性规定的，裁定驳回再审申请；②人民检察院抗诉或者再审检察建议所主张的损害国家利益、社会公共利益的理由不成立的，裁定终结再审程序。发生上述情形，人民法院裁定中止执行的调解书需要继续执行的，自动恢复执行。

学习小结

　　再审程序不是民事诉讼中的独立审级，审理对象是人民法院已经发生法律效力但确有错误的判决、裁定和调解书。再审的启动有3个途径，分别是人民法院依职权再审、当事人申请再审、人民检察院抗诉再审。

　　再审案件的审理法院是原审人民法院和上级人民法院。原审法院指作出生效判决、裁定、调解书的人民法院，根据原审的审级不同，再审案件可能适用第一审普通程序进行审理，所作裁判可以上诉；也可能直接适用第二审程序进行审理，所作裁判一经作出，立即生效，当事人不得再上诉。当事人对再审判决、裁定提出再审申请的，人民法院不予受理，应当告知当事人可以向人民检察院申请再审检察建议或者抗诉，但因人民检察院提出再审检察建议或者抗诉而再审作出的判决、裁定除外。

基础练习

　　1. 再审程序有哪些特点？
　　2. 再审案件的启动途径有哪些？
　　3. 当事人申请再审的条件是什么？
　　4. 抗诉和检察建议的关系是什么？

案例分析

　　1. 王某与赵某于2007年结婚，婚后二人感情不和，常常为琐事争吵。双方多次协商离婚事宜，但均因财产分配问题无法达成协议。2014年，王某向丙市丁区人民法院提起诉讼，要求解除与赵某的婚姻关系，并分割夫妻共同财产。案件经丙市人民法院终审判决解除了双方的夫妻关系，房屋一套归赵某所有，奥迪轿车一辆归王某所有，存款50万元王某分得30万元，赵某分得20万元。王某不服，拟向丙市人民法院申请再审。王某申请再审期间，朋友无意间说起赵某曾在2013年中了体育彩票，奖金为20万元，但赵某从未向王某提起过，因而王某一并向法院申请再审，要求分得奖金。

请分析：人民法院应当如何处理王某的再审申请？

2. 张甲、张乙、张丙三兄弟为继承其父所遗留的一套房屋及家具发生纠纷，诉至乙市甲县人民法院，法院经审理，判决张甲继承房屋的1/2，张乙、张丙各继承房屋的1/4，家具由3人平分。张乙、张丙对判决不服，向乙市人民法院提起上诉。乙市法院作出二审判决，维持了一审判决。张乙、张丙遂向甲县人民法院申请再审。

请分析：

（1）甲县法院能否对案件进行再审？

（2）若再审申请被驳回，张乙、张丙还有什么救济途径？

第九章　拓展学习

第十章　非诉与涉外程序

目标任务

　　掌握选民资格案件以及各类非诉案件的共同特点，知晓督促程序适用的条件、支付令申请以及支付令异议的流程，知晓公示催告程序的适用范围、公示催告申请条件和除权判决的条件及其法律效力，了解涉外民事诉讼程序的特别规定。

知识技能

　　特别程序的启动及适用；督促程序中支付令申请的启动及支付令异议的适用；公示催告程序的适用；涉外民事诉讼中相关情况的处理。

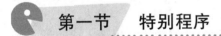 **第一节　特别程序**

一、特别程序概述

（一）特别程序的概念

　　特别程序，是指人民法院审理某些非民事权益争议案件所适用的特殊审判程序。特别程序不同于审判一般案件的普通程序和简易程序，它具有自己的特殊性和独立性，是我国民事诉讼审判程序的重要组成部分。

　　特别程序的适用范围：其一，适用特别程序的人民法院是特定的，即仅限于基层人民法院，中级以上人民法院不适用特别程序。其二，适用特别程序审理的案件是特定的，即限于选民资格案件和非讼案件。在这两类案件中，不存在民事权利义务之争，也不存在利害关系相冲突的双方当事人。《民事诉讼法》第十五章规定适用特别程序的案件有：选民资格案件、宣告失踪或宣告死亡案件、指定遗产管理人案件、认定公民无民事行为能力或限制民事行为能力案件、认定财产无主案件、确认调解协议案件以及实现担保物权案件。此外，根据我国《民法典》的规定，指定或撤销监护案件，从性质上讲也是非讼案件，人民法院审理这类案件应当参照特别程序的有关规定进行。按照特别程序审理的案件，除选民资格案件以外，其他案件统称为"非讼案件"。

（二）特别程序的特点

特别程序与其他通常程序既不互为条件，也不互相依存，而是独立存在。特别程序是数个不同类型的程序的总称，每一种类型程序各自适用于不同的案件，各自有其独立的内容，彼此之间没有联系，也不能混合适用。相比之下，普通程序或简易程序分别是程序的一种，自成体系，统一适用于一类案件。与审理民事案件的通常程序相比较，特别程序具有下列特点：

1. 法律适用的特殊性。在法律适用方面，首先适用《民事诉讼法》关于特别程序的规定；《民事诉讼法》没有规定的，适用民事诉讼法和其他法律的有关规定。

2. 提起事由的特殊性。提起特别程序，不是为了解决民事权利义务争议，而是确认某种法律事实是否存在，确认某种权利的实际状况。这是特别程序最本质的特征。审理过程中，如果发现本案属于民事权益争议的，人民法院应当裁定终结特别程序，并告知利害关系人按照普通程序或简易程序另行起诉。

3. 主体的特殊性。除选民资格案件由起诉人起诉外，其他案件均由申请人提出申请，并且，作为程序发动者的申请人或者起诉人不一定与本案有直接的利害关系，而且没有对方当事人，因此无利害关系相冲突的双方当事人。

4. 实行一审终审。判决书一旦送达，即发生法律效力，申请人或起诉人不得提起上诉。

5. 不适用审判监督程序。按照特别程序审理的案件，在判决发生法律效力以后，如果发现判决在认定事实或适用法律方面有错误，或者出现了新情况、新事实，人民法院根据有关人员的申请，查证属实之后，可依特别程序的规定撤销原判决，作出新判决。

6. 案件审理期限较短。根据《民事诉讼法》的规定，按特别程序审理的案件，应当在立案之日起 30 日内或公告期满后 30 日内审结。有特殊情况需要延长的，由本院院长审批。但选民资格案件必须在选举日之前审结。

7. 免交案件受理费。依特别程序审理案件，申请人或者起诉人免交案件受理费，只需交纳实际支出的费用。

二、选民资格案件

（一）选民资格案件的概念

选民资格案件，是指公民对选举委员会公布的选民资格名单有不同意见，向选举委员会申诉后，对选举委员会就申诉所作的决定不服，而向人民法院提起诉讼的案件。

人民法院审理选民资格案件，是通过审判程序解决选举委员会公布的选民资格名单有无错列、漏列或错写、漏写的问题，不解决对破坏选举的违法犯罪行为予以制裁的问题。对于破坏选举的违法犯罪行为，应当根据《中华人民共和国选举法》（以下简称《选举法》）和《中华人民共和国刑法》（以下简称《刑法》）的有关规定，按照刑事诉讼程序处理。

选举权和被选举权是我国公民依法享有的一项参与国家事务管理的庄严的政治权利。人民法院审理选民资格案件的意义在于，使有选举资格的公民享有选举权与被选举权，使他们能够依法参加选举活动，行使神圣的选举权利，选举自己的代表管理国家事务。同时也可以防止没有选举权和被选举权的人参加选举，从而保障选举工作的正常和顺利进行。

（二）选民资格案件的程序

1. 起诉。根据《选举法》和《民事诉讼法》的有关规定，公民对选举委员会公布的选民资格名单有不同意见，应当先向选举委员会提出申诉，选举委员会应在 3 日内对申诉作出决定。申诉人对处理决定不服的，可以在选举日的 5 日以前向人民法院起诉。选民资格案件的起诉人既可以是选民本人，也可以是其他认为选民名单有错误的公民。

选民资格案件的诉讼参加人包括起诉人、选举委员会的代表以及有关公民，而非原告和被告。在选民资格案件中，对提起诉讼的公民不称原告，而只称起诉人；尽管起诉人是不服选举委员会对申诉所作的处理决定而起诉的，但选举委员会并不是选民资格案件的被告；尽管其他公民作为起诉人的案件涉及有关公民的选举权和被选举权，但所涉及的有关公民也不是选民资格案件的被告。

2. 管辖。根据《民事诉讼法》第 188 条的规定，选民资格案件，由选区所在地的基层人民法院管辖。这样规定既方便公民起诉，也便于受诉人民法院与选举委员会取得联系，及时向选举委员会和有关公民进行调查，查明情况，作出正确的判决。

3. 审理和判决。根据《民事诉讼法》第 185 条的规定，人民法院审理选民资格案件，只能由审判员组成合议庭进行审理，不能实行独任制和陪审制。

开庭审理时，起诉人、选举委员会的代表和有关公民必须参加。人民法院在充分听取意见、查清事实的基础上进行评议和判决。经过审理，人民法院认为起诉人的起诉理由成立的，会判决撤销选举委员会对申诉所作的处理决定；认为起诉人的起诉理由不成立的，会判决驳回起诉人的起诉，维持选举委员会对申诉所作的处理决定。

人民法院受理选民资格案件后，必须在选举日前审结，否则就不能保障公民选举权的有效行使和选举工作的顺利进行，审判就会失去意义。人民法院的判决书应当在选举日前送达选举委员会和起诉人，并通知有关公民。判决书一经送达立即发生法律效力。

三、宣告失踪、宣告死亡案件

（一）宣告失踪案件

1. 宣告失踪案件的概念。宣告失踪案件，是指公民离开自己的住所，下落不明达法定期限的，经利害关系人申请，人民法院宣告该公民为失踪人的案件。

这一制度的意义在于：其一，这一制度有利于保护失踪人的合法权益。其二，有利于保护与失踪人有利害关系的第三者的利益。其三，有利于贯彻《民法典》规定的宣告失踪制度。

2. 宣告失踪案件的程序。

（1）申请。根据《民事诉讼法》第 190 条的规定，向人民法院申请宣告公民失踪，必须具备三个条件：其一，必须有公民下落不明满两年的事实。所谓"下落不明"，是指公民最后离开自己的住所或居所地后，去向不明，与任何人都无联系，杳无音讯。对于确知其在某地，只是无法正常通讯联系的，不宜视为下落不明。两年时间从公民失去音讯之日起计算。此外，战争期间下落不明的，从战争结束之日或者有关机关确定的下落不明之日起计算；因意外事件下落不明的，从事件发生之日起计算。公民下落不明满两年必须是持续的、不间断的。如果公民音讯消失后一段时间，又有音讯的，则两年的时间应从该公民的音讯再次消失之日起计算。其二，必须是与下落不明的公民有利害关系的人向人民法院提出申请。利害关系人，是指与下落不明的公民有人身关系或者民事权利义务关系的人，包括失踪公民的配偶、父母、成年子女、祖父母、外祖父母、成年兄弟姐妹以及其他与之有民事权利义务关系（如债权债务关系）的人。符合法律规定的多个利害关系人提出宣告失踪申请的，列为共同申请人。无人申请，人民法院不得依职权宣告公民失踪。如果几个利害关系人对是否申请该公民失踪意见不一致，则有权申请该公民为失踪人的利害关系人没有先后顺序。其三，必须采用书面形式提出申请。申请书应写明失踪的事实、时间和申请人的请求并附有公安机关或者其他有关机关关于该公民下落不明的书面证明。其他有关机关，是指公安机关以外的能够证明该公民下落不明的机关。

宣告失踪案件，人民法院可以根据申请人的请求，清理下落不明人的财产，指定案件审理期间的财产管理人。

（2）管辖。根据《民事诉讼法》第 190 条的规定，宣告公民失踪的案件，由下落不明人住所地的基层人民法院管辖。

（3）公告。根据《民事诉讼法》第 192 条的规定，人民法院受理宣告失踪案件后，应当发出寻找下落不明人的公告。公告期间为 3 个月，从发出公告的次日起计算。发出寻找下落不明人的公告，是人民法院审理宣告失踪案件必不可少的程序。

（4）判决。公告期满，该公民仍然下落不明的，人民法院应确认该公民失踪的事实存在，并依法作出宣告该公民为失踪人的判决。如公告期内该公民出现或者被查明下落，人民法院则应作出判决，驳回申请。

3. 宣告失踪的法律后果。人民法院在判决宣告公民失踪的同时，应按照《民法典》的规定，为失踪人指定财产代管人。《民法典》第 42 条规定，失踪人的财产由其配偶、成年子女、父母或者其他愿意担任财产代管人的人代管。代管有争议，没有上述规定的人，或者上述规定的人无代管能力的，由人民法院指定的人代管。根据《关于适用〈民事诉讼法〉的解释》的规定，失踪人的财产代管人经人民法院指定后，代管人申请变更代管的，比照《民事诉讼法》特别程序的有关规定进行审理。申请理由成立的，裁定撤销申请人的代管人身份，同时另行指定财产代管人；申请理由不成立的，裁定驳回申请。失踪人的其他利害关系人申请变更代管的，人民法院应告知其以原指定的代管人为被告起诉，并按普通程序进行审理。被宣告为失踪人后，公民的民事权利能力并不因宣告失踪而消灭，具有民事行为能力的公民在被宣告失踪期间实施的民事法律行为有效，与失踪人人身有关的民事法律关系，如婚姻关系、收养关系等，也不发生变化。

公民被宣告失踪以后，人民法院为失踪人设立财产代管人，并由该财产代管人以失踪人的财产清偿失踪人的债务。对于失踪人所欠税款、债务和应付的其他费用，代管人负责从失踪人的财产中支付。

4. 宣告失踪判决的撤销及法律后果。被宣告失踪的公民重新出现或者确知其下落的，经该公民本人或者利害关系人申请，人民法院查证属实后，应当作出新判决，撤销原判决。宣告失踪的判决撤销后，财产代管人的职责终止，无权再代管财产，并应负责对原代管的财产进行清理，返还原财产及其收益。为管理和保护失踪人财产所支出的必要费用，财产代管人有权要求偿付。

（二）宣告死亡案件

1. 宣告死亡案件的概念。宣告死亡案件，是指公民下落不明满法定期限，人民法院根据利害关系人的申请，依法宣告该公民死亡的案件。人的死亡分为自然死亡和法律上推定死亡两种，宣告死亡是法律上推定死亡的形式。

这一制度的意义在于，通过宣告失踪人死亡，结束因公民长期下落不明而使某些法律关系处于不稳定状态的局面，保护利害关系人的合法权益，维护正常的社会经济秩序和生活秩序。

2. 宣告死亡案件的程序。

（1）申请。申请宣告公民死亡必须具备下列条件：其一，应当具备该公民下落不明的事实存在满法定期间或者有关机关证明其不可能生存的情形。具体而言分三种情况：一是在正常情况下，该公民离开自己的住所或经常居住地，去向不明，从其离开住所或经常居住地之次日起没有音讯、下落不明的事实状态满4年，战争期间下落不明的，从战争结束之日起满4年。二是因意外事件下落不明，从意外事件发生之日起需满2年。三是因意外事件下落不明，有关机关证明该公民不可能生存的，不受2年期限的限制。其二，申请须由该公民的利害关系人提出。利害关系人包括：被宣告死亡人的配偶、父母、子女、兄弟姐妹、祖父母、外祖父母、孙子女、外孙子女以及其他与被申请人有民事权利义务关系的人。其三，利害关系人须以书面方式提出申请，并提交公安机关或其他机关出具的关于该公民下落不明的证明文件。因意外事故下落不明，经有关机关证明其不可能生存的，应提交有关机关出具的该公民不可能生存的证明文件。

应当明确，宣告失踪不是宣告死亡的必经程序，只要符合宣告死亡的条件，利害关系人就可以直接向人民法院申请宣告失踪人死亡。另外，同一顺序的利害关系人，有的申请宣告死亡，有的不同意宣告死亡的，人民法院应当按照宣告死亡案件审理。

（2）管辖。宣告死亡案件，由下落不明人住所地的基层人民法院管辖。

（3）公告。人民法院受理宣告公民死亡案件后，必须发出寻找下落不明公民的公告。被申请宣告死亡的公民下落不明满4年或者因意外事件下落不明满2年的，公告期间为1年；被申请宣告死亡的公民因意外事故下落不明，经有关机关证明其不可能生存的，公告期间为3个月。宣告死亡案件，人民法院可以根据申请人的请求，清理下落不明人的财产，并指定案件审理期间的财产管理人。

（4）判决。在公告期间，如果失踪人出现，或者确知其下落的，人民法院应作出驳回申请的判决，终结案件的审理。如果公告期间届满，失踪人仍然下落不明的，人民法院应依法作出宣告失踪人死亡的判决。判决书除应送达申请人外，还应在被宣告死亡公民住所地和人民法院所在地公告。被宣告死亡的人，人民法院宣告死亡的判决作出之日为其死亡的日期；因意外事件下落不明宣告死亡的，意外事件发生之日为其死亡的日期。

3. 宣告死亡的法律后果。公民宣告死亡和自然死亡产生同样的法律后果。表现在：被宣告死亡人婚姻关系自死亡宣告之日起消除，继承因宣告死亡而开始，等等。自然人被宣告死亡但是并未死亡的，不影响该自然人在宣告死亡期间实施的民事法律行为的效力。

4. 宣告死亡判决的撤销及法律后果。宣告公民死亡，是人民法院依照法定的条件和程序对失踪人作出的死亡推定，并不必然意味着失踪人确已死亡。如果被宣告死亡的公民重新出现或者确知其未死亡的，经本人或利害关系人申请，人民法院应当作出新判决，撤销原判决。根据《民法典》规定，会产生以下法律后果：①死亡宣告被撤销的，婚姻关系自撤销死亡宣告之日起自行恢复，但是其配偶再婚或者向婚姻登记机关书面声明不愿意恢复的除外。②在被宣告死亡期间，被宣告死亡的人子女被他人依法收养，死亡宣告撤销后，不得以未经本人同意为由主张收养行为无效。③被撤销死亡宣告的人有权请求依照继承法取得其财产的民事主体返还财产；无法返还的，应当给予适当补偿。利害关系人隐瞒真实情况，致使他人被宣告死亡而取得其财产的，除应当返还财产外，还应当对由此造成的损失承担赔偿责任。被撤销死亡宣告的人请求返还财产，其原物已被第三人合法取得的，第三人可不予返还。

四、指定遗产管理人案件

（一）指定遗产管理人案件的概念

指定遗产管理人案件，是指人民法院根据利害关系人的申请，根据有利于遗产管理的原则，按照法定程序指定遗产管理人的案件。《民法典》在"继承编"新增了遗产管理人制度，对遗产管理人的确定、职责、法律责任等作出规定。为与遗产管理人制度保持衔接，细化遗产管理人制度的程序法规则，回应司法实践需求，第五次民事诉讼法修正中新增"指定遗产管理人案件"一节，从而更好维护继承人、债权人的利益。

（二）指定遗产管理人案件的程序

1. 申请。对遗产管理人的确定有争议，利害关系人可以向人民法院提出申请。《民法典》第1145条规定，继承开始后，遗嘱执行人为遗产管理人；没有遗嘱执行人的，继承人应当及时推选遗产管理人；继承人未推选的，由继承人共同担任遗产管理人；没有继承人或者继承人均放弃继承的，由被继承人生前住所地的民政部门或者村民委员会担任遗产管理人。第1146条规定，对遗产管理人的确定有争议的，利害关系人可以向人民法院申请指定遗产管理人。申请书应当写明被继承人死亡的时间、申请事由和具体请求，并附有被继承人死亡的相关证据。

2. 管辖。指定遗产管理人的，向被继承人死亡时住所地或者主要遗产所在地基层人民法院提出。

3. 判决。人民法院受理申请后，应当审查核实，并按照有利于遗产管理的原则，判决指定遗产管理人。被指定的遗产管理人死亡、终止、丧失民事行为能力或者存在其他无法继续履行遗产管理职责情形的，人民法院可以根据利害关系人或者本人的申请另行指定遗产管理人。

（三）指定遗产管理人案件的撤销

遗产管理人违反遗产管理职责，严重侵害继承人、受遗赠人或者债权人合法权益的，人民法院可以根据利害关系人的申请，撤销其遗产管理人资格，并依法指定新的遗产管理人。

五、认定公民无民事行为能力、限制民事行为能力案件

（一）认定公民无民事行为能力、限制民事行为能力案件的概念

认定公民无民事行为能力、限制民事行为能力案件，是指人民法院根据利害关系人的申请，对不能正确辨认自己行为或不能完全辨认自己行为的精神病人，按照法定程序，认定并宣告该公民无民事行为能力或限制民事行为能力的案件。

这一制度的意义在于，有利于保障精神病人的合法权益；有利于保护与精神病人有民事权利义务关系的有关利害关系人的合法权益；有利于保障民事流转的正常进行，进而维护社会的正常经济秩序。

（二）认定公民无民事行为能力、限制民事行为能力案件的程序

1. 申请。申请认定公民无民事行为能力、限制民事行为能力必须具备下列条件：其一，被申请人应为患有精神疾患的成年人或处于植物人状态的成年人。其二，申请人应为被申请人的利害关系人或者有关组织。包括：被申请人的配偶、父母、子女、兄弟姐妹、祖父母、外祖父母、孙子女、外孙子女，以及愿意承担监护责任、并经被申请人所在单位或所在居民委员会、村民委员会同意的与被申请人关系密切的其他亲属、朋友。其三，申请必须采用书面形式。申请书的内容应包括：申请人与被申请人的基本情况和相互关系；申请事项；被申请人无民事行为能力或限制民事行为能力的事实和根据。如果有医院出具的诊断证明或鉴定意见，也应当一并提交人民法院。

根据《关于适用〈民事诉讼法〉的解释》的规定，在民事诉讼中，当事人的利害关系人或者有关组织提出该当事人不能辨认或者不能完全辨认自己的行为，要求宣告该当事人无民事行为能力或限制民事行为能力的，应由利害关系人或者有关组织向人民法院提出申请，由受诉人民法院按照特别程序立案审理，原诉讼中止。

2. 管辖。此类案件由被申请人住所地基层人民法院管辖。

3. 鉴定。《民事诉讼法》第 199 条规定，人民法院受理申请后，必要时应当对被请求认定为无民事行为能力或者限制民事行为能力的公民进行鉴定。申请人已提供鉴定意见的，应当对鉴定意见进行审查。

4. 审理。《民事诉讼法》第 200 条规定，人民法院审理认定公民无民事行为

能力或限制民事行为能力的案件，应由该公民的近亲属担任代理人，但申请人除外。近亲属互相推诿的，由人民法院指定其中一人为代理人。该公民健康状况许可的，还应当询问其本人意见，以便进一步了解该公民的患病情况、精神状态，从而作出正确的判决。

5. 判决。人民法院经审理认定申请有事实根据的，判决该公民为无民事行为能力或者限制民事行为能力人；认定申请没有事实根据的，应当判决驳回申请。

（三）认定公民无民事行为能力、限制民事行为能力判决的撤销

公民被宣告为无民事行为能力或限制民事行为能力人后，如果经过治疗病情痊愈，精神恢复正常，能够判断自己行为的后果，在这种情况下，该公民本人或者利害关系人或者有关组织有权向人民法院提出请求，要求撤销判决。人民法院根据申请，证实该公民无民事行为能力或者限制民事行为能力的原因已经消除的，应当作出新判决，撤销原判决，从法律上恢复该公民的民事行为能力。判决一经宣告，立即发生法律效力。监护人的监护权因原判决被撤销而消灭，不能再对该公民行使监护权。

六、认定财产无主案件

（一）认定财产无主案件的概念

认定财产无主案件，是指人民法院根据公民、法人或者其他组织的申请，依照法定程序将某项归属不明的财产认定为无主财产，并将它判归国家或集体所有的案件。

人民法院通过对这类案件的审理，对无主财产进行确认并收归国家或集体所有，使之物尽其用，既有利于对社会财富的保护和利用，也有利于稳定社会的经济秩序。

（二）认定财产无主案件的程序

1. 申请。申请认定财产无主必须具备下列条件：其一，财产须为无主财产。司法实践中，认定财产无主的情形有：财产所有人已不存在或者谁是所有人无法确定的；所有人不明的埋藏物和隐藏物；拾得的遗失物、漂流物、失散的饲养动物，经公安机关或有关单位公告满 1 年无人认领的；无人继承的财产，包括被继承人死亡后没有继承人、全部继承人放弃继承或丧失继承权等情况下的遗产。被认定的无主财产，以有形财产为限。无形财产或精神财富，不属于认定无主财产的范围。其二，申请可以由一切发现某项所有人不明的财产的公民、法人或其他组织提出。法院不能在无人提出申请时，依职权认定财产无主。其三，须由申请人提出书面申请。申请书应当写明：申请人的姓名或名称、住所，财产的种类、数量、形状、所在地以及请求认定财产无主的根据。

2. 管辖。《民事诉讼法》第 202 条规定，申请认定财产无主，由公民、法人或者其他组织向财产所在地基层人民法院提出。

3. 公告。人民法院受理认定财产无主案件后，应发出财产认领公告，寻找该财产的所有人。公告期为 1 年。在公告期间，因财产仍处于无主状态，人民法院可根据财产的具体情况，指定专人看管或委托有关单位代管。

4. 判决。在公告期间，如果财产所有人出现，人民法院应作出裁定，驳回申请，并通知财产所有人认领财产。公告满 1 年无人认领的，人民法院即应作出判决，认定该项财产为无主财产，并判归国家或集体所有。

在公告期间，如果有人对财产提出请求，人民法院应裁定终结特别程序，告知申请人另行起诉，适用普通程序审理。

（三）认定财产无主判决的撤销

认定财产无主的判决生效后，原财产所有人或者继承人出现，在诉讼时效期间内，可以对财产提出请求。人民法院审查属实后，应当作出判决，撤销原判决。原判决撤销后，已被国家或集体取得的财产，应当返还原主。原财产尚在的，应返还原财产；原财产不存在的，可以返还同类财产，或者按原财产的实际价值折价返还。

七、确认调解协议案件

（一）确认调解协议案件的概念

确认调解协议案件，是指对于涉及当事人之间民事权利义务的纠纷，经人民调解组织或其他依法成立的具有调解职能的组织调解达成具有民事合同性质的协议后，由双方当事人共同到人民法院申请确认调解协议法律效力的案件。此类案件也被称为司法确认案件。

其意义在于：通过人民法院对调解协议的确认，赋予调解协议强制执行的效力，促进调解组织在处理纠纷中发挥作用，有效维护当事人合法权益、促进社会矛盾化解；有效分流社会纠纷，一定程度上解决法院"案多人少"的突出矛盾，缓解法院繁重的案件压力；程序简便快捷，且不收取当事人费用，有利于减轻当事人诉讼成本，避免司法资源浪费。

（二）确认调解协议案件的程序

1. 申请。

（1）申请主体和期限。申请司法确认调解协议，应当由双方当事人本人或者由符合《民事诉讼法》第 61 条规定的代理人自调解协议生效之日起 30 日内提出申请。一方当事人提出申请，另一方表示同意的，视为共同提出申请。

（2）申请形式。当事人申请司法确认调解协议，可以采用书面形式或者口头形式。当事人口头申请的，人民法院应当记入笔录，并由当事人签名、捺印或者盖章。

（3）提交的材料。当事人申请司法确认调解协议，应当向人民法院提交调解协议、调解组织主持调解的证明，以及与调解协议相关的财产权利证明等材料，并提供双方当事人的身份、住所、联系方式等基本信息。委托他人代为申请的，必须向人民法院提交由委托人签名或者盖章的授权委托书。当事人未提交上述材料的，人民法院应当要求当事人限期补交。

2. 管辖。根据《民事诉讼法》的规定，经依法设立的调解组织调解达成调解协议，申请司法确认的，双方当事人共同向以下人民法院提出：人民法院邀请调解组织开展先行调解的，向作出邀请的人民法院提出；调解组织自行开展调解的，向当事人住所地、标的物所在地、调解组织所在地的基层人民法院提出；调解协议所涉纠纷应当由中级人民法院管辖的，向相应的中级人民法院提出。两个以上调解组织参与调解的，各调解组织所在地基层人民法院均有管辖权。双方当事人可以共同向其中一个调解组织所在地基层人民法院提出申请；双方当事人共同向两个以上调解组织所在地基层人民法院提出申请的，由最先立案的人民法院管辖。

3. 受理。基层人民法院收到当事人司法确认申请后，应当进行审查，决定是否受理。人民法院不受理司法确认申请的情形包括：不属于人民法院受理范围的；不属于收到申请的人民法院管辖的；申请确认婚姻关系、亲子关系、收养关系等身份关系无效、有效或者解除的；涉及适用其他特别程序、公示催告程序、破产程序审理的；调解协议内容涉及物权、知识产权确权的。人民法院受理申请后，发现有上述不予受理情形的，应当在3日内作出不予受理决定，并及时向当事人送达不予受理通知书。经审查认为符合条件、应当受理的，人民法院应当编立"调确字"案号，确定案由为"申请确认调解协议效力"，并及时向当事人送达受理案件通知书。双方当事人同时到法院申请司法确认的，人民法院可以当即受理并作出是否确认的决定。

4. 审查。

（1）审查方式。人民法院受理司法确认申请后，应当指定一名审判人员对调解协议进行审查。人民法院审查相关情况时，应当通知双方当事人共同到场对案件进行核实，当面询问当事人。当事人应当向人民法院如实陈述申请确认的调解协议的有关情况，保证提交的证明材料真实、合法。审判人员如果认为调解协议符合确认条件，可以在审查当事人申请、调解协议、有关证明材料基础上作出确认调解协议有效的裁定。对于案情复杂或者涉案标的额较大的案件，应当通知双方当事人到庭进行询问，采取必要的实质审查和证据调查。人民法院经审查，认为当事人的陈述或者提供的证明材料不充分、不完备或者有疑义的，可以要求当事人限期补充陈述或者补充证明材料。必要时，人民法院可以向调解组织核实有关情况。当事人无正当理由未在期限内补充陈述、证明材料或者拒不接受询问的，人民法院可以按撤回申请处理。

（2）审查内容。人民法院在司法确认程序中，主要审查调解协议的内容是否符合自愿、合法原则：其一，审查调解协议是否违反自愿原则。其二，审查调解协议是否违法。违法的情形主要包括违反法律或者行政法规强制性规定，侵害国家利益、社会公共利益，侵害案外人合法权益。其三，审查调解协议是否内容明确。其四，审查调解协议是否违背社会公序良俗。

5. 处理结果。司法确认裁定有两种情形：一是调解协议符合法律规定的，人民法院裁定调解协议有效；二是调解协议不符合法律规定、不符合确认条件的，人民法院裁定驳回申请。

（1）裁定的效力。人民法院作出的确认有效裁定书或者驳回申请裁定书，送达双方当事人后发生法律效力。当事人收到确认有效裁定书和驳回申请裁定书后，不得上诉，也不得申请复议，也不能申请再审。对人民法院作出的确认调解协议的裁定，当事人有异议的，应当自收到裁定之日起 15 日内提出；利害关系人有异议的，自知道或者应当知道其民事权益受到侵害之日起 6 个月内提出。

（2）法律后果。人民法院作出确认裁定后，主要产生两种不同的法律后果：一种后果是人民法院作出的确认调解协议有效的裁定具有强制执行力。如果一方当事人拒绝履行或者未全部履行的，对方当事人可以向人民法院申请执行。在这里，需要明确的是执行依据是法院作出的确认有效裁定书，而不是调解协议书。另一种后果是调解协议经审查后不符合法律规定的，裁定驳回当事人申请。对此，当事人有两种救济途径可供选择：一种是通过调解组织重新对纠纷进行调解，在当事人自愿的基础上变更原调解协议或者就有关争议达成新的调解协议，然后再申请法院确认变更后的或者新达成的调解协议。另一种是向法院提起诉讼。这里的诉讼一般是指当事人之间就原纠纷向法院提起的诉讼。

八、实现担保物权案件

（一）实现担保物权案件的概念

担保物权是以直接支配特定财产的交换价值为内容，以确保债权实现为目的而设立的物权。担保物权的实现，是指在债务人不履行债务时，担保物权人经法定程序，通过将担保标的物折价、拍卖、变卖等方式，使其债权得到优先受偿的过程。该制度设立的意义在于更好地保护担保物权人的合法权益，便利担保物权的实现，节约诉讼资源。

（二）实现担保物权的程序

1. 申请。

（1）申请主体。根据《民事诉讼法》第 207 条的规定，由担保物权人以及其他有权请求实现担保物权的人向法院提出申请。担保物权人包括：抵押权人、质权人、留置权人。其他有权请求实现担保物权的人是指抵押人、出质人、财产被留置的债务人或者所有权人等。

（2）提交材料。申请实现担保物权，应当提交下列材料：申请书；证明担保物权存在的材料，包括主合同、担保合同、抵押登记证明或者他项权利证书，权利质权的权利凭证或者质权出质登记证明等；证明实现担保物权条件成就的材料，如证明债务已届清偿期、合同约定的实现担保物权情形发生等证据材料；担保财产现状的说明；人民法院认为需要提交的其他材料。

2. 管辖。实现担保物权案件由担保财产所在地或担保物权登记地基层人民法院管辖。实现票据、仓单、提单等有权利凭证的权利质权案件，可以由权利凭证持有人住所地人民法院管辖；无权利凭证的权利质权，由出质登记地人民法院管辖。实现担保物权案件属于海事法院等专门人民法院管辖的，由专门人民法院管辖。同一债权的担保物有多个且所在地不同，申请人分别向有管辖权的人民法院申请实现担保物权的，人民法院应当依法受理。

3. 受理。基层人民法院立案庭负责接收申请人提交的实现担保物权申请书并依法登记立案，编立"商特"字案号。人民法院受理申请后，应当在 5 日内向被申请人送达申请书副本、异议权利告知书等文书。被申请人有异议的，应当在收到人民法院通知后的 5 日内向人民法院提出，同时说明理由并提供相应的证据材料。人民法院受理申请后，申请人对担保财产提出保全申请的，可以按照《民事诉讼法》关于诉讼保全的规定办理。

4. 审查。实现担保物权案件可以由审判员一人独任审查。担保财产标的额超过基层人民法院管辖范围的，应当组成合议庭进行审查。独任审判员或者合议庭应当审核申请人提供的证据，可以询问申请人、被申请人、利害关系人，必要时可以依职权调查相关事实并通过听证等程序询问当事人。被申请人或者利害关系人提出异议的，人民法院应当一并审查。

5. 处理。人民法院审查后，按下列情形分别处理：①当事人对实现担保物权无实质性争议且实现担保物权条件成就的，裁定准许拍卖、变卖担保财产；②当事人对实现担保物权有部分实质性争议的，可以就无争议部分裁定准许拍卖、变卖担保财产；③当事人对实现担保物权有实质性争议的，裁定驳回申请，并告知申请人向人民法院提起诉讼。

对人民法院作出的准许实现担保物权的裁定，当事人有异议的，应当自收到裁定之日起 15 日内提出；利害关系人有异议的，自知道或者应当知道其民事权益受到侵害之日起 6 个月内提出。

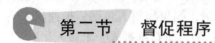

第二节　督促程序

一、督促程序概述

督促程序，是指人民法院根据债权人给付金钱和有价证券的申请，以支付令的形式，催促债务人限期履行义务的特殊程序。

督促程序虽然只是审判程序的补充，却有审判程序所不具备的优点：方便、快捷，并可节省费用和其他成本投入，从而更加适应社会主义市场经济快速流转的需要。当然，与审判程序相比，督促程序只能是一种补充。在督促程序中，人民法院不能行使审判权，也就不能对债权债务关系进行审理并作出判决，只要债务人对人民法院发布的支付令提出了书面异议，支付令就必然失效，督促程序就要终结。因此，督促程序发挥作用，必须以债务人不提出书面异议为前提。此外，督促程序只能适用于一定范围的纠纷，其发挥作用的范围也远远不如审判程序。与其他民事审判程序相比较，督促程序具有非讼性、特定性、可选择性、简捷性以及附条件性等特点。

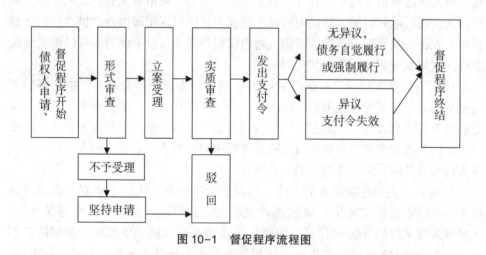

图 10-1　督促程序流程图

二、支付令的申请和受理

（一）支付令的申请

督促程序因债权人申请支付令而开始。有权提起支付令申请的是依法享有债权的公民、法人及其他组织。被申请人是依法负有清偿义务的债务人。

1. 申请支付令的条件。

（1）债权人请求给付的必须是金钱或者汇票、本票、支票以及股票、债券、国库券、可转让的存单等有价证券。

（2）债权人请求给付的金钱或者有价证券已到偿付期且数额确定。

（3）适用支付令的债务关系必须明确，债权人和债务人没有其他债务纠纷。

（4）支付令能够送达债务人。支付令的送达方式，一般应以直接送达为原则，只有在直接送达有困难的情况下，才可以采用委托送达和邮寄送达。如果债务人本人拒绝接受送达的，人民法院可以留置送达。债务人不在我国领域内，或者债务人下落不明需要公告送达，都属于不能送达，在这两种情况下，不能申请支付令。

（5）债权人应当向债务人住所地的基层人民法院提出申请。

（6）债权人未向人民法院申请诉前保全。

2. 申请支付令的方式。债权人必须向人民法院提交书面申请书。申请书应当写明请求给付金钱或者有价证券的数量和所依据的事实、证据。

3. 申请的效力。申请效力，是指支付令的申请在法律上的效果。支付令申请的法律效力是：引起督促程序的发生、请求权的诉讼时效中断，人民法院对支付令案件取得了管辖权。

（二）对支付令申请的审查和受理

债权人提出支付令的申请后，有管辖权的人民法院应按照《民事诉讼法》规定的申请条件，由审判员一人对申请进行审查。人民法院对支付令申请的审查，包括如下几个方面：①在审查的范围上，以债权人的请求为基础，仅限于债权人提供的事实和依据，不要求债务人提出书面陈述以及事实和证据。②在审查方式上，人民法院采取书面审查的方式，不需要询问债务人和开庭审理。③在审查内容上，着重审查当事人的债权债务关系是否明确、合法，请求给付的标的物是否属于金钱和有价证券，债权人与债务人之间是否有其他债务纠纷。同时也应审查申请是否属于本法院管辖、申请主体的资格及支付令能否送达债务人等。

人民法院对债权人的申请依法审查后，认为债权债务关系明确、合法，请求给付的内容有根据的，人民法院应当受理申请。经审查，债权人的申请不成立的，人民法院应当裁定驳回申请，债权人对该裁定不得上诉。在人民法院发出支付令前，申请人撤回申请的，应当裁定终结督促程序。人民法院驳回支付令申请的裁定书和终结督促程序的裁定书，由审判员、书记员署名，加盖人民法院印章。

三、支付令的签发和效力

（一）支付令的制作和发出

经审查，债权债务关系明确、合法的，人民法院应当在受理之日起 15 日内向债务人发出支付令。支付令是人民法院根据债权人的申请，督促债务人限期清偿债务的法律文书。

（二）支付令的效力

支付令是人民法院制作的法律文书，具有裁定的性质，一经送达债务人，即具有如下法律效力：

1. 拘束力。人民法院一般不得撤销或变更支付令，即便支付令确有错误或者违法，也只能通过债务人提出书面异议或法院裁定撤销等方式让其失效。《关于适用〈民事诉讼法〉的解释》规定，人民法院院长发现本院已经发生法律效力的支付令确有错误，认为需要撤销的，应当提交本院审判委员会讨论决定后，裁定撤销支付令，驳回债权人的申请。

2. 督促力。债务人收到支付令后，应在收到之日起的 15 日内清偿债务，或者向人民法院提出书面异议。

3. 强制执行力。债务人自收到支付令之日起 15 日内，既不提出异议，又不清偿债务的，支付令就获得强制执行效力，债权人有权向受诉人民法院申请强制执行。被申请人被强制履行债务，表示支付令执行完毕，督促程序终结。

4. 确定力。支付令一经送达，就发生法律效力。债务人在收到支付令后，不在法定期间提出书面异议，而向其他人民法院起诉的，不影响支付令的效力。

四、支付令异议和支付令失效后的法律后果

（一）支付令异议

支付令异议，是指债务人向人民法院申明不服支付令确定的给付义务的法律行为。它是债务人维护自己合法权益的一项法律手段。支付令是人民法院仅以债权人一方提出的主张和理由为根据，未经债务人答辩而发布的。所以法律允许债务人以异议的方式对支付令提出自己的答辩意见。这从立法上保证了人民法院公正处理这类债务案件，平等保护双方当事人的合法权益。

对支付令提出异议的一个重要特点是，异议可以不附任何理由，即债务人不必提供事实和证据来证明异议的成立，只要作出异议陈述即可。

1. 异议成立的条件。异议成立的条件，是债务人对人民法院的支付令提出异议的程序要件。不符合法律规定的要件，异议不能成立。根据《民事诉讼法》的规定，异议成立的条件是：①异议应在法定期间提出。债务人收到人民法院发出的支付令，如认为不应当清偿债务的，应在收到支付令之日起 15 日内向人民法院提出异议。超过法定期限提出异议的，异议不能成立，人民法院可以裁定驳回异议。《民事诉讼法》规定上述 15 日异议期限为不变期间，人民法院不得任意变更，债务人也必须遵守。②债务人的异议必须针对债权人的请求，即异议应针对债务关系本身提出。如果债务人的异议是陈述自己无力偿还债务，则异议不能成立。有两点应当注意：一是如果债权人在申请中提出多项独立的给付请求，债务人仅就其中一项请求提出异议，其异议效力不能及于其他请求。二是债务人的支付令申请涉及几个债务人，如果该项债务为共同债务，其中一个债务人提出异议的，该异议视为全体债务人的异议；如果该项债务不属于共同债务，而是各自独立的债务，那么一人的异议，不涉及其他债务人。③异议必须以书面方式提出，债务人以口头方式提出的异议无效。

2. 异议的效力。债务人在法定期间提出异议，经人民法院审查符合异议条件的，支付令失效。债务人提出的书面异议有下列情形之一的，应当认定异议成立，裁定终结督促程序，支付令自行失效：①按规定不予受理申请的；②按规定裁定驳回申请的；③按规定应当裁定终结督促程序的；④人民法院对是否符合发出支付令条件产生合理怀疑的。债务人逾期提出异议的，异议无效，不影响支付令的效力。

3. 异议的撤回。《关于适用〈民事诉讼法〉的解释》规定，人民法院作出终结督促程序或者驳回异议裁定前，债务人请求撤回异议的，应当裁定准许。债务人对撤回异议反悔的，人民法院不予支持。

（二）支付令失效后的法律后果

《民事诉讼法》第 228 条规定，支付令失效的，转入诉讼程序，但申请支付令的一方当事人不同意提起诉讼的除外。人民法院裁定终结督促程序以及支付令失效后，债权人可以另行向有管辖权的人民法院起诉，通过审判程序解决与债务人之间的债务纠纷。《关于适用〈民事诉讼法〉的解释》规定，支付令失效后，申请支付令的一方当事人不同意提起诉讼的，应当自收到终结督促程序裁定之日起 7 日内向受理申请的人民法院提出。申请支付令的一方当事人不同意提起诉讼的，不影响其向其他有管辖权的人民法院提起诉讼。支付令失效后，申请支付令的一方当事人自收到终结督促程序裁定之日起 7 日内未向受理申请的人民法院表明不同意提起诉讼的，视为向受理申请的人民法院起诉。债权人提出支付令申请的时间，即为向人民法院起诉的时间。

第三节　公示催告程序

一、公示催告程序概述

公示催告，通常泛指法院以公开告示的方式，告知并催促可能存在的不明利害关系人限期申报权利的活动。在公告规定的期限内，如果无人申报权利或提出异议，可以推定没有其他权利人存在。

票据被盗、遗失或者灭失时，失票人可以向人民法院提出申请，法院会以公示的方式，催促不明的利害关系人在指定的期限内向法院申报权利，如果逾期无人申报权利或者虽有申报但被驳回，法院根据申请人的申请作出票据无效之除权判决，该程序即为公示催告程序。适用公示催告程序可以帮助失票人恢复其合法权益，有关利害关系人也可以通过及时申报权利，依法保护自己的合法权益，同时有效遏止了非法持票人获取不当利益的机会，维护并规范票据流转的法律秩序、充分维护票据法律关系的公平性。公示催告程序的上述功能，是任何的挂失制度都无法比拟的。

公示催告程序在具体的审理制度上具有明显不同于诉讼程序及其他非讼程序的独特性。主要体现为：公示催告程序由公示催告和除权判决两个阶段构成；公示催告程序的两个阶段均根据申请人申请启动；公示催告程序的两个阶段可以由两个不同的审判组织进行审理；公示催告程序主要适用书面审查和公告的方式进行审理。

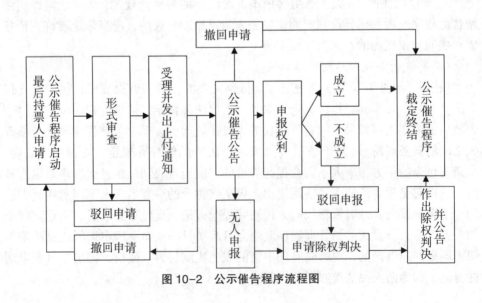

图 10-2　公示催告程序流程图

二、公示催告阶段

（一）公示催告的申请

公示催告程序作为一种权利救济的制度与程序，只有权利人提出申请才能启动。人民法院不得依职权主动启动公示催告程序。

1. 申请公示催告的主体。根据《民事诉讼法》的规定，公示催告程序的申请主体即申请人必须是按照规定可以背书转让的票据持有人或法律规定可以申请公示催告的其他事项的拥有人。票据持有人是指票据的最后持有人，即在票据流转过程中最后占有票据的人，也就是票据记载的最后被背书人。

2. 申请公示催告的事项。申请人申请公示催告的事项，必须属于公示催告程序的适用范围。我国公示催告程序仅适用于可以背书转让的汇票、本票和支票以及法律规定可以公示催告的其他事项。如《中华人民共和国公司法》（以下简称《公司法》）规定记名股票被盗、遗失或者灭失，股东可以申请人民法院公示催告并作出除权判决。

3. 申请公示催告的原因。根据《民事诉讼法》的规定，就票据公示催告来说，申请人申请公示催告的事由只能是票据或其他事项被盗、遗失或者灭失。因为只有票据或其他事项被盗、遗失或者灭失时，才会发生利害关系人不明确的状况，才有必要通过公示催告程序实现票据与权利的分离，恢复失票人的权利。

4. 案件管辖法院。对于当事人的公示催告申请，由票据支付地的基层人民法院管辖。从级别管辖来看，公示催告案件由基层人民法院管辖，中级以上的人民法院不得管辖此类案件；从地域管辖来看，公示催告案件由票据支付地的人民法院管辖。所谓票据支付地，就是票据载明的付款地，如承兑或付款银行的所在地、收款人开户银行所在地等；票据未载明付款地的，以票据付款人的住所地或主要营业地为票据支付地。由票据支付地的基层人民法院管辖，能够确保受理案件的法院与付款人保持最近的空间距离，便于当事人提出申请，也便于受理案件的人民法院及时通知付款人停止支付，防止票据被冒领而发生损失。

5. 申请公示催告的方式。根据《民事诉讼法》的规定，申请公示催告应当采取书面方式，即申请人应当向人民法院递交申请书。申请书应当载明下列内容：申请人的基本情况，票据的种类、票面金额、发票人、持票人、背书人等票据主要内容，申请的事实和理由，受申请的法院。

（二）审查与受理

人民法院对申请人提出的公示催告申请，应当立即进行审查并决定是否受理。审查的内容主要包括：申请人是否具备主体资格，申请的事项是否属于公示催告程序的适用范围，申请的事由是否符合法律规定，受理申请的人民法院是否有管辖权，申请的形式是否合法、完备等。总之，在决定是否受理的阶段，人民法院对申请的审查主要是程序性审查，而不是实质性审查。

经审查，人民法院认为申请人的公示催告申请符合法定条件和程序，即符合受理条件的，应当立即通知受理，并同时通知付款人停止支付；认为不符合受理条件的，应当在 7 日内裁定驳回申请。

（三）发出停止支付通知和权利申报公告

1. 发出止付通知。人民法院决定受理公示催告申请后，应同时通知付款人停止支付。付款人收到停止支付通知后，应当停止支付。付款人拒不执行停止支付通知，致使票据被承兑的，付款人应承担由此带来的后果。但是，在收到停止支付通知之前，付款人不得以任何理由拒绝向票据持有人支付，付款人也不承担由此带来的后果。支付人在接到人民法院的止付通知前已经支付完毕的，应当及时回复人民法院。人民法院则应当终结公示催告程序，并告知申请人可以以收款人为被告另行提起票据诉讼。

2. 发出公告。根据《民事诉讼法》第 230 条的规定，人民法院受理公示催告的申请后，应当于 3 日内发出公告，催促可能存在的利害关系人申报权利。这就是公示催告公告。人民法院发布公示催告公告，应当写明：①公示催告申请人的姓名或名称；②票据的种类、号码、票面金额、出票人、持票人、背书人等；③催促利害关系人申报权利并告知申报权利的期间和申报权利的法院；④在公示催告期间转让票据权利、利害关系人不申报权利的法律后果；⑤公告的法院及公告发出的日期。公示催告公告应当张贴于人民法院公告栏内，并在有关报纸或其他宣传媒介上刊登；人民法院所在地有证券交易所的，还应当同日张贴于该证券交易所。

公示催告的期间，由人民法院根据具体情况决定，但最短不得少于 60 日。公示催告的期间，其实就是等待利害关系人申报权利的期间。人民法院发出的公示催告公告产生以下效力：①限制票据流通。《民事诉讼法》规定，在公示催告期间，转让票据权利的行为无效。②推定排除其他利害关系人。经过公示催告公告规定的申报权利的期间，仍无人申报权利的，就可以推定本案所涉及的票据没有其他利害关系人存在，票据权利为申请人所享有。

（四）申报权利

在公示催告期间内，自认为与本案票据有利害关系的人，可以向人民法院主张票据权利。申报权利是利害关系人使自己的权利免受人民法院宣告票据无效损害的重要方式，也是人民法院查明票据有无利害关系人、是否应当作出宣告票据无效的除权判决的重要标准。

1. 申报权利的条件。申报权利的主体必须与票据存在利害关系，可以是自然人、法人或其他组织，必须是持票人；利害关系人应当向发出公示催告公告的人民法院申报权利；利害关系人应在公示催告期间或者公示催告期间届满后、除权判决作出前申报权利；申报应当采取书面形式。

2. 申报权利的法律后果。利害关系人申报权利产生的法律后果分为两种情况：一是驳回申报。即利害关系人出示的票据与公示催告申请人申请公示催告的票据不一致的，表明申报人的申报与公示催告的票据无关而不能成立，人民法院应当裁定驳回利害关系人的申报。二是终结公示催告程序。即利害关系人出示的票据就是公示催告申请人申请公示催告的票据，人民法院应当裁定终结公示催告程序，并通知申请人和付款人。人民法院裁定终结公示催告程序后，申请人或申报人可以向人民法院起诉，由人民法院以票据纠纷为由依照民事诉讼普通程序进行审理。

三、除权判决阶段

公示催告期间届满后，无利害关系人申报权利，或者申报被依法驳回的，人民法院应根据申请人的申请，作出宣告票据无效的判决，这种判决被称为除权判决。

1. 除权判决的申请。根据《关于适用〈民事诉讼法〉的解释》的规定，在申报权利的期间没有人申报，或者申报被驳回的，公示催告申请人应当自公示催告期间届满之日起1个月内申请人民法院作出判决。逾期不申请判决的，终结公示催告程序。公示催告与除权判决是相互衔接但又相互独立的两个阶段，从公示催告阶段不能自动过渡到除权判决阶段。因此，公示催告期间届满后，申请人必须在法定期间内重新提出申请，人民法院才能作出除权判决。申请人未在法定期间内申请除权判决的，人民法院应当终结公示催告程序，此后申请人无权再申请除权判决，人民法院也不会依职权主动作出除权判决。

2. 除权判决的作出与公告。申请人在法定期间内向人民法院提出除权判决申请的，人民法院应当组成合议庭对申请进行审查与评议。审查的主要内容就是申请人的申请是否符合法定的条件，是否具备作出宣告票据无效的判决的条件。

合议庭经审查和评议，确信除申请人外没有其他利害关系人的，应当作出判决，宣告票据无效。除权判决应当公告，并通知支付人。除权判决一旦作出并公告，票据权利即与票据本身相分离。同时，公告除权判决是使票据权利与票据本身相分离的法定形式，也是这种分离产生公信力的基础，因此，公告除权判决是公示催告程序必不可少的内容。

3. 除权判决的效力。人民法院根据申请人的申请作出的除权判决产生的法律后果，就是除权判决的效力。根据《民事诉讼法》的规定，除权判决具有以下法律效力：①票据失去效力。除权判决的主要内容就是宣告原票据无效，因此，除权判决作出后，被申请公示催告的票据就失去效力，票据付款人可以拒绝向持票人支付。②失票人恢复权利。除权判决作出后，丧失票据的权利人（即公示催告申请人）虽不持有票据，但其恢复了票据权利。因此，即使失票人不占有该票据，也可凭除权判决向票据付款人请求支付，票据付款人不得拒绝支付。也就是说，除权判决作出后，票据付款人与不持有票据的失票人之间产生了债权债务关系，除权判决是失票人恢复票据权利的最终程序。但是，应当注意的是，除权判决并不直接确认申请人享有票据权利，而是通过宣告票据无效的方式间接承认申请人享有票据权利。因此，在内容上，除权判决只是宣告票据无效，而不能确认申请人享有票据权利。这也正是公示催告程序中的裁判被称为"除权判决"而不是"确认判决"的原因。

四、对利害关系人权利的法律救济

由于除权判决只是根据在公示催告期间无人申报权利这一事实，对票据权利人作出的一种推定，即推定票据的权利人就是公示催告的申请人。这种推定可能与事实并不相符，该票据的真正持有人可能并不是公示催告的申请人，其真正持有人可能由于某种客观的原因未能在公示催告期间申报权利。为了对利害关系人的权利进行救济，《民事诉讼法》规定，没有申报权利的利害关系人不服人民法院宣告票据无效的除权判决，在法定期间内，可以向作出除权判决的人民法院另行起诉。

根据《民事诉讼法》的规定，利害关系人另行起诉必须同时具备下列条件：其一，利害关系人在判决前没有向人民法院申报权利。如果利害关系人在除权判决前已经向人民法院申报权利，只是其申报被依法驳回的，该利害关系人就不得另行起诉。其二，利害关系人没有申报权利有正当理由。利害关系人没有在法定期间内申报权利，必须具有正当的理由，并由利害关系人对此承担举证责任。利害关系人故意或者因过失未能在公示催告期间申报权利的，不得另行起诉。其三，利害关系人必须在知道或者应当知道判决公告之日起1年内另行起诉。超过该期间的，不得另行起诉。其四，利害关系人必须向作出除权判决的人民法院提起诉讼。其五，利害关系人只能以公示催告申请人为被告另行起诉。利害关系人另行起诉，其实质是请求人民法院行使审判权，就其与公示催告申请人之间因票据产生的纠纷进行裁判，因此，利害关系人另行起诉的对象只能是公示催告申请人。

人民法院受理利害关系人的另行起诉后，经审理认为利害关系人的起诉理由成立的，应当判决撤销除权判决，并确认票据的权利人；认为利害关系人的另行起诉理由不成立的，应当判决驳回起诉。

 第四节 涉外民事诉讼程序

一、涉外民事诉讼程序概述

（一）涉外民事诉讼程序的概念

涉外民事诉讼程序，是指规范人民法院、诉讼当事人和诉讼参与人进行涉外民事诉讼活动的法定程序。有下列情形之一的案件，人民法院可以认定为涉外民事案件：当事人一方或者双方是外国人、无国籍人、外国企业或者组织的；当事人一方或者双方的经常居所地在中华人民共和国领域外的；标的物在中华人民共和国领域外的；产生、变更或者消灭民事关系的法律事实发生在中华人民共和国领域外的；可以认定为涉外民事案件的其他情形。

《民事诉讼法》第四编对涉外民事诉讼程序作了专门规定。人民法院审理涉外民事案件时，有特别规定的，适用有关的特别规定；没有特别规定的，则适用民事诉讼法中的一般规定。

（二）涉外民事诉讼应遵循的原则

在涉外民事诉讼程序中，人民法院、当事人及其他诉讼参与人，必须遵循涉外民事诉讼的特别原则，同时还应当遵循民事诉讼的一般原则。[1] 涉外民事诉讼一般应遵循以下原则：

1. 适用我国民事诉讼法原则。适用我国民事诉讼法，这既符合国际惯例，也是维护国家主权的要求。

适用我国民事诉讼法原则，具体表现为：①任何外国人、无国籍人、外国企业和组织在我国起诉、应诉，适用我国民事诉讼法，不得有所例外；②凡属我国人民法院管辖的案件，我国人民法院享有司法管辖权；凡属于我国人民法院专属管辖的案件，外国法院均无权管辖；③外国法院的裁判、国外仲裁机构的裁决等法律文书，非经我国法院审查并裁定承认其效力的，在我国领域内不产生效力，不得予以执行。

2. 优先适用我国缔结或者参加的国际条约原则。各国对自己缔结或参加的条约，都有遵守的义务，这是国际法中的一项基本原则。根据该原则，在审理涉外民事诉讼案件时，遇有我国缔结或者参加的国际条约与我国民事诉讼法规定不

---

〔1〕 陈桂明、刘芝祥主编：《民事诉讼法》，中国人民大学出版社 2015 年版，第 326 页。

同的，适用该国际条约；此外，我国虽然参加但对条约中的某些条款予以保留的，对这些保留条款，我国人民法院在审理涉外案件时不予适用。

3. 司法豁免原则。司法豁免权是指一个国家根据本国法律或者参加、缔结的国际条约，赋予居住在本国的外国代表和组织免受本国司法管辖的权利。作为外交特权的一种，司法豁免权建立的基础是国家间的地位平等，是"平等者之间无裁判权"这一国际社会普遍承认的国际准则的具体体现。我国《民事诉讼法》规定，对享有外交特权与豁免权的外国人、外国组织或国际组织提起的民事诉讼，应当按照我国缔结或者参加的国际条约以及我国有关法律的规定办理。

司法豁免原则的内容主要包括：①司法豁免权不仅及于外交代表本人，而且及于与外交代表共同生活的配偶和未成年子女；②使领馆的行政技术人员和与其共同生活的配偶及未成年子女不是中国公民且不在中国永久居留的，仅就执行公务的行为享有民事司法豁免权；③来中国访问的外国国家元首、政府首脑、外交部部长及其他具有同等身份的官员，以及其他依照我国参加或者缔结的国际条约享有司法豁免权的外国人、外国组织或国际组织的代表享有司法豁免权；④对于其他国家及其财产是否享有司法豁免权的问题，我国民事诉讼法没有明确规定。

4. 使用我国通用的语言、文字原则。使用我国通用的语言、文字原则，是指在涉外民事诉讼中，人民法院审理案件，当事人进行诉讼活动，在语言的交流和制作有关法律文书、诉讼文书时应当使用我国通用的语言、文字。根据该原则，外国当事人提交诉状时必须附中文译本，在诉讼中必须使用中文语言。外国当事人不知晓中国语言、文字，要求提供翻译的，可以提供，但费用由当事人承担。

5. 委托中国律师代理诉讼原则。委托中国律师代理诉讼原则是指外国人、无国籍人、外国企业和组织在我国人民法院起诉、应诉，如果需要委托律师代理诉讼的，应当委托具有中华人民共和国律师资格且执有律师工作执照的中国律师。外国律师不得在我国以律师名义从事诉讼业务，但是，这并不妨碍外国人委托本国律师以非律师身份担任诉讼代理人。

根据《民事诉讼法》第275条的规定，在中华人民共和国领域内没有住所的外国人、无国籍人、外国企业和组织委托中华人民共和国律师或者其他人代理诉讼，从中华人民共和国领域外寄交或者托交的授权委托书，应当经所在国公证机关证明，并经中华人民共和国驻该国使领馆认证，或者履行中华人民共和国与该所在国订立的有关条约中规定的证明手续后，才具有效力。

二、涉外民事诉讼的管辖

（一）涉外民事诉讼管辖的概念

涉外民事诉讼管辖，是指人民法院对具有涉外因素的民事案件的审判权限及人民法院系统内对第一审涉外民事案件的分工和权限。由此可见，涉外民事诉讼管辖首先要确定的是涉外民事案件应当由本国法院管辖还是由外国法院管辖，在确定了本国法院对涉外案件有管辖权的基础上再进一步确定由本国法院中的哪一级以及哪个法院管辖，这与国内的管辖制度有明显的区别。

（二）确定涉外民事诉讼管辖的原则

各国法律在确定其本国法院对涉外案件的管辖权时，所依据的原则主要有以下三种：

1. 属地原则，即以当事人的居住地、诉讼标的物所在地或者法律事实发生地为联系因素来确定该国法院对涉外案件的管辖权。

2. 属人原则，即以当事人的国籍为标准来确定该国法院对涉外案件的管辖权，只要当事人中有一方的国籍属于该国，该国法院就享有管辖权。

3. 有效控制原则，即以当事人起诉时是否在该国境内为标准来确定该国法院对涉外案件的管辖权。

我国《民事诉讼法》确定涉外民事案件的管辖权主要依据属地原则。

（三）涉外民事诉讼管辖的种类

我国涉外民事诉讼的管辖可以分为牵连管辖、协议管辖、应诉管辖和专属管辖等。

1. 牵连管辖。牵连管辖，是指根据诉讼与法院所在地的一定的牵连关系来确定管辖法院的制度。其特点是：其一，以诉讼与法院所在地存在一定的联系为确定管辖依据；其二，适用于一定范围的案件，在我国，此制度适用于除身份关系以外的涉外民事纠纷；其三，只对被告在我国领域内没有住所的案件适用。

对被告在我国无住所的除身份关系以外的涉外民事纠纷，只要合同签订地、合同履行地、诉讼标的物所在地、被告可供扣押财产所在地、侵权行为地以及被告代表机构所在地中，有一个在我国领域内，我国人民法院对该诉讼就有管辖权。此外，涉外民事纠纷与中华人民共和国存在其他适当联系的，也可以由人民法院管辖。

2. 协议管辖。协议管辖，是指涉外民事诉讼的当事人在国际经济贸易纠纷发生前或发生后，书面协商议定双方共同选择的法院起诉而确定的管辖。

协议管辖具有以下几个特点：①涉及人身权方面的涉外案件不得适用；②协议选择的管辖法院只能是同双方当事人的争议有实际关联地点的法院；③约定管辖的协议必须采用书面形式，口头协议无效；④协议选择我国法院管辖的，不得违反我国民事诉讼法关于级别管辖和专属管辖的规定；⑤协议选择管辖法院以第一审为限，即协议管辖只能选择第一审法院，不能选择上诉法院。

3. 应诉管辖。应诉管辖是指受诉法院对案件不一定具有管辖权，但基于被告的应诉，而确定受诉法院对案件的管辖权。该种管辖区别于明示的协议管辖，又称为默示协议管辖。

应诉管辖具有以下特点：①双方当事人没有就管辖法院达成协议，即对管辖法院没有约定；②被告对原告起诉的法院的管辖权不但没有提出异议，反而应诉答辩或者提出反诉的；③被告应诉答辩或者提出反诉的行为，使受诉法院推定其承认原告选择的法院有管辖权；④应诉管辖也不得违反我国民事诉讼法关于级别管辖和专属管辖的规定。

4. 专属管辖。专属管辖是指法律规定特定的涉外民事案件的管辖权专属于我国的法院。专属管辖具有诉讼标的的特殊性和管辖上的排他性。根据我国法律的规定，我国法院对涉外民事案件专属管辖的范围限于：因在中华人民共和国领域内设立的法人或者其他组织的设立、解散、清算，以及该法人或者其他组织作出的决议的效力等纠纷提起的诉讼；因与在中华人民共和国领域内审查授予的知识产权的有效性有关的纠纷提起的诉讼；因在中华人民共和国领域内履行中外合资经营企业合同、中外合作经营企业合同、中外合作勘探开发自然资源合同发生纠纷提起的诉讼。

5. 涉外民事诉讼管辖的其他规定。

（1）当事人之间的同一纠纷，一方当事人向外国法院起诉，另一方当事人向我国法院起诉，或者一方当事人既向外国法院起诉，又向我国法院起诉，我国法院依法享有管辖权的，可以受理。当事人订立排他性管辖协议选择外国法院管辖且不违反专属管辖的规定，不涉及中华人民共和国主权、安全或者社会公共利益的，我国法院可以裁定不予受理；已经受理的，裁定驳回起诉。

（2）我国法院依据前述规定受理案件后，当事人以外国法院已经先于我国法院受理为由，书面申请我国法院中止诉讼的，我国法院可以裁定中止诉讼，但是存在下列情形之一的除外：当事人协议选择我国法院管辖，或者纠纷属于我国法院专属管辖；由我国法院审理明显更为方便。外国法院未采取必要措施审理案件，或者未在合理期限内审结的，依当事人的书面申请，我国法院应当恢复诉讼。外国法院作出的发生法律效力的判决、裁定，已经被我国法院全部或者部分承认，当事人对已经获得承认的部分又向人民法院起诉的，裁定不予受理；已经受理的，裁定驳回起诉。

（3）我国法院受理的涉外民事案件，被告提出管辖异议，且同时有下列情形的，可以裁定驳回起诉，告知原告向更为方便的外国法院提起诉讼；案件争议的基本事实不是发生在中华人民共和国领域内，我国法院审理案件和当事人参加诉讼均明显不方便；当事人之间不存在选择我国法院管辖的协议；案件不属于我国法院专属管辖；案件不涉及中华人民共和国主权、安全或者社会公共利益；外国法院审理案件更为方便。裁定驳回起诉后，外国法院对纠纷拒绝行使管辖权，或者未采取必要措施审理案件，或者未在合理期限内审结，当事人又向我国法院起诉的，我国法院应当受理。

在确定涉外民事诉讼案件的管辖时，法律没有特别规定的，适用《民事诉讼法》的一般规定。

三、涉外民事诉讼的送达、调查取证与期间

（一）涉外民事诉讼的送达

涉外民事诉讼程序中的送达，是指对在我国领域内没有住所的当事人适用的，我国法院根据国际条约、互惠原则和我国法律的规定，将司法文书送交给居住在国外的诉讼当事人或其他诉讼参与人的行为。根据国际惯例以及我国民事审判的经验，《民事诉讼法》对涉外送达规定了以下不同的方式。

1. 按条约规定的方式送达。按条约规定的方式送达，是指按照受送达人所在国与我国签订的双边条约或共同参加的国际公约中规定的方式，向受送达人送达诉讼文书和其他法律文书。

2. 通过外交途径送达。在我国与受送达人所在国没有订立条约或签署协议的情况下，诉讼文书和其他法律文书的送达可以通过外交途径进行。其具体流程为：由我国省、自治区、直辖市的高级人民法院，将应送达当事人或其他诉讼参与人的诉讼文书和其他法律文书，送交我国外交机关，由我国外交部领事司送交当事人所在国驻我国的外交机构，再由其转交给该国的外交机关，最后按照该国法律规定的方式送达。

3. 委托我国驻外使、领馆代为送达。由我国驻外使、领馆代为送达，是指对不在我国领域内居住的中国籍当事人，在不能由受诉法院直接向其送达有关诉讼文书和其他法律文书的情况下，可以由我国司法机关直接委托我国驻当事人所在国使、领馆代为送达。

4. 向受送达人委托的人送达。向受送达人委托的人送达，是指人民法院将需送达的诉讼文书和其他法律文书送交受送达人授权代收诉讼文书和其他法律文书的人的送达方式。涉外民事诉讼中送达文书的代收，与一般的民事诉讼中送达文书的代收有一定的区别。在涉外民事诉讼中，人民法院可否直接向诉讼代理人送达关键在于受送达人是否授权过该代理人代收法律文书和诉讼文书，若未授权，人民法院不得直接向诉讼代理人送达。

5. 向受送达人在我国领域内设立的独资企业、代表机构、分支机构或者有权接受送达业务的代办人送达。这种送达方式主要适用于受送达人为外国的企业或组织的情形，这种送达方式简便易行，是国际上通行的方式。

6. 向法人或其他组织送达。受送达人为外国人、无国籍人，其在中华人民共和国领域内没有住所，但担任在我国领域内设立的法人或者其他组织法定代表人或者主要负责人的，且与该法人或者其他组织为共同被告时，向该法人或者其他组织送达。

7. 向法定代表人或者主要负责人送达。受送达人为外国法人或者其他组织，其法定代表人或者主要负责人在中华人民共和国领域内的，向其法定代表人或者主要负责人送达。

8. 邮寄送达。涉外民事诉讼中采用邮寄送达方式，须以受送达人所在国法律允许为前提。根据《民事诉讼法》第 283 条的规定，自邮寄之日起满 3 个月，送达回证没有退回但根据各种情况足以认定已经送达的，期间届满之日视为送达。

9. 电子送达。电子送达，是指人民法院采用传真、电子邮件、移动通信等能够确认受送达人收悉的电子方式向受送达人送达诉讼文书的方式。但是受送达人所在国法律禁止的则不能适用。

另外，我国《民事诉讼法》规定，可以受送达人同意的其他方式送达，但是受送达人所在国法律禁止的除外。不能用上述方式送达的，则用公告送达，自发出公告之日起经过 60 日，即视为送达。

（二）涉外民事诉讼的调查取证

根据我国《民事诉讼法》的规定，当事人申请人民法院调查收集的证据位于中华人民共和国领域外，人民法院可以依照证据所在国与中华人民共和国缔结或者共同参加的国际条约中规定的方式，或者通过外交途径调查收集。在所在国法律不禁止的情况下，人民法院可以采用下列方式调查收集：对具有中华人民共和国国籍的当事人、证人，可以委托中华人民共和国驻当事人、证人所在国的使领馆代为取证；经双方当事人同意，通过即时通讯工具取证；以双方当事人同意的其他方式取证。

（三）涉外民事诉讼的期间

1. 涉外民事诉讼期间的概念和特点。涉外民事诉讼的期间，是指民事诉讼法对在我国没有住所的当事人规定的为诉讼行为的时间期限。

涉外民事诉讼期间的特点主要包括：只适用于在我国领域内没有住所的当事人；期间较普通的民事诉讼的期间长；期间的适用较灵活，在法定期间内进行诉讼活动可以申请延长期间；没有案件审结期限的限制；等等。

2. 涉外民事诉讼期间的特别规定。

（1）被告提交答辩状期间。根据《民事诉讼法》的规定，在中华人民共和国领域内没有住所的被告，应当在收到起诉状副本后 30 日内提出答辩状。与国内民事诉讼不同的是，被告答辩期为 30 日，而不是 15 日。同时还规定被告可以申请延期，是否准许，由人民法院决定，而国内民事诉讼中被告则不享有这一权利。

（2）上诉期和上诉答辩期。《民事诉讼法》第 286 条规定，在中华人民共和国领域内没有住所的当事人，不服第一审人民法院判决、裁定的，有权在判决书、裁定书送达之日起 30 日内提起上诉。被上诉人在收到上诉状副本后，应当在 30 日内提出答辩状。当事人不能在法定期间提起上诉或者提出答辩状，申请延期的，是否准许，由人民法院决定。

（3）涉外案件审结期限。在涉外诉讼中，第一审和第二审案件的审限没有具体的限制。这样规定，主要是基于对涉外民事诉讼复杂性的考虑：诉讼手续较复杂；居住在国外的当事人进行诉讼行为的时间较长；外籍当事人在中国进行诉讼需要对中国法律有个了解的过程；案件的处理结果可能具有国际影响；等等。

四、民事案件中的国际司法协助

（一）司法协助概述

司法协助，是指不同国家的法院之间，根据本国或本地区缔结或者参加的国际条约，或者基于互惠原则，相互协助为对方代为一定诉讼行为的制度。司法协助主要是基于三种关系而形成的：一是国家间缔结的双边条约，二是共同参加的多边国际条约，三是互惠关系。

司法协助有狭义与广义之分，狭义的司法协助，仅指一国法院代另一国法院进行一般的诉讼行为，如送达诉讼文书、询问证人和收集证据等；广义的司法协助则包括协助执行外国已经生效的判决和设立在外国的仲裁机构的生效裁决。我国在立法上采纳了广义的司法协助的观点。

（二）一般司法协助

一般司法协助，是指一国法院受他国法院的委托，代为进行送达文书、询问证人和调查取证等行为的制度。此外，在一定的情况下，根据双边的协议，根据对方的请求提供本国的法律、法规等法律资料，也属于司法协助的内容。

一般司法协助的前提，是国与国之间有司法协助的协议或共同参加了有关的国际条约，或两国之间存在互惠关系。此外，外国法院委托我国法院协助的事项不得有损中华人民共和国的主权、安全或社会公共利益。

根据《民事诉讼法》的规定，我国人民法院与外国法院之间进行一般司法协助，主要通过以下三种途径：

1. 根据国际条约规定的途径进行。其具体的方式一般为，委托国法院将需要协助进行的行为的情况和委托书、请求协助书等材料提交给本国的外交部门，本国的外交部门将上述材料转递接受委托国设置的代为协助的中央机关（在我国为司法部），由该机关将上述材料转递有关的法院，由有关的法院实施具体的民事诉讼行为。

2. 通过外交途径进行。其具体的途径与涉外民事诉讼中通过外交途径进行送达的途径基本相同。

3. 通过本国驻外国使领馆的途径进行。当需要进行司法协助的行为的接受者是本国公民，一般司法协助可以通过本国的使领馆进行。通过该途径进行司法协助行为时，应尊重行为进行地所在国的主权，具体要求是进行这些行为时，必须遵守驻在国的法律，不得在驻在国领土上采取强制措施。

根据《民事诉讼法》的规定，外国法院请求我国法院提供司法协助的，其请求书及附件应附有中文译本或者国际条约规定的其他文字文本。我国法院提供司法协助，依照中国法律规定的程序进行。外国法院请求采用特殊方式的，也可以按照其请求的特殊方式进行，但请求采用的特殊方式不得违反中华人民共和国法律。

（三）特殊司法协助

特殊司法协助，是指两国法院间根据司法协助协议或两国共同参加的条约或互惠关系，相互承认并执行对方法院作出的生效法律文书和仲裁机构作出的裁决的司法活动。对外国法院裁判、仲裁机构裁决的承认和执行，是指两国法院相互承认和执行对方法院、仲裁机构已经发生法律效力的法院裁判、仲裁裁决的行为。包括我国法院的裁判、仲裁机构的裁决在外国的承认和执行与外国法院的判决、仲裁机构的裁决在我国的承认和执行。

1. 我国法院的裁判、仲裁机构的裁决在外国的承认和执行。请求外国法院承认和执行我国法院的判决，必须具备如下条件：①必须是我国法院已生效的裁判，未生效的判决不得申请在国外执行。②被申请执行人及其财产不在我国领域内。

符合上述条件的当事人请求执行的，对法院的裁判，可以由当事人直接向有管辖权的外国法院申请承认和执行，也可以由我国法院依照中国缔结或者参加的国际条约的规定，或者按照互惠原则，请求外国法院承认和执行；对仲裁机构的裁决，当事人可以直接向有管辖权的外国法院申请承认和执行。

2. 我国法院对外国法院裁判、仲裁机构的裁决的承认和执行。

（1）对外国法院裁判的承认和执行。我国法院承认和执行外国法院裁判有如下几个条件：必须是已生效的外国法院裁判；该外国法院的裁判不违反我国法律的基本原则且不损害我国国家主权、安全和社会公共利益。

外国法院作出的发生法律效力的判决、裁定，需要我国法院承认和执行的，可以由当事人直接向有管辖权的中级人民法院申请承认和执行，也可以由外国法院依照该国与中华人民共和国缔结或者参加的国际条约的规定，或者按照互惠原则，请求我国法院承认和执行。

（2）对外国仲裁裁决的承认和执行。在中华人民共和国领域外作出的发生法律效力的仲裁裁决，需要我国法院承认和执行的，当事人可以直接向被执行人住所地或者其财产所在地的中级人民法院申请。被执行人住所地或者其财产不在中华人民共和国领域内的，当事人可以向申请人住所地或者与裁决的纠纷有适当联系的地点的中级人民法院申请。我国法院应当依照中华人民共和国缔结或者参加的国际条约，或者按照互惠原则办理。

学习小结

特别程序是人民法院审理某些特殊类型的非民事权益争议案件所适用的程序。在《民事诉讼法》中规定特别程序，主要是为了使不同类型的案件能适用不同的程序进行审理，以保证案件审理的有效性和科学性。特别程序与其他通常程序既不互为条件，也不互相依存，而是独立存在，并且适用特别程序审理的案件都不适用审判监督程序。特别程序是几个不同种类的程序的混合体，这些程序有一定的共性，却又相互独立，不能相互替代和混合适用，一类案件只能适用相对应的一种程序。

督促程序是基于债权人提出给付一定金钱、有价证券的请求，法院督促债务人履行一定给付义务的程序。督促程序的设立，主要目的是通过适用一种简单而迅速的程序，使那些在当事人之间没有争议的以给付一定金钱、有价证券为标的的已经到期的债权能在社会生活中实现。

公示催告程序，是指人民法院根据申请人的申请，以公示方式，催告不明的利害关系人在指定期间内向人民法院申报权利，如无人主张权利，经申请人申请，人民法院作出除权判决，宣告票据或者其他事项无效的非诉讼特殊程序。公示催告程序目前只限于可以背书转让的票据被盗、遗失或灭失引起的公示催告的申请。公示催告案件的审理程序包括：公示催告的申请；法院对公示催告申请的审查和受理；法院发出停止支付通知和权利申报公告；利害关系人进行权利申报；法院作出除权判决。

涉外民事诉讼程序，是指规范人民法院、诉讼当事人和诉讼参与人进行涉外民事诉讼活动的法定程序。

基础练习

1. 特别程序有哪些共同特点？
2. 申请支付令的条件是什么？
3. 哪些情况会导致督促程序的终结？
4. 公示催告程序的适用范围是什么？
5. 除权判决有什么效力？
6. 涉外民事诉讼应当遵循哪些基本原则？

案例分析

1. 农民田某于2011年去外国打工时在途中遇海难失踪，从此杳无音讯。2016年其妻胡某向当地人民法院申请宣告田某死亡，人民法院经审理判决宣告田某死亡。由于年幼的女儿田甲一直身体不好，家中又没有足够的经济能力给田甲治疗，2017年胡某将田甲送给膝下无子的邻村姚某收养，并办理了合法的手续。2018年，失踪多年的田某突然返回，法院随即撤销了对田某的死亡宣告。田某要求与胡某恢复夫妻关系，并提出田甲的收养未征得他的同意，违反《中华人民共和国收养法》（以下简称《收养法》，现已失效），是无效的，要求撤销收养合同。胡某不同意恢复夫妻关系，姚某也不同意解除收养关系，田某诉至法院。

请分析：

（1）田某与胡某间的夫妻关系是否还存在？

（2）田甲的送养是否有效？

2. 案情简介：甲公司（金融机构）向乙公司贷款，约定由甲公司所在地法院管辖（甲乙两公司不在同一基层法院区域），A、B、C三公司和D个人提供贷款担保，A、B、C的担保合同均约定由甲公司所在地法院管辖，A与甲公司不在同一省区，D的个人担保未约定管辖，D的户籍和经常居住地均不在甲公司所在省区，现甲公司主要想追究A、D的担保责任，甲公司拟对A、D发出支付令。

请分析：

（1）支付令是否只能由被告所在地法院管辖？

（2）可否向担保案件的担保人适用支付令？

3. 刘某是某市第一百货商场的业务员，某日刘某外出为本单位采购货物时，在公共汽车上遗失一张支票。某市第一百货商场即向人民法院申请公示催告，人民法院因其未先挂失不予受理。某市第一百货商场遂到银行办理了挂失手续，又向法院申请公示催告，法院接到申请后即刻向银行发出受理通知书，并于5日后发出公告，催促利害关系人 30 日内向该法院申报权利。公示催告期间届满，没有人向法院提出申报，法院因此作出了除权判决，宣告票据无效。

请分析：此案在审理程序上有哪些问题？

4. 美国某金属公司与韩国某海运公司因海上货物运输合同发生纠纷，合同约定的装货港为美国，卸货港为中国香港地区，交货地为中国张家港。韩国公司在中国境内仅上海有一家办事处。该美国公司向我国上海海事法院提起诉讼，要求韩国海运公司赔偿因无单放货造成的全部损失。被告提出管辖异议，认为合同履行地和行为发生地均不在中国境内，中国法院无管辖权。原告提交的起诉书，是由原告在中国的代理律师签名，并盖律师事务所的公章。原告致函受诉法院，授予代理律师起诉、提供证据、辩论等一切诉讼行为的代理权。但是，该函没有在美国经过公证和认证。

请分析：中国法院是否对本案享有管辖权？原告的起诉是否具有法律效力？

第十章　拓展学习

第十一章　执行程序

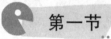第一节　执行的一般规定

一、执行和执行程序

（一）执行和执行程序的概念

执行，是指人民法院的执行组织依照法定的程序，对发生法律效力的法律文书确定的给付内容，运用国家强制力，强制义务人履行义务的行为。

执行程序是以实现生效法律文书确定的权利义务为目的，规范人民法院、执行当事人和其他执行参与人进行民事执行活动的程序。

（二）执行程序的相对独立性

审判程序是确定民事权利义务关系的程序，执行程序是实现民事权利义务关系的程序，执行程序具有相对的独立性：

1. 经审判程序处理的民事案件并非必然经过执行程序。进入执行程序是因为义务人无故拒不履行生效法律文书所确定的义务，需要运用国家强制力保证生效法律文书的实现。

2. 执行程序所适用的案件不只限于审判程序处理的案件范围。例如，公证机关制作的赋予强制执行效力的债权文书，仲裁机构作出的生效裁决书，如果需要执行，也由人民法院适用执行程序进行执行。

二、执行的原则

执行的原则，是指导执行制度和执行活动的原则，它既是立法工作的指导原则，又是司法活动的指导原则。根据民事诉讼法的基本原则和民事执行的特点，执行应当遵循如下原则：

（一）依法执行原则

依法执行是指必须以生效的法律文书为依据，并且依照法定的程序和方式进行。一方面，执行必须以法定机关制作的、发生法律效力并有明确的权利义务主体和给付内容的法律文书为依据。另一方面，无论是启动执行程序，还是采用执行措施，都必须依法进行。

（二）执行标的有限原则

执行标的是指人民法院的执行行为所指向的对象。执行的对象只能是被执行人的财产或行为，不能对被执行人的人身采取执行措施；在执行财产时也应当注意执行的范围，不得超出执行根据所确定的债务人应履行义务的范围。

（三）人民法院执行与有关单位、个人协助执行相结合的原则

民事执行权专属于法院，但在特殊情况下，需要有关单位和个人的协助，如划拨存款时需要银行的协助。把专门机关依法行使职权与社会力量的支持配合有机地结合起来，可以更有效地完成执行工作。

（四）申请执行与移送执行相结合的原则

执行程序一般自权利人提出申请开始，这是当事人行使处分权的一种体现；但是，涉及国家、社会和人民重大利益的案件，以及公民生活急需的案件，人民法院可以依职权移送执行，这是对申请执行的有益补充。

（五）强制执行与说服教育相结合的原则

在执行工作中，虽然强制是根本手段，但对被执行人进行说服教育也是必不可少的。只有被执行人在指定期限内仍拒不履行义务的，人民法院才应当及时采取强制措施。强制执行与说服教育相结合，有利于减少执行阻力，顺利完成执行工作。

（六）依法保护权利人的合法权益与适当照顾被执行人利益相结合的原则

人民法院在执行生效法律文书时，既要保护权利人的合法权益，也要适当照顾被执行人的利益。例如，在执行时，要考虑义务人生活和生产的必需，要保留被执行人及其所扶养家属的生活必需品及费用，不能因执行而使他们丧失基本生活保障；在拍卖、变卖被执行人财产时，要依法进行，不得贱价出售。

三、执行根据

执行根据，是指能够予以执行的法律文书。能够作为人民法院执行根据的法

律文书主要有三类。

1. 人民法院制作的具有执行内容的生效法律文书。具体包括以下内容：①民事判决、裁定、调解书，民事制裁决定、支付令；②刑事附带民事判决、裁定、调解书；③具有财产给付内容的刑事判决书、裁定书。

2. 其他机关制作的由人民法院执行的法律文书。其中包括：①公证机关依法赋予强制执行效力的债权文书；②仲裁机构制作的依法由人民法院执行的仲裁裁决书和调解书。

3. 人民法院制作的承认并执行外国法院判决、裁定或者外国仲裁机构裁决的裁定书。

能够作为执行根据的法律文书必须同时具备三个条件：一是该法律文书已经发生法律效力；二是该生效法律文书权利义务主体明确；三是给付内容明确。法律文书确定继续履行合同的，应当明确继续履行的具体内容。

四、执行管辖

执行管辖，是指人民法院办理执行案件的权限和分工，即执行根据具体应由哪一个法院执行。确定执行管辖，应当以执行方便和经济为首要原则，以保障当事人的权利能够快速、经济地得以实现。

（一）一般规则

1. 发生法律效力的民事判决、裁定、调解书，以及刑事判决、裁定中的财产部分，由第一审人民法院或者与第一审人民法院同级的被执行的财产所在地人民法院执行。同时，根据司法解释，申请执行人向被执行的财产所在地人民法院申请执行的，应当提供该人民法院辖区有可供执行的财产的证明材料。当事人可以向被执行的财产所在地法院申请执行，这对于保护当事人的权益和方便法院执行都具有积极的意义。

2. 发生法律效力的支付令和实现担保物权裁定、确认调解协议裁定，由制作执行根据的人民法院或同级的被执行财产所在地人民法院负责执行。

3. 认定财产无主的判决，由作出判决的人民法院将无主财产收归国家或者集体所有。

4. 法律规定的由人民法院执行的其他法律文书，由被执行人住所地或者被执行人的财产所在地人民法院执行。所谓其他法律文书，包括仲裁裁决书，公证债权文书。

（二）特别规定

《民事诉讼法》和相关司法解释还对执行管辖中的一些特别事项作出了规定，它们也是构成执行管辖的重要内容。

1. 执行中的共同管辖和选择管辖。对两个以上人民法院都有管辖权的执行案件，申请执行人在法律规定范围内享有选择权。如果申请执行人向两个以上人民法院申请执行，由最先接受申请的人民法院执行。人民法院在立案前发现其他有管辖权的人民法院已经立案的，不得重复立案。若立案后发现其他有管辖权的人民法院已经先行立案的，应当撤销案件；已经采取执行措施的，应当将控制的财产交先立案的执行法院处理。

2. 执行管辖异议。为了全面保护当事人的利益，人民法院受理执行申请后，当事人对管辖权有异议的，应当自收到执行通知书之日起 10 日内提出。经审查异议成立的，应当撤销执行案件，并告知当事人向有管辖权的人民法院申请执行；异议不成立的，裁定驳回。当事人对裁定不服的，可以向上一级人民法院申请复议。管辖权异议审查和复议期间，不停止执行。由于执行权和司法权的不同特质，执行管辖异议与诉讼中的管辖权异议，在异议条件、处理方式、救济渠道等方面都有显著的区别。

3. 向上一级人民法院申请执行。为了更充分地保护当事人权利，落实上级人民法院的执行监督权，《民事诉讼法》特别针对执行法院消极拖延的行为规定了救济手段。如果具有执行管辖权的人民法院有条件执行，但自收到申请执行之日起超过 6 个月都未执行的，申请执行人可以向上一级人民法院申请执行。上一级人民法院经审查，认为申请成立的，有三种处理方式：①提级执行。上级人民法院可以裁定由本院执行该案件。②指定执行。上级人民法院可以作出裁定，指定其他人民法院执行该案。③督促执行。上级人民法院也可以向原执行法院发出督促执行令，责令其在一定期限内执行，执行法院在指定期间内无正当理由仍未执行完毕的，上一级人民法院应当作出提级执行或指定执行裁定，以确保执行的效率。

4. 委托执行。被执行人或者被执行的财产在外地的，可以委托当地人民法院代为执行。受委托人民法院收到委托函件后，必须在 15 日内开始执行，不得拒绝。执行完毕后，应当将执行结果及时函复委托人民法院；如果在 30 日内还未执行完毕，也应当将执行情况函告委托人民法院。受委托人民法院自收到委托函件之日起 15 日内不执行的，委托人民法院可以请求受委托人民法院的上级人民法院指令受委托人民法院执行。

五、执行主体

(一) 执行机构

执行机构，是指人民法院内部设置的负责执行工作、实现执行任务的专门职能机构。我国实行"审执分离"制度，各级人民法院根据需要，都可以设立执行机构，即执行庭或执行局。执行机构的成员主要是执行员和书记员，采取重大措施时，还应有司法警察参加。

（二）执行当事人

1. 执行当事人的概念。执行当事人，就是执行程序中的债权人和债务人。有权根据生效法律文书向人民法院申请执行的人，为申请执行人，即债权人；负有给付义务的人，是被执行人，也被称为债务人。

2. 执行承担。执行承担，是指在执行程序中由于出现法定情况，债权人的权利应由其他主体享有，或者债务人的义务应由其他主体履行，人民法院可以变更、追加相关主体进入执行程序的制度。

执行承担的目的在于解决裁判文书的执行力对当事人的继受人是否有效的问题。根据《民事诉讼法》的规定及最高人民法院的司法解释，执行承担发生的原因主要有：

（1）原执行根据确定的当事人已经失去权利，由相应的主体来承担其权利义务。这主要表现为自然人死亡或宣告死亡后，其遗嘱执行人、受遗赠人、继承人应当承担其权利义务；法人或其他组织分立、合并、更名的，其权利义务由变更后的法人或者其他组织承受。

（2）依法应当对执行根据确定的义务承担清偿责任的人，在被执行人的财产不足以清偿债务时，可以被申请变更为被执行人。例如，有限责任公司的未足额缴纳出资或抽逃出资的股东，个人独资企业的投资人，合伙企业的普通合伙人，有限合伙企业的未按期足额缴纳出资的有限合伙人，等等。

（三）执行参与人

执行参与人，是指人民法院和执行当事人以外的参与执行工作的组织和个人，主要包括协助执行人、执行见证人、被申请执行人的家属以及代理人和翻译人员等。在执行程序中，按照人民法院的协助执行通知书配合执行机构进行执行工作的单位和个人，称为协助执行人。在执行程序中，人民法院采取某些执行措施时，到场亲自对执行活动进行观察和监督、证实执行情况的人，被称为执行见证人。

六、执行客体

执行客体，又称执行对象或执行标的，是人民法院强制执行行为所指向的对象，具体包括物和行为两类。

（一）物

作为执行客体的物主要是债务人的现有财产、对第三人的到期债权和非法处分的财产。现有财产可以是有形财产，也包括知识产权中的财产权部分；债务人对第三人的到期债权的执行，就是代位执行制度；债务人为了逃避执行，非法处分财产的行为无效，经人民法院依法撤销后，非法处分的财产即可成为执行标的。下列财产不得成为执行客体：①为维护被执行人的生计而不能执行的财物，包括被执行人及其供养家属的生活必需品和生活必需费用等。②法律禁止流通的财物，如淫秽物品、毒品等。③专属于债务人的人身权利，以及法律规定具有公益性质的特殊财物。

（二）行为

作为执行客体的行为，在法律上分两种不同情形：

1. 可以替代的行为。对判决、裁定和其他法律文书指定的行为，被执行人未按执行通知履行的，人民法院可以强制执行或者委托有关单位或其他人完成，费用由被执行人承担。

2. 不可替代的行为。被执行人未按执行通知履行的，如果该项行为只能由被执行人完成，人民法院可以对义务人（包括单位主要负责人和直接责任人员）采取妨害民事诉讼的强制措施，构成犯罪的，依法追究刑事责任。

 第二节 执行程序

一、执行程序的开始

执行程序的开始，以申请执行为原则、移送执行为补充。

（一）申请执行

申请执行，是指享有权利的一方当事人根据生效的法律文书，在对方拒不履行义务的情况下，可以向有管辖权的人民法院申请执行，申请执行是当事人依法享有的重要权利。申请执行的条件是：①执行根据已经生效，且已过执行根据确定的清偿期限。②申请执行人必须是执行根据确定的权利人或合法继承、承受该权利的继受人。③应当向有执行管辖权的法院申请执行。④应当在申请执行时效内提出申请。根据民事诉讼法相关规定，申请执行的期间为2年，从法律文书规定履行期间的最后一日起计算；法律文书规定分期履行的，从最后一期履行期限届满之日起计算；法律文书未规定履行期间的，从法律文书生效之日起计算；生效法律文书规定债务人负有不作为义务的，申请执行时效期间从债务人违反不作为义务之日起计算。

申请执行，应向人民法院提交下列文件和证件：①申请执行书。申请执行书中应当写明申请执行的理由、事项、执行标的，以及申请执行人所了解的被执行人的财产状况。②生效法律文书副本。③申请执行人的身份证明。公民个人申请的，应当出示居民身份证；法人申请的，应当提交法人营业执照副本和法定代表人身份证明；其他组织申请的，应当提交营业执照副本和主要负责人身份证明。④继承人或权利承受人申请执行的，应当提交继承或承受权利的证明文件。⑤其他应当提交的文件或证件。

申请执行仲裁机构的仲裁裁决，应当向人民法院提交有仲裁条款的合同书或仲裁协议书。申请执行国外仲裁机构的仲裁裁决的，应当提交经我国驻外使领馆认证或我国公证机关公证的仲裁裁决书中文本。

申请人民法院强制执行，应当按照人民法院诉讼收费办法的规定缴纳申请执行的费用。

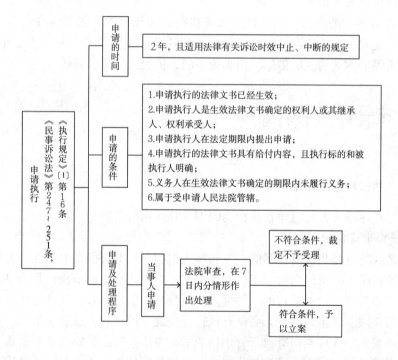

图 11-1　申请执行流程图

（二）移送执行

移送执行，是指人民法院的裁判发生法律效力后，由审理该案的审判人员将案件直接交付执行人员执行，从而开始执行程序的行为。移送执行是对申请执行

---

〔1〕　《最高人民法院关于人民法院执行工作若干问题的规定（试行）》（以下简称《执行规定》）。

的补充。移送执行的案件主要有：①判决、裁定具有给付赡养费、抚育费、扶养费内容的案件。②具有财产执行内容的刑事判决书、裁定书。③审判人员认为涉及国家、集体或者公民重大利益的案件。

移送执行应当由审判组织填写移送执行书，说明执行的事项和应注意的问题，连同生效的法律文书一并移送执行组织。

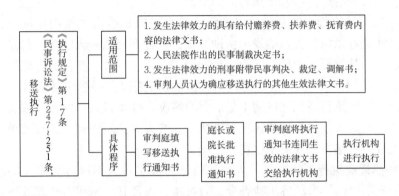

图 11-2 移送执行流程图

二、受理与执行前的准备

（一）执行案件的受理

人民法院对于申请执行人提交的材料进行审查，认为符合申请执行条件的，应当在 7 日内予以立案；不符合申请执行条件的，应当在 7 日内裁定不予受理并送达申请执行人。

申请执行人超过申请执行时效期间向人民法院申请强制执行的，人民法院应予受理。被执行人对申请执行时效期间提出异议，人民法院经审查异议成立的，裁定不予执行。被执行人履行全部或者部分义务后，又以不知道申请执行时效期间届满为由请求执行回转的，人民法院不予支持。

（二）执行通知和立即执行

人民法院应当在收到申请执行书或者移交执行书后 10 日内发出执行通知。执行通知中除应责令被执行人履行法律文书确定的义务外，还应通知其承担迟延履行利息或者迟延履行金。

为了防止被执行人在接到执行通知后隐匿、转移财产，《民事诉讼法》中确立了立即执行制度。执行人员有权不再指定履行期间，而是立即采取强制执行措施，并可在采取强制措施的同时，或者自采取强制执行措施之日起 3 日内，发送执行通知书。

（三）对被执行人财产状况的查明

人民法院在受理案件后，应当调查了解债务人的履行能力，主要是查明债务人的财产状况。可以通过以下途径查明：

1. 申请执行人应当向人民法院提供其所了解的被执行人的财产状况或线索。

2. 采取保障性执行措施。例如，查询被执行人的身份信息和财产信息、责令被执行人报告财产、搜查被执行人的财产等。

（1）查询被执行人的身份信息和财产信息。被执行人未按期履行给付义务的，人民法院可以向各类机构发出协助通知，调查询问债务人的身份信息和财产信息，以了解被执行人的履行能力，为扣押、冻结、划拨、变价做好准备。

（2）报告财产。被执行人未按执行通知履行法律文书确定的义务，应当报告当前以及收到执行通知之日前1年的财产情况。被执行人拒绝报告或者虚假报告的，人民法院可以根据情节轻重对被执行人或者其法定代理人、有关单位的主要负责人或者直接责任人员予以罚款、拘留。

（3）搜查被执行人的财产。人民法院认为被执行人不履行法律文书确定的义务且隐匿财产的，有权发出搜查令，对被执行人及其住所或财产隐匿地进行搜查，又称为民事搜查。搜查是执行中涉及被执行人财产权和人身权的一项严厉措施，因此必须严格依法进行。人民法院进行搜查，必须持有法院院长签发的搜查令和工作证件。搜查公民时，应当通知被执行人或其家属等见证人到场；搜查妇女的身体，应当由女执行员进行；搜查中发现被执行人财产，应当依法查封扣押，但对被执行人的其他物品，如生活日用品、有关身份证件等不得查封扣押。搜查应当制作笔录，由搜查人、被搜查人及其他在场人签名或盖章。拒绝签名或盖章的，在搜查记录中说明。

三、执行措施

执行措施，是指人民法院依照法定程序，强制执行生效法律文书的方法和手段。在执行中，执行措施和执行程序是合为一体的，采取执行措施就是履行执行程序。我国现行《民事诉讼法》根据不同的执行对象规定了不同的执行措施。

（一）对财产的执行措施

1. 扣押、冻结、划拨、变价被执行人的金融资产。随着我国经济的发展，金融资产的类型越来越多，也逐渐成为自然人和法人的主要财产形态。民事诉讼法专门针对金融资产的执行措施作出了规定，被执行人未按执行通知履行法律文书确定的义务，人民法院有权向有关单位，如银行、信用社、证券公司等金融机构发出协助要求，根据不同情形扣押、冻结、划拨、变价被执行人的存款、债权、股票、基金份额等金融资产，但采取执行措施的财产范围不得超出被执行人应当履行义务的范围。

人民法院扣押、冻结、划拨、变价被执行人的金融资产，应当作出裁定，并发出协助执行通知书，有关金融机构必须办理。

2. 扣留、提取被执行人的收入。被执行人未按执行通知履行法律文书确定的义务，人民法院有权扣留、提取被执行人应当履行义务部分的收入，但应当保留被执行人及其所扶养家属所必需的生活费用。这里的收入，主要是指公民个人工资、奖金、劳动报酬及各种有价证券等。

人民法院扣留、提取被执行人的收入应当作出裁定，并发出协助执行通知书，银行、信用社和其他有储蓄业务的单位必须办理。

3. 查封、扣押、拍卖、变卖被执行人的财产。被执行人未按执行通知履行法律文书确定的义务，人民法院有权查封、扣押、拍卖、变卖被执行人应当履行义务部分的财产，但应当保留被执行人及其所扶养家属的生活必需物品和费用，进行义务教育所必需的物品，以及用于身体缺陷所必需的辅助工具和医疗物品。此外，下列财产，人民法院不得查封、扣押、冻结：①未公开的发明或未发表的著作；②被执行人所得的勋章和其他荣誉表彰物品；③享有合法有效的司法豁免权的财产；④法律和司法解释规定的其他不得查封、扣押、冻结的财产。

人民法院查封、扣押财产时，被执行人是公民的，应当通知被执行人或者他的成年家属到场，同时公民所在单位或财产所在地的基层组织应当派人参加；被执行人是法人或其他组织的，应当通知其法定代表人或主要负责人到场，拒不到场的，不影响执行。查封、扣押财产，必须造具清单，由在场人签名或盖章，交被执行人一份。在查封、扣押不动产和有产权证照的特定动产时，还应当在相关产权部门办理查封登记手续。人民法院的查封、扣押、冻结没有公示的，其效力不得对抗善意第三人。

财产被查封、扣押后被执行人在法院指定的期间仍拒绝履行义务的，人民法院可以按照规定将查封、扣押的财产变现，并将所得价款交给债权人。在变现的方式上，根据《民事诉讼法》的规定，应当采取拍卖优先原则，自行组织拍卖或者交由专门的拍卖机构拍卖，也可以依法通过互联网平台进行拍卖。只有对于不适于拍卖的财产（例如，易腐烂变质的物品、季节性商品等）或双方当事人均不同意进行拍卖的财产，才可以委托有关单位变卖或者自行变卖。国家禁止自由买卖的物品（例如，金银等物品），人民法院应当交有关单位按照国家规定的价格收购后，将收购价款转交债权人。

4. 强制被执行人交付法律文书指定的财物或票证。法律文书指定交付的财物或票证，由执行员传唤双方当事人当面交付，或由执行员转交，并由被交付人签收。有关单位持有该项财物或票证的，应当根据人民法院的协助执行通知书转交,并由被交付人签收,拒不交出的强制执行。有关公民持有该项财物或票证的,人民法院通知其交出,拒不交出的强制执行。因持有人的过失造成该项财物或票证毁损或灭失的,人民法院可责令持有人赔偿,拒不赔偿的,可按被执行人的财物或票据的价值强制执行。

(二) 对行为的执行措施

1. 强制被执行人迁出房屋或退出土地。强制被执行人迁出房屋或退出土地,由院长签发公告责令被执行人在指定的期间履行,被执行人逾期不履行的由执行员强制执行。

强制执行时,被执行人是公民的,应当通知被执行人或其成年家属到场,该公民所在的单位或房屋、土地所在的基层组织应当派人参加;被执行人是法人或其他组织的,应当通知其法定代表人或主要负责人到场,拒不到场的,不影响执行。执行员应当将执行情况记入笔录,由在场人签名或盖章。

强制迁出房屋中被搬出的财物,由人民法院派人运至指定场所,交给被执行人。被执行人是公民的,可以交给其成年家属。因拒绝接收而造成的损失,由被执行人负担。

2. 强制被执行人履行法律文书指定的行为。判决、裁定或其他法律文书指定的行为,如果系可替代完成的作为,人民法院可以委托有关单位或他人完成,必要时可以通过招标方式确定代履行人。代履行所发生的费用,由债务人承担。拒不承担的,依照对财产执行的方法采取执行措施,强制其履行。

如果系不可替代的作为,人民法院可采取间接执行的方法,通过对被执行人罚款、拘留、强制支付迟延履行金等手段,促使其自动完成义务行为。

如果系不作为义务,债务人因实施积极行为,违背法律文书的规定,人民法院应当消除积极行为产生的后果。

(三) 保障性执行措施

1. 强制被执行人支付迟延履行期间债务利息及迟延履行金。被执行人未按判决、裁定和其他法律文书指定的期间履行金钱给付义务的,除应正常支付迟延履行的一般债务利息外,还应当加倍支付迟延履行期间的债务利息。被执行人未按判决、裁定和其他法律文书指定的期间履行其他义务的,应当支付迟延履行金。

被执行人未按判决、裁定和其他法律文书指定的期间履行其他非金钱给付义务的,无论是否给申请执行人造成损失,都应当支付迟延履行金。已经造成损失的,双倍补偿申请执行人已经受到的损失;没有造成损失的,迟延履行金由人民法院根据案件的具体情况确定。

执行程序中迟延履行期间债务利息,根据《最高人民法院关于执行程序中计算迟延履行期间的债务利息适用法律若干问题的解释》来计算。

2. 办理财产权证照转移手续。在执行中，需要办理有关财产权证照，如房产证、土地证、山林所有权证，以及专利证书、商标证书、车辆执照等转移手续的，人民法院可以向有关单位发出协助执行通知书，要求其协助办理更名过户手续，以实现债权人的权利。

3. 其他保障性执行措施。被执行人不履行法律文书确定的义务的，人民法院可以对其采取或者通知有关单位协助采取限制出境，在征信系统记录、通过媒体公布不履行义务信息以及法律规定的其他措施。

（1）限制出境。被执行人未履行法律文书确定的义务，且又具有逃避履行法定义务的可能或者被执行人或被执行单位的法定代表人、负责人出境可能造成案件无法执行的，人民法院可以依据申请执行人的书面申请，限制其出境自由，并通知有关单位协助采取限制出境的措施，以保障权利人的利益。必要时，人民法院也可依职权采取限制出境措施。被执行人为单位的，可以对其法定代表人、主要负责人或者影响债务履行的直接责任人员限制出境。被执行人为无民事行为能力人或者限制民事行为能力人的，可以对其法定代理人限制出境。在限制出境期间，被执行人履行法律文书确定的全部债务的，执行法院应当及时解除限制出境措施；被执行人提供充分、有效的担保或者申请执行人同意的，可以解除限制出境措施。

（2）纳入失信名单，通报征信系统记录不履行义务信息。被执行人拒不履行法律文书确定的义务，人民法院还可以根据情节将其纳入失信被执行人名单，将被执行人不履行或者不完全履行义务的信息向其所在单位、征信机构以及其他相关机构通报。个人征信系统为消费信贷机构提供个人信用分析产品，含有广泛精确的个人信息。不履行义务的信息将导致被执行人的个人信用记录减损，在日常生活和商业交往中受到负面影响。由于征信系统主要由人民银行等金融监管机构管理，故法院可以通知有关单位协助记录不履行义务的信息。

（3）通过媒体公布不履行义务信息。被执行人拒不履行法律文书确定的义务，执行法院可以依职权或者依申请执行人的申请，将被执行人不履行法律文书确定义务的信息，通过报纸、广播、电视、互联网等媒体公布，以通过社会舆论的监督，来威慑和督促被执行人履行相关义务。媒体公布的有关费用，由被执行人负担；申请执行人申请在媒体公布的，应当垫付有关费用。

（4）限制被执行人消费。被执行人未按执行通知书指定的期间履行生效法律文书确定的给付义务的，人民法院可以发出限制消费令，限制被执行人及其法定代表人、主要负责人、影响债务履行的直接责任人和实际控制人进行高消费和非生活经营必需的消费活动。

上述限制出境、纳入失信名单、通报征信系统记录不履行义务信息、通过媒体公布不履行义务信息、限制被执行人消费五项新的执行措施都是《民事诉讼法》和司法解释吸收近年来各地执行经验，新规定的具有威慑性的措施，旨在督促被执行人积极履行债务，化解"执行难"，确保债权人的合法权益。

（四）代位执行

代位执行，实际是对被执行人对第三人生效债权的执行措施，具体是指在执行过程中，如果被执行人不能清偿债务，但对第三人享有到期债权，人民法院可以作出冻结债权的裁定，并向第三人发出履行到期债务的通知，第三人在指定期限内没有提出异议，又不履行债务的，人民法院有权对第三人采取强制执行措施。

人民法院向第三人送达履行通知时，应当参照督促程序，该通知必须送达第三人。第三人在收到履行通知后 15 日内应当向申请执行人履行债务，如果第三人对债权有异议，必须在收到履行通知后 15 日内向法院提出异议，人民法院对异议部分的债务不再执行，但生效法律文书确定的到期债权除外。如果第三人在指定期限内既没有提出异议，又不履行债务，人民法院可以对第三人的财产进行查封、变价，并交付给债权人，以确保债权人实现其利益。

 ## 第三节　执行中的特别情况

一、执行异议

（一）对执行行为的异议

对执行行为的异议，是指当事人、利害关系人对人民法院的执行行为提出书面质疑，从而要求人民法院变更或停止执行行为的请求。执行行为异议是一项重要的救济措施，它赋予了当事人和利害关系人针对执行过程中的程序性错误提出异议进而申请复议的权利，对于维护当事人和利害关系人的合法权益具有十分重要的意义。根据《民事诉讼法》《最高人民法院关于适用〈中华人民共和国民事诉讼法〉执行程序若干问题的解释》（以下简称《执行解释》）和《最高人民法院关于人民法院办理执行异议和复议案件若干问题的规定》的相关规定，当事人、利害关系人提出异议有三方面条件。

1. 异议的对象：应当以人民法院的执行行为在程序上违反法律法规或司法解释为由提出异议，具体可以提出异议的行为包括三类情况：①查封、扣押、冻结、拍卖、变卖、以物抵债、暂缓执行、中止执行、终结执行等执行措施中存在的程序违法行为；②执行的期间、顺序等未遵守法定程序；③法院作出的其他侵害当事人、利害关系人合法权益的行为。

2. 异议的提出主体：只限于案件的当事人和利害关系人，其中利害关系人是指当事人以外认为执行法院的程序性事项存在违法性，且损害其利益的人。如果案外人认为执行法院的行为具有实体违法性，不应通过本制度，而应通过下述执行标的异议制度寻求救济。

3. 异议的管辖法院：应当向执行法院提出异议，执行法院应当在异议提出后 3 日内决定是否立案。执行法院拖延回复的，异议人可以向上一级法院提出异议。同时，为了提高执行效率，对同一执行行为，异议理由应当一次性全部提出。

书面执行行为异议提出后，人民法院应当组成合议庭予以审查，并在执行终结前作出裁定，具体而言，应当自收到异议之日起 15 日内审查完毕并作出裁定：理由不成立的，裁定驳回；理由成立的，裁定撤销或者变更执行行为，如果执行行为无可撤销变更内容的，直接裁定异议成立。

当事人和利害关系人如果对裁定不服，还可以自裁定送达之日起 10 日内向上一级人民法院提出书面复议。上一级法院应当组成合议庭，自收到复议申请之日起 30 日内审查完毕，作出裁定。有特殊情况需要延长的，经本院院长批准，可以延长，延长的期限不得超过 30 日。经过复议审查，认为：①异议裁定认定事实清楚，适用法律正确，结果应予维持的，裁定驳回复议申请，维持异议裁定；②异议裁定认定事实错误，或者适用法律错误，结果应予纠正的，裁定撤销或者变更异议裁定；③异议裁定认定基本事实不清、证据不足的，裁定撤销异议裁定，发回作出裁定的人民法院重新审查。人民法院对发回重新审查的案件作出裁定后，当事人、利害关系人申请复议的，上一级人民法院复议后不得再次发回重新审查。

执行异议审查和复议期间，不停止执行。被执行人、利害关系人提供充分、有效的担保请求停止相应处分措施的，人民法院可以准许；申请执行人提供充分、有效的担保请求继续执行的，应当继续执行。

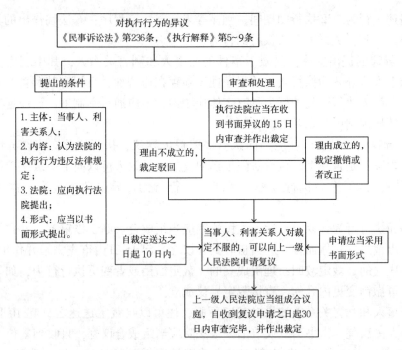

图 11-3 执行行为异议流程图

（二）对执行标的的异议、案外人异议之诉及许可执行之诉

1. 对执行标的的异议。这是指在执行过程中，案外人对被执行的财产的全部或者部分主张实体权利并要求负责执行的人民法院停止并变更执行的书面请求。案外人提出执行标的异议的理由应当是执行行为将对其实体权利造成损害，这是其与以程序违法提出执行行为异议的根本不同。但是，对同一执行行为，案外人可能既基于实体权利对执行标的提出异议，又对其程序违法性提出执行行为异议，此时执行标的异议吸收执行行为异议，执行法院应当按照执行标的异议的审查程序予以审查并作出裁定。

根据《民事诉讼法》和相关司法解释的规定，对于案外人执行标的异议的审查机制参照执行行为异议的审查机制。但在审查期间，只可以对财产采取查封、扣押、冻结等保全措施，不得进行处分。案外人向人民法院提供充分、有效的担保请求解除对异议标的的查封、扣押、冻结的，人民法院可以准许；申请执行人提供充分、有效的担保请求继续执行的，人民法院应当继续执行。因案外人提供担保解除查封、扣押、冻结有错误，致使该标的无法执行的，人民法院可以直接执行担保财产；申请执行人提供担保请求继续执行有错误，给对方造成损失的，应当予以赔偿。

对案外人执行标的异议，人民法院应当审查下列内容：①案外人是否系权利人；②该权利的合法性与真实性；③该权利能否排除执行。人民法院在审查时应当以形式审查为原则，有登记的，按照登记机构的登记判断；无登记的，按照合同等证明财产权属或者权利人的证据判断。

经过审查，会有下列两种处理情况：①如果异议理由不成立的，则裁定驳回异议，执行程序继续进行；②如果异议理由成立的，则应裁定中止执行。如果申请执行人没有及时提起诉讼解决实体权利归属，人民法院应当解除或撤销执行措施；如果申请执行人提出了确认执行标的是否适当的民事诉讼，人民法院应当等待诉讼的结果，并根据该结果裁定是否解除执行措施。

法院对执行标的的异议的处理裁定是在执行过程中经过执行法院的初步审查作出，并非经过法定的诉讼程序，因而不能构成确认实体权利的最终依据。根据《民事诉讼法》和相关司法解释，案外人、当事人如果对裁定不服，希望通过诉讼对相关标的的权利重新进行确认的，有两种可能：①原判决、裁定对执行标的的处分结果本身有误，则案外人或当事人可以按照审判监督程序，向法院申请再审；②原判决、裁定并未直接涉及执行标的的权利归属，则案外人或申请执行人可以自裁定送达之日起 15 日内，向执行法院提起新的诉讼，也即案外人异议之诉和许可执行之诉。

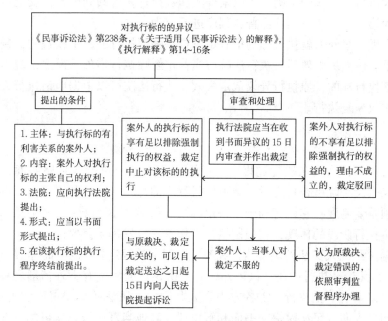

图 11-4 执行标的异议流程图

2. 案外人异议之诉。案外人异议之诉，是指案外人为了维护自身财产权益，向执行法院提出的请求对执行标的物实体权利归属作出判定，并停止执行该标的物的诉讼。案外人异议之诉的程序规范是：①起诉的时间应当在收到执行法院对执行标的异议作出驳回裁定后 15 日内。②管辖法院为执行法院。③应当以案外人为原告，申请执行人为被告，如果被执行人反对案外人对执行标的的所主张的实体权利的，则应当以申请执行人和被执行人为共同被告，如果被执行人不反对案外人主张，可以将其列为第三人。④应当依照普通程序进行审理。⑤案外人异议之诉审理期间，人民法院不得对执行标的进行处分。申请执行人请求法院继续执行并提供相应担保的，人民法院可以准许。

经过审理，人民法院认定案外人就执行标的享有足以排除强制执行的民事权益的，判决不得执行该执行标的，执行异议裁定失效；反之，判决驳回其诉讼请求。如果案外人同时提出确认其权利的诉讼请求的，人民法院可以在判决中一并作出判断。

3. 许可执行之诉。许可执行之诉，是指申请执行人向执行法院提出审理请求，以决定是否可执行特定标的物的诉讼。许可执行之诉的程序规范是：①起诉的时间应当在收到执行法院对执行标的异议作出中止执行裁定后 15 日内。②管辖法院为执行法院。③应当以申请执行人为原告，案外人为被告，如果被执行人反对申请执行人请求的，则应当以案外人和被执行人为共同被告，反之可以列被执行人为第三人。④应当依照普通程序进行审理。

经审理，案外人就执行标的享有足以排除强制执行的民事权益的，判决驳回诉讼请求，该判决生效后，执行法院应当裁定解除执行措施；反之，应当判决准许执行该执行标的，原执行异议裁定失效，执行法院可以根据申请执行人的申请或者依职权恢复执行。

二、执行和解

执行和解，是指在执行过程中，申请执行人和被执行人自愿协商，达成协议，并经人民法院审查批准后，结束执行程序的行为。执行和解是民事诉讼法确立的一项重要制度，它既有利于在一定程度上缓解"执行难"，又是意思自治原则在民事执行阶段的体现，在强制执行工作中一直发挥着重要作用。

根据《最高人民法院关于执行和解若干问题的规定》（以下简称《执行和解规定》），无论是执行中还是执行外，和解协议达成后，有下列情形之一的，人民法院可以裁定中止执行：①各方当事人共同向人民法院提交书面和解协议的；②一方当事人向人民法院提交书面和解协议，其他当事人予以认可的；③当事人达成口头和解协议，执行人员将和解协议内容记入笔录，由各方当事人签名或者盖章的。但应当注意的是，当事人达成以物抵债执行和解协议的，人民法院不得依据该协议作出以物抵债裁定。

执行和解协议没有强制执行的效力，当事人应当自觉遵守和履行和解协议；执行和解协议履行完毕的，人民法院作执行结案处理。被执行人一方不履行或者不完全履行执行和解协议的，申请执行人可以申请恢复执行原生效法律文书，也可以就履行执行和解协议向执行法院提起诉讼。赋予申请执行人选择权，是对当事人双方预期利益的保障，更是对诚实信用原则的维护。

《执行和解规定》明确了恢复执行的条件：①申请恢复执行原生效法律文书必须在一定的期限内进行，申请恢复执行的期限适用申请执行期限的规定，即2年，并可适用中止、中断的情形。②双方当事人应当遵循契约严守和诚实信用原则，任何一方都不应无故违反和解协议。如果被执行人正在依照和解协议的约定履行义务，或者执行和解协议约定的履行期限尚未届至、履行条件尚未成就，申请执行人就不能要求恢复执行。③如果债务人已经履行完毕和解协议确定的义务，即便存在迟延履行或者瑕疵履行的情况，申请执行人也不能要求恢复执行。迟延履行或瑕疵履行给申请执行人造成损害的，申请执行人可以另行提起诉讼，主张赔偿损失。④出于审执分离的考虑，当事人、利害关系人主张和解无效或可撤销的，应当通过诉讼程序认定，再向法院申请恢复执行。

人民法院恢复执行后，和解协议已履行的部分应当扣除；和解协议已经履行完毕的，人民法院应当裁定终结执行，不予恢复执行。

三、执行担保

执行担保，是指担保人依法为担保被执行人履行生效法律文书确定的全部或者部分义务，向人民法院提供担保，由人民法院决定暂缓执行的制度。执行担保一方面增加了债权人权利实现的可能性，另一方面通过适当延缓债务履行的期限，帮助债务人整顿生产经营、筹措资金、提高偿债能力，对保护债务人的合法权益、稳定经济发展有着积极意义。

执行担保的条件主要包括：其一，必须由执行义务人向人民法院提出申请。其二，担保的方式可以是提供财产担保，也可以由第三人担保。执行义务人以财产担保的，需根据担保法的规定，将担保物移交给法院，或者到有关机关办理登记手续。第三人提供担保的，应提供担保书，并将担保书副本送交申请执行人，担保人应具有代为履行或代为承担赔偿责任的能力。其三，执行担保须征得执行权利人的同意。其四，须经人民法院许可。

执行担保成立后，人民法院可以决定暂缓执行或暂缓执行的期限。有担保期限的，暂缓执行的期限应与担保期限一致，但最长期限不得超过1年。设立这一期限的目的，主要是根据实践情况，确保执行根据能够真正得以实现，因而具有较为重要的意义。暂缓执行期限届满后被执行人仍不履行义务，或者暂缓执行期间担保人有转移、隐藏、变卖、毁损担保财产等行为的，人民法院可以依申请执行人的申请恢复执行，并直接裁定执行担保财产或者保证人的财产，不得将担保人变更、追加为被执行人。

执行担保财产或者保证人的财产，以担保人应当履行义务部分的财产为限。被执行人有便于执行的现金、银行存款的，应当优先执行该现金、银行存款。担保期间自暂缓执行期限届满之日起计算。担保书中没有记载担保期间或者记载不明的，担保期间为 1 年。担保期间届满后，申请执行人申请执行担保财产或者保证人财产的，人民法院不予支持。他人提供财产担保的，人民法院可以依其申请解除对担保财产的查封、扣押、冻结。担保人承担担保责任后，提起诉讼向被执行人追偿的，人民法院应予受理。

四、参与分配

参与分配，是指在执行过程中，因债务人的财产不足以清偿多个债权人的债权，申请执行人以外的其他债权人凭借有效的执行根据加入到已经开始的执行程序中，使各个债权能够公平受偿的制度。参与分配适用的条件包括：其一，被执行人的财产无法清偿所有债权。其二，被执行人为自然人或其他组织，而非法人。其三，有多个申请人对同一被申请人享有债权。其四，申请人必须取得生效的执行根据，起诉后尚未获得生效判决的债权人不具备参与分配的资格。但对人民法院查封、扣押、冻结的财产享有优先权、担保物权的债权人，可以直接申请参与分配，主张优先受偿权。其五，参与分配的债权只限于金钱债权。其六，参与分配必须发生在执行程序开始后，被执行人的财产执行终结之前。

参与分配制度应当由申请执行人向法院提出申请，主持参与分配的法院应当是对债务人首先采取查封、扣押或冻结措施的法院。参与分配开始后，执行法院应当制作财产分配方案，并送达各债权人和被执行人。债权人或者被执行人对分配方案有异议的，应当自收到分配方案之日起 15 日内向执行法院提出书面异议。债权人或者被执行人对分配方案提出书面异议的，执行法院应当通知未提出异议的债权人或被执行人。未提出异议的债权人、被执行人收到通知之日起 15 日内未提出反对意见的，执行法院依异议人的意见对分配方案审查修正后进行分配；提出反对意见的，应当通知异议人。异议人可以自收到通知之日起 15 日内，以提出反对意见的债权人、被执行人为被告，向执行法院提起诉讼；异议人逾期未提起诉讼的，执行法院依原分配方案进行分配。

诉讼期间进行分配的，执行法院应当将与争议债权数额相应的款项予以提存。

五、执行回转

执行回转，是指在执行完毕后，原据以执行的判决书、裁定书或其他法律文书因确有错误而被依法撤销，对已被执行的财产，人民法院重新采取措施，使其恢复至执行程序开始前的状态。执行回转是民事执行中一项必要的补救性制度，其确立的意义在于纠正因生效法律文书错误而造成的执行失误，保护当事人的合法权益。发生执行回转的前提是原来据以执行的法律文书被撤销。此种撤销情形，在司法实践中，一般包括：①人民法院制作的判决、裁定、调解书在执行完毕后，依审判监督程序被撤销；②人民法院制作的先予执行裁定在执行完毕后，被后续的生效判决所撤销；③其他机关制作的法律文书在执行完毕后，被制作机关及其上级机关或人民法院依法撤销。

执行回转必须满足下列条件：其一，具有对原已作为执行根据的法律文书作出明确否定的新的法律文书。其二，原生效的法律文书已由人民法院按照执行程序执行完毕，原执行程序已经终结。其三，根据新的法律文书，已经获得执行所得的人不存在取得财产权利的根据，而又拒不返还其所得财产。

原执行法院应当根据当事人的申请或依职权启动执行程序，重新立案，并依法作出裁定，责令取得财产的人返还已被执行的财产，拒不返还的，强制执行。如果原物无法返还的，应以同等数量和质量的种类物返还，或予以折价返还。

六、执行中止

执行中止，是指在执行过程中，由于某种特殊情况的发生而暂时停止执行程序，待该情况消除后再恢复执行程序的制度。

根据《民事诉讼法》的规定，在执行过程中，遇到以下情况，人民法院应当中止执行：①申请人表示可以延期执行的。②案外人对执行标的提出确有理由的异议的。③作为一方当事人的公民死亡，需要等待继承人继承权利或承担义务的。④作为一方当事人的法人或其他组织终止，尚未确定权利义务承受人的。⑤人民法院认为应当中止执行的其他情形。根据司法解释的规定，主要包括：被执行人确无财产可供执行的；执行的标的物是其他法院或仲裁机构正在审理的案件争议标的物，需要等待该案件审理完毕确定权属的；一方当事人申请执行仲裁裁决，另一方当事人申请撤销仲裁裁决的；仲裁裁决的被申请人提出不予执行请求，并提供适当担保的；人民法院裁定对作为执行根据的裁判文书再审的。

执行中止时，人民法院应当作出裁定，并停止一切强制执行活动。执行中止的原因消除后，由当事人申请或人民法院依照职权恢复执行程序，继续执行。

七、执行终结

执行终结，是指在执行过程中，由于发生某些特殊情况，执行程序不可能或没有必要继续进行，从而结束执行程序的制度。执行终结是执行程序的非正常结束。

在执行过程中，引起执行终结的情况有：①经过财产调查没有发现可供执行的财产，在申请执行人签字确认或者执行法院组成合议庭审查核实并经院长批准后，可以裁定终结本次执行程序。此种情形下，终结执行程序在适用上要严格限制，必须是穷尽财产调查措施后方能采取。嗣后申请执行人发现被执行人有可供执行财产的，可以再次申请执行，再次申请不受申请执行时效期间的限制。②申请人撤销执行申请的，如果申请人以后再次申请执行，必须在合法的申请执行时效期间内申请。③据以执行的法律文书被撤销的。④作为被执行人的公民死亡，无遗产可供执行，又无义务承担人的。⑤追索赡养费、扶养费、抚育费案件的权利人死亡的。⑥作为被执行人的公民因生活困难无力偿还借款，无收入来源，又丧失劳动能力的。⑦被执行人经法院裁定宣告破产的。⑧人民法院认为应当终结执行的其他情形。

学习小结

民事执行是人民法院运用国家的强制力，强制债务人履行生效法律文书所确认的义务，以保护债权人合法权益的诉讼活动。执行要遵守依法执行，执行标的有限，人民法院执行与有关单位、个人协助执行相结合，申请执行与移送执行相结合，强制执行与说服教育相结合，依法保护权利人的合法权益与适当照顾被执行人利益的原则。

执行根据是各类机关制作的发生法律效力的具有给付内容的法律文书。不同种类的执行根据，执行管辖也有所不同。执行由人民法院执行机构的执行人员具体办理。执行的客体不仅仅是物，还包括无形物，也可以是一定的行为。

执行措施是执行程序中国家强制力的体现，是执行工作顺利进行的根本保障，针对不同的执行标的，人民法院应当采取的执行措施也不相同。执行异议、执行和解、执行担保、执行中止和终结以及执行回转都是执行程序中出现的特殊情况，如果出现阻碍执行程序正常进行的特殊情况，则应依法处理。

基础练习

1. 民事执行的根据有哪些？

2. 申请执行应当符合哪些条件？

3. 保障性的执行措施有哪些？

4. 对执行行为的异议和对执行标的的异议有什么不同？

案例分析

1. 2016 年 7 月 23 日，债权人某融国际信托有限公司（以下简称信托公司）分别与债务人某港装饰股份有限公司（以下简称装饰公司）、抵押担保人某海房地产开发有限公司（以下简称房产公司）签订了贷款合同和抵押合同。各合同中均约定，当事人向北京市某公证处办理合同公证并赋予合同强制执行效力。同日，某公证处出具多份公证书，赋予上述各合同以强制执行效力。2017 年 8 月 11 日，信托公司因装饰公司中途未按时还款，向某公证处申请签发执行证书，并就合同履行情况提供了证明材料。某公证处公证员于 2017 年 8 月 18 日通过信函方式向装饰公司及房产公司核实合同履行情况，装饰公司予以确认，房产公司未予答复。2017 年 8 月 29 日，某公证处出具一份公证书，该公证书除载明装饰公司、房产公司应履行的借款本息金额、可供执行的财产、申请执行期限外，还查明信托公司业已依约向装饰公司发放贷款、装饰公司业已返还的本息、信托公司业已向各义务人发出履约担保义务通知书。

请分析：该公证书是否可以作为执行根据？

2. 陈某诉魏某、唐某（两人原系夫妻）、上海某公司（经营人为魏某）民间借贷纠纷一案，人民法院依陈某的申请，于 2013 年 12 月 1 日对登记在唐某名下的位于上海市的两套房屋中的一套房屋进行了财产保全，并予以查封。后在案件审理过程中，经法院主持调解，双方达成分期还款的调解协议，魏某、唐某、上海某公司互负连带清偿责任，如有一期未按时履行，债权人可就全部剩余债权向法院申请执行。调解书生效后，魏某、唐某、上海某公司未按期履行偿还义务，陈某申请法院执行。法院发出执行通知书要求被执行人履行调解书确定的法律义务，但被执行人拒绝履行。此后法院依法启动对被查封房屋的评估拍卖程序。在向被执行人送达评估拍卖通知时，被执行人唐某向法院提出执行异议，理由是被法院查封的房屋是其与儿子的唯一居住房，依据相关法律规定不得进行评估拍卖。法院受理异议后，依法进行了审查。经查，在 2013 年 12 月 1 日法院查封房屋时，登记在唐某名下的房屋有两套，在法院查封其中一套房屋后，唐某于 2013 年 12 月 14 日将未被查封的一套房屋卖给他人，并办理了房屋产权过户登记手续，但所得房款未用于偿还陈某债务。现登记在唐某名下的房屋只有一套，即已被查封将进行评估拍卖的房屋，目前由唐某及其儿子居住。

请分析：唐某的异议是否成立？法院能否就唐某及其儿子居住的房屋进行评估拍卖？

第十一章　拓展学习

第二部分　民事诉讼基本技能

技能项目一　如何起诉

【目标任务】

通过训练，能够处理起诉前需准备的事项、整理证据材料、书写起诉状，能办理起诉的相关诉讼事务。

【训练条件】

1. 场所条件：校内实训室、校外实训基地。

2. 师资配备：专任教师和兼职教师各1名。

3. 辅助资料：训练案例材料，相关证据材料，起诉状参考文本、证据目录参考文本、装订工具、教学影视资料等。

4. 组织方式：分组实施，每组3~4名学生。

【参考引例】

郑某基本情况：男，汉族，1993年2月10日出生，农民，住某某省甲县乙村。郑某户籍为某某省甲县乙村农村户口，2014年开始在某某市圆通快递公司工作，在某某市某区居住。郑某女儿今年4岁，母亲54岁，户籍都为某某省甲县乙村农村户口，郑某母亲有3个子女。

郑某陈述：2020年12月28日18时15分许，李某驾驶朋友张某的汽车沿北京东路由东向西行驶至太阳大酒店西侧30米路段，将其撞倒，造成其右踝骨骨折，经鉴定构成十级伤残。该车辆在中国人民财产保险公司某某分公司处投交强险。事故由某区交警一大队作出《事故认定书》，认定：李某驾驶证过期属于无证驾驶，承担此次事故的全部责任，郑某无责任。郑某受伤后被送往某某省人民医院住院10天，实际支出的费用有：医疗费23 650元；护理费2000元；交通费500元。

郑某还提供以下资料：《事故认定书》、住院（出院）证明、医疗费发票、护理费收据、交通费发票。

【训练内容】

任务一：了解当事人及案件的基本情况

步骤1：询问当事人的基本情况和案件基本事实

1. 根据当事人的不同类型，应当了解清楚的基本情况主要分为两类：

（1）当事人为自然人的，了解的基本情况包括：当事人的姓名、性别、年龄、民族、工作单位、通讯地址、联系方式、身份证号等；如果是外国人，还应注明国籍、护照类型及证号。

结合引例：

结合引例提供的案件信息，对当事人基本情况的了解，既包括原告方，也包括被告方，且应全面、具体、明确，这对确定对方当事人和管辖法院具有重要意义。引例为道路交通事故人身损害赔偿纠纷，且受害方构成十级伤残，故还需了解其需要扶养的人的情况，即被扶养人的情况。

（2）当事人为法人或其他组织的，了解的基本情况包括：名称、住所地，法定代表人或负责人的姓名、职务，通讯地址、联系方式等。

2. 了解案件基本事实情况及当事人的诉讼请求。如当事人提供相关材料的，可以先仔细查看材料，对案件情况作初步的了解，并把握案件中关键事实。

需了解的基本事实包括：案件发生的经过情况、争议的权益、争议的事实，以及请求法院依法解决的有关民事权益争议的具体事项。

3. 做好询问记录。询问是就与案件有关的问题，直接对当事人等所作的提问式调查，是在接待当事人时，了解当事人、案件事实和当事人的诉求等情况的重要方式。询问记录是对上述提问式调查所作的文字记录。

询问记录的基本要求包括：

（1）记清当事人的基本情况。一般情况下都应当查验、复制被询问人的居民身份证；当事人是单位的，要明确单位的基本情况及被询问人的职务等情况。

（2）固定有关案件事实，记清案件情况的来龙去脉。将有关案件事实用询问记录的方式固定下来。一是通过陈述和提问，让当事人口头描述案件事实和诉求的情况；二是以提问的方式了解案件的证据及其用途等情况。

（3）理清涉及案件其他人员的情况。根据具体案情，记录清楚案件对方当事人、证人等其他人员基本情况以及联络方式。

（4）记录应当完整、清楚、真实。

第一，如实记录，正确综合，要尽量记录对方陈述的原话，对方言可采用括号作说明，或追问之后，让对方作出解释，以保持其真实意思表示。正确综合概括被询问人的陈述，应准确反映被询问人陈述的原意，否则可能出现错误或者对当事人产生误导，而影响对案件情况的判断。

第二，略记提问，详记陈述。进行询问的目的主要是听取被询问人的陈述，故对被询问人的陈述，应当作详细记录。

第三，笔录应字迹清楚。笔录应使用钢笔或其他不褪色笔书写，避免错别字，字迹不得过分潦草，尽量避免删、增、涂改。整个记录应文字清楚、书面清洁、简明扼要。

【特别提示】

对事实方面，一定要问清是否有相关证据，诸如书证、物证、证人等情况，并初步审查这些证据的可靠性和证据效力。

参考格式 1-1

询问笔录

时间：_____ 地点：_____

询问人：_____ 记录人：_____

被询问人：_____ 性别：_____出生年月：_____ 民族：_____

工作单位：_____ 现住址及联系电话：_____

询问内容：_____

被询问人：×××（签名或盖章）

询问人：×××、×××（签名）

××年××月××日

结合引例：

结合引例提供的案件信息，了解案件情况的一般思路为：通过对郑某提供的《事故认定书》，住院（出院）证明，医疗费、交通费发票以及护理费收据进行仔细研读，然后对案件发生的整个经过向郑某进行询问，明确案件事实情况、争议焦点、证据所要证明的事实和诉讼请求，并对郑某陈述的事实和所提供的证据进行有利与不利的分析判断。需告知当事人，除主张上述实际支出的费用外，还可以主张误工费、营养费、被抚养人生活费、精神损失费等损失。

步骤 2：审查案件是否符合起诉条件

对于是否符合起诉的基本条件，根据《民事诉讼法》第 122 条的规定，主要审查以下方面：原告是与本案有直接利害关系的公民、法人和其他组织；有明确的被告；有具体的诉讼请求和事实、理由；属于人民法院受理民事诉讼的范围和受诉人民法院管辖。

【特别提示】

● 法院对原告的起诉不予受理有三种情形：一是原告起诉的事项不属于法院主管范围，或者虽属法院主管范围，但不属于本院管辖或者不属于民事案件的受案范围；二是原告起诉不符合起诉条件，又无法补正或者原告未在一定期限内按时补正；三是法律规定在一定期限内不得起诉，但原告在此期限内起诉。

● 在把握当事人的民事诉讼权利能力与诉讼行为能力时，一定要注意，取得当事人资格的前提条件是民事诉讼权利能力，而不是民事诉讼行为能力。因此，未成年人或者精神病患者这样的无民事诉讼行为能力人照样可以成为民事诉讼中的当事人，只是其不能独立进行诉讼，必须由其法定代理人代为诉讼。

●起诉时，并不要求原告起诉的被告就是适格的被告，被告主体资格的审查一般在立案后的审理环节中确认。

结合引例：

结合引例提供的案件信息，郑某被李某驾驶的汽车（车辆所有人为张某，车辆在中国人民财产保险公司某某分公司处投交强险）撞伤，构成十级伤残，因此郑某是该起道路交通事故人身损害赔偿纠纷中具有直接利害关系的受害人；实际车辆驾驶人、车辆所有人以及保险公司明确；郑某有要求侵权人以及保险公司赔偿各种损失的诉讼请求，以及相关事实理由；根据有关规定，人身损害赔偿纠纷属于法院主管；侵权行为地和被告住所地的法院都有管辖权。由此判断本案符合起诉条件。

步骤3：了解与案件有关的法律规定，审核诉讼时效

根据证据材料和相关法律的规定，审查是否超过诉讼时效，无正当理由超过诉讼时效期间起诉将丧失胜诉权。审查的内容包括：是否超过诉讼时效期间；有无诉讼时效中止和延长事由；以及与案件有关的法律规定。

结合引例：

结合郑某所提供的事实情况，交通事故发生日为2020年12月28日，其拟在2021年11月起诉，未超过诉讼时效。涉及的法律法规主要有《民法典》《道路交通安全法》，主要的司法解释有《最高人民法院关于审理人身损害赔偿案件适用法律若干问题的解释》《最高人民法院关于确定民事侵权精神损害赔偿责任若干问题的解释》等。

任务二：整理证据材料，编制民事证据清单，制作起诉状

步骤1：整理证据材料，理清证据与事实之间的内在关联性

根据案件的有关事实，确定证明对象，收集和整理相关的证据材料。审查证据是否符合客观性、关联性和合法性的要求，以及证据所要证明的事实。对证据主要从以下几个方面进行审查：证据的来源；证据的形成和制作；证据形成的时间、地点和周围环境；证据的种类；证据的内容和形式；证据要证明的事实及其与本案的关联性；证据间的关系；证人的基本情况；证人与本案或本案当事人的关系；证据的证明力等。

可以通过分析案件的证明对象，来确定需要收集整理的证据；也可以通过审查现有证据材料，明确证据与案件事实之间的联系，以及还需补充收集的证据。

【特别提示】

原告向法院递交证据可分为两个阶段，起诉时只需提交符合起诉条件的相应证据，如证明双方当事人主体资格的证据、证明案件基本事实的证据。第二阶段，在举证期间届满前，原告对于自己提出的主张都需提供证据。实践中，原告也可收集整理所有证据，在起诉时一并提交。不管在哪个阶段提交证据，起诉准备时都应当做好相关证据收集整理工作。

结合引例：

结合引例提供的案件信息，收集整理证据主要包括：

1. 证明当事人主体资格的证据——自然人主体双方的身份证明资料，如身份证等；保险公司的工商营业执照或由工商登记机关出具的工商登记清单等。

2. 证明交通事故发生经过、责任认定的证据——交通事故认定书。

3. 证明损害发生情况的证据——病历证明书、出院证明书、出院小结、伤残等级鉴定书等。

4. 要求赔偿的项目及相关证据——医疗费（发票）、误工费（误工工资证明）、护理费（护理人员工资证明）、交通费（发票）、住院伙食补助费、必要的营养费（医嘱证明）、被抚/扶养人生活费（被抚/扶养人基本情况证明等）、精神损害抚慰金等。

步骤2：编制民事证据清单

在审查收集和整理证据的同时，对证据进行编号，编制证据清单，审查是原件还是复印件，并说明要证明的事实。

如有证人需要出庭作证，应编制证人名单，并说明拟证明的事实，应当在举证期限届满前向人民法院提出。每一位证人均应附上相关材料，包括证人的姓名、年龄、性别、文化程度、职业、工作单位、详细地址、证明事项、证明目的、联系电话等。

参考格式1-2

民事诉讼证据清单

编号	证据名称	证据来源	份数/页数	是否原件	证明对象
1					
2					
3					

案由：　　　提交人：　　　　　提交日期：　年　月　日

【特别提示】

证明双方主体资格的证据，实践中往往不需要放入证据清单中，在起诉时可直接交给立案庭。

步骤3：按照起诉状的要求制作民事起诉状

起诉状应当记明下列事项：

1. 双方当事人的基本情况。如果当事人是自然人，这些基本情况包括：当事人的姓名、性别、年龄、民族、职业、工作单位、住所、身份证号码和联系方式。如果当事人是法人或者其他组织的，这些基本情况包括：名称，住所，法定代表人或主要负责人的姓名、职务和联系方式。对于被告的基本信息起诉时不必要求太严苛，原告提供被告的姓名或名称、住所等信息具体明确，足以使被告与他人相区别的，即可以认定为有明确的被告。

2. 诉讼请求和所根据的事实和理由。诉讼请求是原告对有关民事权益的基本主张，反映原告诉讼的目的。如请求履行合同、离婚、损害赔偿、抚养、产权纠纷、追索劳动报酬、遗产等。如果属于申请权益的，要写明具体的数额。

事实与理由这一部分是起诉状的关键部分，事实要写清楚，理由要表述充分，叙述要有条理，层次要清楚。事实部分应该清楚地陈述纠纷产生的时间、地点、原因及给原告造成的损失。着重论述双方争议的焦点，双方对民事权益争议的具体内容，被告行为造成的后果以及应当承担的法律责任，并说明自己应否承担责任以及应当承担什么样的责任。并列出能证明事实的有关证据。理由部分主要分析被告行为是合法还是违法，分析被告行为造成的后果，证明其应当承担的民事责任，分析权利义务关系，论证诉讼请求的合理性和合法性，并准确引用有关法律条款，为其诉讼提供法律依据。

3. 证据和证据来源，证人姓名和住所。实践中的习惯做法与此有所不同。实践中形成的规则是：这一部分不写在诉状中，而由当事人在诉状之外另行向法院提交证据、证人证言，或提出证人的姓名、地址等。

4. 起诉状除应当具备以上内容外，还应当包括结尾。结尾部分应写明诉诸的法院、具状人姓名、具状时间。

【特别提示】

● 关于民事起诉状的格式，有几点需要注意的事项：①第三人并非在所有的民事诉讼案件中都存在，如果案件中有第三人的，第三人的身份介绍与原告和被告的介绍内容是相同的。②被告的姓名或名称一定要写准确，不能将被告单位名称简写或者将个人姓名用同音字代替，这会产生不利于原告的结果。因为名称或姓名是法人或公民在法律上的人格符号，如果表达不准确，会使被诉主体的应诉资格发生有效性问题，严重的甚至会影响诉讼的有效受理。③原告的署名，一般可以称作"起诉人"，但在现实中，也有很多原告在署名时称自己为具状人，起诉人和具状人作为民事诉讼原告署名的自称具有相同的含义，原告可以选用。起诉状如果是代书的，也可以写明代书人的姓名。④关于证据、证据种类、证据来源和证明对象，一般作为起诉状的重要附件附在起诉状后，而不是直接写进起诉状。⑤原告在起诉时已经委托了代理人的，可以在原告情况介绍后写明委托代理人的情况。委托代理人是公民的，一般要写明代理人的姓名、性别、年龄、工作和住址；代理人是律师的，只需写明姓名和所在律师事务所。原告也可以不在起诉状中写明委托代理人的聘请情况，直接向法院提交授权委托书。

● 起诉材料应符合诉讼材料的规格要求。①规格：诉讼材料的纸张大小为A4（210×297毫米），左侧应留边2.5厘米作装订线；②证据材料应按清单顺序装订成册；③书写要求：必须用墨水笔（黑色、蓝黑色）书写或打印。

参考格式 1-3

民事起诉状（公民用）

　　原告（写明基本情况）

　　被告（写明基本情况）

　　诉讼请求：

　　事实与理由：

　　证据和证据来源，证人姓名和住址

　　此致

××××人民法院

　　附：本状副本×份

　　　　证据材料×份

具状人：

年　　月　　日

说明：

1. 本诉状供公民提起民事、行政诉讼用，用钢笔或毛笔书写或打印。

2. "原告"栏，应写明姓名、性别、出生年月日、民族、工作单位、住所、联系方式。被告是公民的，应写明姓名、性别、工作单位、住所等信息；被告是法人或其他组织的，应写明名称和住所等信息。

3. "事实与理由"部分的空格不够用时，可增加中页。

4. 起诉状副本份数应按被告的人数提交。

参考格式 1-4

民事起诉状（法人或其他组织用）

原告名称

所在地址

法定代表人姓名　　　　职务　　　电话

企业性质　　　　　　　　工商登记号

经营范围和方式

开户银行　　　　　　　账号

被告名称

所在地址　　　　　　　电话

法定代表人姓名　　　　职务　　　电话

诉讼请求：

事实与理由：

证据和证据来源，证人姓名和住址

此致

××××人民法院

　　附：本状副本×份

证据材料×份

具状人：
年　　月　　日

说明：

1. 本诉状供法人或其他组织提起民事、行政诉讼用，用钢笔或毛笔书写或打印。

2. "原告"栏，应写明其名称、住所和法定代表人或主要负责人的姓名、职务、联系方式。被告是公民的，应写明姓名、性别、工作单位、住所等信息；被告是法人或其他组织的，应写明名称和住所等信息。

3. "事实与理由"部分的空格不够用时，可增加中页。

4. "起诉人"署名栏应写明法人或其他组织全称，并加盖单位公章。

结合引例：

结合引例提供的情况，民事起诉状（参考）如下：

民事起诉状

原告：郑某，男，1988年2月10日出生，汉族，某某市快递公司快递员，住某某市某区的桂苑小区，电话×××××××。

被告：李某，女，汉族，1969年4月2日出生，住某某市某县的越秀小区，电话×××××××。

被告：张某，男，汉族，1986年2月2日出生，住某某市某区的桂苑小区，电话×××××××。

被告：中国人民财产保险股份有限公司某某分公司，住所地某某市某区北街×号。

负责人：王某某，经理。

诉讼请求：

1. 判令被告赔偿原告因交通事故所遭受的损失107 852元（具体金额及计算标准见清单）；

2. 判令被告向原告支付精神损害赔偿30 000元；

3. 判令被告中国人民财产保险股份有限公司某某分公司在肇事车辆投保范围内赔付上述损失；

4. 本案诉讼费用由三被告承担。

事实与理由：

2015年12月28日18时15分许，被告李某驾驶朋友张某的汽车沿北京东路由东向西行驶至太阳大酒店西侧30米路段，将快递员郑某撞倒，造成郑某右踝骨骨折，经鉴定构成十级伤残。该车辆在被告中国人民财产保险公司某分公司处投交强险。事故由某区交警一大队作出《事故认定书》认定：李某驾驶证过期，属于无证驾驶，承担此次事故的全部责任，郑某无责任。郑某受伤后被送往某省人民医院住院10天，发生损失有：医疗费23 650元，残疾赔偿金57 872元，误工费15 000元，护理费2000元，伙食补助费1000元，交通费500元，精神损害抚慰金30 000元；被抚养人母亲生活费13 576元，女儿生活费14 254元，扣除李某已付的10 000元医疗费，被告保险公司支付的10 000元外，被告还应向原告支付137 852元。此事故给原告心理造成了巨大的无法弥补的伤害。由于被告对原告损失未予积极赔偿，故原告特诉至贵院，望判如所请。

此 致

某某市某区人民法院

附：1. 起诉状副本3份；

2. 证据材料一册。

起诉人：郑某

2016年11月8日

任务三：办理起诉手续

步骤 1：整理材料，办理起诉相关手续

将制作好的民事起诉状和证据清单，根据被告的数目，复制数套副本，交予管辖的人民法院。一般情况下，民商事案件起诉需提交的材料主要包括：

1. 起诉状及其副本。

2. 身份证明。

（1）当事人是公民的，应出示身份证，并提交身份证复印件。离婚案件还应提交结婚证，遗失结婚证的，必须由有关机关出具婚姻情况证明。

（2）当事人是法人或其他组织的，应提交营业执照或登记证书等复印件和法定代表人或负责人身份证明。

（3）委托代理人代为起诉的，还应提交授权委托书。

3. 证据材料。起诉时，原告应提交符合起诉条件的相应证据材料；原告也可以提交欲证明自己诉讼请求及主张的全部证据材料。

常见案件的基本证据材料为：

（1）借款合同及民间借贷纠纷案件：借款合同；借款借据；担保合同；付款凭证；还款凭证；欠条；催款通知书等。

（2）买卖合同纠纷案件：买卖合同及有关合同变更、解除的协议、传真件；送货单或提货单；付款凭证、证明拖欠货款的结算单、对账单、欠条、还款计划；收货人提出质量异议的信函及文件；发生违约和造成损失的证据材料等。

（3）建设工程施工合同纠纷案件：工程承包合同；施工图纸；工程进度表；工程量发生变化的签证单和图纸；工程款预结算审核文件；工程款拨付凭证；施工许可证和规划许可证；竣工验收报告；施工单位的资质级别证明等。

（4）离婚纠纷案件：结婚证或民政局出具的婚姻关系证明；婚姻关系破裂或双方发生矛盾的证明材料；夫妻共同财产清单；购房合同；房屋产权证；夫妻双方对外债权债务的证明材料等。

（5）交通事故损害赔偿纠纷案件：事故认定书；交警部门出具的调解终结书；医药费、交通费等发票；财产损失方面的其他证明材料；伤残评定的证明材料等。

（6）劳动争议案件：劳动争议仲裁委员会的仲裁书或不予受理通知书；双方当事人签收劳动争议仲裁委员会的仲裁书或不予受理通知书的送达回证；劳动合同或解除劳动关系的证明材料；工资及福利待遇的证明材料；工伤认定书；伤残评定的证明材料等。

（7）继承纠纷案件：被继承人死亡的证明材料；遗嘱；诉讼当事人与被继承人关系的证明材料；被继承人财产状况的证明材料等。

步骤 2：了解人民法院立案受理情况

1. 了解法院审查受理情况。人民法院在收到起诉状或者口头起诉后，经审查，认为符合起诉条件的，会在 7 日内立案，并通知当事人交纳诉讼费用。当事人在收到受理案件通知书后，应在规定的时间内交纳诉讼费用，否则按撤诉处理。

2. 签收并明确相关诉讼文书的内容，做好相应准备事项。提交民事起诉状后，法院一般会让原告同时签收案件受理通知书及举证通知书；如果当时法院没有让原告签收，那么法院会在 7 天内寄达案件受理通知书及举证通知书；也可以及时与受诉法院沟通。

举证通知书中会写明举证期限及举证要求，应当认真阅读并积极准备和按时提交相关证据。

【特别提示】

人民法院认为不符合起诉条件的，应在 7 日内裁定不予受理，对于不予受理的裁定不服的，当事人可以向受诉法院的上一级人民法院提起上诉。

【训练案例】

案例 1

原告：甲市某某金属制造有限公司（以下简称金属公司），住所地在甲市 D 区。

法定代表人：牛某某。

被告：乙市某某娱乐管理有限公司（以下简称娱乐公司），住所地在乙市 C 区。

法定代表人：李某某。

被告：董某，男，1980 年 11 月 26 日出生，汉族，住乙市 C 区。

原告金属公司与被告娱乐公司、董某承揽合同纠纷一案，欲诉至甲市 D 区法院。

2016 年 5 月 6 日，金属公司与娱乐公司签订金属加工承揽合同一份，约定娱乐公司向金属公司定制折弯线条、异型金属定制件、包厢门等，总价款暂定 1 600 000 元，最终按实际制作数量结算。付款方式为合同签订当日支付定金 500 000 元；金属公司收到娱乐公司的定金后，应在一个星期内发货并到现场安装；合同签订后 1 个月内娱乐公司再支付 400 000 元。后期如有增加项，增加项发货前支付 50%，欠款 50%，总欠款于开业后按平均支付方式分 6 个月向金属公司付清。生产加工地点在甲市 D 区。此后，金属公司为娱乐公司加工制作、安装定制产品。

2016 年 10 月 24 日，娱乐公司、董某向金属公司出具付款结算书 1 份，娱乐公司确认金属公司已履行金属加工承揽合同义务，加工定作总金额暂定为2 300 000元，截至2016年10月24日，娱乐公司已向金属公司支付价款1 250 000元，余下1 050 000元未付。娱乐公司还应向金属公司支付250 000元，余下800 000元自2016年11月30日起，按平均支付方式分6个月付清，至2017年4月30日前付清。娱乐公司承诺，对所有加工定制产品质量、所用材料、安装质量、单价费用以及时间进度无任何异议，同意按此约定付款。如任何一次未按时支付，则视为违约，金属公司可要求娱乐公司一次性付清全部余款，逾期部分利息每天按同期银行贷款利率的4倍支付给金属公司。董某对上述债务承担连带保证责任，担保范围包括主债权及资金占用费、违约金和实现债权（包括但不限于律师费、诉讼费等）的费用，保证期限2年。

2017年8月19日，娱乐公司、董某又向金属公司出具付款协议1份，娱乐公司确认尚欠金属公司加工定制款460 000元，承诺2017年8月20日支付50 000元，此后每月10日支付50 000元以上，2018年1月31日前付清；如任何一期逾期付款，金属公司有权就上述未付款金额向金属公司所在地人民法院申请支付令，并按4倍银行贷款利率（支付时间按结算书时间为准）支付未付金额的利息，和金属公司为实现债权而产生的律师费等。董某对娱乐公司的上述承诺予以确认，并承诺对娱乐公司的一切与本协议有关债务承担连带担保责任。截至2018年2月2日，娱乐公司尚欠金属公司加工费210 000元未付，董某也未履行担保义务。原告金属公司要求娱乐公司支付加工费210 000元，支付迟延履行利息46 549.99元；董某承担连带责任。

目前，金属公司提供金属加工承揽合同、付款结算书、付款协议各1份予以佐证。

训练任务：

根据案件基本情况，归纳整理案件争议的事实焦点，确定具体的诉讼请求，制作民事起诉状和民事证据目录。

案例2

原告：某某科技小额贷款有限公司（以下简称贷款公司），住所地甲县城关镇。

法定代表人：俞某。

被告：魏某某，女，1987年2月13日出生，汉族，住甲县。

被告：曹某某，男，1982年9月26日出生，汉族，住甲县。

被告：叶某某，男，1982年4月12日出生，汉族，住甲县。

原告贷款公司因被告魏某某、曹某某、叶某某金融借款合同纠纷一案，欲诉至法院。

2014 年 12 月 11 日，被告魏某某在被告曹某某、叶某某担保之下与原告贷款公司签订《保证借款合同》，约定被告魏某某向原告贷款公司借款 20 万元，借款期限为 2014 年 12 月 11 日至 2015 年 5 月 24 日，借款利息按月利率 1% 计算，还约定借款人未按约定时间还款的，从逾期之日起按合同约定利息加收 50% 的罚息利率计收罚息，并承担原告贷款公司实现债权的费用。被告曹某某、叶某某为上述借款提供连带责任保证，保证责任期限为借款到期后 2 年，保证范围包括借款本息以及原告为实现债权而支付的费用。当日，原告贷款公司向被告魏某某转账交付 20 万元。后被告魏某某仅支付 2015 年 4 月 9 日之前的利息，至今未清偿借款本金及剩余利息，担保人亦未履行担保义务，原告贷款公司诉请：①被告魏某某给付原告贷款公司借款本金 20 万元、利息（自 2015 年 4 月 10 日起按月利率 1% 计算至 2015 年 5 月 24 日为 2933.3 元，自 2015 年 5 月 25 日起按月利率 1.5% 计算至起诉之日为 75 800 元，此后按月利率 1.5% 计算至还清之日）以及实现债权费用 10 000 元；②被告曹某某、叶某某对上述债务承担连带清偿责任；③本案诉讼费由被告承担。

　　原告贷款公司为证明其主张，提供如下证据：

　　1.《保证借款合同》，以证明被告魏某某于 2014 年 12 月 11 日向原告借款 20 万元，约定借款期限为 2014 年 12 月 11 日至 2015 年 5 月 24 日，借款利息按月利率 1% 计算，还约定借款人未按约定时间还款，从逾期之日起按合同约定利息加收 50% 的罚息利率计收罚息，并承担原告实现债权的费用。被告曹某某、叶某某为上述借款提供连带责任保证，保证责任期限为借款到期后 2 年，保证范围包括借款本息以及原告为实现债权而支付的费用。

　　2. 借据、转账凭证，以证明原告于 2014 年 12 月 11 日向被告魏某某转账交付 20 万元的事实。

　　3.《委托代理合同》、代理费发票，以证明原告与律师事务所约定，原告向其支付律师代理费 10 000 元的事实。

训练任务：

　　根据案件基本情况，归纳整理案件争议的事实焦点，确定具体的诉讼请求，制作民事起诉状和民事证据目录。

技能项目二　如何应诉

【目标任务】

通过训练，能够针对起诉的事实理由和诉讼请求，组织答辩的事实理由、制作民事答辩状、整理相应证据材料、办理应诉的相关法律事务。

【训练条件】

1. 场所条件：校内实训室、校外实训基地。

2. 师资配备：专任教师和兼职教师各 1 名。

3. 辅助资料：实训案例材料，相关证据材料，答辩状参考文本、证据目录参考文本、装订工具、教学影视资料等。

4. 组织方式：分组实施，每组 3~4 名学生。

【参考引例】

原告郑某诉被告李某、张某、中国人民财产保险公司某某分公司道路交通事故损害赔偿纠纷已由某某市某某区人民法院立案受理，三被告已收到法院的应诉通知书、传票等法律文书。

【训练内容】

任务一：听取被告陈述，审阅法院送达的法律文书

步骤 1：听取被告陈述，了解案件的基本情况

听取被告陈述，了解被告方所掌握的案件的基本情况。主要为寻求与原告所述事实争议所在。

结合引例：

结合引例提供的案件信息，本案被告李某认为当天是原告突然横穿马路，没有按交规在斑马线上过马路，故原告也有过错，其只应承担部分责任；被告张某认为自己无偿把车借给同事李某使用，并不知道李某的驾驶证过期了，故其没有过错，应由李某负责赔偿；被告保险公司认为被告李某属于无证驾驶，保险公司不承担赔偿责任。

步骤 2：审查起诉状（副本）的内容和原告提供的证据材料

重点查阅以下事项：

1. 该案是否已被人民法院受理审结；该案是否已被其他法院立案受理。

2. 原、被告双方是否具有诉讼主体资格。即对方是否有资格作为原告，己方是否为适格的被告。判断的标准一般就是看双方是否为与案件争议具有直接利

害关系的双方主体。

审核起诉书中载明的当事人姓名、名称是否准确。原、被告的姓名或者公司等组织名称应以法定文件为准，而不能以其自己书写的名字、简称为准。公民个人姓名一般以身份证、户口本为准；公司法人或者其他组织名称以营业执照、组织机构代码证等文件为准。被告如果发现起诉状中载明的被告姓名或名称与自己的姓名、公司名称不完全相符，可以反驳对方，提出自己不是起诉状中载明的被告。

【特别提示】

●法人或者其他组织的工作人员执行工作任务造成他人损害的，该法人或其他组织为当事人。

●法人或者其他组织应当登记而未登记，行为人即以该法人或其他组织的名义进行民事活动的；或者行为人没有代理权、超越代理权或代理权终止后以被代理人的名义进行民事活动的，但相对人有理由相信行为人有代理权的除外；或者法人或其他组织依法终止后，行为人仍以其名义进行民事活动的，行为人为当事人。

●企业法人未经依法清算即被注销的，涉诉过程中，该企业法人的股东、发起人或出资人为当事人。

●劳务侵权案件中，提供劳务一方因劳务造成他人损害，受害人提起诉讼，以接受劳务一方为被告；雇佣关系以外的第三人造成雇员人身损害的，赔偿权利人可以请求第三人承担赔偿责任，也可以请求雇主承担赔偿责任（雇主承担赔偿责任后，可以向第三人追偿）。

●村民委员会或者村民小组与他人发生民事纠纷的，村民委员会或有独立财产的村民小组为当事人。

●因新闻报道或者其他作品发生的名誉权侵权纠纷中，如果作者与新闻出版单位有隶属关系，该作品系履行职务所形成的，被告应为单位。

3. 审核是否追加共同诉讼人或第三人。如果该诉讼属于必要的共同诉讼，而原告起诉时没有起诉其他的必要的共同诉讼人，可考虑申请追加；另该诉讼中如果有第三人，并且追加第三人有利于查清事实、维护自身的合法权益，也可以考虑申请追加第三人。

4. 原告起诉的证据是否充分、确凿。主要针对原告所提供证据的真实性、合法性、关联性作出判断。

5. 有无管辖权异议的问题。审查受案法院是否有管辖权。被告可以在提交答辩状期间提出管辖权异议申请。[1]

6. 原告的诉讼请求是否恰当，以及是否超过诉讼时效期间。

【特别提示】

根据《最高人民法院关于审理民事案件适用诉讼时效制度若干问题的规定》第 2 条的规定，当事人未提出诉讼时效抗辩，人民法院不应对诉讼时效问题进行释明或主动适用诉讼时效的规定进行裁判。因此，被告方一定要主动查明该案件是否超过诉讼时效，若超过则应向法院提出。

结合引例：

结合引例提供的案件信息，被告方对本案是否存在重复诉讼、双方当事人是否具有诉讼主体资格、受案法院是否具有管辖权以及是否超过诉讼时效等均无异议。但对于责任的承担，被告各方有不同的反驳意见。

步骤 3：查阅人民法院送达的其他法律文书

被告方除收到人民法院送达的起诉状副本及原告提供证据的复印件外，还会收到传票、当事人送达地址确认书、应诉通知书、举证通知书等法律文书。代理人应仔细阅读，并告知被告的权利、义务以及应注意的问题。

1. 传票。传票主要告知当事人开庭的时间、地点。明确开庭时间、地点后，当事人必须携带该传票准时到达应到处所。

2. 当事人送达地址确认书。送达地址确认书是当事人送达地址确认制度的基础。送达地址确认书应当包括当事人提供的送达地址、人民法院告知事项、当事人对送达地址的确认、送达地址确认书的适用范围和变更方式等内容。

【特别提示】

● 当事人提供的送达地址应当包括邮政编码、详细地址以及受送达人的联系电话等。同意电子送达的，应当提供并确认接收民事诉讼文书的传真号、电子信箱、微信号等电子送达地址。当事人委托诉讼代理人的，诉讼代理人确认的送达地址视为当事人的送达地址。

● 人民法院应当要求当事人对其填写的送达地址及法律后果等事项进行确认。当事人确认的内容应当包括当事人已知晓人民法院告知的事项及签署送达地址确认书的法律后果，保证送达地址准确、有效，同意人民法院通过其确认的地址送达诉讼文书等，并由当事人或者诉讼代理人签名、盖章或者捺印。

● 当事人在送达地址确认书中确认的送达地址，适用于第一审程序、第二审程序和执行程序。当事人变更送达地址，应当以书面方式告知人民法院。当事人未书面变更的，以其确认的地址为送达地址。

----

〔1〕 具体参见技能项目三：如何提起管辖权异议。

● 因当事人提供的送达地址不准确、拒不提供送达地址、送达地址变更未书面告知人民法院，导致民事诉讼文书未能被受送达人实际接收的：直接送达的，民事诉讼文书留置在该地址之日为送达之日；邮寄送达的，文书被退回之日为送达之日。

● 当事人拒绝确认送达地址或以拒绝应诉、拒接电话、对送达人员避而不见、搬离原住所等方式躲避、规避送达，人民法院不能或无法要求其确认送达地址的，可以作出如下处理：当事人在诉讼所涉及的合同、往来函件中对送达地址有明确约定的，以约定的地址为送达地址；没有约定的，以当事人在诉讼中提交的书面材料中载明的自己的地址为送达地址；没有约定、当事人也未提交书面材料或者书面材料中未载明地址的，以一年内进行其他诉讼、仲裁案件中提供的地址为送达地址；无以上情形的，以当事人一年内进行民事活动时经常使用的地址为送达地址。人民法院按照上述地址进行送达的，可以同时以电话、微信等方式通知受送达人；仍不能确认送达地址的，自然人以其户籍登记的住所或者在经常居住地登记的住址为送达地址，法人或者其他组织以其工商登记或其他依法登记、备案的住所地为送达地址。

3. 应诉通知书。应诉通知书主要告知被告在诉讼过程中享有的诉讼权利和应履行的诉讼义务；提交答辩状的时间以及其他应注意的问题。

4. 举证通知书。举证通知书主要告知当事人举证责任的分担原则、证据提供的要求以及举证责任期限等事项。被告此时应明确向人民法院提交证据的期限，超过该期限提交的，将承担不利后果。

任务二：制作证据清单和答辩状

步骤1：收集、整理证据材料

1. **收集现有证据。**根据被告所陈述的事实，要求其提供现有证据或证据线索以便调查取证。

结合引例：

结合引例提供的案件信息，被告方李某现有的证据有：

证人证言一份，证明原告事故当时横穿马路的事实。

2. **申请证人出庭作证，制作证人出庭申请书。**若被告方有证人作证的，应当在举证期限届满前向人民法院提交证人出庭申请书，申请证人出庭作证。

参考格式 2-1

证人出庭作证申请书

申请人×××，……（写明姓名或名称等基本情况）。

申请事项：

申请人×××因……（写明案由）一案，你院已于××××年××月××日立案受理。为查明案件事实，特向贵院申请通知证人出庭作证。

申请理由：

……

此致

××××人民法院

附：证人名单（要写清楚证人基本情况）

申请人：×××（签字/公章）

××××年××月××日

3. 制作证据清单。整理已有的证据材料，根据答辩的思路及要点，梳理证据并制作证据清单，明确证明对象及证据来源。

结合引例：

结合引例提供的情况，证据目录（参考）可以表示如下：

民事诉讼证据目录

编号	证据名称	证据来源	份/页数	是否原件	证明对象
1	证人证言	被告提供	1/2	原件	证明事故发生时原告方横穿马路的事实。

提交人（签名）：李某 　　　　　　　签收人：

提交日期：2016 年 11 月×日 　　　　签收日期：2016 年 11 月×日

【特别提示】

● 可以申请法院调查取证，制作法院调查申请书。若当事人符合《关于适用〈民事诉讼法〉的解释》之规定，可以在举证期限届满前书面申请人民法院调查收集证据。

参考格式 2-2

法院调查收集证据申请书

申请人（申请人是自然人的，写明姓名、性别、年龄、民族、职业、工作单位和住所；申请人是法人或者其他组织的，写明法人或者其他组织的名称、住所、法定代表人或者负责人的姓名、职务）。

申请事项

1. （此部分明确说明申请人民法院调查收集的证据的内容，多项申请的，分项列出。）

2. ……

申请事实与理由

（此部分依据《最高人民法院关于民事诉讼证据的若干规定》，明确说明向人民法院申请调查收集证据的原因及其要证明的事实。）

此致

×××××人民法院

附：申请调查的证据的名称，证据的来源，证人姓名、现住址。

申请人：

××××年××月××日

● 可以申请延长举证期限，制作延期举证申请书。若当事人在举证期限内提交证据材料确有困难的，可以依照《关于适用〈民事诉讼法〉的解释》之规定，申请人民法院延长举证期限。当事人申请延长举证期限的，应当在举证期限届满前向人民法院提出书面申请。

参考格式 2-3

延期举证申请书

＿＿＿＿＿＿人民法院：

贵院受理申请人与＿＿＿＿＿＿纠纷一案，因＿＿＿＿＿＿，申请人无法在举证期限内提交证据材料，根据《最高人民法院关于民事诉讼证据的若干规定》，特申请延长举证期限。请予批准。

此致

申请人：＿＿＿＿＿

＿＿＿年＿＿月＿＿日

步骤 2：制作答辩状

答辩是被告针对原告的起诉提起的，其主要目的是通过事实和法律对原告不正确、不适当或不合法的诉讼请求进行答复和反驳，从而表明被告的主张，以维护被告的合法权益。

答辩状应针对原告的诉讼请求、事实与理由，陈述答辩事实，提出明确的主张，并阐明相应的理由。答辩状应当包括以下内容：

1. 首部，包括标题、当事人基本信息、案由部分。

2. 答辩的理由和请求，这是答辩状的主体及关键部分。主要就事实部分进行答辩、就法律适用方面进行答辩、并引出自己的答辩主张。

3. 证据和证据来源，证人姓名和住所。

4. 尾部须署名或盖公章，并注明年、月、日。

参考格式 2-4

民事答辩状

答辩人：（基本信息）

答辩人因××××一案，提出答辩如下：

_____

_____

此致

××××人民法院

　附：本答辩状副本×份

答辩人：

××××年××月××日

【特别提示】

答辩状篇幅不必过长，但要抓住要害，特别要抓住起诉状中那些与事实不符、证据不足、缺少法律依据的内容，进行辩驳。

结合引例：

结合引例提供的情况，民事答辩状（参考）如下：

民事答辩状

答辩人：李某，女，1969 年 4 月 2 日出生，汉族，住某某市某某县越秀小区 4-2-301 号，电话××××××。

答辩人因原告诉答辩人道路交通事故损害赔偿纠纷一案，现提出答辩如下：

一、交通事故责任不完全等同于民事法律赔偿责任，事故认定书不是确定赔偿义务的唯一依据。被告方驾驶证虽然过期，但被告是有驾驶经验和技能的，当天被告是正常行驶，是原告郑某突然横穿马路，没有按交规在斑马线上过马路，郑某也有过错，故被告方只承担部分责任。

二、郑某是农村户口，残疾赔偿金、抚养费赔偿应该按农村赔偿标准计算；误工损失不符合客观实际，快递员工资都是计件制而不是固定工资发放；郑某母亲在农村有田有房，且才55岁有劳动能力，不应该支持扶养费；精神损害赔偿费过高。

此致
某某市某某区人民法院
　　附：本答辩状副本一份

答辩人：李某
2016年×月×日

任务三：办理应诉手续

1. 将制作好的答辩状和证据目录，根据原告的人数制作副本，在规定的时间内（答辩期15天）递交给受理法院。

2. 开庭之前，及时向法院递交授权委托书及其他手续，如律师事务所公函、公民代理人的亲属关系证明、法定代表人身份证明等。

参考格式 2-5

授权委托书

委托人姓名（或名称）：

受委托人姓名：

工作单位：

住址：　　　　　　　　　　电话：

现委托：　　　　　在我与　　　　　　　一案中作为我方参加诉讼的委托代理人。委托权限如下：

委托人：
年　　月　　日

注：

1. 本委托书供公民当事人使用时，需写明当事人的姓名、性别、年龄、工作单位、住址等基本信息；供法人或其他组织当事人使用时，需写明单位名称、地址、法定代表人（或负责人）姓名、职务等基本信息。

2. 委托人应按有关法律规定，写明委托权限。委托权限有一般代理与特别代理。代理人代为承认、放弃或者变更诉讼请求，进行和解，提起反诉，则必须有被代理人的特别授权。

3. 授权委托书需由委托人签名或盖章后递交人民法院。

【特别提示】

逾期不提交答辩状，虽不丧失在法庭上的辩论机会，但有可能造成不良影响，如影响法院全面了解案情、让法官对答辩方产生态度不端正或不尊重法庭等不良印象。

【训练案例】

案例 1

原告：某某农村商业银行股份有限公司。

法定代表人：李某某，该行董事长。

被告：曾某某，男，1963 年×月×日出生，汉族，农民。

诉讼请求：①由被告偿还原告借款本金 50 000 元，利息（包括逾期利息）17 668 元，共计本息 67 668 元，并要求利息（包括逾期利息）计算至借款清偿之日止；②本案诉讼费用由被告负担。

事实及理由：2011 年 7 月 18 日，被告以生意周转为由与原告签订《借款合同》，合同约定：借款本金 50 000 元，借款期限 36 个月，月利率 12.1917‰，按季结息，逾期加收 30% 的利息。借款后，被告按约支付利息至 2011 年 12 月 25 日止。此后，经原告多次催讨，被告未予归还借款本息。至原告起诉时，被告共拖欠原告借款本金 50 000 元，2011 年 12 月 25 日至 2014 年 7 月 18 日利息 19 018 元，2014 年 7 月 18 日至 2016 年 7 月 31 日利息 15 116 元，2014 年 7 月 18 日至 2016 年 7 月 31 日逾期加收利息 4535 元，本息合计 88 669 元。

现法院已立案受理，被告收到应诉通知书和传票。被告认为原告所诉借款是事实，但被告只签署了借据，借款实际并非由被告使用，而是由曾某某使用，被告无需也无力偿还借款。

训练任务：

根据原告起诉和提供证据的情况，归纳整理答辩的事实及理由，制作民事答辩状和民事证据目录。

案例 2

原告：李某某，男，1949 年×月×日出生，汉族，住杭州市某某区某村三组。

原告：高某某，女，1949 年×月×日出生，汉族，住杭州市某某区某村三组。

被告：杭州某某运输有限公司，住所地杭州市某某区某某镇某某村某某工业小区。

法定代表人：陈某某，经理。

被告：刘某某，男，1970 年×月×日出生，汉族，住江苏省某县某某庄乡吴宅子。

两原告起诉称，2016 年 7 月 27 日，被告刘某某驾驶被告某某运输公司所有的浙 A××号重型货车,在某某区某某路由东向西行驶至某某路路口时,与由北向南的原告之女李某骑行的电动自行车相撞,造成李某当场死亡、电动自行车乘坐人李某某受伤及车辆损坏的交通事故。经交警部门认定,被告刘某某负事故的主要责任,李某负事故次要责任。后双方对赔偿事宜未能达成一致,原告诉请判令两被告赔偿死亡赔偿金、丧葬费、被扶养人生活费、交通住宿费以及后续治疗费等共计 448 747 元。

原告提供如下证据:

1. 户口簿,证明原告的诉讼主体资格以及扶养费的计算;

2. 事故认定书,证明事故的经过以及责任的认定;

3. 工作证明、暂住证,证明李某适用城镇标准计算死亡赔偿金;

4. 交通费发票,证明原告交通费的支出。

现被告某某运输公司接到法院传票、应诉通知书等法律文书。

被告某某运输公司认为:①对事故的发生、经过以及事故责任的认定无异议。在本案中被告最多承担70%的责任,两原告应自担30%的责任。②肇事车辆实际车主是被告刘某某,该车挂靠在某某运输公司下经营,故本案应由被告刘某某承担赔偿责任,由某某运输公司承担连带责任。③李某系农村户口,虽有暂住证,但无固定的工作,应按农村居民的标准计算死亡赔偿金。两原告不符合扶养条件,即使符合扶养条件,因原告有 4 个子女,扶养费用亦应由 4 个子女分担。交通费是客观发生的,可考虑支付 1000~1500 元。

某某运输公司现有证据:被告刘某某的逮捕证;挂靠协议。

训练任务:

根据原告起诉和提供证据的情况,归纳整理答辩的事实和理由,制作民事答辩状和民事证据目录。

技能项目三　如何提起管辖权异议

【目标任务】

通过训练，能够识别受案法院是否具有管辖权，能够制作管辖权异议申请书并整理相关证据材料，能办理管辖权异议的相关诉讼事务。

【训练条件】

1. 场所条件：校内实训室、校外实训基地。

2. 师资配备：专任教师和兼职教师各 1 名。

3. 辅助资料：实训案例材料，相关证据材料，管辖权异议申请书参考文本、装订工具、教学影视资料等。

4. 组织方式：分组实施，每组 3~4 名学生。

【参考引例】

原告：俞某某，女，1984 年 2 月 18 日出生，汉族，住 Z 省 S 市某某镇某村新区×号。

被告：刘某，男，1987 年 6 月 8 日出生，汉族，住 Z 省 W 市某某镇某某路×号。

案由：不当得利纠纷。

案情介绍：2015 年 6 月 15 日，原告因疏忽将 15 000 元人民币存入被告账号（此账号的开户行为：农业银行 H 市某某支行）中。原告即与被告联系，而被告告知此卡已遗失，已向银行挂失。双方协商未果，原告于 2015 年 7 月 31 日向被告账号开户行所在地法院 H 市某某区人民法院起诉。

现 H 市某某区人民法院立案后向被告送达了应诉通知书、传票等法律文书。

另被告刘某大学毕业，于 2014 年 9 月将户籍从 Z 省 H 市某某区某某路某号迁回老家 Z 省 W 市。

【训练内容】

任务一：审查起诉状（副本）和证据目录，判定是否属于受案法院管辖

步骤 1：通过审阅起诉材料、询问被告，判明是否属于法院主管

了解、掌握案情后，应结合民事诉讼法对事的效力，判明该案是否属于法院受理范围。

我国《民事诉讼法》第 3 条规定，人民法院受理公民之间、法人之间、其他组织之间以及他们相互之间因财产关系和人身关系提起的民事诉讼，适用该法的

规定。具体包括：

1. 由民法调整的平等主体之间的财产关系和人身关系产生的案件。

2. 由婚姻法调整的婚姻家庭关系产生的案件。

3. 由经济法调整的平等主体之间基于经济关系产生的案件。

4. 由劳动法调整的劳动合同关系和劳资关系产生的案件。

5. 由其他法律调整的社会关系产生的特殊类型案件。如选民资格案件、宣告失踪案件等。

结合引例：

结合引例提供的案件信息，该纠纷为不当得利纠纷，属于由民法调整的平等主体之间的财产关系案件，故属法院受案范围。

步骤2：理清案件管辖权确定的因素，判断受案法院有无管辖权

审查案件事实，依据《民事诉讼法》及司法解释中管辖的相关规定，确定案件的管辖法院。

根据一般地域管辖、特殊地域管辖、专属管辖、有无协议管辖条款及其效力等规定，判断受案法院是否享有管辖权。

【特别提示】

分析由已受理法院管辖或提出管辖权异议对己方有无不利因素。如果没有不利因素，也可以选择不提出管辖权异议。

任务二：制作管辖权异议申请书

步骤1：整理申请的事实理由，制作管辖权异议申请书

1. 当事人提出管辖权异议应当符合下列要求：①只能由被告提起管辖权异议。原告不能提出管辖权异议，第三人也无权提出管辖权异议。②只能对第一审民事案件的管辖权提出异议，对第二审民事案件不得提出管辖权异议。③提出管辖权异议的时间须在提交答辩状期间。

2. 申请内容包括申请异议人的姓名、性别、年龄、住址、联系电话，管辖异议案件的案号，提出受理法院没有管辖权的理由，特别是法律依据，以及应该移送的法院。

参考格式 3-1

管辖权异议申请书

申请人：

申请人就××××一案，向贵院提出管辖权异议。

申请事项：

_____

事实与理由：

_____

此致

××××人民法院

申请人：

年　月　日

结合引例：

结合引例提供的案件信息，管辖权异议申请书（参考）如下：

管辖权异议申请书

申请人：刘某，男，汉族，1987年6月8日出生，住 Z 省 W 市某某镇某某路×号。联系电话：1377768××××。

申请事项：

裁定贵院对本案没有管辖权，将本案移送至 W 市人民法院审理。

事实理由：

贵院受理的（2015）×民初字第×号案件，申请人于2015年8月15日收到起诉状副本。申请人认为贵院对本案立案审理，不符合法律规定的条件，理由如下：

一、不当得利纠纷不适用侵权行为管辖的特别法律规定

依照民法相关规定，不当得利和侵权都是债的发生方式，都可形成一个新的债权。因此，不当得利与侵权行为并不等同。因此，不当得利纠纷的管辖不适用侵权行为管辖的特别法律规定。

二、不当得利案件依法只能由被告住所地人民法院管辖

我国《民事诉讼法》及相关司法解释没有对不当得利案件的管辖权做出相关的特别规定，因此对不当得利案件只能适用《民事诉讼法》第22条之规定，即对公民提起的民事诉讼，由被告住所地人民法院管辖。

三、申请人住所地是 Z 省 W 市，而不是 H 市某某区

申请人大学毕业，于2014年9月将户籍从 Z 省 H 市某某区某某路某号迁回老家 Z 省 W 市。也就是说，在原告于2015年7月31日起诉之前，申请人的户籍所在地已经变更为 Z 省 W 市。

综上，H 市某某区人民法院受理本案，属于管辖错误，应当予以纠正，否则势必出现实体审理后，贵院却无管辖权的情形。据此，恳请贵院依法将本案移送至有管辖权的 Z 省 W 市人民法院审理。

此致

H 市某某区人民法院

申请人：刘某

2015 年 8 月 21 日

附：被告常住人口登记卡复印件

步骤 2：整理、收集证据材料

提起管辖权异议，同样需要相关证据加以证明。有时可在原告提供的证据中作出说明；有的则需另外提供证据。结合引例提供的案件情况，该案件提起管辖权异议需提供申请人户籍所在地变更信息。

任务三：办理相关申请程序

步骤 1：在法律规定的时间内，向法院办理申请程序

1.《民事诉讼法》第 130 条规定，人民法院受理案件后，当事人对管辖权有异议的，应当在提交答辩状期间提出。当事人未提出管辖权异议，并应诉答辩的，视为受诉人民法院有管辖权，但违反级别管辖和专属管辖规定的除外。

管辖权异议申请书应在法律规定时间内交给承办法官。

2. 开庭之前，及时向法院递交授权委托书及其他手续，如律师事务所公函、公民代理人的亲属关系证明、法定代表人身份证明等。

步骤 2：关注管辖权异议裁定，采取不同法律措施

被告提出的管辖权异议申请符合条件的，受诉人民法院会在 15 日内作出异议是否成立的书面裁定。异议成立的，法院会裁定将案件移送有管辖权的法院。如遇有两个以上法院都有管辖权的案件，法院在裁定移送时会征求原告的意见。异议不成立的，裁定驳回。

当事人不服裁定的，可以在裁定书送达后 10 日内向上一级人民法院提出上诉。第二审人民法院经过审查后如果认为上诉成立的，裁定撤销一审裁定，裁决将案件移送给有管辖权的法院。如果上诉不能成立的，裁定驳回上诉，维持原裁定。

第一、二审人民法院驳回管辖权异议的裁定发生法律效力后，当事人对管辖权问题提出申诉的，不影响受诉法院对案件进行审理。

【训练案例】

案例 1

1999 年 4 月，甲与乙在他们的户籍所在地 A 区 a 镇登记结婚，2000 年双方一同去 B 市打工，并长期租住 B 地一房屋，甲乙的儿子丙则在 a 镇随奶奶生活，甲偶尔回来看望丙及进行计划生育检查，乙则多年未归。2016 年初，甲以夫妻感情破裂为由回 a 镇向 A 区人民法院提起诉讼，要求与乙离婚。A 区人民法院经电话与乙联系，但乙拒不到庭参加诉讼。本案中，乙能否提出管辖权异议以及应当如何办理？

训练任务：

根据案件的基本情况，判断受案法院是否有管辖权。若该法院不具有管辖权，请代乙制作一份管辖权异议申请书。

案例 2

原告：某某餐饮加盟店。住所地：J 省 SY 县 Z 镇海欣哥伦布广场。

经营者：徐某某，女，汉族，1981 年×月×日出生，住 J 省 SQ 市 SC 区。

被告：某某家具制造有限公司。住所地：Z 省 H 市 Y 区塘栖镇塘旺街×号×幢。

法定代表人：李某，该公司总经理。

原告某某餐饮加盟店诉被告某某家具制造有限公司买卖合同纠纷一案，J 省 SY 县人民法院于 2015 年 6 月 16 日立案受理。

原告诉称，某某餐饮加盟店于 2014 年 12 月 18 日与被告签订家具买卖合同，购买被告生产的家具用于餐厅开业经营。合同约定该批家具价款为 193 800 元，材质为全实木水曲柳，款式以被告展示的样品为准。为确保加盟店餐厅能于 2015 年 1 月 19 日按时开业，双方商定于 2015 年 1 月 18 日在 SY 县××中路海欣哥伦布广场交货。直至 2015 年 1 月 27 日，被告才向某某餐饮加盟店交付该批次家具，并且原告验货时发现该批次家具材质并非水曲柳且款式、用料、尺寸与被告提供的样品均不符，实际价值低于合同价款。由于某某餐饮加盟店系加盟店，家具经总店验收不合格，不允许开业，给原告造成巨大经济损失。被告交付货物不符合合同约定，属于违约，根据合同第 10 条，被告应承担双倍赔偿合同价款的违约责任。且因被告违约行为导致延期开业，给原告造成了经营损失、延期开业房租损失、员工工资损失等，上述损失应由被告承担。请求法院判令：被告返还家具价差 10 万元，并支付违约金 387 600 元。

被告收到应诉通知书后，认为受案法院无管辖权，应由被告住所地 Z 省 H 市 Y 区人民法院管辖。

训练任务：

根据案件的基本情况，判断受案法院是否有管辖权。若该法院不具有管辖权，请代家具公司制作一份管辖权异议申请书。

案例 3

2016 年 2 月 14 日，安徽 B 公司收到湖北 W 市 H 区人民法院送达的 W 市 J 公司的民事诉状，安徽 B 公司于 2016 年 2 月 18 日向 W 市 H 区法院提出管辖权异议。2016 年 2 月 23 日，W 市 H 区法院电话通知安徽 B 公司，称本案是 W 市中级人民法院指定管辖的案件，H 区法院无权作出裁定，原通知的 2016 年 4 月 4 日开庭照常进行，要求安徽 B 公司到庭参加诉讼。安徽 B 公司要求 H 区法院用裁定或书面方式通知，但 H 区法院表示"开庭不商量"，拒绝出具任何书面通知。

训练任务：

对于由上级人民法院指定管辖的案件，能否提起管辖权异议？若可以，请代 B 公司制作一份管辖权异议申请书。

技能项目四　如何参与庭审

【目标任务】

通过训练，能够熟练掌握庭审程序，熟练开展举证质证活动以及围绕争议焦点展开辩论活动，以实现高效、准确完成法庭调查以及观点明确地发表法庭辩论意见的目的。

【训练条件】

1. 场所条件：校内实训室、校外实训基地。

2. 师资配备：专任教师和兼职教师各1名。

3. 辅助资料：实训案例材料、相关证据材料、装订工具、教学微课、教学影视材料等。

4. 组织方式：分组实施，每组8~10名学生。

【参考引例】

原告郑某诉被告李某、张某、中国人民财产保险公司某某分公司道路交通事故损害赔偿纠纷案。

【训练内容】

任务一：明确庭审目标，掌握庭审程序

庭审是由法官和当事人或代理人共同参与，以争点为逻辑顺序，以言辞辩论为基本形式，基于事实证明和法律适用的论证过程。民事案件的代理，庭审至关重要。庭审的目标不是说服对方当事人或者代理人，也不是做给己方当事人看，而是以事实为依据，通过举证、质证，辩论来说服法官，让法官采信己方的观点。所以庭审的过程就是按照规定程序让法官查明整个案情，掌握双方主张或反驳的事实理由的一个过程。其中文书很关键，但重点更在于言辞，而文书是辅助言辞观点成立必不可少的材料。

开庭审理的主要环节包括：庭审准备、法庭调查、法庭辩论、最后陈述、评议宣判阶段。庭审的不同阶段，表达的内容有不同的侧重点。在开庭陈述答辩和举证质证环节，应当结合证据全面充分并有逻辑地表达观点。一般情况下，举证质证后法官会归纳争议焦点，因此在法庭辩论环节应该围绕争议焦点进行强有力的陈述，紧扣争议焦点，观点明确。所以庭审是诉讼文书的口头陈述，庭审程序的言辞表达就是从全面描述观点到讨论争点问题的过程。

任务二：把握庭审细节与技巧，有效参与庭审

步骤1：配合完成庭审准备各项任务

根据开庭传票的通知，诉讼代理人和当事人应准时到达开庭地点，参加庭审活动。开庭审理前，书记员会查明各方到庭情况。此时诉讼代理人应根据自己的身份将律师执业证、律师事务所证明材料、授权委托书或其他证明身份及授权委托关系的材料原件交书记员审核。

开庭审理时，审判长会核对各方当事人身份，宣布案由，宣布合议庭组成人员名单或独任审判员名单、书记员名单，告知当事人有关诉讼权利义务，询问是否提出回避申请，当事人和诉讼代理人应如实回答。

【特别提示】

离婚案件有诉讼代理人的，本人除不能表达意思的以外，仍应出庭；确因特殊情况无法出庭的，必须向人民法院提交书面意见。其他案件当事人有诉讼代理人的，可以不参加庭审，委托代理人出庭。

步骤2：参与法庭调查，把握流程

1. 原告陈述。原告陈述，是指原告就自认为与对方发生纠纷的事实陈述诉讼请求及事实与理由。在庭审中，原告陈述严格而言并非宣读起诉状，开庭陈述一定要在诉讼文书的基础上简化口语表达。诉讼请求一定要完整地陈述，事实与理由要简要地陈述，让法庭明确诉求以及核心理由。

【特别提示】

原告陈述千万不要照稿念，口述效果会更好，否则不足以引起法官对法律问题的注意。因为念文书不可避免带有书面语言，文书涵盖了所有涉及的法律问题，但概括不够，文书中会有很多不重要的法律适用逻辑叙述过程，庭审中不需要这样，只说最重要的。庭审的逻辑是依据案件影响的重要性展开的，所以只需要选择重要的因素展开陈述，能准确表达己方观点，但不是一味强调简洁而减损观点核心内容的表达。

2. 被告答辩。被告答辩，是指被告针对原告起诉的内容，从事实和法律的角度予以反驳或辩驳。从严格意义上而言，庭审中被告答辩并非宣读答辩状。被告在原告陈述时一定要脱离文本聆听并在大脑中与之前看到的诉讼文书对比：诉讼请求有无变化？事实理由有无变化？只要诉讼请求无变化，基础事实无变化，就要根据对方的口头陈述作出回应。先就是否接受原告的诉讼请求表态，把主要的抗辩事实、理由讲清楚即可。切记不需要在此展开论证，用几句话给出不同意原告诉讼请求的理由即可。最后对本案处理依法提出自己的主张。

结合引例：

结合引例提供的案件信息，原告郑某的诉讼请求包括：①判令被告赔偿原告因交通事故所遭受的损失 107 852 元；②判令被告向原告支付精神损害赔偿 30 000 元；③判令被告中国人民财产保险股份有限公司某某分公司在肇事车辆投保范围内赔付上述损失；④本案诉讼费用由三被告承担。事实与理由：2015 年 12 月 28 日，被告李某驾驶车辆将原告撞倒造成右踝骨骨折，经鉴定构成十级伤残。事故认定：李某全责，原告方无责任。涉案车辆车主是被告张某，在被告中国人民财产保险公司某某分公司处投交强险。扣除李某已付的 10 000 元医疗费、被告保险公司已支付的 10 000 元外，被告应向原告方支付各项费用共计 137 852 元。望判如所请。

被告李某答辩：交通事故责任不完全等同于民事法律赔偿责任，事故认定书不是确定赔偿义务的唯一依据。虽然被告的驾驶证过期，但被告是有驾驶经验和技能的，当天被告是正常行驶，是郑某突然横穿马路，没有按交规在斑马线上过马路，郑某也有过错，被告李某只承担部分责任。另外，郑某是农村户口，残疾赔偿金、抚养费赔偿应该按农村赔偿标准计算；误工损失不符合客观实际，快递员工资都是计件制而不是按固定工资发放；郑某母亲在农村有田有房，且才 55 岁有劳动能力，不应该支持扶养费；精神损失费过高。

被告张某答辩：李某是被告张某的同事，无偿借用张某的车。李某平时一直开自己的车上班，被告张某并不知道她的驾驶证过期了，张某没有过错。李某开车发生事故，应由被告李某负责赔偿。

被告保险公司答辩：关于赔偿项目，同意被告李某的答辩意见。另外，被告李某属于无证驾驶，保险公司不承担赔偿责任。

3. 当事人举证、质证。法庭调查环节主要是通过当事人举证、质证和法庭询问的方式，全面核实证据材料，以达到查明案件基本事实的目的。

（1）举证。庭审中应依据证明要素和证明目的分组出示证据，按照《证据清单》的内容对证据的名称、种类、来源、内容及证明目的当庭进行说明。依据证据的不同种类，举证方式亦不同：

第一，当事人陈述，应当结合有关证据进行，以提高陈述内容可信度。陈述内容应当具有逻辑性和系统性，不得自相矛盾。当事人陈述以诉状的方式向法庭提出或当庭陈述，其具体内容不列入《证据清单》。

第二，书证、物证、证人书面证言、鉴定意见、勘验笔录等，应当提供原物和原件。不能提供原物、原件的，应当注明理由，并提交复印件、抄录件、照片、复制品等。

第三，视听资料、电子数据，应当将相关内容整理成文字稿提交法庭，并当庭播放或演示。如：手机短信应当庭出示，并将短信内容、发（收）件人、发（收）时间、保存位置等相关信息予以书面摘录。网页作为证据出示时，举证方应提供网址、时间，并将网页当庭演示，指明网页与案件相关联的内容，并提供网页的纸质件。如果视听资料、电子数据已进行公证，应当直接将公证文书作为证据出示，可不当庭演示。

第四，有证人、鉴定人、勘验人和具有专门知识的人员出庭作证的，应提供其名单、基本情况以及说明其证明的对象，并向法庭提出出庭申请。

根据民事诉讼举证责任的要求，当事人举证顺序安排是否得当，也非常关键。举证顺序安排是针对案件的具体情况，在出庭前拟定的在法庭上举证时出示证据的计划和安排。它包括策略、举证步骤、出示证据的种类以及顺序。就具体案件而言，一般是一事实一举证，但也须因案而异，不应固定于一种模式，力求脉络清晰、逻辑严密。

【特别提示】

● 除了专为人民法院提供的证据和人民法院调取的证据外，证据的原件、原物和原始载体一律由当事人存执。

● 原件、原物和原始载体可以在起诉时和交换证据时出示。在正式开庭时应当向法庭出示。经核对和辨认后，原件、原物和原始载体应立即退还当事人。

● 因鉴定或者检验、检查需要而留置原件、原物和原始载体的，法院应向当事人说明并出具收据。不开具收据的，当事人有权拒绝提交，并向监督部门反映。

● 原件、原物和原始载体不便或者不能当庭出示的，可以提供勘验或者检查笔录、照片、复印件、抄录件、复制品等；或者申请法院勘验、调查或者检查。

● 如果证明同一事项，需要多份证据的，可以向法庭建议一并出示。如果同一份证据可以证实多个事项的，可以在法庭上多次出示。就对方当事人出示的证据有不同的证明对象，应当另行向法庭举证，不能因为对方当事人提交了此份证据而不另行举证。

● 法庭调查中，举证的顺序是：原告举证、被告举证、第三人举证。

结合引例：

结合引例提供的情况，原告举证如下：

1. 第一组证据：交通事故认定书以及车辆登记信息，原件，欲证明如下事实：①事故发生经过及肇事司机李某构成侵权，负事故全责；②涉案车辆车主为被告张某，张某将车辆交给无驾驶证的李某使用，存在过错，应与被告李某共同承担赔偿责任；③肇事车辆在被告保险公司投保，保险公司应在保险合同范围内承担赔偿责任。

2. 第二组证据：住院病历、诊断证明、门诊病历，原件，欲证明原告右踝骨骨折，住院治疗 10 天的事实。

3. 第三组证据：医疗费发票，原件，欲证明原告已支付医院治疗费共计23 650 元的事实。

4. 第四组证据：伤残鉴定意见，原件，欲证明原告构成十级伤残的事实。

5. 第五组证据：劳动合同和工资流水，复印件，欲证明原告因受伤误工 3个月，误工损失 15 000 元的事实。

6. 第六组证据：护工合同和收据，原件，欲证明原告发生护理费 2000 元（共 10 天，每天护理费 200 元）的事实。

7. 第七组证据：原告在某某区的居住证以及房屋租赁合同，原件，欲证明原告在某某城区工作及居住，可按照城镇标准计算抚养费的事实。

8. 第八组证据：原告户口本以及村委会证明，原件，证明原告女儿 4 岁、母亲 54 岁且无收入来源，被告应承担抚/扶养费的事实。

9. 第九组证据：出租车票，原件，欲证明原告因治疗发生交通费 500 元的事实。

（2）质证。质证，是指在法庭的主持下，诉讼双方针对对方提出的证据的真实性、合法性、关联性以及证明力有无、证明力大小予以说明和质辩的活动或过程。质证不仅表现为诉讼的一方对另一方所提出的不利于自己的证据进行质疑和责问，也包括提出证据的一方对该质疑进行的反驳和辩解。

发表质证意见时，切勿以"我方不认可"这种空洞无物的表述回应，质证要围绕证据"三性"进行，并针对证据有无证明力和证明力大小进行说明和辩论。证据的客观真实性是诉讼证据最基本的特征，也即诉讼所依据的证据是客观、真实存在的，而非主观臆想的。庭审中，着重审核证据是否系原件、原物、原貌，有无篡改痕迹；是否系直接证据，而非传来证据；是否能从客观上证明待证事实的真实性。关联性是在客观证据与待证事实之间架构逻辑关系的桥梁，关联性的参照系是本案待证事实，而不是原告的诉讼请求。证据的合法性主要是指证据的来源、搜集程序及表现形式是否合乎法律规范及法律要求。证据符合"三性"要求，只解决了证据能力问题，或者说解决了证据的可采信问题。在解决证据可采信问题（证据能力）后，还需要考察证据的证明力有无以及证明力大小。例如，复印件并非绝对不能作为证据，而是不能单独作为定案证据；与原被告一方有利害关系的证人，如亲属、雇员提供的证言，往往只有其证明力受影响，而其证据能力不受影响。

人民法院依照当事人申请调查收集的证据，作为提出申请的一方当事人提供的证据。人民法院依照职权调查收集的证据应当在庭审时出示，听取当事人意见，并可就调查收集该证据的情况予以说明。

根据对方出示证据的种类不同，质证的方法不同：

　　第一，对"书证"质证。原则上要求对方提交书证原件，然后才能对该证据的真实性发表意见。如果对方不能提供原件，法庭要求附条件发表质证意见的，在核对笔录时必须确认是否在笔录中明确了所发表质证意见的前提。核实并确认证明对象是否与所质证据一一对应，同时应当认真阅读书证的全部内容，在充分理解该证据的前提下发表质证意见。

　　第二，对"物证"质证。应当查看物证的实物，查看物证的外在表征及所附的标牌、说明书等文件中记载的内容，逐项核实其是否与证明对象一一对应。对于复制品或照片，应审查是否属于提供原物确有困难的情形，是否有相关来源说明。

　　第三，对"视听资料"质证。对视听资料可以但不限于从以下方面质证：取得和形成的时间、地点和周围的环境；有无剪补；收集的过程及其合法性；所要证明的事实与案件的联系。

　　第四，对"电子数据"质证。确认电子数据与本案当事人的关联性，如电子邮箱、手机号码的所有者是否与本案当事人有关。如果电子数据是真实的，且容易被法庭核实，应当予以确认。然后将质证重点放在证明对象及关联性方面。

　　第五，对"证人证言"质证。对证人的智力状况、品德、知识、经验、法律意识和专业技能等进行审核；证人与对方当事人是否有亲属或者其他利害关系；未成年人所作的证言是否与其年龄和智力状况相当。对于单位向法庭出具的证明材料，应当审核该单位的主体资格是否合法存续，且证明材料中是否有该单位负责人或经办人的签章。

　　第六，对"鉴定意见"质证。对鉴定人和鉴定意见可以但不限于从以下方面质证：鉴定人的资格；鉴定人与双方当事人的关系；鉴定的依据和材料；鉴定的设备和方法；鉴定意见是否具有科学性。应当重点分析鉴定意见中声明的适用条件和保留意见。复核鉴定意见的事实依据和法律依据，并复核其逻辑结构。如果请求鉴定人员出庭，原则上应当委托相关专业人员出庭参与质证。

　　第七，对"勘验笔录"质证。应当复核勘验笔录形成的参与人员及形成时间，判断是否存在逻辑漏洞。应当用本案的其他证据或已认定的无争议事实，复核勘验笔录中记录的内容，以核实其客观性。

结合引例：

结合引例提供的情况，被告李某质证意见如下：

编号	证据名称	意见	理由
1	交通事故认定书及车辆登记信息	认可该组证据三性，不认可证明目的	交通事故认定书不能作为侵权责任认定的唯一证据，我方具有驾驶技能和经验，只是因为驾驶证过期才被认定无证驾驶，我当天正常行驶，原告突然横穿马路被撞，原告也有过错。
2	住院病历、诊断证明、门诊病历	认可病历、诊断证明三性	
3	医疗费发票	认可真实性，不认可关联性	原告所花医药费超出一般治疗所需费用，我方对该费用产生合理怀疑，原告应提供用药清单进一步印证其用药合理性和关联性。
4	伤残鉴定意见	认可证据三性，不认可证明目的	原告系农村户口，应按照农村标准计算残疾赔偿金。
5	劳动合同及工资流水	不认可误工证明真实性、关联性	①快递员一般是计件工资，计算固定工资不符合行业惯例；②该证明只写明月工资5000元，并不能证明原告实发工资是多少；③3个月误工时间超出合理治疗时间。
6	护工合同及收据	认可该证据三性，不认可证明目的	原告伤情属于一般护理，按照当地护工标准应按每天150元计算。
7~8	原告户口及村委会证明、原告在某某市的居住证、房屋租赁合同	认可户口三性，不认可证明目的；不认可村委会证明的证明目的；居住证、房屋租赁合同，因不是该证据的相关方，对真实性不发表意见，对以上证据的证明目的有异议	①原告户籍地在农村，按照侵权责任法的规定应该按照户籍地标准计算赔偿金额；②原告不能仅凭村委会证明证明原告母亲无收入来源，且原告母亲现年55岁，具有劳动能力。

续表

编号	证据名称	意见	理由
9	出租车票	不认可该证据关联性	原告出示的出租车票与就诊时间不完全一致，且发生的票据金额也不足 500 元。

【特别提示】

● 质证时应当简短、果断、坚定、充满自信，不得在法庭上有犹豫或模棱两可的表现。

● 应当认真核对笔录，确认书记员的记录是否与我方当庭陈述的质证意见相一致。充分评估和预防在质证中因自认事实而产生的诉讼风险。

● 区分质证意见和反对证据，一方如果试图否认对方主张的事实，也可以结合己方证据提出反证来动摇对方证据的证明力。例如原告主张被告归还欠款，被告抗辩称借款已经归还，并出示银行流水。

● 法庭中质证的顺序：原告出示证据，被告、第三人进行质证；被告出示证据，原告、第三人进行质证；第三人出示证据，原告、被告进行质证。原告、被告和第三人可以相互发问。

4. 法庭询问。法庭举证质证结束后，法庭一般还会核实问题。先由原告方、被告方就案件事实问题进行相互发问，最后由法官通过向当事人双方发问来进一步对案件事实进行核实。

步骤 3：参与法庭辩论

一般情况下，举证质证结束后法官会归纳争议焦点。争点指向双方矛盾的核心、争点蕴含法律适用的逻辑、争点昭示裁判思路的方向。所以在法庭辩论环节，双方应该围绕争议焦点进行强有力的陈述。辩论意见要紧扣争议焦点，观点明确，论证过程简洁明了，减少不必要的空话，抓住核心问题言简意赅地发表庭审代理意见。

1. 第一轮辩论。只有这个阶段可以全面阐述观点，当事人应力争从正面全面地表达自己的观点。

（1）事实争点的辩论，对于经过法庭调查阶段后还有争议的事实，应结合证据引导法官相信你所说的事实，千万不要"讲故事"；引导法官重视乃至当庭翻阅你所指向的那份证据；通过攻击对方的证据，找出其中的逻辑错误。

（2）法律争点的辩论，也要结合证据阐述法律观点。法律问题往往复杂，对于法律问题的研究非常重要，尤其是在较具有争议性的问题上，要想尽一切办法为法官提供线索。往往可以提供：其一，指导资料，如非司法解释的会议纪要、指导意见、最高法院的法律释义等书籍，不要过分强调，因为此类资料无拘束力，并且司法实践的发展可能要求法院改变观点。将此类解释作为加强己方观点的论据，而非法律依据。其二，提供判例参考，如指导性案例、公报案例、上级法院案例等，提供索引或判例，说明来源即可。其三，提供理论通说或不同观点。例如："合议庭，我们注意到，本案的事实问题较为清楚，但在对某法某条的理解上确实有不同观点。我方的观点是……这个观点，在理论上是通说，我方提交的书目索引列举了这些通说的来源，供合议庭参考。"例如："合议庭，就本案的核心法律适用问题，我方认为，某法某条应作如下理解……如此理解，一方面体现某法的规范目的，另一方面，……"

（3）对于民事案件也要结合道德评价和社会价值进行论述。民事案件的判决结果，要达到法律效果、社会效果的统一。必要时可一针见血地指出如果判决支持了对方，会产生不良后果。

2. 第二轮辩论。第二轮辩论要具体，针对对方的回应进一步说明，不要重复；针对性回应，补充第一回合未提到但对方提到的部分；一定要比第一回合更具体。法庭辩论非辩论大赛，没必要言语犀利处处针锋相对，不要认为说得越多越好，不重复反驳不等于认可对方的观点。

3. 提交代理词。对于开庭时对方所提出的观点事先没有预料到的，以及因庭审发挥不好，可能没有论述到的，庭后进行相应修改和补充后再提交代理意见或补充代理意见。对于没有涉及的诉讼策略，未提到且无意义的论述及可能论及对己方不利事实的意见进行删除。代理意见观点要全面，包括对方对我方提出证据质证意见的反驳，但要重点突出，详略得当。代理词后附上法律规定、司法解释条文、典型案例、司法政策原文、新闻报道、知名学者的论文等。

结合引例：

结合引例提供的情况，本案争议焦点为：①原告在交通事故中是否存在过错，可否减轻被告的赔偿责任；②原告是否可以按照城镇标准获得赔偿；③车主张某是否存在过错，是否应承担赔偿责任；④无证驾驶的情况下，交强险是否可以免责。

原告方针对损害赔偿费用计算标准这一争议焦点，可以提出的辩论意见是：原告虽然是农村户籍，但原告出示的劳动合同、银行工资流水、居住证、房屋租赁合同可以证明原告在城镇居住和工作，其经常居住地和主要收入来源均为城市，有关损害赔偿费用应当根据经常居住地城镇居民的相关标准计算。相关依据为《最高人民法院关于经常居住地在城镇的农村居民因交通事故伤亡如何计算赔偿费用的复函》（［2005］民一他字第 25 号）。

步骤 4：最后陈述

此阶段是法庭最后给当事人亮明观点的机会，通常原告会说"请求法院支持我方诉讼请求",被告会说"请求驳回原告的诉讼请求"。但还是要抓住最后口头表达的机会,简练表达己方本来准备但被法庭打断无机会说出的内容,或根据双方观点和法官的问题,再次强调己方观点。

步骤5:庭审调解

如果愿意调解,之前一定要准备调解方案。如果不愿意调解,要态度明确,温和而坚定地表明态度。如果举棋不定,庭后一定给法官回应。

步骤6:阅签庭审笔录

庭审过程中一定要注意书记员笔录的记录情况,表达关键内容的时候一定要放慢速度让书记员能够完整记录,所以言辞表达要尽可能简练。庭后阅签笔录时主要核对案件关键事实、己方关键观点和对方的自认是否记录准确。记录确实错误的,修改时应当注意与书记员沟通。对于庭审中回答不满意的,通过庭后代理词补充或修正。

任务三:等待宣判结果

对于判决结果,法庭可能会当庭宣判也可能定期宣判。拿到判决书后应仔细阅读相关内容,如认为判决书有错误,可与当事人商讨下一步应对计划。

【训练案例】

案例1

原告:甄某礼、魏某。

被告:刘某洋、余某莹。

案由:民间借贷纠纷。

2005年刘某洋、余某莹夫妻二人向甄某礼、魏某借款一直未还,2007年9月17日经双方结算,刘某洋、余某莹夫妻二人向甄某礼、魏某二人出具金额为人民币121 800元的借据一份,其中注明:甄某礼、魏某可向刘某洋、余某莹两人中的任何一人索要全部借款,且该借款债务不因两人夫妻关系的改变而改变。2010年9月15日,刘某洋在借款书上备注"此款未还"字样并签名。

2009年5月23日,刘某洋和余某莹以调解书形式确认离婚。

2014年11月,甄某礼、魏某二人诉至法院,要求刘某洋、余某莹承担还款责任,并支付借款利息。

案件材料

材料1

借条

今向甄某礼、魏某借款121 800元。

甄某礼、魏某可向刘某洋、余某莹两人中的任何一人索要全部借款,且该借款债务不因两人夫妻关系的改变而改变。

2007 年 9 月 17 日

刘某洋、余某莹

注：此款未还　刘某洋 2010 年 9 月 15 日

材料 2

某某市某某区人民法院

民 事 调 解 书

（2009）某民初字第 146 号

原告：刘某洋，男，个体从业者，住某省某市某区某街 63 号-北-602 室。

被告：余某莹，女，某某有限公司员工，住某省某市某区某别墅。

原告刘某洋与被告余某莹离婚纠纷一案，本院于 2009 年 3 月 28 日立案受理，依法由审判员郝某正适用简易程序进行了审理。本案现已审理终结。

原被告于 1993 年 11 月 1 日登记结婚，育有一子，今年 10 岁。婚后夫妻双方感情不和，现已分居近 1 个月，原被告夫妻感情确已破裂，无法继续共同生活，故诉至法院请求原告与被告离婚；婚生子刘某豪随被告一起生活。

根据《最高人民法院关于适用简易程序审理民事案件的若干规定》第 14 条的规定，本案经本院主持调解，双方当事人自愿达成如下调解协议：①原告刘某洋与被告余某莹自愿离婚；②婚生子刘某豪随原告刘某洋共同生活，抚养费由原被告各承担一半；③个人衣物、被褥归个人所有；④原告刘某洋于 2009 年 6 月 20 日前，一次性给付被告 15 000 元；⑤原被告双方其他财产、债务已自行处理完毕，双方无争议；⑥案件受理费 300 元，减半收取 150 元，由原告刘某洋承担。

双方当事人一致同意，本调解书经双方当事人在调解协议上签字或捺印时起即具有法律效力。

上述协议，不违反法律规定，本院予以确认。

××市××区人民法院（盖印）

二〇〇九年五月二十三日

审判员：郝某正

书记员：李某

训练任务：

1. 由原告代理人组，组织相关证据，制作证据清单，查阅法律依据，撰写起诉状、代理词提纲等文书；

2. 由被告代理人组准备质证提纲，查阅法律依据并制作答辩状、代理词提纲等文书；

3. 模拟开庭程序，完成法庭调查、法庭辩论等开庭环节。

案例 2

张某居住在某某市某某区福星小区，是某某工贸有限公司董事长（法定代表人）。2013 年 9 月 1 日，张某 23：45 开着公司（某某工贸有限公司）的奔驰轿车（车牌为某 A12345）回家，将车停放在自己家购买的地下停车位上。第二天早上 7：30 张某准备开车上班，发现车位上的车不见了，张某立即向物业反映情况并查看当天监控，发现该车在 7：00 开出地下停车场，但看不清开车人图像。物业人员提醒张某应马上报警处理，张某于 2013 年 9 月 4 日报警。物业在警察调查中反映：该车位是张某的妻子李某购买的。小区地下停车场是封闭式管理，业主应缴纳管理费后办理磁卡，车辆应刷卡进出停车场。因张某家近两年都没有交物业费及车位管理费，因停车多次与车库值班人员发生冲突，并强行进出地下停车场，为避免冲突，值班人员一般看到是张某家的车（车牌为某 A12345）开出来就拉杆放行，丢车当天 7：00 该车鸣笛，值班人员只好拉杆让该车开出车库，没有看清是谁开的车。另查，该车是某某工贸公司 2009 年 5 月购买的，价值 386 840 元，2014 年 10 月保险公司赔偿车辆丢失损失 296 000 元，至今公安未破案。张某在 2014 年 12 月补交物业费后，将福星小区物业公司及开发商诉至法院，要求赔偿车辆丢失损失。

训练任务：

1. 由原告代理人组，组织相关证据，制作证据清单，查阅法律依据，撰写起诉状、代理词提纲等文书；

2. 由被告代理人组准备质证提纲，查阅法律依据并制作答辩状、代理词提纲等文书；

3. 模拟开庭程序，完成法庭调查、法庭辩论等开庭环节。

一审民事案件普通程序

庭审流程（参考）

技能项目五　如何申请财产保全

【目标任务】

通过训练，能够判断是否采取财产保全措施；会制作财产保全申请书以及办理申请财产保全的相关法律事务。

【训练条件】

1. 场所条件：校内实训室、校外实训基地。

2. 师资配备：专任教师和兼职教师各 1 名。

3. 辅助资料：实训案例材料，相关证据材料，财产保全申请书参考文本、证据目录参考文本、装订工具、教学影视资料等。

4. 组织方式：分组实施，每组 3~4 名学生。

【参考引例】

原告基本情况：朱某某，男，45 岁，汉族，个体工商户，住 A 省 B 市某某村。

被告基本情况：钱某某，男，46 岁，汉族，无固定职业，住 A 省 B 市某某村。

原被告之间有饲料买卖业务，由被告向原告购买饲料。2016 年 5 月 10 日，经原、被告核对，被告尚欠原告饲料款 167 000 元，被告承诺分期付款，并支付利息，但之后被告仅支付利息 11 400 元，本金分文未付。故原告于 2018 年 3 月 22 日起诉至法院，要求被告支付饲料款及利息。起诉同日，原告提出财产保全申请，要求冻结被告名下银行存款或同等价值的财产 180 000 元。

原告朱某某提交财产保全申请书的同时，提供如下材料：

（1）被告钱某某银行账户；

（2）某某财产保险股份有限公司诉讼财产保全责任保险保单保函。

【训练内容】

任务一：审核案件基本情况，分析判断是否需要提起财产保全申请

步骤 1：审查案件基本情况，确定是否提出财产保全申请

财产保全是人民法院在利害关系人起诉前或者当事人起诉后，为保证将来生效判决能够得到切实执行或者避免财产遭受损失，对当事人争议的财产或者与本案有关的财产采取限制其处分的保护性措施。财产保全分两种：诉前财产保全和诉讼财产保全。诉前财产保全，利害关系人在起诉之前就向人民法院提出申请；

对于诉讼财产保全，当事人起诉后随时可以提出申请；法律文书生效后，进入执行程序前，债权人也可以向执行法院申请采取保全措施。

因此，是否提起财产保全应当结合案件的实际情况决定。

1. 分析案情，着重审查案件是否属于给付之诉。即是否存在要求对方当事人履行一定民事实体义务的诉讼，如请求法院判令对方当事人支付金钱（欠款、租金、赡养费、货款、赔偿损失等）。

2. 审查申请财产保全的法定事实根据和事由。在诉讼过程中，当事人一方有转移、转让、隐匿、毁损、挥霍财产的行为或将自己的资金抽走、将动产带出国外等以逃避义务为目的的恶意行为或其他原因，使人民法院将作出的判决难以执行或造成当事人其他损害的情形时，或者利害关系人因情况紧急，不立即申请财产保全会使其合法权益受到难以弥补的损害时，另一方当事人或该利害关系人可以向人民法院申请财产保全。

结合引例：

结合引例提供的案件信息，本案被告钱某某无固定职业，经原告朱某某多次催要饲料款都未支付，且其有转移、转让、隐匿、挥霍财产的可能，对于原告而言，在起诉的同时提起财产保全，可避免人民法院作出的判决难以执行的情形出现。故原告朱某某可以提起诉讼财产保全申请。

步骤2：依据审查，决定提出财产保全，并对被保全人的财产进行调查

根据《财产保全案件规定》，当事人、利害关系人申请财产保全，应当向人民法院提供明确的被保全财产信息。当事人在诉讼中申请财产保全，确因客观原因不能提供明确的被保全财产信息，但提供了具体财产线索的，人民法院可以依法裁定采取财产保全措施。因此，保全申请人在提起财产保全之前，对被保全人的财产进行调查相当重要，决定了保全目的能否最终实现。

可供保全的财产包括银行存款、房屋等不动产、车辆等，只要是可供保全的财产都可以申请财产保全。一般而言，需查明被申请人的财产状况，主要包括：

1. 银行存款情况（写明开户银行名称、账号、金额等）；

2. 不动产情况（地址、面积等）；

3. 动产情况（机器设备型号、数量，汽车型号、车牌号等）；

4. 对外投资情况（写明投资额、被投资单位）；

5. 债权情况（写明债权总额及到期债权的具体情况）；

6. 被申请人持有的有价证券（如股票、债券等）详细情况；

7. 被申请人拥有的知识产权（如专利权、商标权、著作权等）情况；

8. 与财产保全有关的其他证据。

【特别提示】

● 上述财产范围是一般而言的，并非每个案件都需要全部进行调查，应根据案件诉讼标的额、被申请人的基本情况，确定需查明其中的哪几项。

● 在诉讼过程中，申请保全人提供被保全人具体财产线索，人民法院依法裁定财产保全的，在保全裁定执行过程中，申请保全人可以向已经建立网络执行查控系统的执行法院，书面申请通过该系统查询被保全人的财产。

任务二：制作财产保全申请书与诉讼保全担保书

步骤1：制作财产保全申请书

财产保全申请书应当载明下列事项：①申请保全人与被保全人的身份、送达地址、联系方式；②请求事项和所根据的事实与理由；③请求保全数额或者争议标的；④明确的被保全财产信息或者具体的被保全财产线索；⑤为财产保全提供担保的财产信息或资信证明，或者不需要提供担保的理由；⑥其他需要载明的事项。

法律文书生效后，进入执行程序前，债权人申请财产保全的，应当写明生效法律文书的制作机关、文号和主要内容，并附生效法律文书副本。

参考格式5-1

财产保全申请书

（双方当事人都是公民的财产保全申请书格式）

申请人：（姓名、性别、年龄、民族、职业或单位、住所、联系方式）

被申请人：（姓名、性别、年龄、民族、职业或单位、住所、联系方式）

请求事项：

事实与理由：

此致
××××人民法院

附：有关证据及材料。

申请人：（签名或盖章）

年　月　日

参考格式 5-2

财产保全申请书

（双方当事人都是法人或其他组织的财产保全申请书格式）

申请人名称：

住所地：

法定代表人（或主要负责人）：（姓名、职务、电话）

被申请人名称：

住所地：

法定代表人（或主要负责人）：（姓名、职务、电话）

请求事项：

事实与理由：

此致

××××人民法院

　　附：有关证据及材料。

申请人名称：（加盖公章）

法定代表人（或主要负责人）：（签名或盖章）

年　　月　　日

【特别提示】

●请求事项。此即请求保全财产的名称、数量、所在处所及要求保全的方式等。应写明要求人民法院或查封，或扣押，或冻结等，或者采取其他适当措施。同时表示自己是否提供以及提供何种担保。

●事实与理由。首先写明申请人与被申请人因何发生纠纷，再具体写明需要采取保全措施的目的和原因。着重写明必须实施财产保全所根据的事实，即被申请人有毁损诉争的标的物的行为及其正在实施处分的行为，需要保全的财物遭受侵害情况及采取财产保全措施的重要性及紧迫性及在判决执行中的意义。

结合引例：

结合引例提供的情况，财产保全申请书（参考）如下：

财产保全申请书

　　申请人：朱某某，男，45 岁，汉族，个体工商户，住 A 省 B 市某某村，联系方式×××
×××。

　　被申请人：钱某某，男，46 岁，汉族，无固定职业，住 A 省 B 市某某村。

　　请求事项：申请人民法院冻结被申请人名下银行存款或同等价值的财产 180 000 元。

事实与理由：

申请人与被申请人之间有饲料买卖业务，由被申请人向申请人购买饲料。2016 年 5 月 10 日，经双方核对，被申请人尚欠申请人饲料款 167 000 元，被申请人承诺分期付款，并支付利息，但之后被申请人仅支付利息 11 400 元，本金分文未付。现申请人已依法提起诉讼。

为防止被申请人转移、隐匿、挥霍财产，使判决难以执行；为避免财产损失，维护申请人合法财产权益，根据《民事诉讼法》第 103 条之规定，特向贵院提起财产保全申请。

申请人提供担保：某某财产保险股份有限公司诉讼财产保全责任保险保单保函一份。

此致

某某区人民法院

附：钱某某活期账户：××银行账户×××，存款不详。

申请人：朱某某

2018 年×月×日

步骤 2：诉讼保全担保书的制作

根据民事诉讼法相关规定，如果申请诉前财产保全，申请保全人必须提供担保；诉讼财产保全只有在人民法院责令申请人提供担保的情况下，申请人才必须提供担保；法律文书生效后，进入执行程序前，债权人申请财产保全的，人民法院可以不要求提供担保。

担保形式有两种：一种是财产担保；另一种是保证担保。根据《财产保全案件规定》第 5 条规定，人民法院依照《民事诉讼法》第 103 条的规定责令申请保全人提供财产保全担保的，担保数额不超过请求保全数额的 30%；申请保全的财产系争议标的的，担保数额不超过争议标的价值的 30%。例如，保全银行账户资金的，担保数额不超过被保全资金的 30%；保全土地、房屋等不动产的，担保数额不超过被保全土地、房屋等不动产同期市场交易价格的 30%。利害关系人申请诉前财产保全的，应当提供相当于请求保全数额的担保；情况特殊的，人民法院可以酌情处理。申请保全人或第三人为财产保全提供财产担保的，应当向人民法院出具担保书。担保书应当载明担保人、担保方式、担保范围、担保财产及其价值、担保责任承担等内容，并附相关证据材料。

第三人为财产保全提供保证担保的，应当向人民法院提交保证书。保证书应当载明保证人、保证方式、保证范围、保证责任承担等内容，并附相关证据材料。

财产保全期间，申请保全人提供的担保不足以赔偿可能给被保全人造成的损失的，人民法院可以责令其追加相应的担保；拒不追加的，可以裁定解除或者部分解除保全。对财产保全担保，人民法院经审查，认为违反物权法、担保法、公司法等有关法律禁止性规定的，应当责令申请保全人在指定期限内提供其他担保；逾期未提供的，裁定驳回申请。

同时，《财产保全案件规定》第9条规定，当事人在诉讼中申请财产保全，有下列情形之一的，人民法院可以不要求提供担保：①追索赡养费、扶养费、抚养费、抚恤金、医疗费用、劳动报酬、工伤赔偿、交通事故人身损害赔偿的；②婚姻家庭纠纷案件中遭遇家庭暴力且经济困难的；③人民检察院提起的公益诉讼涉及损害赔偿的；④因见义勇为遭受侵害请求损害赔偿的；⑤案件事实清楚、权利义务关系明确，发生保全错误可能性较小的；⑥申请保全人为商业银行、保险公司等由金融监管部门批准设立的具有独立偿付债务能力的金融机构及其分支机构的。

结合引例：

结合引例提供的案件信息，申请人为其财产保全提供的担保是某财产保险股份有限公司诉讼财产保全责任保险保单保函一份，根据《财产保全案件规定》是可以的。根据《财产保全案件规定》第7条之规定，保险人以其与申请保全人签订财产保全责任险合同的方式为财产保全提供担保的，应当向人民法院出具担保书。担保书应当载明，因申请财产保全错误，由保险人赔偿被保全人因保全所遭受的损失等内容，并附相关证据材料。

参考格式5-3

诉讼保全担保书

担保人：（名称，住所地，联系电话等）

法定代表人：×××　职务：××

被担保人：（名称，住所地，联系电话等）

法定代表人：×××　职务：××

根据《民事诉讼法》第103条之有关规定，原告×××××已提起诉讼保全申请，请求贵院对被告采取×××××的保全措施。本单位愿意为原告×××××××提供诉讼财产保全经济担保，担保总额为×××××元人民币。如保全不当，愿承担连带责任。

此致

××××人民法院

附：1. 本单位营业执照复印件一份；

2. 本单位法定代表人证明书一份；

3. 本单位股东会同意担保的决议一份。

担保人：（盖章）

法定代表人：（签名）

年 月 日

任务三：办理财产保全申请手续

步骤 1：向有管辖权的人民法院提起财产保全申请

1. 根据民事诉讼法相关规定，诉前财产保全由当事人向被保全财产所在地、被申请人住所地或者对案件有管辖权的法院提出申请；诉讼财产保全应向受理案件的法院提起；法律文书生效后，进入执行程序前，债权人提起财产保全申请的，可以向执行法院提起。

2. 提交有关申请材料。申请诉前财产保全应提交以下材料：

（1）财产保全申请书。

（2）证明申请人与被申请人主体资格的材料，如营业执照、身份证件等，以及两者之间存在法律上利害关系的材料。

（3）财产保全担保书，担保财产的权属凭证原件交由法院收执。担保人对担保财产必须拥有完全的所有权，没有设置担保或被执法部门查封。

（4）提供被申请人财产状况的证据或线索材料。

3. 按照有关规定缴纳相关费用。国务院《诉讼费用交纳办法》第 14 条规定，申请保全措施的，根据实际保全的财产数额按照下列标准交纳申请费：财产数额不超过 1000 元或者不涉及财产数额的，每件交纳 30 元；超过 1000 元至 10 万元的部分，按照 1%交纳；超过 10 万元的部分，按照 0.5%交纳。但是，当事人申请保全措施交纳的费用最多不超过 5000 元。

步骤 2：关注人民法院对保全申请的处理情况

人民法院接受财产保全申请后，应当在 5 日内作出裁定；需要提供担保的，应当在提供担保后 5 日内作出裁定；裁定采取保全措施的，应当在 5 日内开始执行。对情况紧急的，必须在 48 小时内作出裁定；裁定采取保全措施的，应当立即开始执行。对于该裁定不服，当事人可申请复议。

人民法院进行财产保全时，应当书面告知申请保全人明确的保全期限届满日及有关申请续行保全的事项。《关于适用〈民事诉讼法〉的解释》规定，法院冻结银行存款的期限不得超过 1 年，查封、扣押动产的期限不得超过 2 年，查封不动产、冻结其他财产的期限不得超过 3 年。申请保全人如需申请续行财产保全的，应当在保全期限届满前办理相关手续；逾期申请或者不申请的，自行承担不能续行保全的法律后果。续行期限不得超过上述期限。

【特别提示】

• 提起诉前财产保全的一方，必须在人民法院作出财产保全裁定后的 30 日内起诉，否则该保全措施将会被解除。

• 利害关系人申请诉前财产保全，在人民法院采取保全措施后 30 日内依法提起诉讼，诉前财产保全措施自动转为诉讼中的保全措施；进入执行程序后，保全措施自动转为执行中的查封、扣押、冻结措施。

【训练案例】

案例1

原告：贺某某。

被告：江苏某某集团有限公司。

2018年3月21日，原告贺某某向法院起诉称：2015年2月7日，原告与被告签订《铺砖工程承包合同》，约定被告将某某县美林三期铺砖工程及路条工程承包给原告；双方约定铺砖工程（石材）每平方米43元，路条每平方米12元，草坪砖每平方米25元，具体按实际面积计算；工程竣工验收合格后，1个月内付清合同款。工程完结后，原被告共同确认工程量，合计款项为64 349元。被告支付了20 000元，尚欠44 349元未支付。原告多次联系被告支付款项，被告一直未支付，故起诉至法院，要求被告立即支付尚欠的工程款。

训练任务：

根据案情分析整理提起财产保全申请应提供的材料，理出查明被申请人财产状况的方式与思路，制作财产保全申请书。

案例2

原告：某某农业科技有限公司。

被告：某某米厂（第一被告）、钱某某（第二被告）。

2018年9月10日，原告向法院起诉称：2017年3月至12月间，原告与第一被告之间存在稻谷买卖关系，原告是卖方，第一被告是买方，第二被告系第一被告投资人。原告按照第一被告的需求交付稻谷后，第一被告却迟迟未向原告付清货款。经原告多次催讨后，第二被告于2018年7月11日以借款形式向原告法定代表人盛某良出具两份借条。借条载明，第二被告向盛某良借款总计265 000元。前述款项，第二被告妻子吴某英于2018年8月3日以银行转账形式代为支付45 000元后，剩余220 000元两被告至今未予支付，故原告起诉至法院，要求被告立即支付货款。

训练任务：

根据案情分析整理提起财产保全申请应提供的材料，理出查明被申请人财产状况的方式与思路，制作财产保全申请书。

技能项目六　如何提起上诉

【目标任务】

通过训练，能够针对一审判决所认定的事实理由及法律适用，归纳出上诉的诉讼请求及事实理由、整理证据材料、编写上诉状、能办理上诉手续等诉讼事务。

【训练条件】

1. 场所条件：校内实训室、校外实训基地。

2. 师资配备：专任教师和兼职教师各 1 名。

3. 辅助资料：实训案例材料，相关证据材料，上诉状参考文本、证据目录参考文本、装订工具、教学影视资料等。

4. 组织方式：分组实施，每组 3~4 名学生。

【参考引例】

原告：庞某某，男，1987 年×月×日出生。

被告：某某信息技术有限公司，住所地 B 市 H 区 S 街 29 号。

法定代表人：谌某某，执行董事。

被告：某某航空股份有限公司，住所地 S 市 P 区 G 大道 66 号。

法定代表人：刘某某，董事长。

原告向一审法院起诉请求：①二被告在各自的官方网站以公告的形式向庞某某公开赔礼道歉；②二被告赔偿庞某某精神损害抚慰金 1000 元。

2014 年 10 月 11 日，庞某某委托鲁某通过某某信息技术有限公司下辖网站订购了某某航空股份有限公司机票 1 张，所选机票代理商为某某代理公司。网站订单详情页面显示该订单登记的乘机人信息为庞某某姓名及身份证号，联系人信息、报销信息均为鲁某及其尾号××58 的手机号。2014 年 10 月 13 日，庞某某尾号××49 的手机号收到来源不明号码发来短信称由于机械故障，其所预订航班已经取消。该号码来源不明，且未向鲁某发送类似短信。鲁某拨打某某航空股份有限公司客服电话进行核实，客服人员确认该次航班正常，并提示庞某某收到的短信应属诈骗短信。2014 年 10 月 14 日，某某航空股份有限公司客服向庞某某手机号码发送通知短信，告知该航班时刻调整。当晚 19：43，鲁某再次拨打某某航空股份有限公司客服电话确认航班时刻，被告知该航班已取消。庭审中，鲁某证明其代庞某某购买本案机票并沟通后续事宜，认可购买本案机票时未留存庞某某手机号。某某航空股份有限公司称庞某某可能为该公司旅客，故公司掌握庞某某此前留存的号码。庞某某诉至法院，主张二被告泄露其隐私信息，包括其姓名、尾号××49手机号及行程安排（包括起落时间、地点、航班信息），要求二被告承担连带责任。

一审人民法院经审理认为，二被告在本案机票订购时未获取庞某某号码，现无证据证明二被告将庞某某过往留存的手机号与本案机票信息匹配予以泄露，且二被告并非掌握庞某某个人信息的唯一介体，法院无法确认二被告存在泄露庞某某隐私信息的侵权行为，故庞某某的诉讼请求缺乏事实依据，法院不予支持。一审人民法院作出一审民事判决：驳回庞某某的全部诉讼请求。现原告不服一审判决拟提起上诉。

【训练内容】

任务一：接待咨询，了解当事人及案件的基本情况

步骤1：了解案件的基本情况

1. 根据当事人的不同类型，应当了解清楚的基本情况主要分为两类：

（1）当事人为自然人的，应当了解的基本情况包括当事人的姓名、性别、年龄、民族、工作单位、通讯地址、联系方式、身份证号等；如果是外国公民，还应注明国籍、护照类型及证号。

（2）当事人为法人或其他组织的，了解的基本情况包括名称、住所地，法定代表人或负责人的姓名、职务、通讯地址、联系方式等。

结合引例：

结合引例提供的案件信息，对当事人基本情况的了解，包括上诉人（一审原告）和被上诉人（一审被告），且应全面、具体、明确，这对确定第二审当事人具有重要意义。

2. 了解案件基本事实情况。掌握双方当事人在一审中的主张和理由，以及提供的相关证据材料；了解并分析法院对案件事实的认定和法律适用，尤其要关注对于双方争议焦点的判定。

结合引例：

结合引例提供的案件信息，本案为一起侵权纠纷，原告认为二被告泄露了其姓名、尾号××49的手机号及行程安排（包括起落时间、地点、航班信息）等隐私信息；被告某某信息技术有限公司主张涉案机票从某某代理公司购买，其下辖网站仅为网络交易平台，公司在本次机票订单中未接触庞某某手机号码，且公司已向鲁某发送谨防诈骗短信，尽到了提示义务；被告某某航空股份有限公司主张公司是通过第三方平台提供订票系统服务，订票信息不存储于某某航空股份有限公司系统中，某某代理公司向某某航空股份有限公司购买涉案机票时仅留存尾号

××58的手机号，未泄露原告相关信息。一审判决最后认定原告通过目前所提交的证据无法证明是二被告泄露了原告的姓名、尾号××49的手机号及行程安排等隐私信息，故一审判决驳回原告的全部诉讼请求。

步骤2：整理上诉的事实与理由，明确诉讼请求

1.归纳提起上诉的事实和理由。上诉的事实与理由一般包括第一审判决认定的事实是否清楚、法律性质认定是否准确、适用法律是否正确、程序是否合法、是否存在未审理和判决的诉讼请求、审判人员有无徇私舞弊行为等。

结合引例：

结合引例提供的案件信息，原审原告庞某某认为一审法院将二被告是否泄露了原告信息的证明责任分配给原告方，严重超出了原告的证明能力，故对一审判决认定的事实和理由不认同，认为二被告应当承担侵犯隐私权的侵权责任。

2.确定上诉请求。上诉请求主要是针对第一审判决的错误内容及其错因，提请上一级人民法院撤销原判、发回重审或者予以改判（全部改判或部分改判）。

结合引例：

结合引例提供的案件信息，原告的上诉请求是撤销一审判决，依法改判支持庞某某在一审的诉讼请求。

3.确定被上诉人和诉讼参加人。第二审当事人及诉讼参与人如何确定，是上诉时必须考虑的问题。在民事诉讼中，有权提起上诉而成为上诉人的应当是第一审判决中的实体权利与义务承受人，具体包括第一审中的原告、被告、共同诉讼人、有独立请求权的第三人和承担实体义务的无独立请求权的第三人。

结合引例：

结合引例提供的案件信息，原审原告庞某某不服一审未生效的判决，故其本人是上诉人；原审被告某某信息技术有限公司、某某航空股份有限公司为被上诉人。

步骤3：了解与案件有关的法律规定，审核上诉是否在法定期间内

根据相关法律规定，审查是否超过上诉期间，无正当理由超过上诉期间将丧失上诉权。审查的内容包括：是否超过上诉期间；有无耽误期间的事由；是否提起了期间恢复的申请。根据《民事诉讼法》第86条的规定，当事人因不可抗拒的事由或者其他正当理由耽误期限的，在障碍消除后的10日内，可以申请顺延期限，是否准许，由人民法院决定。

结合引例：

结合引例提供的案件信息，本案并未超过15天的上诉期，故原审原告可以提起上诉。

任务二：整理证据材料，编制民事证据清单，制作上诉状

步骤1：熟悉原审相关证据材料，收集新证据

在熟悉原审相关事实和证据材料的基础上，重点熟悉与上诉请求相关的证据材料，确定并收集新证据。

步骤2：编制民事证据清单

在审查收集和整理证据的同时，对证据进行编号，编制证据清单，标明是原件还是复印件，并说明要证明的事实。

如有证人需要出庭作证，应编制证人名单，并说明拟证明的事实，在法律规定的时间内将证人名单递交人民法院。每一证人应附上相关材料，包括证人的姓名、年龄、性别、文化程度、职业、工作单位、详细地址、证明事项、证明目的、联系电话等。

步骤3：按照上诉状的要求制作民事上诉状

上诉状的主要内容包括当事人的基本情况、原审人民法院名称、案件的编号和案由、上诉的请求和理由。

上诉请求应当明确、具体。说明上诉请求时，应逐条撰写，且不宜同时夹杂上诉理由。一般是要求"撤销原判决（裁定）"，进而根据不同情况要求"驳回起诉"或"依法改判"或"发回重审"，要求依法改判的，应明确具体改判请求。

上诉理由是民事上诉状的关键部分。上诉理由主要是针对原审裁判，不是针对对方当事人，因此写上诉理由应当就原审裁判的主要错误进行分析论证。具体理由，因案而异，一般从以下几个方面着手：①认为原审认定事实错误的，应提出原审裁判所认定的事实是全部错误，还是部分错误；对于与原审认定的事实相对抗的事实，必须举出确实充分的证据加以证实。②认为原审确定的案件性质不当的，应具体指出其定性不当之处，并准确定性。③认为原审适用实体法不当的，应具体指出有关法律条款，加以具体地分析论证；进而提出应正确援引的法律条款或对法律条款的正确理解。④认为原审裁判违反法定诉讼程序的，如审判组织的组成不合法、应当回避的审判人员未回避、无诉讼行为能力人未经法定代理人代为诉讼及违法剥夺当事人辩论权利的，应明确指出并提出法律依据。

【特别提示】

●论证上诉理由，需要根据上述不同情况，提出明确论点，然后从事实、证据、法律、政策等方面予以批驳，而且力求论述要有新内容，不可完全重复一审诉状中的言词；上诉理由有多条的，建议逐条撰写。

●阐述完上诉理由后通常还会写结束语。通常的写法是："综上所述，依据《民事诉讼法》××条之规定，提出上诉，请予撤销原判决（或裁定），给予依法

改判（或重新处理）。"

参考格式 6-1

民事上诉状

　　上诉人：（写明基本情况）

　　被上诉人：（写明基本情况）

　　上诉请求：

　　上诉理由：

　　证据和证据来源，证人姓名和住址

　　此致

××××人民法院

　　附：本状副本×份；

　　　　证据材料×份。

上诉人：

年　　月　　日

结合引例：

　　结合引例提供的情况，民事上诉状（参考）如下：

民事上诉状

　　上诉人（原审原告）：庞某某，男，1987年×月×日出生，汉族，住××市××区×号。

　　被上诉人（原审被告）：某某信息技术有限公司，住所地B市H区S街29号。

　　法定代表人：谌某某，执行董事。

　　被上诉人（原审被告）：某某航空股份有限公司，住所地S市P区G大道66号。

　　法定代表人：刘某某，董事长。

　　上诉人因隐私权纠纷一案，不服B市H区人民法院（2015）×民初字第×号判决书，现提出上诉。

　　上诉请求：

　　1. 撤销B市H区人民法院（2015）×民初字第×号判决，依法改判支持庞某某一审的诉讼请求；

　　2. 上诉费用由被上诉人负担。

　　上诉理由：

　　原审法院认为依据现有证据无法确认被上诉人存在泄露上诉人隐私信息的侵权行为，故认定上诉人的诉讼请求缺乏事实依据，上诉人认为原判决对该事实认定不清。理由如下：

1. 从上诉人已经提交的现有证据看，上诉人已经证明自己是通过某某信息技术有限公司下辖网站在某某航空股份有限公司官网购买机票，并且二被上诉人都存有上诉人的手机号。因此，二被上诉人有能力和条件将上诉人的姓名、手机号和行程信息匹配在一起。虽然，从逻辑上讲，任何第三人在已经获知庞某某姓名和手机号的情况下，如果又查询到了庞某某的行程信息，也可以将这些信息匹配在一起，但这种可能性非常低。因为根据某某航空股份有限公司在一审中出具的说明，如需查询旅客航班信息，需提供订单号、旅客姓名、身份证号信息后才能逐个查询。而第三人即便已经获知庞某某姓名和手机号，也很难将庞某某的订单号、身份证号都掌握在手，从而很难查询到庞某某的航班信息。因此与普通的第三人相比，已经掌握上述信息的二被上诉人具有泄露信息的高度可能。

2. 在一审中，上诉人提供了多家媒体质疑二被上诉人泄露乘客信息的报道。这一特殊背景因素在很大程度上强化了被上诉人泄露庞某某隐私信息的可能。

3. 上诉人在一审中所提供的证据已经形成了完整的证据链，证明了二被上诉人对于泄露信息具有高度可能；而二被上诉人在一审中所提供的证据仅证明其自身系统安全措施完善，但这不等于不会出现侵权的事实，被上诉人应就自身及雇员均未实施侵犯庞某某隐私权的行为进行举证，若举证不能则应承担不利的后果。

综上所述，依据《民事诉讼法》第174条之规定，提出上诉，请求法院撤销一审判决，依法改判支持上诉人一审诉讼请求。

此致
B市中级人民法院

附：本诉状副本2份。

上诉人（签名）：庞某某

××年×月××日

任务三：办理上诉手续

步骤1：递交上诉材料

当事人提起上诉时，上诉状应直接交原审法院，即使交给原审法院的上一级法院，第二审人民法院也会在5日内将上诉状移交原审人民法院。

上诉时需要提交如下材料：①上诉状正本及副本（副本按对方当事人的人数提交）。②上诉人是自然人的，需提交身份证复印件；是法人的，需提交法定代表人身份证明书、营业执照副本。③生效法律文书副本。④需委托诉讼代理人的，应提交《授权委托书》。

步骤2：交纳上诉费

上诉人或其代理人应在上诉期内按照《上诉须知》的规定交纳上诉费。交费后将交费凭证复印件提交法院。

当事人确有经济困难需要申请缓交、减交、免交上诉费的，应在提交上诉状的同时向原审法院或直接向第二审法院立案窗口提出书面申请，申请书须附相关证据并注明联系电话。

步骤3：关注人民法院立案受理情况

法院立案庭受理案件后，将案件移送民庭，由民庭进行审理。民庭受案后，会通知上诉人及其代理人到庭参诉。

【训练案例】

案例1

原告：某某灯饰经营部，住所地 Z 市 H 区××路 17 号。

被告：T 公司，住所地 Z 市 A 区××路。

一审法院认定事实：2013 年下半年，T 公司经营场所水、电装修期间，刘某作为水、电装修施工现场的负责人，在某某灯饰经营部为装修提供的灯具等材料的 12 张送货单上予以签收。12 张送货单总计价款 64 917 元，未记载付款时间。某某灯饰经营部自认已收到 40 000 元货款。T 公司与某某灯饰经营部对刘某在送货单上签名是否代表天下名都公司存在争议。对此，一审法院认为，证人朱某、沈某、刘某的证言互相印证，证明刘某除为 T 公司水、电装修工程提供劳务外，同时负责现场管理工作，包括负责签收某某灯饰经营部供应至施工现场的灯具等材料。T 公司提交的结算单，除 120 000 元"承包款"外，另有 15 000 元车贴，明显不符合一般承包的结算方式。退一步讲，即使该清单系结算承包款，但该清单亦未明确刘某系包工包料，还是包工不包料。根据结算的工程款数额，刘某领取的工程款为 120 000 元，若刘某包工包料，则不包括刘某负责召集的人员的报酬、与水有关的装修部分的材料款及刘某本人应得款项，仅灯具等材料款刘某即需支出 64 917 元，明显不合常理。因此，在 T 公司未提交证据证明刘某系包工包料的情况下，刘某即使系承包人，根据上述分析，案涉灯具等材料不在刘某承包的范围内更符合常理。因此，认定刘某并非案涉灯具的买受人。综上，刘某作为 T 公司水、电装修施工现场的管理人，在 T 公司经营场所内，对于用于经营场所装修事宜的材料进行签收，认定其签收行为系代表 T 公司。

一审法院认为，根据刘某代表 T 公司对某某灯饰经营部提供的灯具予以签收的事实，可以认定某某灯饰经营部与 T 公司之间买卖合同成立且某某灯饰经营部已经向 T 公司履行交付标的物义务的事实。某某灯饰经营部与 T 公司未约定支付价款的时间，现某某灯饰经营部起诉要求天下名都公司支付尚欠的 24 917 元价款，于法有据，应当予以支持。据此，依照《中华人民共和国民法通则》（现已失效）第 135 条、《中华人民共和国合同法》（现已失效）第 62 条第 1 款第 4 项、第 107 条、第 159 条之规定，判决：T 公司于判决生效之日起 5 日内支付某某灯饰经营部价款 24 917 元。案件受理费 423 元，减半收取 211.5 元，由 T 公司负担。

注：被告不服此判决，拟提起上诉。

训练任务：

根据案件的基本情况，归纳整理案件争议的焦点，确定具体的上诉请求，制作民事上诉状和民事证据目录。

案例2

原告：某某电梯公司。

被告：郭某某。

诉讼请求：请求判令郭某某支付货款 28 500 元、违约金 5799 元（按每天 5‰自 2016 年 4 月 15 日计算至 2017 年 5 月 26 日，要求计算至货款付清之日，但不超过合同总价的 5%即 9500 元）并承担一审全部诉讼费用。

一审法院认定事实如下：2014 年 8 月 8 日，某某电梯公司（甲方）与郭某某（乙方）签订《BEX 设备买卖合同》，约定甲方向乙方购买 GEN2 电梯 1 台，设备价总计为 190 000 元，合同签订之日起 5 个工作日内，甲方应向乙方支付本合同设备总价的 30%（第一期款）计 57 000 元作为合同定金，直接付至本合同乙方指定账户。甲方应在本合同交货期 20 个工作日前将本合同设备总价的 55%（第二期款）计 104 500 元直接付至本合同乙方指定账户，乙方收到该款后按期予以发货。甲方应于设备取得安全运行合格证后 7 个工作日内支付本合同设备总价 10%计 19 000 元，最晚不超过设备发货后 90 天支付，直接付至本合同乙方指定账户。余下的 5%计 9500 元作为质保金，于质保期满 7 个工作日内支付。未经乙方事先书面同意，若甲方将任何本合同项下的款项交付给任何第三方，视为甲方未履行付款义务。任何情况下，设备的交付或者乙方向甲方提供发票（或收据）均不能作为甲方已向乙方支付相应款项的依据。乙方逾期交货或甲方逾期付款或逾期提货的，违约方应按逾期部分设备金额 5‰/天的标准向另一方支付违约金，但违约金总额最高不得超过本合同总价的 5%。2015 年 4 月 3 日，涉案电梯经检验合格。郭某某支付了货款 161 500 元，尚有货款 28 500 元未结清。

一审法院认为：某某电梯公司与郭某某签订的买卖合同，系双方当事人真实意思表示，内容未违反法律规定，合法有效。郭某某未按约结清货款，应按约承担逾期付款的违约金。郭某某仅以其已收到某某电梯公司开具的电梯增值税发票主张其已支付了全部货款，既无其他付款凭据相印证，亦不符合合同约定，对此一审法院不予采信。某某电梯公司的诉讼请求，具有事实和法律依据，一审法院予以支持。

据此，一审法院于 2017 年 10 月 17 日依照《中华人民共和国合同法》（现已失效）第 8 条、第 107 条、第 109 条之规定，判决如下：①郭某某支付给某某电梯公司货款人民币 28 500 元；②郭某某支付给某某电梯公司逾期付款违约金 5799 元（按未付款 28 500 元 5‰/天自 2016 年 4 月 15 日暂计至 2017 年 5 月 26 日，应计至货款付清之日，但最高不超过合同总价 190 000 元的 5%即 9500 元）。上述两项款项，郭某某应于判决生效后 10 日内付清。如果未按判决指定的期间履行金钱给付义务，应当依照《中华人民共和国民事诉讼法》第 253 条（现为第 260 条）之规定，加倍支付迟延履行期间的债务利息。按规定减半收取案件受理费人民币 334.5 元、财产保全申请费人民币 420 元，合计人民币 754.5 元，由郭某某负担。

注：被告不服一审判决，拟提起上诉。

训练任务：

根据案件的基本情况，归纳整理案件争议的事实焦点，确定具体的上诉请求，制作民事上诉状和民事证据目录。

技能项目七　如何申请再审[1]

【目标任务】

通过训练，能够初步判断已生效裁判是否确有错误，并能初步审查是否符合申请再审的条件；能够针对已生效裁判的错误归纳整理申请再审的事实与理由，以及梳理相关证据材料；能办理申请再审的相关手续。

【训练条件】

1. 场所条件：校内实训室、校外实训基地。

2. 师资配备：专任教师和兼职教师各 1 名。

3. 辅助资料：训练案例材料，相关证据材料，起诉状参考文本、证据目录参考文本、装订工具、教学影视资料等。

4. 组织方式：分组实施，每组 3~4 名学生。

【参考引例】

上诉人（一审原告）：A 公司，所在地址：A 市某区北街×号。

法定代表人：何某某，董事长，电话：×××××××。

被上诉人（一审被告）：李某某，女，汉族，××××年×月××日出生，A 市人，于甲公司工作，住 A 市某区××小区，电话×××××××。

2015 年 11 月 4 日，一审原告 A 公司起诉至 B 区人民法院称，被告李某某向其借款 30 万元，约定 1 年后归还，原告于 2013 年 12 月 8 日将该款转入被告账户，被告至今未还。请求判令被告偿还欠款 30 万元及银行同期贷款利息。一审被告李某某辩称，原被告之间无借款关系，A 公司是代甲公司归还欠款。

B 区人民法院一审查明，原告 A 公司于 2013 年 12 月 8 日将 30 万元存入被告李某某在 A 市曙光农村信用合作社的账户。被告李某某 2012 年 9 月 3 日向 A 市曙光农村信用合作社贷款 30 万元，并于 2013 年 12 月 8 日全部归还。

B 区人民法院一审认为，借款合同是借款人向贷款人借款，到期返还借款并支付利息的合同。合同的成立应经过要约与承诺，本案 A 公司将 30 万元存入了李某某的账户可能基于多种原因，现李某某否认是借款关系，A 公司不能证实李某某有借款的意思表示，依照法律规定，A 公司对自己提出的诉讼请求有举证责任，A 公司不能证实与李某某存在借款关系，其要求李某某偿还借款的诉讼请

---

[1]　此处申请再审仅指当事人诉权——再审申请权的行使，不包括当事人向法院或检察院通过申诉所引起的再审程序。

求，法院不予支持。B 区人民法院于 2016 年 1 月 12 日作出（2015）A 法民×初字第×××号民事判决：驳回原告 A 公司的诉讼请求。案件受理费，由原告 A 公司承担。

A 公司不服一审判决，向 A 市中级人民法院提起上诉称：①一审法院审理程序不合法。一审中，被上诉人没有在规定的举证期限内提交证据。②一审法院认定事实错误。本案的事实是被上诉人向上诉人借款 30 万元。本案中，被上诉人向上诉人借款的事实清楚，关系明确，双方之间的合同关系应依法受到保护。被上诉人认为该笔款项系甲公司指派上诉人偿还甲公司欠被上诉人款项的主张无任何事实依据和法律依据。综上，请求二审法院依法公正判决。请求撤销一审判决，由被上诉人支付借款 30 万元及同期银行贷款利息；本案诉讼费由被上诉人承担。

被上诉人李某某答辩称：我方和上诉人之间根本不存在借款关系，如果是借款关系应当有一个借款凭证，上诉人的法定代表人也陈述过没有借款给我方，我从来都不认识上诉人，是甲公司欠我方的款，甲公司表示将款项划给银行了，上诉人是代甲公司来还款的，所以上诉人主张借款的事实不能成立，请求二审法院驳回上诉，维持原判。

A 市中级人民法院二审认为，首先，关于上诉人 A 公司认为双方之间系借款关系的主张是否成立的问题。上诉人 A 公司在一审中提交的银行转账支票等证据仅能证实上诉人将 30 万元款项以装修材料款的形式转入了被上诉人李某某的账户，并不能充分证实该款系借款，故上诉人 A 公司在本案中提交的证据不能充分证实其与被上诉人李某某之间系借款关系，对其主张，本院不予支持。其次，关于被上诉人李某某认为该款系上诉人 A 公司代甲公司偿还甲公司欠被上诉人款项的主张是否成立的问题。本案中，被上诉人李某某提交的证据仅能证实被上诉人李某某与甲公司之间的另案法律关系以及被上诉人李某某与 A 市曙光信用社之间的借款关系，但并不能充分有效地证实本案 30 万元的款项是上诉人 A 公司代甲公司或甲公司指派 A 公司偿还欠款的事实，故本案中，由于被上诉人李某某未能提交充分证据证实该款与甲公司之间有必然的联系，对其认为该款系甲公司以 A 公司的名义偿还欠款的主张，本院亦不予支持。综上所述，本案中，可以明确的事实是上诉人 A 公司于 2013 年 12 月 8 日将人民币 30 万元转入了被上诉人李某某在 A 市曙光农村信用合作社开立的账户上，但为何上诉人 A 公司将 30 万元款项打入被上诉人李某某的账户，双方当事人均无充分有效的证据证实各自的观点。本案中，被上诉人李某某取得该款无充分的事实依据和法律依据，根据我国法律规定属于不当得利，应予返还；同时，该笔款项的法定孳息本院亦予以支持。综上所述，一审判决认定事实清楚，但适用法律不当，A 市中级人民法院作出（2016）A 民×终字第××号民事判决：①撤销 A 市 B 区人民法院（2015）A 法民×初字第×××号民事判决；②被上诉人李某某于本判决生效后 15 日内向上诉人 A 公司归还人民币 30 万元及相应利息（自 2013 年 12 月 9 日起至款项付清之日止，按中国人民银行同期流动资金存款利率计算）。一、二审案件受理费共计人民币 15 520 元，由被上诉人李某某承担。

李某某不服二审判决，自收到二审判决书后的第 15 天，提出再审申请。

【训练内容】

任务一：分析审查判断是否符合申请再审的条件

步骤 1：审查申请人是否符合申请再审的主体资格

申请再审人是生效裁判文书列明的当事人，或者是符合法律和司法解释规定的案外人。

结合引例：

结合引例提供的案件信息，根据我国《民事诉讼法》和司法解释的规定，原审当事人和法定代理人可以提起再审申请，为此本案中的原审当事人李某某具有申请再审的主体资格。

步骤 2：审查是否属于允许申请再审的裁判文书

申请再审的对象只能是已经发生法律效力的民事判决、裁定或调解书。《民事诉讼法》第 208 条和第 209 条规定，当事人对已经发生法律效力的调解书，提出证据证明调解违反自愿原则或者调解协议的内容违反法律的，可以申请再审。经人民法院审查属实的，应当再审。当事人对已经发生法律效力的解除婚姻关系的判决、调解书，不得申请再审。

结合引例：

结合引例提供的案件信息，李某某不服二审判决，即终审判决，故属于允许申请再审的裁判文书。

步骤 3：审查是否在申请再审的法定期限内

1. 当事人申请再审，应当在判决、裁定发生法律效力后 6 个月内提出。

2. 有下列情形之一的，自知道或者应当知道之日起 6 个月内提出：①有新的证据，足以推翻原判决、裁定的；②原判决、裁定认定事实的主要证据是伪造的；③据以作出原判决、裁定的法律文书被撤销或者变更的；④审判人员审理该案件时有贪污受贿，徇私舞弊，枉法裁判行为的。

结合引例：

结合引例提供的案件信息，申请人提出再审申请在规定的期限内。

步骤 4：审查是否属于再审的法定事由

主要审查已生效裁判是否存在我国《民事诉讼法》第 207 条规定的当事人能

够申请再审的法定事由之一。即①有新的证据，足以推翻原判决、裁定的；②原判决、裁定认定的基本事实缺乏证据证明的；③原判决、裁定认定事实的主要证据是伪造的；④原判决、裁定认定事实的主要证据未经质证的；⑤对审理案件需要的主要证据，当事人因客观原因不能自行收集，书面申请人民法院调查收集，人民法院未调查收集的；⑥原判决、裁定适用法律确有错误的；⑦审判组织的组成不合法或者依法应当回避的审判人员没有回避的；⑧无诉讼行为能力人未经法定代理人代为诉讼或者应当参加诉讼的当事人，因不能归责于本人或者其诉讼代理人的事由，未参加诉讼的；⑨违反法律规定，剥夺当事人辩论权利的；⑩未经传票传唤，缺席判决的；⑪原判决、裁定遗漏或者超出诉讼请求的；⑫据以作出原判决、裁定的法律文书被撤销或者变更的；⑬审判人员审理该案件时有贪污受贿，徇私舞弊，枉法裁判行为的。

【特别提示】

●适用特别程序、督促程序、公示催告程序、破产程序等非讼程序审理的案件，当事人不得申请再审。

●当事人认为发生法律效力的不予受理、驳回起诉的裁定错误的，可以申请再审。

●当事人就离婚案件中的财产分割问题申请再审，如涉及判决中已分割的财产，人民法院应当依照《民事诉讼法》第207条的规定进行审查，符合再审条件的，应当裁定再审；如涉及判决中未作处理的夫妻共同财产，应当告知当事人另行起诉。

●当事人申请再审，有下列情形之一的，人民法院不予受理：①再审申请被驳回后再次提出申请的；②对再审判决、裁定提出申请的；③在人民检察院对当事人的申请作出不予提出再审检察建议或者抗诉决定后又提出申请的。对于前两种情形，人民法院应当告知当事人可以向人民检察院申请再审检察建议或者抗诉，但因人民检察院提出再审检察建议或者抗诉而再审作出的判决、裁定除外。

结合引例：

结合引例提供的案件信息，本案申请再审是针对已经发生法律效力的判决；申请再审的理由主要是认为二审判决认定的基本事实缺乏证据证明、适用法律有错误，符合申请再审的法定条件。

任务二：整理归纳申请再审的事实与理由，撰写再审申请书

步骤1：整理归纳申请再审的事实与理由以及再审诉讼请求

分析属于我国《民事诉讼法》第207条规定中的哪一种法定事由，有针对性地组织材料、收集与整理支持申请再审事由和再审诉讼请求的事实和理由，应当抓住关键、有的放矢。同时确定再审的诉讼请求事项。

【特别提示】

申请再审人对民事案件申请再审，是认为人民法院已经发生法律效力的判决、裁定、调解书确有错误，故民事案件申请再审人提出再审请求不得超出原审诉讼请求。申请再审人在民事再审案件审理过程中不得变更、增加诉讼请求或者提出反诉（原审已反诉的除外）。

步骤2：撰写再审申请书

再审申请书应当记明下列事项：

1. 再审申请人与被申请人及原审其他当事人的基本信息。当事人是自然人的，应列明姓名、性别、年龄、民族、职业、工作单位、住所及有效联系电话；当事人是法人或者其他组织的，应列明名称、住所和法定代表人或者主要负责人的姓名、职务及有效联系电话。

2. 原审人民法院的名称，原审裁判文书案号。

3. 具体的再审请求。

4. 申请再审的法定情形及具体事实、理由。

再审申请书应当明确申请再审的人民法院，并由再审申请人签名、捺印或者盖章。

参考格式 7-1

民事再审申请书

再审申请人：（注明在一、二审中的诉讼地位）基本信息

被申请人：（注明在一、二审中的诉讼地位）基本信息

再审申请人_____对_____人民法院_____年_____月_____日（_____）_____字第_____号_____不服，申请再审。

再审请求事项：（写明申请人要求人民法院解决的具体问题）

事实和理由：（主要围绕原生效裁判存在我国《民事诉讼法》第二百条规定的申请再审法定事由阐述事实和理由）

此致

_____人民法院

原一、二审判决书复印件各_____份，及_____证据

附：本申请书副本_____份。

再审申请人：

年　　月　　日

结合引例：

结合引例提供的情况，民事再审申请书（参考）如下：

民事再审申请书

　　再审申请人：李某某（一审被告、二审被上诉人），身份证号：×××××××，女，×××
×年×月××日出生，汉族，甲公司职工，住 A 市某区××小区，电话×××××××。

　　被申请人：A 公司（一审原告、二审上诉人）。

　　所在地址：A 市某区北街×号。

　　法定代表人：何某某，董事长，电话：×××××××。

　　再审申请人李某某因与被申请人 A 公司借款纠纷一案，不服 A 市中级人民法院作出
（2016）A 民×终字第×××号民事判决，向 T 省高级人民法院申请再审。

　　再审申请事由：申请人的再审申请符合我国《民事诉讼法》第二百条第二项和第六项
之规定，即 A 市中级人民法院作出的（2016）A 民×终字第×××号民事判决书认定的基本
事实缺乏证据证明、适用法律确有错误。

　　再审请求事项：

　　依法撤销 A 市中级人民法院作出的（2016）A 民×终字第×××号《民事判决书》。

　　事实和理由：

　　一、A 市中级人民法院作出的（2016）A 民×终字第×××号《民事判决书》认定的基
本事实缺乏证据证明

　　本案原告的诉讼请求是借款纠纷，一、二审法院均确认原告在本案中提交的证据不能
充分证实其与被告之间系借款关系，由于原告对其诉讼请求所依据的事实没有证据或证据
不足以证明诉讼主张成立，故该案应由原告承担举证不能的法律后果。

　　二、A 市中级人民法院作出的（2016）A 民×终字第×××号《民事判决书》适用法律
错误

　　二审法院虽认为李某某未能提交充分证据证实该款与甲公司之间存在必然联系，但该
案并未出现举证责任倒置的情形，故被告李某某能不能举证、所举证据证明力大小，均不
影响或者减轻原告的举证责任。该案原告以借款纠纷起诉，A 市中级人民法院以不当得利
作出判决，违反了当事人诉讼权利自主的原则，超越了人民法院对案件的审判权限。

　　综上所述，根据我国《民事诉讼法》第二百条之规定，请求贵院对本案进行再审，并
判准申请人之请求。

　　此　致

T 省高级人民法院

　　附：1. 再审申请书副本 1 份；

　　　　2. 一、二审判决书复印件各 1 份。

申请人：李某某

二○一六年十一月八日

步骤 3：收集、整理申请再审时需要提交的其他相关材料

当事人申请再审，应当提交下列材料：

1. 再审申请书，并按照被申请人和原审其他当事人的人数提交副本。

2. 再审申请人是自然人的，应当提交身份证明；再审申请人是法人或者其他组织的，应当提交营业执照、组织机构代码证书、法定代表人或者主要负责人身份证明书。委托他人代为申请的，应当提交授权委托书和代理人身份证明。

3. 原审判决书、裁定书、调解书。申请再审应提交申请再审的生效法律文书原件，或者经核对无误的复印件；生效裁判系二审、再审裁判的，应同时提交一审、二审裁判文书原件，或者经核对无误的复印件。

4. 反映案件基本事实的主要证据及其他材料。在原审诉讼过程中提交的主要证据复印件。

5. 新的证据材料。支持申请再审事由和再审诉讼请求的证据材料，以有新的证据为由申请再审的，应当提交新的证据一式两份，同时附有证据目录。

6. 证人名单。有证人出庭作证的，应提交证人名单等。

7. 需要人民法院调查取证的，应当附有证据线索。

【特别提示】

再审申请人提交再审申请书等材料应使用 A4 型纸，并提交材料清单一式两份，同时可附申请再审材料的电子文本。

任务三：向法院提起再审申请

步骤 1：向有管辖权的法院提起再审申请

当事人对已经发生法律效力的判决、裁定，认为有错误的，可以向上一级人民法院申请再审；当事人一方人数众多或者当事人双方为公民的案件，也可以向原审人民法院申请再审。

步骤 2：按照有关规定缴纳诉讼费用

根据我国民事诉讼法规定的审判监督程序审理的案件，当事人不交纳案件受理费。但是，下列情形除外：

1. 当事人有新的证据，足以推翻原判决、裁定，向人民法院申请再审，人民法院经审查决定再审的案件。

2. 当事人对人民法院第一审判决或者裁定未提出上诉，第一审判决、裁定或者调解书发生法律效力后又申请再审，人民法院经审查决定再审的案件。

【训练案例】

案例 1

××区人民法院一审认定：王某某与马某某均系某某镇人。2010 年 6 月 15 日，马某某代王某某与某某公司签订编号为 163B 的楼宇预售合约一份。该预售

合约买方为王某某，卖方为某某公司，在预售合约买方处盖有马某某的印章。郭某某代表卖方某某公司签名并加盖了某某公司的合同专用章。该条约载明：某某公司预售给买方坐落于某某商场 2 幢公寓与 3 幢公寓之间楼宇一幢，建筑面积为 193 平方米，房价每平方米 8000 元，总价款 1 544 000 元。同月，马某某将上述楼宇预售合约（复印件）交与王某某，王某某按该合约约定的每平方米 8000 元的房价，于 2010 年 7 月 13 日、10 月 21 日分 3 次汇款至马某某在某某市的银行账户，共计 190 011.65 美元、折合人民币 1 615 099 元。2011 年 11 月 26 日，马某某以王某某预购的商场用房增加建筑面积 7.645 平方米为由，再次以每平方米 8000 元的价格向王某某收取人民币 61 160 元。王某某累计支付马某某房款人民币 1 676 259 元。而马某某收取上述款项后，却以每平方米 6000 元的价格支付给某某公司。2014 年 4 月，王某某获悉马某某为其代理购房的价款是每平方米 6000 元后，同年 7 月 10 日与某某公司重新签订了商品房销售合同。该合同载明：王某某购买房的房屋具体房号为某某商场 6 号之 2，建筑面积 200.59 平方米，房款售价一次性包定价每平方米 6000 元，总价款人民币 1 203 540 元。王某某依据该合同已取得了所购商场用房的产权。后王某某多次与马某某交涉未果，遂于 2014 年 11 月诉至法院。

另查明：马某某在签订编号 163B 楼宇预售合约的同时，另与某某公司签订编号 163 楼宇预售合约一份，约定出售商场用房的地址与编号为 163B 楼宇预售合约相一致，但建筑面积比 163B 楼宇预售合约约定的增加 1 倍，即建筑面积 386 平方米，房价为每平方米 6000 元，总价款为人民币 2 316 000 元。2012 年 4 月 3 日，马某某与某某公司又签订某某花园多层楼宇买卖合同。该买卖合同重新核准了编号为 163 号楼宇预售合约约定的商场用房面积，建筑面积变更为 401.29 平方米，商场用房具体地址变更为某某路 6 号。2014 年 7 月 10 日，在王某某与某某公司签订商品房销售合同的同日，马某某与某某公司另签订商品房销售合同一份，该合同所约定的房价款、房屋面积与王某某和某某公司所约定的一致；楼宇具体房号为某某路 188 号某某花园多层商场 6 号之 1。马某某也已取得该房的产权。上述 2014 年 7 月 10 日签订的两份合同的落款时间均倒签为 2012 年 4 月 3 日，该两份合同所约定的购房面积的总和就是 2012 年 4 月 3 日马某某与某某公司签订的楼宇买卖合同约定的面积。

又查明：王某某与马某某为购房价款发生纠纷期间，马某某于 2014 年 10 月 19 日曾委托其代理人向王某某发律师函一份，该函内容为："本律师受马某某委托，就阁下（指原告）无端诋毁马某某女士名誉一事致函如下：据了解，阁下曾委托马某某女士代为购买某某地产公司开发的某某花园住房 2 套、商场 200 平方米，有关价格等都是阁下事先和某某公司商定的。"

以上事实，有马某某与某某公司于 2010 年 6 月 15 日分别签订的编号为 163 号、163B 号楼宇预售合约各一份，马某某与某某公司 2012 年 4 月 2 日楼宇买卖合同，王某某、马某某 2014 年 7 月 10 日分别与某某公司签订的（但落款时间为 2012 年 4 月 3 日）商品房销售合同各一份、王某某汇款凭证、马某某购房款结算字据一份、某某公司收款凭证、马某某代理人的律师函一份、当事人的询问笔录、庭审笔录等在卷为证。

某某区法院一审认为：依据王某某、马某某分别与某某公司数次签订的楼宇预售合约、商品房销售合同、马某某出具的房款结算字据、马某某委托代理人的律师函有关内容，王某某诉称与马某某为代理购房关系的事实应予确认。马某某在为王某某代购房屋过程中，多收取王某某房款人民币 472 719 元的事实清楚。马某某对该款的取得无合法依据，应当返还王某某。某某公司虽未多收王某某房款，但对王某某承受经济损失存在过错，对此，应承担连带赔偿责任。郭某某系某某公司工作人员，其在某某公司工作期间代表某某公司分别与王某某、马某某签订合同的行为，应认定为公司行为，故对王某某的赔偿与其无涉。王某某要求支付利息损失之请求，因原、被告纠纷期间，双方的债权、债务关系不明确，故不予支持。马某某辩称与王某某系房屋转卖关系，证据不足，不予采纳。判决如下：①马某某返还王某某人民币 472 719 元；该款于本判决生效之日起 10 日内付清。②某某公司对马某某上述返还款项承担连带赔偿责任。③驳回王某某其他诉讼请求。

宣判后，王某某和马某某均不服，向某某中院提出上诉。王某某上诉称：①马某某未经上诉人的同意与某某公司擅自签订 163B 的假合约，多收取上诉人房款，客观上损害了上诉人的合法权益，应当赔偿上诉人的经济损失，即多收房款 472 719 元的利息 355 051 元；②根据《中华人民共和国民法通则》（现已失效）的规定，代理人和第三人串通，损害被代理人利益的，由代理人和第三人负连带责任，而非连带赔偿责任，请求二审法院依法改判。马某某上诉称，①编号 163 的合约在前，163B 的合约在后，原审法院认定两份合约同时签订是错误的；②原审判决没有充分证据证明双方之间存在代理关系；③马某某与王某某系预售商品房转卖关系的证据充分，王某某未同某某公司签订过任何预售合同，也未向某某公司交付过任何房款；④王某某当时明知马某某每平方米加价 2000 元转卖房屋，若其认为价格太高，完全可以不要房屋，上诉人愿全款退还，请求二审法院撤销原判，驳回王某某的诉讼请求。被上诉人某某公司未作答辩。

某某中院二审查明的事实与原一审查明的事实一致。

某某中院二审认为：马某某与某某公司签订 163 楼宇预售合约后又以王某某的名义与某某公司签订 163B 楼宇预售合约，将自己所预购的部分商品房以某某公司名义加价卖予王某某，现马某某未能提供证据证明王某某明知加价转卖行为的存在，该行为存在欺诈，应认定为无效；现王某某与某某公司已签订商品房销售合同并已申领了房屋所有权证，故马某某收取王某某的房款，除已交某某公司以外的部分，应返还给王某某；上诉人马某某以双方间存在商品房转卖关系为由，不同意返还差价款，无事实与法律依据，本院不予支持。上诉人王某某在购房过程中与马某某约定不明，对纠纷的产生亦有过错，故其上诉要求马某某赔偿其差价款的利息损失，本院据情不予支持。原审法院所作判决，符合本案实际及国家法律。故判决驳回上诉，维持原判。二审案件受理费人民币 12 740 元，由王某某、马某某各半负担。

王某某不服中院的终审判决，认为判决不支持购房差价款的利息是错误的，要求依法予以再审。在本案再审期间，各方当事人均无新证据提供。

训练任务：

分析本案申请再审的请求、事实与理由。

案例 2

再审申请人（一审原告、二审上诉人）：马某某，女，25 岁。

再审被申请人（一审被告、二审被上诉人）：陈某某，男，28 岁。

原告马某某诉称：我与被告陈某某结婚后，他经常酒后殴打我。2015 年 2 月，他又一次酒后打我，我一气之下喝了农药，幸被他人及时发现后经抢救脱险。为此曾诉至法院要求与他离婚，后经调解和好。但他仍不改酒后打人恶习。2016 年 6 月 16 日，在我已怀孕 5 个月的情况下他又一次殴我，造成我引产住院 8 天。他的行为从根本上伤害了我们的感情，我再也无法与他共同生活下去了，坚决要求与他离婚。财产按婚前登记的归各自所有，并且他应该承担我引产住院的费用 1500 元及诉讼费用。

被告陈某某辩称：同意离婚，但原告马某某应退还她家于婚前索要我家的彩礼 18 000 元，引产费、诉讼费都是她引起的，我不应该承担。

被告举出证人洪某某证言一份，证明原、被告结婚时他将 18 000 元彩礼交给了原告的母亲和父亲。原告对该证据质证说："18 000 元钱我没见过。"

一审法院于 2016 年 8 月 10 日作出判决如下：①准予原告马某某与被告陈某某离婚；②婚前登记财产归各自所有，婚后共同财产（17 寸电视机一台等）归马某某所有；③陈某某支付马某某引产费、营养费 1500 元；④马某某返还陈某某 18 000 元。

马某某不服提起上诉。上诉人马某某诉称：一审判决仅凭证人洪某某一人证言就认定我索要了彩礼 18 000 元，是没有事实根据的，带来的直接结果是我要返还 18 000 元，但这 18 000 元我及我的父母见都未见过，怎样返还？判决结果明显不公。另外，我与陈某某婚姻关系存续期间共同管理果园收入 16 000 元，要求依法分割。

被上诉人陈某某辩称：上诉人索要的彩礼是经证人洪某某（双方的媒人）之手送给上诉人的，原判给予认定是正确的。果园收入问题上诉人在原审中根本未提及，二审不应予以支持。请求驳回上诉人的上诉请求。

二审法院经开庭审理查明的事实与一审相同。在证据方面，增加认定了证人胡某某等人证言，他们的证言证明当地结婚时有索要彩礼的习俗，并证明马某某与陈某某订婚时陈某某给马某某送了一个皮包，但未见包里面装的是什么东西。证人洪某某系双方媒人，其证实亲自将彩礼送到上诉人家中的。认为上诉人称未收到彩礼的证据不充分，其主张不能成立，对洪某某证言的证明效力予以确认。但是由于原、被告的婚姻关系存续时间较短，彩礼应依法酌情返还。上诉人提出的分割果园收入 16 000 元及要求被上诉人赔偿医疗费的上诉请求，因其在原审时未主张，本院不予审理。二审判决如下：①维持一审民事判决第一、二、三项；②撤销一审民事判决第四项；③上诉人马某某返还被上诉人陈某某彩礼 1 万元，于判决生效后 3 日内给付。

马某某不服，提出再审申请。再审申请人马某某诉称：证人马某证明彩礼18 000 元交给了马某某母亲，二审判决认定马某某收到了陈某某送的皮包，故不能排除收彩礼的可能性，意思是说 18 000 元彩礼是装在皮包里送的，认定事实与证据相互矛盾。

训练任务：
分析本案申请再审的请求、事实与理由。

技能项目八　如何申请执行

【目标任务】

通过训练，能够判断并审查是否符合申请执行的条件；能办理申请执行的相关法律事务。

【训练条件】

1. 场所条件：校内实训室、校外实训基地。

2. 师资配备：专任教师和兼职教师各 1 名。

3. 辅助资料：实训案例材料，相关证据材料、证件材料，执行申请书参考文本、教学影视资料等。

4. 组织方式：分组实施，每组 3~4 名学生。

【参考引例】

申请人：FL 针织有限公司，地址：Z 省 S 市解放南路 TM 大厦×楼。

法定代表人：赵某某，总经理。

被执行人：SY 进出口有限公司，地址：Z 省 H 市 Y 区鑫源路×号。

法定代表人：俞某某，总经理。

申请人 FL 针织有限公司与被申请人 SY 进出口有限公司因保证合同发生纠纷，在 SY 进出口有限公司没有尽到保证义务，FL 针织有限公司多次向 SY 进出口有限公司催讨无果的情况下，FL 针织有限公司起诉至 S 市越城区人民法院。2015 年 7 月 18 日，S 市越城区人民法院作出一审判决，判决：SY 进出口有限公司自判决生效之日起 30 日内支付给 FL 针织有限公司人民币 5 611 249 元及利息，并承担 51 384 元的案件受理费及财产保全费 5000 元。一审判决于 2015 年 8 月 10 日送达签收。判决送达后，原被告双方均未提出上诉。因被告 SY 进出口有限公司拒不履行法律义务，FL 针织有限公司拟向 S 市越城区人民法院申请执行。

【训练内容】

任务一：分析判断是否符合申请执行的条件

步骤 1：审查据以申请执行的法律文书是否已经发生法律效力并且义务履行期限是否届满，是否具有给付内容

1. 判断据以申请执行的法律文书是否生效并且义务履行期限是否届满。根据我国法律的规定，可以作为民事执行依据的法律文书有：

（1）人民法院的民事判决、裁定、调解书，民事制裁决定书、支付令，刑

事附带民事判决、裁定、调解书，具有财产给付内容的刑事判决书、裁定书；

（2）我国仲裁机构作出的仲裁裁决和调解书；

（3）公证机关依法赋予强制执行效力的债权文书；

（4）人民法院制作的承认并执行外国法院判决、裁定或者外国仲裁机构裁决的裁定书；

（5）法律规定由人民法院执行的其他法律文书。

由我国人民法院作出的一审判决、裁定经过上诉期后当事人未提出上诉的，自上诉期限届满后生效；人民法院制作的调解书、二审人民法院以及最高人民法院作出的判决、裁定书一经送达双方当事人立即生效；支付令送达后 15 日内没有提出书面异议的，送达 15 日后生效；仲裁机构作出的仲裁裁决、调解书一经双方当事人签收立即生效；公证债权文书、民事制裁决定书一经送达双方当事人即生效。

申请人向人民法院申请执行，不仅据以执行的法律文书必须生效，且必须已届满该法律文书规定的义务履行期限。尚未经过法律文书规定的义务履行期限，当事人申请执行的，人民法院不予受理。

【特别提示】

当事人申请执行外国法院作出的判决、裁定，以及国外仲裁机构作出的仲裁裁决，应当由法院审判机构先行审查其效力，得到承认并签发执行令后再移送执行。根据国际司法的对等原则，如果某国不承认或只承认而不执行我国法院的裁判、仲裁裁决，则对该外国法院作出的裁判以及外国仲裁裁决，我国法院也不予承认或只承认而不执行。

2. 审查据以执行的法律文书是否具有给付内容。执行的内容必须为给付，即必须有具体明确的权利人、义务人，以及具体的执行事项，即义务人需向权利人作出某种行为或不得为某种行为，只有具有给付内容的法律文书才可以执行，确认或变更某种法律关系的法律文书无法产生强制执行效力。我国法院制作的民事裁判有确认判决、给付判决和变更判决，其中只有给付判决才具有可执行性。

结合引例：

结合引例提供的信息，本案申请执行的依据是 S 市越城区人民法院作出的一审判决，在上诉期间内，原被告双方均未提出上诉，故该判决已于 2015 年 8 月 25 日开始生效（15 天上诉期）；判决规定被告在生效之日起 1 个月内履行义务，到 2015 年 9 月 25 日履行期限已届满，因此，申请人可以申请执行。判决判令被告支付原告 5 611 249 元及利息并承担 51 384 元的案件受理费及财产保全费 5000 元有明确的权利、义务和给付事项，为具有执行力的给付判决。

步骤 2：审查申请人及被申请人具备符合申请执行的主体资格

申请执行人是生效法律文书确定的权利人或其继承人、权利承受人；申请执行人可以委托代理人代为申请执行。委托代理的，应当向人民法院提交经委托人签字或盖章的授权委托书，写明委托事项和代理人的权限。委托代理人代为放弃、变更民事权利，或代为进行执行和解，或代为收取执行款项的，应当有委托人的特别授权。被申请人为执行依据中的债务人或债务的继受人。

结合引例：

结合引例提供的情况，本案中，申请人 FL 针织有限公司是执行依据中的权利人，被申请人 SY 进出口有限公司乃执行依据中的义务人，且双方均具备独立法人资格，因此，主体资格适当。

步骤 3：审查是否在申请执行的法定期限内

申请执行的期间为 2 年，从法律文书规定履行期间的最后一日起计算；法律文书规定分期履行的，从规定的每次履行期间的最后一日起计算；法律文书未规定履行期间的，从法律文书生效之日起计算；生效法律文书规定债务人负有不作为义务的，申请执行时效期间从债务人违反不作为义务之日起计算。申请执行时效适用法律有关诉讼时效中止、中断的规定。

结合引例：

结合引例提供的案件信息，本案判决于 2015 年 8 月 25 日开始生效，义务履行期限为 1 个月，即申请执行时效从 2015 年 9 月 25 日起计算。申请人拟于 2015 年 9 月 28 日申请执行，在申请执行期限内。

步骤 4：确定管辖的法院

发生法律效力的民事判决、裁定、调解书，以及刑事判决、裁定中的财产部分，由第一审人民法院或者与第一审人民法院同级的被执行的财产所在地人民法院执行。同时，根据司法解释，申请执行人向被执行的财产所在地人民法院申请执行的，应当提供该人民法院辖区有可供执行的财产的证明材料。

结合引例：

结合引例提供情况，本案一审人民法院为 S 市越城区人民法院，因此申请人可以向该法院提出执行申请。

任务二：了解被申请执行人的财产状况，制作执行申请书

步骤 1：查明被申请执行人的财产状况及其偿还能力

申请执行人应当向人民法院提供其所了解的被执行人的财产状况或线索。一般而言，可提供的被执行人的财产状况主要包括：银行存款情况（写明开户银行名称、账号、地址）；不动产情况；动产情况（机器设备型号、数量，汽车型号、车牌号等）；对外投资情况（写明投资额、被投资单位）；债权情况（写明债权总额及到期债权的具体情况）；被执行人持有的有价证券（如股票、债券等）详细情况；被执行人拥有的知识产权（如专利权、商标权、著作权等）情况。要求返还物品的案件，申请执行人应提供应返还物品的种类、存放地点等情况；与执行案件有关的其他证据。

对于银行账户，申请人主要可以从工商登记资料、税务发票或者签订的合同中得知；不动产的信息主要到房地产管理部门调查；车辆、船舶、航空器的查询需到相应的登记部门；对外投资情况可以通过工商部门查看被投资单位的股东资料得知；查询是否有知识产权则需要到专利局、商标局或者版权局调查或者通过网络搜索。申请人向人民法院提供被执行人财产状况的，应一并向人民法院提供相关证据或材料。

步骤 2：撰写执行申请书

申请执行当事人必须向人民法院递交申请执行书。申请执行书的格式包括首部、正文和尾部三大部分。首部即标题，写明文书名称"申请执行书"，或者只写"申请书"。正文包括当事人基本情况、请求事项、事实和理由四部分，掌握被执行人或财产状况线索的，也应在事实和理由部分写明。尾部写致送机关名称和申请人姓名或名称、申请日期，如申请人为法人，还应在申请人下行写上法定代表人的姓名或签章，如附送有证据，还应在附项中注明证据的名称和件数。

【特别提示】

● 外国一方当事人申请执行的，应当提交中文申请执行书。当事人所在国与我国缔结或共同参加的司法协助条约有特别规定的，按照条约规定办理。

● 当事人基本信息：自然人应写明姓名、性别、年龄、民族、职业、工作单位、住所地及联系方式；法人或者其他组织应写明名称、住所地和法定代表人或者主要责任人的姓名、职务及联系方式。

参考格式 8-1

申请执行书

申请人：（基本信息）

被申请人：（基本信息）

请求事项：

事实与理由：

上列当事人间，因_____一案，业经_____人民法院于_____年_____月__日作出（_____）_____字第_____号一审（或终审）民事判决（或仲裁委员会于_____年_____月_____日作出（_____）_____字第_____号裁决），于_____年_____月_____日依法送达当事人并已生效，根据该判决（或裁决），被申请人_____应向申请人_____履行_____义务。现判决规定的履行期限届满，而被申请人拒不遵照判决（或裁决）履行。为维护申请人的合法权益，特申请贵院给予强制执行。

此致

×××人民法院

　　附：生效法律文书×份

申请人：（签名或盖章）

年　　月　　日

结合引例：

　　结合引例提供信息，申请执行书（参考）如下：

执行申请书

　　申请人：FL 针织有限公司，地址：Z 省 S 市解放南路 TM 大厦×楼。

　　法定代表人：赵某某，总经理，电话 138×××。

　　被执行人：SY 进出口有限公司，地址：Z 省杭州市 Y 区鑫源路×号。

　　法定代表人：俞某某，总经理，电话 126×××。

　　请求事项：1. 强制执行被执行人 SY 进出口有限公司 5 611 249 元及利息。

　　2. 强制执行被执行人 SY 进出口有限公司应承担的 51 384 元案件受理费及财产保全费 5000 元。

　　申请人 FL 针织有限公司与被申请人 SY 进出口有限公司因保证合同纠纷一案，FL 针织有限公司诉至 S 市越城区人民法院。2015 年 7 月 18 日，S 市越城区人民法院作出一审判决 (2015) ××商初字第×号判决并于 2015 年 8 月 10 日送达签收。判决内容：SY 进出口有限公司自判决生效之日起 30 日内支付给 FL 针织有限公司人民币 5 611 249 元及利息、并承担 51 384 元的案件受理费及财产保全费 5000 元。判决送达后，原被告双方均未提出上诉。因被告拒不履行判决规定的义务，现申请人 FL 针织有限公司特向贵院申请强制执行 SY 进出口有限公司的财产。

　　此致

S 市越城区人民法院

申请人：FL 针织有限公司

2015 年 9 月 28 日

　　附：民事判决书副本一份。

　　步骤 3：收集、整理申请执行时需要提交的其他相关材料

　　1. 申请执行书。

　　2. 生效法律文书副本。

　　3. 申请执行人的身份证明。公民个人申请的，应当出示居民身份证；法人申请的，应当提交法人营业执照副本和法定代表人身份证明；其他组织申请的，应当提交营业执照副本和主要负责人身份证明。

　　4. 继承人或权利承受人申请执行的，应当提交继承或承受权利的证明文件。

5. 申请执行仲裁机构的仲裁裁决，应当向人民法院提交有仲裁条款的合同书或仲裁协议书。申请执行国外仲裁机构的仲裁裁决，应当提交经我国驻外使领馆认证或我国公证机关公证的仲裁裁决书中文本。

6. 申请执行人可以委托代理人代为申请执行。委托代理的，应当向人民法院提交经委托人签字或盖章的授权委托书，写明委托事项和代理人的权限。委托代理人代为放弃、变更民事权利，或代为进行执行和解，或代为收取执行款项的，应当有委托人的特别授权。

7. 申请执行外国法院裁判的，必须提供经我国驻外使领馆认证或我国公证机关公证的中文裁判书和其他材料（董事会决议、法人身份证明书、授权委托书、商业登记的复印件等）。

8. 被执行人的相关财产证明文件和其他应当提交的文件或证件。

结合引例：

结合引例信息，申请人应向法院提供的材料包括申请执行书、生效法律文书副本、法人营业执照副本和法定代表人身份证明以及申请人掌握的被执行人的相关财产证明。

任务三：向法院提起执行申请

步骤1：向有管辖权的法院提起执行申请

申请执行时，应当向有管辖权的人民法院提出。

引例一审法院为S市越城区人民法院，因此应当向该院递交执行申请书和有关证件、证据材料。

【特别提示】

根据《诉讼费用交纳办法》，执行申请费不由申请人预交，一般从执行到的款项中直接扣除。

步骤2：关注法院执行进度

人民法院自收到申请执行书之日起超过6个月未执行的，申请执行人可以向上一级人民法院申请执行。

【训练案例】

案例1

申请人：王某，男，70周岁，住Z市雨湖路×号。

被申请人：吕某，男，44周岁，住Z市建设路×号。

王某与吕某、某某保险公司股份有限公司Q支公司因道路交通事故人身损害赔偿纠纷一案，诉至Z市雨湖区法院。2018年3月25日，Z市雨湖区法院作出（2018）×民初字×号判决，内容如下：①被告某某保险公司股份有限公司Q支公司在第三者责任强制保险限额内赔偿原告经济损失款117 999.70元；②被告某某保险公司股份有限公司 Q 支公司在第三者责任商业保险限额内赔偿原告经济损失款 30 564.66 元；③被告吕某赔偿原告经济损失 19 600 元。上述 1~3 项于本判决生效后 10 日内履行完毕。2018 年 3 月 28 日判决书送达原被告双方，双方均未上诉。直至 2018 年 6 月，被告吕某仍未按照判决书履行相关义务。为此，王某拟向人民法院申请强制执行。

训练任务：

审查判断该案是否符合申请执行的条件，并制作一份执行申请书。

案例 2

申请人：周某某，男，37 周岁，住址：H 市 X 区文一路×号。

被申请人：李某，男，27 周岁，住址：H 市 X 区古墩路×号。

2018 年 2 月 5 日，周某某与李某订立租房协议书，约定李某从周某某处承租坐落在古墩路×号的楼房一套。期间，李某与第三人刘某共同居住在此房屋。后因承租人李某未按约定给付周某某房屋租金，2018 年 4 月 23 日，周某某到 X 区法院提起诉讼，要求法院判令解除租房协议书，同时要求李某腾退租赁的房屋，给付欠缴的租金，并返还电卡。2018 年 6 月 3 日，周某某与李某在法院主持下，达成调解协议：①双方解除租赁合同；②李某于 2018 年 6 月 29 日前将其租赁的房屋腾退，将该房及房屋配套的电卡、钥匙返还给周某某；③李某于 2018 年 6 月 29 日前给付周某某房屋租金及违约金共计 3500 元。法院制作调解书（2018）××民初字×号并由双方当庭签收。但李某未及时履行调解书确定的义务，2018 年 7 月 2 日，周某某向法院申请执行，要求李某腾退房屋，返还房屋钥匙和电卡，给付租金及违约金。

训练任务：

审查判断该案是否符合申请执行的条件，并制作一份执行申请书。

拓展阅读书目

1. 《民事诉讼法学》编写组：《民事诉讼法学》，高等教育出版社 2022 年版。

2. 董少谋主编：《民事诉讼法学》，法律出版社 2017 年版。

3. 江伟主编：《民事诉讼法》，高等教育出版社 2016 年版。

4. 宁教铭主编：《民事诉讼法》，华中科技大学出版社 2017 年版。

5. 张艳丽等：《民事诉讼理论与制度》，法律出版社 2016 年版。

6. 邵明：《民事诉讼法学》，中国人民大学出版社 2016 年版。

7. 韩艳、唐长国主编：《民事诉讼法原理与实务》，中国政法大学出版社 2015 年版。

8. 陈桂明、刘芝祥主编：《民事诉讼法》，中国人民大学出版社 2015 年版。

9. 张卫平主编：《最高人民法院民事诉讼法司法解释要点解读》，中国法制出版社 2015 年版。

10. 张卫平：《民事诉讼法》，中国人民大学出版社 2015 年版。

11. 杜万华、胡云腾主编：《最高人民法院民事诉讼法司法解释逐条适用解析》，法律出版社 2015 年版。

12. 江必新主编：《最高人民法院民事诉讼法司法解释专题讲座》，中国法制出版社 2015 年版。

13. 吴在存等编著：《民事审判技能》，中国民主法制出版社 2013 年版。

14. 江必新主编：《〈中华人民共和国民事诉讼法〉修改条文解读与应用》，法律出版社 2012 年版。

15. 王福华：《民事诉讼法学》，清华大学出版社 2012 年版。

16. 谭秋桂：《民事执行法学》，北京大学出版社 2010 年版。

17. 胡志超：《执行威慑机制研究》，人民法院出版社 2008 年版。

18. 梁展欣：《民法与民事诉讼法的协同》，人民法院出版社 2015 年版。

19. 廖中洪主编：《民事速裁程序比较研究》，厦门大学出版社 2013 年版。

20. 潘申明：《比较法视野下的民事公益诉讼》，法律出版社 2011 年版。

21. 张艳蕊：《民事公益诉讼制度研究——兼论民事诉讼机能的扩大》，北京大学出版社 2007 年版。

22. ［日］高桥宏志：《民事诉讼法制度与理论的深层分析》，林剑锋译，法律出版社 2003 年版。

民事诉讼证据清单

编号	证据名称	证据来源	份数/页数	是否原件	证明对象
1					
2					
3					
4					
5					
6					
7					
8					
9					
10					
11					
12					
13					
14					
15					

案由：　　　　提交人：　　　　　　　　提交日期：　　　年　　月　　日

民事起诉状

民事答辩状